A terapia cognitivo-comportamental baseada em evidências

A Artmed é a editora oficial da Federação Brasileira de Terapias Cognitivas

♦ **Deborah Dobson** (PhD) é psicóloga da região de Calgary e professora adjunta do Departamento de Psicologia e Psiquiatria da Universidade de Calgary. Também atua na área privada, avaliando pacientes adultos e tratando-os por meio da terapia cognitiva, sendo, além disso, diretora de treinamento clínico no Calgary Consortium (psicologia clínica). É presidente da Canadian Mental Health Association (Calgary Division) e foi responsável pela seção clínica da Canadian Psychological Association de 2007 a 2008. Seus interesses profissionais incluem o acesso do cliente a tratamentos de base empírica, treinamento clínico, defesa do consumidor e terapias cognitivo-comportamentais.

♦ **Keith S. Dobson** (PhD) é professor de psicologia clínica na Universidade de Calgary, onde atua em várias funções. Foi diretor do setor de psicologia clínica e hoje comanda o departamento de Psicologia e é colíder do Hotchkiss Brain Institute Depression Research Program. A pesquisa do Dr. Dobson tem enfocado os modelos cognitivos e os mecanismos da depressão, bem como seu tratamento, especialmente por meio do uso de terapias cognitivo-comportamentais. Sua pesquisa resultou em mais de 150 artigos e capítulos publicados, 8 livros e numerosas conferências e *workshops* em diversos países. Além de sua pesquisa sobre a depressão, o Dr. Dobson tem escrito sobre os avanços da psicologia profissional e da ética, tendo estado ativamente envolvido na psicologia organizada no Canadá, incluindo um semestre como presidente da Canadian Psychological Association. Foi um dos diretores da equipe de pesquisa sobre ética da Universidade de Calgary durante muitos anos e é presidente da Academy of Cognitive Therapy, além de presidente eleito da International Association for Cognitive Psychotherapy. Dobson recebeu distinção da Canadian Association of Psychology por suas contribuições à área de psicologia.

D635t Dobson, Deborah.
A terapia cognitivo-comportamental baseada em evidências / Deborah Dobson, Keith S. Dobson ; tradução: Vinícius Duarte Figueira ; consultoria, supervisão e revisão técnica desta edição: Eliane Mary de Oliveira Falcone. – Porto Alegre : Artmed, 2010.
263p. ; 25 cm.

ISBN 978-85-363-2372-5

1. Terapia cognitivo-comportamental. 2. Medicina baseada em evidências. I. Dobson, Keith S. II. Título.

CDU 615.85

Catalogação na publicação: Renata de Souza Borges CRB-10/1922

Deborah Dobson | Keith S. Dobson

A terapia cognitivo-comportamental baseada em evidências

Tradução:
Vinícius Duarte Figueira

Consultoria, supervisão e revisão técnica desta edição:
Eliane Mary de Oliveira Falcone
Docente da graduação e do programa de pós-graduação
em psicologia social da Universidade do Estado do Rio de Janeiro.
Terapeuta e supervisora na prática clínica cognitivo-comportamental.

2010

Obra originalmente publicada sob o título
Evidence-Based Practice of Cognitive-Behavioral Therapy
ISBN 9781606230206

© 2009 The Guilford Press, a Division of Guilford Publications, Inc.

Capa: *Gustavo Macri*

Preparação de original: *Cristine Henderson Severo*

Leitura final: *Maria Rita Quintella*

Editora sênior – Ciências humanas: *Mônica Ballejo Canto*

Editora responsável por esta obra: *Amanda Munari*

Projeto e editoração: *Techbooks*

Reservados todos os direitos de publicação, em língua portuguesa, à
ARTMED® EDITORA S.A.
Av. Jerônimo de Ornelas, 670 - Santana
90040-340 Porto Alegre RS
Fone (51) 3027-7000   Fax (51) 3027-7070

É proibida a duplicação ou reprodução deste volume, no todo ou em parte, sob quaisquer formas ou por quaisquer meios (eletrônico, mecânico, gravação, fotocópia, distribuição na Web e outros), sem permissão expressa da Editora.

SÃO PAULO
Av. Embaixador Macedo Soares, 10.735 - Pavilhão 5 - Cond. Espace Center
Vila Anastácio 05095-035 São Paulo SP
Fone (11) 3665-1100 Fax (11) 3667-1333

SAC 0800 703-3444

IMPRESSO NO BRASIL
PRINTED IN BRAZIL

Prefácio

Os sistemas de saúde em todo o mundo estão exigindo que os profissionais utilizem tratamentos eficazes e eficientes para os problemas de saúde mental. Os sistemas custeados com verbas públicas frequentemente apresentam sérias dificuldades na variedade e na quantidade de serviços que podem oferecer, ao passo que as empresas privadas de serviços de saúde buscam controlar os custos para ampliar ao máximo os lucros de seus acionistas. A necessidade de identificar e implementar tratamentos eficazes e limitados pelo tempo, assim como a forte ênfase nos resultados empíricos, tem levado ao desenvolvimento de orientações para a prática que favoreçam tais abordagens.

Essas orientações para a prática agora dão destaque à terapia cognitivo-comportamental como o tratamento psicológico preferido para problemas que vão da depressão, ansiedade e transtornos da personalidade à dor crônica, adicção e sofrimento nos relacionamentos. Como resultado, muitos estudantes e profissionais buscam aprender os fundamentos da terapia cognitivo-comportamental para suplementar seu treinamento e supervisão clínica. Eles querem também entender como aplicar os resultados do processo de pesquisa da psicoterapia e os próprios resultados desta à prática. Se um tratamento tiver sustentação empírica, como essa sustentação se traduz no que é feito na terapia ou no consultório? Quais elementos específicos da prática são sustentados pelas constatações ou achados da pesquisa? Contrariamente, quais são os limites de nosso conhecimento, do julgamento clínico e da conduta ética correta que guiam o comportamento do clínico? Este livro visa a responder tais questões e a fechar a lacuna entre a prática e a pesquisa.

Embora tenham sido escritos muitos textos sobre a terapia cognitivo-comportamental, poucos adotaram as perspectivas da prática, da ciência e dos sistemas em que estão engastados. A tendência deste campo tem sido a de enfocar áreas problemáticas específicas, tais como a fobia social (Heimberg e Becker, 2002) ou outros transtornos fóbicos (Antony e Swinson, 2000) e/ou tipos especializados de terapia (Segal, Williams e Teasdale, 2002; Young Klosko e Weishaar, 2003). Cada vez mais, sabemos quais intervenções funcionam para determinados problemas, e vários manuais de tratamento foram escritos para os clínicos e seus clientes. Ainda assim, pouco foi escrito sobre as aplicações da terapia cognitivo-comportamental que encurtam o caminho de enfrentamento dos problemas, relatam seu embasamento empírico e oferecem aconselhamento prático para o clínico. Este livro faz justamente isso.

Há muita similaridade nas variadas aplicações da terapia cognitivo-comportamental, e este livro descreve os "fatores comuns" de avaliação, intervenções e consulta. Muitos aspectos da prática da terapia cognitivo-comportamental tornaram-se lugares-comuns e são tidos como a "melhor prática". Neste livro, examinamos essas práticas e a base empírica que lhes dá sustentação. Também identificamos áreas nas quais a evidência fica para trás em relação à prática comum, tanto para fazer com que os leitores estejam cientes de tais áreas quanto para estimular pesquisas futuras. Também discutimos alguns mitos comuns sobre a terapia cognitivo-comportamental (tanto os críticos quanto os indevidamente positivos), oferecendo aos leitores nossa perspectiva acerca da área.

Todos os clínicos trabalham no âmbito de sistemas mais amplos, como hospitais, clínicas ou ambientes privados. Os clínicos que ignoram esse sistema mais amplo correm risco por conta própria, pelo fato de a prática ser em última análise dependente da a promoção e do financiamento dos serviços que se baseiem em evidências. Pouco foi escrito até hoje sobre a implementação e a promoção da terapia cognitivo-comportamental nesses sistemas. Portanto, este livro também aborda o importante tópico de como traduzir as evidências relacionadas à terapia cognitivo-comportamental em financiamentos maiores. Igualmente discutimos o treinamento, a política da saúde de financiamento público e o trabalho que ocorre entre equipes multidisciplinares.

Acreditamos que este livro será bastante útil para as pessoas que estejam no processo de descobrir a terapia cognitivo-comportamental. Esse público inclui alunos de pós-graduação e residentes de psicologia clínica e psicologia de aconselhamento, residentes em psiquiatria e novos profissionais de outros programas de saúde mental. Também esperamos que os profissionais experientes considerem suas ideias ratificadas ao longo deste livro, ou que encontrem alguns pontos novos que possam ser integrados à sua prática. Conforme o título sugere, nosso esforço é o de ser tão prático quanto possível, e basear as vinculações com a prática nas evidências disponíveis.

Este texto reflete uma tentativa de unir o melhor da ciência com as realidades da prática clínica. Tentamos ser práticos em nossas sugestões e realistas sobre o que a terapia cognitivo-comportamental pode oferecer. Com esse enfoque prático em mente, estruturamos o livro de tal forma que os capítulos relacionados à condução da terapia apareçam primeiro, seguidos por algumas questões contextuais que cercam a área, e sobre como levar adiante o treinamento da área. Muitos dos capítulos oferecem não só a discussão de seus respectivos tópicos, mas também materiais de determinados casos que ilustram essas ideias. Regularmente fazemos referências a "ele" ou "ela", para falar sobre os clientes que aparecem nos casos estudados. De igual forma, apresentamos exemplos de certos conceitos ou técnicas em cada capítulo e usamos o caso fictício de "Anna C." como ilustração de como um caso de terapia cognitivo-comportamental pode evoluir. Nenhum dos casos presentes no livro retrata uma pessoa real; foram retirados de representações de situações vivenciadas com nossos clientes ao longo dos anos, que editamos, amalgamamos e ficcionalizamos.

Em contraste com os capítulos iniciais, mais práticos, os finais afastam-se um pouco da aplicação da terapia cognitivo-comportamental com os indivíduos, para examinar algumas das questões que cercam essa abordagem psicoterapêutica. Assim, discutimos alguns dos desafios relativos à implementação, aos mitos que cercam a abordagem e à base da pesquisa de resultados. Concluímos o livro com algumas ideias adicionais sobre como obter treinamento em terapia cognitivo-comportamental e sobre como começar e manter uma prática cognitivo-comportamental.

A maioria dos livros, mais ou menos diretamente, reflete a formação de seus autores. Este não é exceção. Nosso próprio treinamento foi bastante conduzido pelo modelo cientista-profissional, e nós dois valorizamos tanto a ciência quanto a prática da terapia cognitivo-comportamental. Nosso enfoque neste livro está na terapia cognitivo-comportamental com adultos, já que este é o trabalho que fazemos e a dimensão da área que conhecemos melhor. Ao mesmo tempo, cada um de nós traz habilidades complementares ao livro – um com um enfoque mais acadêmico e de pesquisa, outro com um conjunto mais amplo de habilidades profissionais e práticas. Ambos, porém, têm participado de pesquisas, realizado *workshops*, ensinado em cursos formais, supervisionado estagiários, tratado clientes e trabalhado em vários sistemas de saúde e educacionais, de modo que nossas experiências em comum são consideráveis. Também participamos regularmente de conferências, para ficarmos a par dos avanços da área. Somos, ressalte-se, membros da Academy of Cognitive Therapy (www.academyofct.org). Apesar de nossos modelos terapêuticos terem uma ênfase definida, escrevemos este livro de uma perspectiva mais ampla e discutimos questões relacionadas ao processo de psicoterapia que não são com frequência discutidas em textos sobre terapia cognitivo-comportamental.

Nenhum livro é editado sem que haja o apoio de uma série de pessoas. Queremos agradecer ao grande número de pessoas que têm sido importantes em nossas vidas e que têm apoiado nosso desenvolvimento na área. Algumas das maiores influências pessoais para nós, tanto em conjunto quanto individualmente, são Aaron Beck, Judith Beck, Brian Shaw, Neil Jacobson, Steven Hollon, Zindel Segal, John Teasdale, Robert Wilson, Robert Leahy, Leslie Sokol, Robert DeRubeis, Maureen Leahey, Kerry Mothersill, Gayle Belsher, David Hodgins, James Nieuwenhuis e Nik Kazantzis. Tivemos, ao longo dos anos, a oportunidade de trabalhar com uma série de alunos, estagiários e residentes extremamente talentosos – e fomos recompensados por suas lutas e por suas conquistas, algumas das quais incluem agora contribuições científicas para a área. Também reconhecemos que alguns aspectos do Capítulo 12, na verdade, originaram-se das discussões entre um de nós (D. D.) com Gina DiGiulio, enquanto ela estava trabalhando em sua residência de pré-doutorado. Este livro foi incentivado por Jim Nageotte, editor da Guilford Press, e queremos em especial agradecer seu apoio e ajuda, extensivamente a toda a equipe editorial da Guilford. Também queremos ressaltar o amor e o suporte contínuo que recebemos de nossos filhos Kit, Beth e Aubrey, assim como de nossas netas Alexandra e Clementine. Esperamos que este livro contribua para a área e que, principalmente, os clientes sejam os maiores beneficiários das ideias nele contidas. Nossa atividade tem como predicado o desejo de ajudar as pessoas que enfrentam problemas de saúde mental, e esperamos que este livro possa ser uma parcela útil de sua biblioteca na área da terapia cognitivo-comportamental.

Sumário

Prefácio v

1 Introdução e contexto das intervenções cognitivo-comportamentais 11
    Princípios da terapia cognitivo-comportamental 13
    Contexto atual: onde estamos agora? 14
    Fatores sociais e culturais na terapia cognitivo-comportamental 16
    Em resumo 19

2 Avaliação para a terapia cognitivo-comportamental 20
    Conheça sua base de evidências: avaliação de base empírica 21
    Ferramentas para a avaliação cognitivo-comportamental 22
    Avaliação como processo contínuo 33

3 Integração e formulação de casos 35
    Formulação de casos 35
    Passos da formulação de casos 40

4 Começando o tratamento: planejando a terapia e construindo a aliança 54
    Planejamento do tratamento, estabelecimento de metas e
        contrato terapêutico 55
    Fatores de relacionamento no âmbito da terapia
        cognitivo-comportamental 62

5 Começando o tratamento: habilidades básicas 69
    Sequência e extensão do tratamento 69
    Orientação e estrutura da sessão 70
    Psicoeducação 71
    Estabelecimento da tarefa de casa 74
    Intervenções de resolução de problemas 75

**6 Elementos de mudança comportamental na terapia
cognitivo-comportamental** 81
    Intervenções comportamentais para aumentar as habilidades e
        planejar as ações 81
    Intervenções comportamentais para diminuir a evitação 91
    Ativação comportamental 98
    Um comentário final relativo ao contexto social 100

7 Intervenções de reestruturação cognitiva 102
Identificação de pensamentos negativos 103
Métodos para coletar pensamentos negativos 108
Intervenções para o pensamento negativo 110

8 Avaliação e modificação das crenças nucleares e dos esquemas 126
Definição dos esquemas 127
Descobrindo crenças e esquemas 129
Mudando os esquemas 133
Métodos de mudança de esquemas 134
Intervenções baseadas na aceitação 142

9 Finalização do tratamento e prevenção da recaída 145
Conceitos e fatores sistemáticos relacionados ao término da terapia 146
Término da terapia 151
Prevenção de recaída 157

10 Desafios na condução da terapia cognitivo-comportamental 162
Desafios que se originam com o cliente 162
Desafios que se originam com o próprio terapeuta 177
Desafios que se originam na relação terapêutica 181
Desafios que se originam fora da terapia 182

11 O contexto de pesquisa na terapia cognitivo-comportamental 184
Uma perspectiva global sobre o resultado 184
Tratamentos que funcionam 192
Uma revisão da literatura 194

12 Mitos sobre a terapia cognitivo-comportamental 200
Crenças negativas 202
Crenças positivas (mas distorcidas) 213

13 Começando e mantendo uma prática cognitivo-comportamental 215
Obtendo e aceitando encaminhamentos 215
Comunicando especialidades, limites e critérios de exclusão
a clientes potenciais 219
Comunicando-se com seu "mercado" 221
Maneiras de ampliar a sua prática cognitivo-comportamental 221
Treinamento e supervisão adicionais na terapia cognitivo-comportamental 223
Fechando o círculo: a importância do contexto 228

Apêndice A
The cognitive therapy scale 231

Apêndice B
Artigos relativos à eficácia da terapia cognitivo-comportamental 237

Referências 241

Índice 253

1

INTRODUÇÃO E CONTEXTO DAS INTERVENÇÕES COGNITIVO-COMPORTAMENTAIS

A terapia cognitivo-comportamental dispõe de amplas evidências como intervenção poderosa para os problemas de saúde mental dos adultos. Muitos livros foram publicados sobre a área de terapia cognitivo-comportamental, seja da perspectiva da pesquisa, seja da perspectiva da prática. Os tratamentos cognitivo-comportamentais têm uma base empírica, e a maioria dos profissionais, pelo menos na América do Norte, é treinada em um modelo científico-profissional.

Considerando o amplo apoio e treinamento disponível na área da terapia cognitivo-comportamental, por que estamos escrevendo outro livro sobre um tipo de tratamento que já foi amplamente descrito tanto nas publicações acadêmicas quanto nas populares? Acreditamos que a ligação entre ciência e prática requer mais atenção. Muitos livros são escritos a partir de uma base científica ou prática, mas poucos fazem a ligação entre ambas as áreas. Embora o modelo cognitivo-comportamental possa oferecer um sistema subjacente de valores que leve a uma prática que usa as mais atualizadas constatações das pesquisas, é extremamente difícil, para a maior parte dos profissionais, estar a par da literatura de pesquisa em todas as áreas nas quais oferecem tratamento. Como profissional de um ambiente atribulado, uma pergunta que você faz é a de como manter-se atualizado.

Estamos em uma posição singular para oferecer a ligação entre ciência e prática, porque temos experiência em ambos os lados da disciplina. Consequentemente, trabalhamos para construir uma ligação forte que esperamos ser útil para a sua prática clínica. Esperamos que as informações sobre os resultados empíricos e os métodos que traduzem esse conhecimento na prática ajudem-no em seu trabalho cotidiano, não só com os clientes, mas também nos sistemas nos quais você atua. Entender e usar a pesquisa empírica para trazer a arte da psicoterapia ao mundo científico são metas desejáveis para que se ofereça um ótimo serviço aos clientes.

É importante dar sustentação às bases científicas das intervenções cognitivo-comportamentais por meio de observações clínicas. Acreditamos que a ciência e a prática podem conviver felizes, casadas. Neste livro, nossa primeira meta é ligar a ciência à prática de um modo bidirecional. Onde for possível, apresentaremos qual evidência científica há em relação ao uso da terapia cognitivo-comportamental para vários problemas e em ambientes variados. Também identificamos lacunas em nosso conhecimento da prática clínica. Esperamos que os leitores interessados e os futuros pesquisadores busquem preencher essas lacunas da área. À medida que a terapia cognitivo-comportamental se torna mais amplamente praticada, é fundamental que adaptações baseadas em pesquisas do modelo integrem a abordagem nas várias culturas do mundo ou em nossas próprias comunidades.

Uma segunda meta deste livro é a de destilar os princípios das intervenções cognitivo-comportamentais retirados da literatura e oferecer orientações práticas para suas aplicações em uma ampla variedade de contextos. Muitos manuais de tratamento cognitivo-comportamental têm sido escritos, com frequência, para categorias de diagnóstico cada vez mais específicas, de acordo com o *Manual diagnóstico e estatístico de transtornos mentais*, da American Psychiatric Association (2000).* Em geral, esses manuais foram desenvolvidos de uma maneira rigorosa e testados em clientes cuidadosamente selecionados em clínicas especializadas. Há uma grande quantidade de sobreposições entre os tratamentos cognitivo-comportamentais para os diferentes transtornos diagnosticados. Ainda assim, na prática, a maior parte dos clientes tem problemas múltiplos ou comorbidades, que podem ou não responder integralmente aos tratamentos oferecidos nos manuais. Qual manual, se é que há algum, deve ser usado primeiro? O que o clínico deve fazer se o cliente optar por não lidar com nenhum dos problemas diagnosticáveis? Esses problemas podem incluir problemas subclínicos ou não diagnosticáveis, tais como baixa autoestima, perturbações do sono, problemas de ajuste ao cotidiano e dificuldades interpessoais. Podem também incluir problemas contextuais, tais como acesso inadequado aos cuidados da saúde, pobreza e violência familiar. Consequentemente, embora um diagnóstico possa oferecer uma compreensão importante de um conjunto de sintomas, o cliente pode estar mais preocupado com outros aspectos de sua vida.

Dadas essas considerações, oferecemos uma ampla perspectiva sobre a terapia cognitivo-comportamental, que não está ligada ao diagnóstico ou a um determinado conjunto de problemas. A diagnose não é necessariamente uma característica fundamental da avaliação cognitivo-comportamental ou da conceituação do caso. Embora algumas categorias diagnósticas não sejam usadas para tratar clientes de determinados ambientes, seu uso pode ser comum para o diagnóstico de clientes de outros ambientes. Como clínicos, é difícil para nós sabermos como aplicar os manuais. Boa parte dos profissionais não trabalha em clínicas especializadas, e a maior parte dos clientes quer ajuda para resolver problemas múltiplos. Esperamos que seja útil para muitos clínicos disporem desta destilação e descrição das características essenciais dos tratamentos cognitivo-comportamentais para os adultos.

Os tratamentos cognitivo-comportamentais têm uma série de elementos comuns que são adaptados para o uso em diferentes problemas. É útil para os clínicos aprender esses elementos comuns em sua prática e adaptá-los a situações ou a clientes mais desafiadores, conforme o necessário. Assim, nossa perspectiva sobre o tratamento dos problemas de saúde mental é ampla. Este livro orienta-se principalmente ao uso da terapia cognitivo-comportamental com indivíduos adultos. Embora apreciemos os ótimos resultados que algumas formas da terapia de grupo, casal ou familiar tenham obtido, a prática da terapia cognitivo-comportamental é em grande parte uma prática de tratamento individualizado. Consequentemente, nosso enfoque está no tratamento individual de adultos.

Nosso objetivo é oferecer orientações para os profissionais de ambientes diferentes com "clientes típicos". Esses clientes podem ter problemas com ansiedade, depressão, relacionamentos ou ajustes à mudança ou, simplesmente, em viver. Eles podem usar determinadas substâncias em excesso

---

* N. de R.: Publicado pela Artmed Editora.

e ter hábitos autodestrutivos ou um estilo de vida desequilibrado. Podem enfrentar dificuldades ao tomar decisões sobre o casamento, a carreira ou sobre ter filhos ou não. Podem relatar insatisfação com seus empregos ou estar muito infelizes. Podem estar propensos a preocupar-se e a buscar alívio para suas preocupações. Esses são os tipos de problemas que os clientes apresentam a seus terapeutas. As intervenções cognitivo-comportamentais podem ser muito úteis para uma ampla variedade de problemas. É importante para os clínicos a flexibilidade nas aplicações do tratamento, a fim de ampliar ao máximo os resultados e a satisfação dos clientes. Portanto, outra meta é a de ajudar os clínicos a aprender a avaliar e a entender os problemas de seus clientes, usando a formulação clínica de casos para tomar decisões sobre as intervenções.

Finalmente, acreditamos que o contexto é crucial para nossas práticas. Os problemas de nossos clientes desenvolvem-se nos contextos de suas vidas e nos sistemas sociais em que eles interagem. Nosso trabalho também se dá no âmbito de certos contextos ou sistemas, e esses fatores fazem uma grande diferença no modo como tratamos nossos clientes. Se há poucos recursos financeiros, o tratamento tenderá a ser breve, mesmo para as pessoas com problemas graves. Se nosso sistema não sustenta as intervenções cognitivo-comportamentais, estaremos menos aptos a fazer uso delas. De maneira similar, o tempo e a cultura em que atuamos fazem diferença. Não é coincidência que a terapia cognitivo-comportamental tenha se originado nas culturas ocidentais e, em particular, naquelas em que há uma orientação positiva em relação à ciência, uma crença na lógica do positivismo e uma convicção geral de que a ciência pode resolver a maior parte dos problemas humanos. Da mesma forma que é importante entender como a história de aprendizagem de nosso cliente conduz ao desenvolvimento do problema, é também importante ter uma perspectiva sobre o contexto histórico e cultural da terapia. Existem várias histórias da terapia cognitivo-comportamental (por exemplo, Dobson e Dozois, 2001). Por isso, não apresentamos uma perspectiva histórica neste livro. Este capítulo agora se volta a um breve exame dos princípios da terapia cognitivo-comportamental, e depois considera alguns dos fatores sociais e culturais que influenciaram seu desenvolvimento e continuam a influenciar nossas práticas.

♦ PRINCÍPIOS DA TERAPIA COGNITIVO-COMPORTAMENTAL

Os terapeutas com frequência perguntam-se sobre quais relações há entre as várias abordagens, como "terapia cognitivo-comportamental", "terapia cognitiva", "terapia de resolução de problemas", "terapia racional-emotiva (comportamental)", "terapia cognitiva interpessoal", "terapia de esquemas", e entre os vários outros títulos que se associaram com essa ampla abordagem ao tratamento. Por meio de uma breve visão geral, e de acordo com Dobson e Dozois (2001), vislumbramos as três proposições, ou princípios, seguintes, que estão presentes em todos os tratamentos da terapia cognitivo-comportamental:

1. *A hipótese de acesso,* que afirma que o conteúdo e o processo de nosso pensamento é passível de ser conhecido. Os pensamentos não são "inconscientes" ou "pré-conscientes" ou de alguma forma indisponíveis à consciência. Ao contrário, as abordagens cognitivo-comportamentais sustentam a ideia de que, com treinamento apropriado e atenção, as pessoas podem se tornar cientes de seu próprio pensamento.

2. *A hipótese de mediação,* que afirma que nossos pensamentos medeiam nossas respostas emocionais às variadas situações nas quais nos encontramos. O modelo cognitivo-comportamental não endossa a ideia de que as pessoas simplesmente tenham uma resposta emocional a um acontecimento ou situação, mas que o modo como nós construímos ou pensamos o acontecimento é central para a maneira como nos sentimos. Da mesma forma, são nossas cognições ou pensamentos que influenciam fortemente

nossos padrões comportamentais em várias situações da vida. Por exemplo, sentimo-nos ansiosos apenas quando consideramos alguma situação como ameaçadora. Quando estamos diante de uma "cognição de ameaça" também tendemos a estar motivados a escapar da situação ou a evitá-la no futuro. Esses pensamentos, bem como as respostas emocionais e reações comportamentais a eles, podem, todos, tornar-se rotineiros e automáticos com o passar do tempo. Os teóricos cognitivo-comportamentais argumentam que há uma mediação cognitiva entre o acontecimento e as respostas típicas das pessoas em tal situação.

3. *A hipótese de mudança,* que é um corolário das duas ideias anteriores, estabelece que, pelo fato de as cognições serem passíveis de conhecimento e mediarem as respostas a situações diferentes, podemos intencionalmente modificar o modo pelo qual respondemos aos acontecimentos a nosso redor. Podemos nos tornar mais funcionais e mais adaptados por meio da compreensão de nossas reações emocionais e comportamentais, assim como usar as estratégias cognitivas sistematicamente.

Além desses princípios, o movimento cognitivo-comportamental também endossa uma perspectiva filosófica geral chamada de "hipótese ou conjectura realista" (Dobson e Dozois, 2001; Held, 1995). Embora haja variações sobre esse tema no âmbito da terapia cognitivo-comportamental, a ideia geral da conjectura realista é que um "mundo real" ou uma realidade objetiva existe, independentemente de nossa consciência de tal realidade. Assim, as pessoas podem passar a conhecer o mundo mais apropriadamente e operar no âmbito desses princípios. Em termos gerais, argumentamos que uma avaliação mais acurada do mundo, e uma adaptação mais próxima de suas demandas, é um dos indicadores da boa saúde mental. Ao contrário, um indivíduo pode perceber equivocadamente a situação a seu redor, o que faz com que a pessoa aja de maneira desconcertada em relação a seu ambiente social. Como resultado, o sujeito tenderá a experimentar consequências emocionais e interpessoais negativas. Embora ninguém possa conhecer seu mundo perfeitamente, e, em alguma medida, estejamos em descompasso com nosso ambiente, a pessoa que distorce o mundo a seu redor ou que não consegue ver as situações como elas são tenderá a ter mais problemas do que aquele que for mais realista.

O modelo cognitivo-comportamental considera a *utilidade* dos pensamentos diferentes, além da *precisão* de pensamentos relativos a situações específicas. Reconhecemos que os padrões de pensamento, incluindo as ideias gerais, hipóteses e esquemas derivam, ao longo do tempo, de nossas experiências com o ambiente social. Tais hipóteses e esquemas também afetam o modo como vemos o mundo. Além disso, pelo fato de potencialmente limitarem os tipos de situações nas quais nos colocamos, ou a variação possível de atividades nas quais podemos nos imaginar, elas nos predispõem a certas maneiras de pensar que podem se tornar autossatisfatórias. Assim, uma vez estabelecidos os esquemas, eles não só afetam nossas memórias das experiências que tivemos, mas também ditam nosso desenvolvimento futuro e a variação de atividades. Nesse sentido, as pessoas "criam" a sua própria realidade e também reagem a ela.

♦ Contexto atual: onde estamos agora?

O desenvolvimento da medicina baseada em evidências e, em especial, da psicoterapia baseada em evidências, foi útil à terapia cognitivo-comportamental. Nos anos de 1990, houve um movimento em direção à identificação de tratamentos sustentados empiricamente (Chambless e Ollendick, 2001). As disciplinas da área de saúde mental na América do Norte também endossaram a necessidade de treinamento e prática nas terapias empiricamente sustentadas. Por exemplo, os padrões de residência psiquiátrica da American Psychiatric Association, juntamente com os padrões de abonação do treinamento de psicólogos clínicos e de aconselhamento nas associações psicológicas norte-americanas e canadenses, exigem que quem esteja em treinamento passe por tratamentos empiricamente sustentados.

A terapia cognitivo-comportamental foi usada no tratamento de uma grande variedade de transtornos e problemas. Foi amplamente divulgada por meio de manuais de tratamento e livros para os membros da comunidade da área de saúde mental, e um conhecimento cada vez maior sobre essa abordagem é divulgado ao público por meio da mídia e de *sites* (por exemplo, www.academyofct.org). O público está cada vez mais exigindo a terapia cognitivo-comportamental como uma abordagem ampla ao tratamento. Sendo clínicos que valorizam a pesquisa, devemos ter cuidado para garantir que a popularidade da terapia cognitivo-comportamental não ultrapasse a evidência de sua eficácia (ver Capítulo 11 deste livro). Ela está certamente mais em voga na sociedade ocidental do que uma série de serviços. Na verdade, em muitos países, há uma forte carência de terapeutas cognitivo-comportamentais qualificados, considerada a demanda e o valor potencial da terapia para a sociedade.

Para tomar o exemplo da depressão, sabemos que, em qualquer momento do tempo, aproximadamente 3% da população estará experimentando um episódio de transtorno depressivo maior (Kessler, 2002). A população dos Estados Unidos é aproximadamente de 300 milhões de pessoas, e isso se traduz em aproximadamente 9 milhões de casos de depressão clínica hoje. Os testes clínicos de terapia cognitivo-comportamental para a depressão usam com frequência um protocolo de tratamento de 20 sessões. Se todos esses casos de depressão fossem tratados adequadamente (e somente) com a terapia cognitivo-comportamental, cerca de 180 milhões de sessões de tratamento seriam necessárias! E isso só diz respeito à depressão; o índice relativo a todos os outros transtornos mentais tratáveis é obviamente muito maior. Qualquer exame superficial do número de profissionais e programas disponíveis deixa claro que essa quantidade de sessões de terapia cognitivo-comportamental não está disponível. Alguns sistemas de cuidado de saúde, tais como o National Health Service, no Reino Unido, têm recomendado uma "abordagem em passos", pela qual intervenções mínimas são usadas para problemas leves. Essas intervenções podem incluir biblioterapia, psicoeducação e grupos de autoajuda cognitivo-comportamental. Um dos propósitos dessas novas abordagens é ampliar os recursos disponíveis. Boa parte dos clínicos está buscando extensões para os tratamentos, tais como grupos de autoajuda ou programas comunitários.

Dado o grande desequilíbrio entre procura e oferta de serviços cognitivo-comportamentais, o que está acontecendo? A demanda pela terapia baseada em evidências tem propiciado que os programas de treinamento incorporem mais tratamentos deste tipo em seus currículos. É provável que mais fornecedores de serviços estejam disponíveis para oferecer a prática baseada em evidências a longo prazo. No prazo mais curto, também notamos o desenvolvimento de um amplo mercado para programas de pós-graduação, atividades de educação continuada, publicação de manuais de tratamento e outras formas de educação. Muitos profissionais estão tirando vantagem dessas atividades. Outro avanço positivo foi o do crescimento dos serviços dedicados à terapia cognitivo-comportamental ou que pelos menos a incluem como parte do tratamento. Há, hoje, clínicas de terapia cognitivo-comportamental em uma variedade de ambientes, que vão da prática privada a clínicas ambulatoriais, terciárias e de cuidado especial, além de programas comunitários. As chamadas Health Maintenance Organizations (HMOs – "organizações para a proteção da saúde") dos Estados Unidos passaram a incluir programas de terapia cognitivo-comportamental em seus serviços. Essa ênfase da terapia cognitivo-comportamental nas HMOs está, sem dúvida, parcialmente fundada no tratamento de curto prazo e nos custos consequentemente mais baixos em relação aos demais tratamentos. É também resultado do aumento no sucesso dessas abordagens em relação a outras de longo prazo. O tempo reduzido de recuperação reflete o melhor funcionamento de parte do cliente, e custos reduzidos traduzem-se em custos gerais mais baixos para os cuidados com a saúde. Não obstante, as características positivas anteriormente mencionadas da ênfase à terapia cognitivo-comportamental, há também algumas dificuldades e desafios. Muitos profissionais estão interessados em obter mais treinamento e supervisão. Quando um clínico pode dizer que tem conhecimento especializado sobre a terapia cognitivo-comportamental? Na ausência de um "padrão-ouro" para treinar os terapeutas em tal abordagem, é provável que exista uma grande variação na qualidade da terapia cognitivo-comportamental, e que o que está sendo descrito como "terapia cognitivo-comportamental" tenha diferentes significados em diferentes ambientes.

Por exemplo, é comum que os clínicos usem técnicas cognitivo-comportamentais no contexto de outro tipo de tratamento, ou que usem uma abordagem híbrida. Os profissionais podem também acrescentar a terapia cognitivo-comportamental a outras abordagens e usar as técnicas em uma "prática eclética", mas sem uma formulação cognitivo-comportamental de caso. Outro equívoco comum é o de que pelo fato de a terapia cognitivo-comportamental ser voltada à "técnica", seja relativamente fácil aprendê-la e aplicá-la na prática. Conforme argumentaremos mais tarde neste livro, nossa posição geral é a seguinte: se já houver tratamentos baseados em evidências para um determinado problema e manuais escritos sobre o tema, e um cliente apresentar tal problema, o clínico deverá aderir ao manual e abster-se de seu julgamento clínico, a não ser que haja uma razão forte para fazer o contrário.

Outro aspecto negativo da demanda pública pela terapia cognitivo-comportamental é o de que os clínicos são tentados a usá-la para tratar problemas para os quais há pouca ou nenhuma evidência de seu sucesso. Essa tentação é natural, porque os clínicos em geral tentam mitigar o sofrimento de seus clientes, e outros tratamentos efetivos talvez não existam. Infelizmente, se um tratamento falhar em uma área na qual não tenha sido desenvolvido ou validado, o resultado pode ser tomado como evidência de que o modelo do tratamento é defeituoso. A aplicação com extremo zelo dos princípios da terapia cognitivo-comportamental em áreas problemáticas nas quais ela provavelmente funcione menos representa um problema, porque a reputação da abordagem sofrerá a longo prazo.

É importante lembrar que a evidência de base para muitas das terapias cognitivo-comportamentais foi obtida em clínicas de pesquisa, as quais oferecem um excelente primeiro teste para a eficácia clínica dos tratamentos, mas com frequência empregam rígidos critérios de inclusão e exclusão para os participantes, além de supervisionar os terapeutas e os serviços extras localizados em seu âmbito. Em contraposição, os clientes com problemas múltiplos com frequência apresentam-se à prática clínica sem que se possam distinguir critérios de inclusão e exclusão. Esses clientes são, em geral, de tratamento mais difícil do que aqueles atendidos nas clínicas de pesquisa. Dadas essas diferenças na clientela, não é de surpreender que os resultados dos ambientes clínicos não sejam tão bons quanto os dos primeiros testes de pesquisa. Assim, embora a terapia cognitivo-comportamental possa ter forte utilidade clínica, o contexto da clínica de saúde mental pode limitar esses benefícios em comparação aos testes que conduzem, em primeiro lugar, ao desenvolvimento e à disseminação dos tratamentos.

Tais pontos nos trazem de volta a uma das razões para escrever este livro: oferecer uma visão geral dos tratamentos eficazes e ajudar o leitor a entender maneiras de abordar e tratar os problemas de saúde mental, usando os princípios dos tratamentos cognitivo-comportamentais de maneira prática, mas baseada em evidências.

♦ Fatores sociais e culturais na terapia cognitivo-comportamental

O desenvolvimento de qualquer tratamento psicológico não ocorre no vácuo, mas está inextricavelmente ligado a crenças e práticas sociais quando do seu começo. A terapia cognitivo-comportamental desenvolveu-se no âmbito do contexto de uma série de diferentes tendências sociais e culturais. Como terapeutas cognitivo-comportamentais, é importante entender o contexto daquilo que fazemos, porque esse conhecimento oferece um pano de fundo para nossas práticas. Essa compreensão coloca nossa abordagem aos problemas do cliente no âmbito do contexto social e cultural em que vivemos. Considerar esses fatores levará à apreciação dos limites da terapia cognitivo-comportamental e ao conhecimento sobre quando variar as práticas padronizadas, a fim de que atendam às necessidades de determinados clientes. Da mesma forma que a terapia psicodinâmica surgiu dos valores do final do século XIX e do início do século XX, bem como do ambiente intelectual daquela época, a terapia cognitivo-comportamental surgiu de uma cultura mais recente na América do Norte, na Europa, na África do Sul e em outras partes do mundo.

Vivemos em uma sociedade que dá ênfase ao individualismo, que valoriza a independência, a escolha pessoal e a capacidade de determinar e ter controle sobre o futuro. Muitos indivíduos da sociedade ocidental acreditam poder controlar muitos, senão todos, os aspectos de suas vidas. Essa percepção do controle pessoal, teoricamente, pode levar as pessoas a ter mais responsabilidade por sua saúde física e mental. De outra parte, com essa sensação de que *deveriam* ter controle, os indivíduos que se sentem desamparados e que carecem de escolhas podem experimentar, em tal sociedade, emoções negativas e ansiedade.

As pessoas que sofrem estão mais propensas ao isolamento em uma sociedade que dá mais ênfase ao individualismo. A família, o trabalho e os grupos sociais da comunidade podem assumir menos responsabilidades no que diz respeito a cuidar das necessidades desses indivíduos. Consequentemente, as pessoas podem se sentir mais isoladas, carentes de um sentido de comunidade. Em vez de buscar apoio social para ajudar a preencher essas necessidades, as pessoas poderão buscar a terapia, especialmente se isso puder ajudá-las a aprender as competências que atendam às suas necessidades emocionais e sociais. Os fundadores e os profissionais da terapia cognitivo-comportamental também valorizam o ato de estabelecer metas, de fazer escolhas, além de agir e ter controle real sobre a realidade. Esses aspectos da terapia cognitivo-comportamental fazem dela uma abordagem ideal para o tipo de sociedade na qual ela se desenvolveu.

Também vivemos em um mundo em que as informações surgem com extrema facilidade, o que leva a um grande número de dados disponíveis para a pessoa comum. Um dos subprodutos das enormes mudanças na disponibilidade de informações tem sido uma certa "desmistificação" da psicoterapia. Clientes habituados à tecnologia podem buscar em revistas científicas internacionais e em bibliotecas universitárias do mundo todo evidências atuais e bem conceituadas sobre os tratamentos. Os clientes, com frequência, dispõem de informações sobre os problemas por eles mesmos diagnosticados, e exigem tipos específicos de ajuda. Não é incomum que os clientes tenham realizado pesquisas e feito leituras preliminares, indo até uma clínica de atendimento ambulatorial para requisitar especificamente a terapia cognitivo-comportamental.

Com o aumento do acesso à informação, pode haver maior franqueza em relação às pessoas com problemas de saúde mental. Juntamente com essa maior franqueza vem a diminuição do estigma relacionado aos problemas de saúde mental. Muitas organizações, tais como a National Alliance for Mental Illness e a Canadian Mental Health Association, realizaram campanhas públicas de conscientização. Realizaram-se sondagens sobre o conhecimento do tema da saúde mental, e os resultados foram surpreendentes. Por exemplo, em Alberta, Canadá, aproximadamente 85% das pessoas entrevistadas por telefone em 2006 foram capazes de identificar com precisão uma pessoa deprimida em um cenário padronizado (Wang, 2007). Embora o estigma ainda exista, a mesma sondagem na Austrália demonstrou um aumento de 10% na conscientização ao longo de uma década (Wang, 2007).

Além da maior conscientização pública, está se tornando mais aceitável socialmente buscar tratamento para os problemas de saúde mental. Sondagens relativas à satisfação com a psicoterapia têm aparecido em revistas populares amplamente lidas, como a *Consumer Reports*. Tornou-se algo mais aceitável para a pessoa comum buscar os serviços de psicoterapia, e muitas figuras públicas passaram a falar abertamente sobre seus transtornos mentais. Exemplos desses indivíduos corajosos são Margaret Trudeau, Jane Pauley e J. K. Rowling. Quando inspiradas por figuras públicas a buscar tratamento, as pessoas buscam terapias práticas e eficazes, tais como os tratamentos cognitivo-comportamentais.

As pessoas, com frequência, recebem a mensagem de que são "consumidores" da área da saúde e de que precisam comprar um bom "produto". Artigos de revistas populares instruem o leitor sobre quais questões fazer aos profissionais da área da saúde. Os terapeutas recebem demandas de clientes potenciais e efetivos com requisições específicas de serviço, inclusive de terapia cognitivo-comportamental. Os consumidores de serviços de saúde mental também se tornaram um forte grupo de indivíduos que defendem a si mesmos e a suas famílias. Os grupos de defesa de direitos próprios ajudam a tornar a "indústria" da saúde mais responsável por suas práticas. Em geral, o movimento dos consumidores tem sido útil para tratamentos de base empírica e de curto prazo. A presença dos consumidores também sustenta tratamentos que tenham uma perspectiva ativamente colaborativa e igualitária. A transparência na terapia é também algo desejado pelos consumidores, com as metas, a lógica e os métodos da abordagem sendo claramente descritos. Essas atividades são típicas da terapia cognitivo-comportamental.

Relacionada aos consumidores está a questão da contenção de custos na área da saúde. Os custos relativos ao cuidado com a saúde subiram muitíssimo nas últimas décadas na maioria dos países desenvolvidos, por uma série de razões, incluindo os avanços tecnológicos e o aumento da população mais velha. A contenção de custos oferece uma justificativa para o uso de tratamentos práticos e de curto prazo. Por causa da combinação da maior demanda por serviços de saúde mental e de uma maior franqueza, conforme se discutiu anteriormente, assim como da disponibilidade limitada de tratamento, tem havido pressões por tratamentos de curto prazo, redução de serviços ou limites de acesso aos serviços. As autoridades de saúde, as diretorias dos hospitais, as HMOs e as companhias de seguro monitoram regularmente os parâmetros economicamente relacionados, tais como a duração da hospitalização, os números de sessões de tratamento, a satisfação do cliente e os resultados do cuidado com a saúde. A maior parte dos sistemas de cuidado da saúde tem de ser responsável pela *última linha ou resultado financeiro*, que é a comparação entre o custo dos serviços oferecidos e os resultados obtidos com os mesmos serviços. Todos esses fatores tornam a terapia cognitivo-comportamental desejável, pois ela é relativamente barata, demonstra resultados mensuráveis e observáveis e tende a levar a menores taxas de recaída.

A ênfase dada aos fatores econômicos tem influenciado a pesquisa, o desenvolvimento e a execução direta dos serviços. Em termos mais amplos, os dólares da pesquisa advêm ou dos interesses públicos ou dos particulares. Cada vez mais, a disponibilidade pública de fundos para pesquisa e desenvolvimento tem sido limitada, e cada vez mais o enfoque dessas fontes de financiamento está na solução dos problemas públicos, questões sociais ou necessidades do sistema de cuidado da saúde. Com o relativo decréscimo do financiamento público da pesquisa, os grupos lobistas, as fundações e as agências de pesquisa privada aumentaram sua influência sobre o empreendimento de pesquisa. Em geral, o enfoque dos grupos de fundos de pesquisa e desenvolvimento está no curto prazo e em intervenções baseadas em evidências, e isso levou a pesquisas e ao desenvolvimento de teorias e terapias cognitivo-comportamentais.

O fator geral e final que tem estimulado o desenvolvimento da terapia cognitivo-comportamental é o ritmo rápido de nossa sociedade, com a correspondente percepção de que o tempo é limitado e de que a ênfase está na eficiência e na efetividade. Essa pressão do tempo tem levado a soluções práticas e de curto prazo. Uma série de fatores inter-relacionados também tem levado a uma preferência por soluções práticas e de curto prazo aos problemas. Muitas pessoas relatam um maior estresse em suas vidas e sentem-se pressionadas pelo tempo. Boa parte das famílias da América do Norte tem duas fontes de renda, o que leva a um "encolhimento do tempo" dedicado ao cuidado próprio e a outros tipos de atividades pessoais. Há uma demanda cada vez maior por um tratamento rápido, que interaja com o senso comum e que seja prático, além de acessível e útil. Esses atributos estão presentes na terapia cognitivo-comportamental.

◆ EM RESUMO

Cada fator previamente mencionado tem contribuído de sua maneira para o crescimento e desenvolvimento de psicoterapias de curto prazo, focadas nos resultados e baseadas em evidências. A base de evidências para a terapia cognitivo-comportamental aumentou muito nos últimos 20 anos, e um número cada vez maior de pessoas está ciente das constatações das pesquisas da área. As agências que financiam essas terapias, tais como os sistemas públicos de cuidado de saúde, as companhias privadas de seguro, as HMOs e as fundações, estão cada vez mais cientes e comprometidas com resultados mensuráveis nos tratamentos. Se dois resultados terapêuticos são equivalentes, mas um for mais rápido e apresentar menores custos, a maior parte das pessoas provavelmente optará por este.

Por que o profissional clínico médio deve se preocupar com esses fatores? É importante entender esses fatores contextuais e ajudar a aliviar as pressões do sistema. A base de conhecimento relativa às terapias cognitivo-comportamentais suplanta em muito sua disponibilidade como um serviço de saúde. O desafio para a próxima geração de pesquisadores, planejadores de saúde mental e clínicos será o de aprender a disseminar tratamentos de saúde mental eficazes para o maior número possível de pessoas. Uma conclusão dessa discussão é que a terapia cognitivo-comportamental tornou-se um tipo bastante adequado de tratamento psicológico para este momento da história. A terapia cognitivo-comportamental pode ser vista como uma "terapia cujo tempo é o agora".

Os capítulos a seguir não só oferecem sugestões práticas para as aplicações da terapia à prática, mas também examinam as constatações de pesquisa para os elementos comuns presentes em uma terapia cognitivo-comportamental. Esperamos oferecer orientações práticas para a avaliação e formulação de casos, além de intervenções comportamentais, cognitivas e focadas em esquemas. Finalizar um tratamento pode ser algo difícil para muitos profissionais, e nós apresentamos uma discussão sobre esse passo, incluindo a prevenção da recaída. Muitos desafios podem ocorrer, e de fato ocorrem, e nós abordamos alguns deles aqui, oferecendo sugestões para administrá-los.

É crucial que, à medida que ampliamos nossa prática da terapia cognitivo-comportamental, continuemos a questionar seus componentes. Também precisamos estar abertos a outras abordagens eficazes, à proporção que elas se tornam disponíveis. Somente o fato de o tratamento pela terapia cognitivo-comportamental ter-se mostrado eficaz em testes clínicos de pesquisa, e em comparação a um grupo de lista de espera ou a um tratamento medicamentoso, não indicará necessariamente que o mesmo tratamento seja eficaz em sua prática. Como terapeutas, devemos não só ter uma atitude humana (McWilliams, 2005), mas também humilde e curiosa no que diz respeito aos vários elementos que compõem a terapia cognitivo-comportamental.

2

AVALIAÇÃO PARA A TERAPIA COGNITIVO-COMPORTAMENTAL

Neste capítulo, examinamos os processos de avaliação na terapia cognitivo-comportamental com a intenção de oferecer ferramentas úteis para a sua prática. Quando há tais ferramentas, também apresentamos a base empírica para tomar decisões clínicas, coerentes com a meta geral deste texto, que é a de preencher as lacunas entre ciência e prática. Embora muitos textos tenham examinado as avaliações psicológicas e psiquiátricas detalhadamente, poucos examinaram os aspectos práticos desse processo. E muito poucos diferenciaram as ferramentas úteis para o clínico cognitivo-comportamental.

Há muitos livros relacionados à avaliação psicológica (por exemplo, Groth-Marnat, 2003; Antony e Barlow, 2002) e entrevistas diagnósticas (por exemplo, Othmer e Othmer, 1994). Esses textos são excelentes fontes para as questões conceituais envolvidas na avaliação e oferecem recursos para a gama de medidas de avaliação que existem, bem como as propriedades psicométricas. Dada a existência desses recursos, não fornecemos informações gerais sobre a avaliação diagnóstica ou psicológica. Boa parte dos clínicos conhece bem o DSM-IV (American Psychiatric Association, 2000), e os princípios básicos e práticas para a condução de avaliação psicológica, tais como a aplicação e a interpretação de testes psicológicos. A boa conceituação de casos e o planejamento do tratamento repousam sobre um fundamento de avaliação válida e adequada. Assim, se você estiver interessado em treinamento para essas áreas, recomendamos as referências anteriormente mencionadas como ponto de partida.

A avaliação psicológica pode servir a uma série de propósitos, inclusive a avaliação intelectual ou cognitiva, a avaliação de deficiências de aprendizagem ou do funcionamento da personalidade e a diagnose dos transtornos psicológicos. As ferramentas de avaliação e as práticas discutidas neste capítulo têm como objetivo a avaliação na terapia cognitivo-comportamental, e não outros tipos de avaliação psicológica. As metas de avaliação para o tratamento cognitivo-comportamental incluem colher informações sobre as diagnoses e os problemas que o cliente possa estar trazendo para a terapia, determinar os pontos fortes e os fracos do cliente relacionados ao planejamento do tratamento, começar a orientar o cliente ao modelo e engajá-lo nos primeiros passos do tratamento. As entrevistas iniciais também ajudam a começar a desenvolver um *rapport* interpessoal com o cliente, a desenvolver a lista de problemas conjuntamente e a começar a formulação cognitivo-comportamental do caso. Antes da discussão relativa à própria avaliação, voltamo-nos brevemente a um exame da base de evidências para a avaliação de base empírica, especialmente na terapia cognitivo-comportamental.

♦ Conheça sua base de evidências: avaliação de base empírica

A avaliação de base empírica tem ficado para trás em relação à ênfase da área aos tratamentos e relações de base empírica, apesar do fato de que todos os tratamentos terapêuticos e relações se iniciem com a avaliação (Humsley, Crabb e Mash, 2004). Também é surpreendente o fato de que esse atraso tenha ocorrido, dada a longa história de pesquisa psicométrica nas avaliações. A avaliação de base empírica, contudo, inclui não apenas a confiabilidade e a validade da entrevista, do autorrelato e outros tipos de mensurações usadas na avaliação, mas também a utilidade do diagnóstico e do tratamento dessas mensurações, melhorias na tomada de decisões para os clínicos e considerações de ordem prática, tais como custo e facilidade de administração (Hunsley e Mash, 2005). Meyer e colaboradores (2001) e Hunsley (2002) fizeram uma diferenciação entre teste psicológico e avaliação psicológica. A *avaliação psicológica* é um conceito mais amplo do que o do teste, e tipicamente depende de múltiplas fontes de informações, da integração dessas informações, bem como do uso da apreciação clínica e da tomada de decisões. Assim, embora o teste psicológico seja geralmente feito em apoio à avaliação e seja tipicamente um componente essencial dela, é apenas parte de uma avaliação de base empírica.

O Psychological Assessment Work Group (PAWG) recebeu o aval da Diretoria de Assuntos Profissionais da American Psychological Association em 1996. Seu relatório (Meyer et al., 2001) concluiu que (1) a validade dos testes é forte e impositiva; (2) a validade dos testes psicológicos é comparável à validade dos testes médicos; (3) os métodos de avaliação distintos oferecem fontes únicas de informação e (4) os clínicos que fazem uso exclusivo de entrevistas estão sujeitos a uma compreensão inadequada ou incompleta da avaliação.

Uma constatação notável do relatório de Meyer e colaboradores (2001) foi o de que os indicativos dos coeficientes de validade para vários testes psicológicos são comparáveis àqueles usados para os testes médicos, às vezes os suplantando. Por exemplo, exames rotineiros de ultrassom não se relacionavam ao resultado de sucesso na gravidez ($r = .01$), como foi a relação entre a Beck Hopelessness Scale e o suicídio subsequente ($r = .08$). Em contraposição, a emoção expressa foi moderada e significativamente relacionada à recaída posterior para indivíduos com esquizofrenia e transtornos do humor ($r = .32$). Consequentemente, os testes psicológicos podem ampliar nossa capacidade de fazer predições.

Infelizmente, o relatório de Meyer e colaboradores (2001) não examinou quaisquer escalas que pudessem prever resultados para intervenções cognitivo-comportamentais; tampouco houve qualquer mensuração específica de distorções cognitivas, ou de qualquer outro fator, que fosse exclusiva da terapia cognitivo-comportamental. Uma razão pela qual as mensurações cognitivo-comportamentais e sua relação com os resultados não estejam incluídas é a linha divisória histórica entre as práticas de avaliação e do tratamento. Uma determinada medida pode ter boas propriedades psicométricas, mas as avaliações de base empírica têm como meta considerar a validade científica do processo de avaliação em si, não apenas as propriedades de uma simples mensuração. Os instrumentos são apenas partes de um processo de avaliação geral, e o processo em si precisa ter sustentação empírica.

Hunsley e Mash (2005) incluem tanto a utilidade do diagnóstico quanto a utilidade do tratamento em sua definição de avaliação de base empírica. *A utilidade do diagnóstico* define-se como o grau segundo o qual os dados da avaliação ajudam a formular um diagnóstico. *A utilidade do tratamento* foi definida por Hayes, Nelson e Jarrett (1987) como o grau segundo o qual a avaliação contribui para um resultado benéfico no tratamento. Em essência, Hayes e colaboradores perguntavam se a avaliação contribuía para um resultado de sucesso no tratamento. Nelson-Gray (2003) também levantou a questão da utilidade do tratamento da avaliação psicológica. A autora descreveu entrevistas padronizadas de diagnóstico e observou que, embora a validade incremental dessas ferramentas pudesse ser examinada em termos de resultados, tal pesquisa em geral não ocorria. Assim, embora boa parte dos clínicos estabeleça um diagnóstico para seus clientes, esse processo, argumenta Nelson-Gray, é especialmente útil para escolher um tratamento, mais do que para prever seu resultado. Tem havido poucas pesquisas sobre a utilidade do diagnóstico. A pesquisa nessa área envolveria a avaliação dos resultados para os clientes por meio do uso do mesmo tratamento no qual o diagnóstico foi determinado, usando-se uma entrevista de diagnóstico padronizada, em oposição a uma entrevista não padronizada ou outras ferramentas, tais como a análise funcional.

Em contraste à avaliação diagnóstica, a análise funcional tem sido a estratégia tradicional que liga a avaliação comportamental e o tratamento. Em uma análise funcional comportamental tradicional, as variáveis do ambiente sobre as quais se cria a hipótese de controlar o alvo ou comportamento problemático são identificadas na avaliação, e depois são buscadas novamente para a mudança do tratamento. Vários estudos têm demonstrado a utilidade do tratamento da análise funcional, especialmente com problemas mais severos (por exemplo, Carr e Durand, 1985).

Em resumo, está claro que o movimento em direção à avaliação baseada em evidências ou de sustentação empírica está no começo. Achenbach (2005) descreveu o incentivo aos tratamentos baseados em evidências, sem atenção à avaliação baseada em evidências, como sendo algo similar a uma bela casa sem a construção de suas fundações ou alicerces. É importante estarmos cientes da iniciativa voltada à avaliação baseada em evidências, especialmente pelo fato de já terem sido desenvolvidos tanto as orientações de avaliação quanto os processos recomendados. No futuro, poderemos ter mais condições de ligar os resultados da avaliação aos resultados do tratamento no âmbito da prática cognitivo-comportamental.

♦ FERRAMENTAS PARA A AVALIAÇÃO COGNITIVO-COMPORTAMENTAL

Um grande número de testes específicos, ferramentas e medidas foi desenvolvido para a avaliação psicológica. Pode ser difícil acompanhar a literatura ao escolhermos as ferramentas mais úteis e com maior sustentação empírica para nossas práticas. Muitas mensurações populares não têm boas propriedades psicométricas (Hunsley et al., 2004), e a maior parte delas não é exclusiva da prática cognitivo-comportamental. Por exemplo, um teste psicológico que avalie as características da personalidade provavelmente não será útil quando as características não são o foco da intervenção. Uma mensuração dos sintomas gerais, tais como a Symptom Checklist-90 revisada (SCL-90-R; Derogatis, 1994), pode identificar o sofrimento e os sintomas específicos de uma série de áreas, mas pode não acrescentar informações a uma avaliação cognitivo-comportamental que estejam além de uma lista de problemas do cliente.

A boa prática é usar métodos e mensurações múltiplas para ampliar ao máximo a validade em todas as avaliações. Também é importante que esses métodos múltiplos tenham boas propriedades psicométricas e acrescentem informações novas suficientes para a avaliação ser útil. Simplesmente acrescentar mais mensurações não necessariamente indica melhorar a validade. Uma entrevista de diagnóstico é frequentemente o ponto de partida para a avaliação cognitivo-comportamental, mas o planejamento do bom tratamento em geral depende de uma avaliação mais abrangente das variáveis cognitivas e comportamentais. Há vários compêndios de mensurações sustentadas empiricamente para diferentes problemas, tais como a ansiedade (Antony, Orsillo e Roemer, 2001) e a depressão (Nezu, Ronan, Meadows e McClure, 2000). As medidas incluídas nesses textos têm propriedades psicométricas corretas, são facilmente disponíveis para o uso clínico e visam ao uso na terapia cognitivo-comportamental. A maior parte foi desenvolvida em ambientes de pesquisa e por isso a utilidade do tratamento ou a aplicabilidade em diferentes ambientes ou populações ainda não foram necessariamente estabelecidas. Nos subcapítulos a seguir, examinaremos alguns dos métodos mais comumente empregados na avaliação psicométrica correta utilizada na terapia cognitivo-comportamental.

A entrevista

As avaliações começam com uma entrevista. Dos muitos tipos de entrevistas de avaliação, várias entrevistas estruturadas e semiestruturadas foram desenvolvidas. Algumas delas estão disponíveis comercialmente a profissionais qualificados. A maior parte das entrevistas tem como objetivo ajudar o entrevistador a determinar o *diagnóstico* que o cliente apresenta, em vez dos *problemas* que este queira enfocar durante a terapia. Exemplos de entrevistas de diagnóstico são: Structured Clinical Interview for DSM-IV Axis I Disorders (SCID; First, Spitzer, Gibbon e Williams, 1997), Schedule for Affective Disorders and Schizofrenia (SADS; Endicott e Spitzer, 1978), Primary Care Evaluation of Mental Disorders (PRIME-MD; Spitzer et al., 1994), Diagnostic Interview Schedule (DIS; Robins, Cottler, Bucholz e Compton, 1995) e Anxiety Disorders Interview Schedule for DSM-IV (ADIS-IV; Brown, DiNardo e Barlow, 1994).

Esses instrumentos diagnósticos variam de entrevistas semiestruturadas a entrevistas altamente estruturadas. Com exceção da PRIME-MD, que toma apenas de 10 a 20 minutos para se realizar, as demais duram entre 45 e 120 minutos. A PRIME-MD foi desenvolvida como uma ferramenta de varredura para os médicos dos primeiros cuidados usarem com os clientes com suspeita de problemas psiquiátricos, ainda não identificados. Assim, é um bom primeiro diagnóstico, mas não alcança os demais em termos de abrangência e de minúcia. De todas essas entrevistas, a ADIS-IV pode melhor identificar as situações e reações que são úteis para a terapia cognitivo-comportamental, especialmente se o problema maior parecer um transtorno de ansiedade ou de humor. Por exemplo, ela lista as situações potencialmente temidas para os vários transtornos da ansiedade e pode ajudar a começar-se a conceituação do problema, mais do que simplesmente elaborar um diagnóstico.

Se o teste diagnóstico for importante na sua prática, considere usar a Mini-International Neuropsychiatric Interview (MINI), versão 5.0 (Sheehan et al., 1998). Essa ferramenta é uma entrevista diagnóstica estruturada ministrada pelo clínico com uma razoavelmente boa amplitude de cobertura, apesar de ser mais curta do que muitas das outras entrevistas estruturadas (aproximadamente 15 minutos). A MINI está disponível em 30 línguas e pode ser acessada em www.medical-outcomes.com. Não há custo para profissionais qualificados.

As entrevistas estruturadas e semiestruturadas exigem um treinamento extensivo e podem não ser práticas ou úteis em todos os ambientes clínicos. Além de enfocar o diagnóstico, a maioria delas foi desenvolvida para a pesquisa, e utilizada principalmente em ambientes de pesquisa. As entrevistas de pesquisa enfocam os sintomas e seu desenvolvimento, e tendem a ser métodos confiáveis e válidos para garantir que os sintomas apresentados atendam aos critérios do DSM-IV para determinados diagnósticos. Embora essas entrevistas sejam muito úteis para o diagnóstico, não ajudam tanto na determinação de informações úteis para os estágios iniciais da terapia cognitivo-comportamental, porque esse não é o objetivo delas. Elas não ajudam a identificar os padrões de pensamento, nem a conduzir uma análise funcional do comportamento. Se a obtenção de um diagnóstico formal é importante para a sua prática, considere a possibilidade de incorporar as questões diagnósticas na avaliação geral (ver Quadro 2.1). Além da determinação dos diagnósticos, outras informações são necessárias para avaliar a adequação da terapia cognitivo-comportamental e para começar a conceituar o problema de um cliente.

Conforme sugerimos antes, a terapia cognitivo-comportamental requer informações consideráveis além da avaliação do diagnóstico. Infelizmente, nenhum formato padronizado ou entrevista estruturada está disponível para a avaliação cognitivo-comportamental. Essas informações, contudo, são necessárias para entender os problemas do cliente a partir de uma conceituação cognitivo-comportamental. Obter essas informações é algo que começa tipicamente na primeira entrevista, embora a avaliação continue ao longo do caso e possa ser suplementada a qualquer momento. De acordo com nossa perspectiva, uma avaliação compreensiva para começar a terapia cognitivo-comportamental inclui as seguintes informações:

♦ O *problema ou os problemas* que trazem o cliente à terapia neste momento. O maior problema indicado pela maior parte dos clientes está em geral relacionado ao diagnóstico, mas criar uma lista de problemas não é a mesma coisa que simplesmente listar os sintomas relacionados ao diagnóstico do cliente (se ele tiver um). Por exemplo, um cliente do sexo masculino com depressão maior pode estar desempregado. Seus problemas podem incluir humor deprimido, baixa energia, perturbação do sono e perda de motivação, que interferem na busca de um emprego. Contudo, sua lista de problemas pode incluir tanto questões financeiras quanto conflitos familiares, que não são sintomas de depressão em si.

♦ Os *gatilhos* (antecedentes) e as *consequências* do problema ou dos problemas. Este processo geralmente requer um questionamento cuidadoso de parte do entrevistador para determinar os antecedentes hipotéticos que controlam ou disparam os comportamentos problemáticos e as emoções. É útil ser bastante preciso no questionamento. Por exemplo: "Que situação faz com que você se sinta _____?", "Por favor, descreva sua situação detalhadamente", "Descreva seu humor durante um dia comum", "Descreva com exatidão o que aconteceu ontem e como estava seu humor", "Quem você mais/menos gosta de ter a seu lado?", "O que ocorreu depois que seu humor piorou?", "Como você responde a essa mudança de humor?", "O que aconteceu a seguir?". Essas questões ajudam a descrever a topografia do problema, e também ajudam o entrevistador a começar a entender os gatilhos e suas consequências na vida cotidiana do cliente. O objetivo dessas questões é desenvolver um mapa da relação funcional entre o cliente e os muitos acontecimentos que estão ocorrendo em sua vida.

♦ As *reações* do cliente quando está experimentando os sintomas. É útil distinguir entre essas reações o *afeto* (sentimentos ou emoções e reações fisiológicas), as *cognições* (pensamentos, ideias, imagens) e os *comportamentos* (ações ou tendências de ação). De um lado, a maior parte dos clientes sabe fazer a distinção entre os sentimentos, pensamentos e ações, e essas distinções começam a orientar os clientes para um modelo cognitivo-comportamental de terapia. Por outro lado, nessas três áreas de avaliação, embora seja relativamente fácil para os clientes notar seus sentimentos e o que estão fazendo (ou o que não estão fazendo), pode ser mais difícil para eles "pegar" seus pensamentos. Em tais casos, algo que ajuda é pedir para os clientes identificarem uma situação específica, recente e difícil, a fim de ajudá-los a diminuir o ritmo do processo e a atender a suas várias reações nas três áreas. É também possível construir situações hipotéticas na entrevista de avaliação para ver se o cliente sabe usar a imaginação e para sugerir quais seriam suas prováveis reações. Alguns clientes inicialmente sofrem para fazer a diferença entre pensamentos e sentimentos. Outros, que carecem de vocabulário para termos emocionais, beneficiam-se das instruções relativas a como falar sobre os sentimentos ou listar palavras relativas aos sentimentos que eles possam usar para fazer a distinção entre pensamentos e sentimentos. Ao ajudar os clientes a entender essas diferenças nas entrevistas iniciais, o terapeuta os orienta para o modelo usado na terapia.

Quadro 2.1   Exemplo de entrevista inicial para a terapia cognitivo-comportamental

Nome: _____ Data: _____

Converse com o cliente para determinar o consentimento da entrevista, sua confidencialidade e os limites de tal confidencialidade, a intenção da avaliação, o sistema do que será relatado e quaisquer intenções de treinamento da avaliação e da observação. Obtenha o consentimento. Informe que você tomará notas durante a entrevista.

Informações gerais:
1. Idade e data de nascimento.
2. Estado civil (se solteiro, indicar relacionamentos recentes). Filhos? Nomes e idades, se adequado.
3. Situação de vida atual. Com quem você vive? Como é o local?
4. Como você está se sustentando hoje?
5. Breve história dos empregos/trabalhos realizados.
6. Qual é seu nível de instrução? Qual a última série concluída e quando?
7. Razões para indicação de tratamento e descrição do(s) problema(s) atual(is).
    - Situações em que o problema ocorre (obter lista detalhada).
    - Situações que são evitadas por causa do problema.
    - Índice do funcionamento atual (de 1 = melhor possível a 10 = pior possível).
    - Impacto do problema sobre o funcionamento atual (0 a 100% de impacto).
    - Que área ou áreas de sua vida são mais afetadas pelo problema (por exemplo, escola, trabalho, amizades, família)? E as menos afetadas?
    - Qual é a coisa mais difícil para você fazer por causa do problema?
    - Quais são suas reações típicas quando você está passando pelo problema?
    - Reações físicas (incluem ataques de pânico).
    - Reações emocionais.
    - Quais são os seus pensamentos antes, durante e depois da situação? (Questões iniciais incluem "O que você imagina que vai acontecer se...?". É útil dispor de exemplos específicos ou imagens para identificar pensamentos.)
    - O que você em geral faz quando isso acontece?
    - Você notou algum padrão nessas reações (por exemplo, os momentos em que as coisas melhoram ou pioram, horário do dia, dia da semana, estação)?
    - Que outros fatores afetam o modo como você se sente nessas situações (por exemplo, outras pessoas, fatores ambientais, duração da situação, suas próprias expectativas ou dos outros)?
    - O que você já constatou ajudar a reduzir o problema (por exemplo, pode ser dividido em enfrentamento positivo e negativo, uso de medicações, estratégias aprendidas na terapia anterior, métodos aprendidos por conta própria)?
    - Há maneiras de você tentar se proteger quando estiver passando pelo problema? Há pequenas coisas que você faz para ajudá-lo a superar as situações (por exemplo, fazer determinadas preparações, tomar algum remédio, contar com outras pessoas, evitar certos aspectos da situação)?
    - Você pode citar alguma habilidade que poderia desenvolver para diminuir o problema (por exemplo, habilidades sociais, resolução de conflitos, habilidades de trabalho/emprego)?
8. Além do problema que acabamos de discutir, há outros estressores em sua vida no momento? Quais são?
9. Como você descreveria seu humor atual? (1 = melhor possível a 10 = pior possível)
    - Se você se sente deprimido, há quanto tempo vem se sentindo assim?
    - Você já perdeu o interesse pelas coisas de que antes gostava?
    - Como você se sente em relação ao futuro?

(continua)

Quadro 2.1 *(continuação)*

- Como você tem dormido ultimamente? Como está seu apetite?
- Você já pensou em mutilar a si mesmo (diferenciar comportamento suicida de comportamento em que a pessoa mutila a si mesma).
- Em caso positivo, quando, com que frequência, o método, a história de tentativas e o histórico de suicídios na família.
- O que faz com que você não machuque a si mesmo?
- Você já fez tratamentos para a depressão? Em caso positivo, quando? Qual foi a eficácia desses tratamentos?
10. Você tem alguma outra preocupação de ordem psicológica?
11. Situação física atual – alguma preocupação? Medicações atuais (tipo e dosagem)?
12. Uso atual de drogas e álcool, incluindo cafeína. Você já teve problemas nos passado com o abuso de substâncias? Algum histórico de tratamento de uso de substâncias?
13. Você está atualmente envolvido em algum programa comunitário ou voluntário?
14. O que você gosta de fazer nas horas de lazer?
15. Histórico de problemas atuais – quando seus problemas começaram? Você se lembra de algum incidente específico que você acredita ter causado o problema?
    - Como você era quando criança e adolescente? Você se lembra de algum problema de desenvolvimento? Como foram suas experiências na escola e na família enquanto você crescia?
    - Você enfrentou algum problema familiar enquanto crescia? Alguma história de abuso?
    - Você já buscou ajuda para algum problema psicológico ou psiquiátrico no passado?
    - Há alguém na sua família que tenha um histórico de transtornos da ansiedade, depressão, abuso de substâncias e assim por diante? Há alguém na sua família que você considere ter problemas similares aos seus? Há algum histórico psiquiátrico na família?
16. Quem faz parte de sua família? Dê o nome de seus pais e irmãos; diga quais são suas idades e onde eles moram.
17. De quem você está mais perto e mais longe em sua família? Quem você procuraria se precisasse de apoio? Quem você procuraria no caso de uma crise ou emergência?
18. Esqueci alguma coisa?
19. Use três ou quatro adjetivos para descrever-se como pessoa (inclua pontos fracos e fortes). (Se o cliente não conseguir descrever-se, peça a alguém que o conheça bem para fazê-lo.)
20. Quais são suas expectativas e metas relativas a estar aqui? Cite uma ou duas coisas que você gostaria que mudassem em relação ao(s) problema(s) que discutimos.
21. Você tem alguma pergunta? (Explique ao cliente o que vai acontecer a seguir.)

- *Padrões atuais de enfrentamento e de evitação de abordagens.* O enfrentamento pode ser positivo, quando, por exemplo, se aborda uma situação problemática ou se fala com alguém sobre um problema, evitando certas situações ou o uso de substâncias (como o álcool e as drogas) para tal enfrentamento. A avaliação dos padrões de evitação de abordagens envolve compreender os modos pelos quais os clientes "gerenciam" seus sintomas e problemas. Por exemplo, um cliente ansioso pode evitar a ansiedade afastando-se de situações nas quais tenha experimentado a ansiedade. Exemplos de evitação incluem ser excessivamente passivo ou evitar conflitos quando se está ansioso, retirar-se da convivência com as pessoas quando se está deprimido ou evitar situações desafiadoras quando a autoeficácia é baixa. A evitação também pode tomar a forma de comportamentos de segurança (por exemplo, fazer coisas para manter-se "a salvo"), evitação de emoções negativas, proteger-se da excitação (por exemplo, evitação de esforço ou de excitação), minimizar a estimulação ou compulsivamente verificar as circunstâncias que se teme. Tais padrões tendem a ser únicos tanto para o cliente quanto para os seus padrões de evitação. A avaliação desses padrões requer sensibilidade e um questionamento cuidadoso de parte do clínico.

♦ *Déficits de habilidades, falta de conhecimento* ou outras questões que podem estar associadas com o problema. Nem todos os clientes exibem déficits de habilidades ou falta de conhecimento. Também, mesmo que pareça que o cliente careça de habilidades, é importante distinguir esses déficits aparentes do sofrimento que o cliente expressa. Por exemplo, um cliente deprimido e evitativo pode parecer carecer de habilidades sociais, mas seu humor baixo e a evitação ansiosa podem estar mascarando suas habilidades. É instrutivo observar que alguns déficits aparentes podem não ser psicológicos por natureza. Por exemplo, um de nós (D. D.) tratou um cliente com uma fobia de altura, mas cujo trabalho era o de, ocasionalmente, construir pontes sobre grandes extensões de água. Ele estava experimentando vários sintomas de ansiedade, juntamente com vertigem. Uma avaliação visual, porém, revelou que o cliente carecia completamente de percepção de profundidade e que sua fobia provavelmente havia se desenvolvido em resposta a seu problema de visão. Sob tais circunstâncias, ele não se sentia seguro trabalhando na ponte. Em vez de superar sua fobia, precisou conversar com seu empregador sobre a minimização do risco no trabalho. Finalmente, alguns clientes de fato têm déficits de habilidades ou carência de conhecimento. Em nossa experiência, muitos desses clientes vêm de famílias social, emocional ou intelectualmente empobrecidas. Por exemplo, um cliente com baixa autoestima e um histórico de abuso pode carecer de informações sobre as relações sociais, ou do que é comportamento "normal" e "anormal" na vida familiar. Em tais casos, pode ser necessário incluir no plano do tratamento uma prática educacional e de habilidades para garantir uma bem-sucedida resolução de problemas. Afinal de contas, um cliente com fobia de dirigir precisa ter habilidades relativas ao ato de dirigir, a fim de tornar-se um motorista seguro, independentemente de ter medo ou não de dirigir.

♦ *O suporte social, as preocupações da família e os problemas interpessoais ou sexuais correntes.* Reconhece-se que, embora a oferta de suporte social adequado possa mitigar os problemas, a presença de problemas familiares, interpessoais ou sexuais pode exacerbá-los. Nossa orientação em relação a essa área é lidar com ela assim como lidamos com qualquer outra área, e perguntar abertamente sobre essas áreas de funcionamento. As questões que nós perguntaríamos seriam: "Quem você procuraria se tivesse um problema sério?", "De quem você está mais perto na sua família?", "Com que frequência você passa algum tempo com _____?", "Com que frequência você fala com _____?", "Há alguém com quem você em geral discute?" ou "Você tem alguma preocupação em relação ao sexo?".

♦ *Outros problemas atuais.* Independentemente do problema apresentado, é sempre uma boa ideia perguntar sobre alguns problemas comuns. Embora seja bastante incomum ter esses problemas e não mencioná-los, às vezes os clientes não conectam seus problemas atuais com outras questões que ocorrem em suas vidas. Fatores possíveis que podem ser avaliados são os problemas psicológicos comuns, tais como ansiedade, depressão, falta de esperança e risco de suicídio. Se a pessoa estiver em qualquer situação de vida conjunta, abusos psicológicos, sexuais e domésticos devem ser considerados. As condições médicas devem ser examinadas, especialmente aquelas que são crônicas ou persistentes. O uso de álcool e de drogas (inclusive de drogas prescritas e de outras psicoativas não prescritas) deve ser avaliado, sob a perspectiva de determinar abuso de substâncias ou dependência.

Finalmente, questões da vida prática, como preocupações financeiras ou legais, devem ser consideradas.

♦ *O desenvolvimento e a trajetória dos problemas.* Tendo-se estabelecido o espectro amplo de possíveis problemas que o cliente está experimentando, vale a pena tentar estabelecer as linhas do tempo associadas aos problemas. Nossa impressão é de que não vale a pena fazer uma linha do tempo detalhada de todo e qualquer problema, mas determinar o início e a trajetória dos problemas maiores. Tentamos determinar se qualquer evento independente parece acionar os sintomas. Um conjunto de perguntas úteis a fazer em relação ao conhecimento do cliente é "O que estava acontecendo na sua vida quando esses problemas começaram?", "Você faz alguma conexão entre esses eventos e seus problemas?" ou "Qual é sua ideia sobre o desenvolvimento desse problema?". As respostas dos clientes ajudam a determinar se eles já formaram um teoria e o quanto o modelo é conducente de intervenções cognitivo-comportamentais. Pelo fato de muitos clientes terem ouvido, por exemplo, que seus sintomas depressivos são "causados por um desequilíbrio bioquímico", alguma reorientação pode ser necessária. Por outro lado, se os clientes já tiverem uma ideia rudimentar que seus problemas são o resultado de alguma vulnerabilidade pessoal e de estressores da vida, então você poderá usar esse conhecimento para dar ênfase a como essa maneira de pensar é bastante compatível com o seu trabalho na terapia.

♦ *Histórico do tratamento,* incluindo os esforços passados para autogerenciar os problemas, os tratamentos anteriores (tanto farmacológicos quanto psicoterapêuticos), o conhecimento sobre o problema e a resposta ao tratamento. Incluídas nas informações úteis estão questões sobre com que frequência o cliente recebeu tratamento, o tipo e a provável adequação do tratamento e sobre quem eram os provedores do serviço (ou quem são; às vezes é necessário comunicar-se com outros terapeutas para coordenar o tratamento). É muito útil avaliar os esforços do cliente para lidar com os problemas. Essas últimas informações indicam-lhe o modelo do problema do cliente, sua capacidade de resolver problemas e de implementar soluções, a determinação e a consistência da solução dos problemas e como ele provavelmente lida com a falta de sucesso nessas estratégias.

O Quadro 2.1 apresenta uma entrevista estruturada, com uma sequência específica e possíveis questões. Essa entrevista pode ser facilmente adaptada para o uso em diferentes práticas ou com diferentes populações. Outras questões podem ser acrescentadas. A entrevista não pretende substituir uma avaliação diagnóstica, mas pode ser suficiente para muitas práticas cognitivo-comportamentais nas quais um diagnóstico muito detalhado e preciso não seja necessário ou útil. O Quadro 2.1 apresenta uma lista de outras questões a serem consideradas no desenvolvimento de uma entrevista semiestruturada para a sua prática.

Na sua prática, pode ser útil comprar uma ou duas entrevistas estruturadas e adaptá-las aos problemas do cliente com que você em geral lida. Embora a confiabilidade e a validade da entrevista provavelmente sofram com tal adaptação, o resultado é em geral uma avaliação mais abrangente e clinicamente apropriada do que a de uma entrevista não estruturada. Tipicamente, o resultado é mais prático e curto do que a versão mais abrangente, tornando-a mais fácil de usar e mais agradável para o cliente. Recomendamos a MINI quando o objetivo é fazer um levantamento geral. Também recomendamos dispor de cópias de uma entrevista cognitivo-comportamental semiestruturada, tal como a do Quadro 2.1, enquanto você realiza sua entrevista inicial. Se você tiver muitos clientes com problemas similares, essa entrevista pode ser adaptada, listando-se as situações típicas que seus clientes apresentam. Muitos clínicos incorporam uma avaliação diagnóstica e cognitivo-comportamental à mesma entrevista. Embora haja diferenças entre as duas, há também uma sobreposição considerável.

QUADRO 2.2 Questões de avaliação preferidas pelos clínicos

Antes de começar a entrevista
- Você tem alguma restrição ou questões sobre _____ observar a sessão (além do formulário de consentimento)?
- Você tem alguma restrição sobre o relatório ser enviado para _____ (além do formulário de consentimento)?

Quando começar a entrevista
- O que lhe traz aqui hoje? Por que você veio agora?
- Por que você está buscando ajuda neste momento?
- O que traz você aqui?
- Que tipos de dificuldade você tem experimentado?
- Você tem passado por algum estresse incomum ou que tenha aumentado neste momento?

Para a avaliação do problema
- Por favor, descreva os problemas que lhe trazem aqui hoje.
- Pode ser útil dividir os problemas em pensamentos, sentimentos e comportamentos. Quando você passa por _____, em que você está pensando/ o que está sentindo/ o que está fazendo?
- Qual é controle que você tem desse problema (use uma escala de 1 a 10, em que 10 é *controle total* e 1, *nenhum controle*)?

Para o funcionamento atual
- Como você tem dormido e comido ultimamente? Quantas horas de sono você dorme por noite? O que você comeu até agora hoje? E em um dia normal?
- Por favor, descreva um dia típico em detalhes, começando pelo momento em que você acorda.
- Qual é a sua fonte de renda? Você tem algum problema financeiro?
- Você está usando medicação? Qual? Você sabe a dosagem?
- Você bebe ou usa drogas? Quais e em que quantidade?

Para a avaliação de risco e instilação de esperança
- Em dias ruins, você às vezes acha que a vida não vale a pena?
- O que faz com que você continue em frente em um dia ruim? Há pessoas em que você pensa quando tem vontade de mutilar a si mesmo?
- Você fere a si próprio, além de pensar em suicídio? (Use exemplos.)

Para avaliação do conceito próprio e da autoestima
- Como você se descreveria?
- Como uma pessoa que o conheça bem (por exemplo, _____) o descreveria?
- Como você se descreveria para outra pessoa (por exemplo, para alguém que você não conheça, um empregador, um amigo)?

Para avaliar o histórico familiar e o suporte social
- Você é como alguém de sua família? Alguém mais em sua família tem problemas similares aos seus?
- Há algum histórico familiar de _____?
- Como você descreveria seu cônjuge? Sua mãe? Seu pai?
- De quem você se sente mais próximo no mundo? Se houvesse uma emergência, quem você chamaria?
- Com que frequência você fala ou vê as pessoas de quem se sente perto? (Obtenha informações específicas.)
- Que sistema de apoio você tem neste momento?

(continua)

Quadro 2.1 *(continuação)*

Para avaliação de hábitos, uso de substâncias e abuso de substâncias
- Você usa recompensas quando está lutando com problemas? Elas incluem _____? (drogas, atividades, alimentos, álcool, jogo de apostas, compras)
- Para que serve esse comportamento para você?
- Você já notou que usar álcool ou outras drogas ajuda você a lidar com essa situação ou isso impediu você de enfrentá-la?

Para avaliação de tentativas passadas de mudança e tratamentos
- Que intervenções/tratamentos você teve no passado?
- O que foi útil e o que não foi útil neles?
- O que você já tentou fazer para administrar seus problemas? Qual foi o resultado?
- Você superou problemas no passado? Como?

Para finalizar a entrevista e instilar a esperança de mudança
- O que você faria caso não tivesse esse problema em sua vida?
- Há mais alguma coisa sobre a qual podemos falar hoje?
- Deixamos de abordar alguma coisa?
- O que mais preciso saber para compreender você e suas preocupações?
- Conte-me alguma coisa importante que você gostaria que eu soubesse sobre você e sobre a qual nós ainda não tivemos oportunidade de falar aqui.
- Você tem alguma pergunta para mim?
- Há alguma outra coisa que você gostaria de saber sobre esse processo?
- O que você gostaria de conseguir com estas sessões?
- Quais são as suas esperanças para esse processo?
- Quais são as suas esperanças e metas para a terapia?
- Você tem alguma meta de mudança?

Nota: Essas perguntas foram desenvolvidas e modificadas a partir das respostas dos participantes durante dois *workshops* de avaliação clínica patrocinados pela Associação dos Psicólogos de Alberta (novembro de 2004 e janeiro de 2005).

Medidas de autorrelato

Embora exista uma ampla gama de testes de autorrelato, os mais úteis para a prática cognitivo-comportamental podem ser divididos em medidas de sintomas e medidas cognitivas e comportamentais. Muitos desses testes foram desenvolvidos para a pesquisa e não para a clínica.

Existem muitas medidas úteis de severidade dos sintomas, e algumas são amplamente usadas na prática clínica. Pode ser difícil determinar quais são as medidas mais úteis para a sua prática, porque há muitas. Duas revisões muito úteis e abrangentes avaliam as medidas de base empírica e que são acessíveis para adultos ansiosos (Antony et al., 2001) e com transtornos depressivos (Nexu et al., 2000). Antony e Barlow (2002) também examinam detalhadamente as abordagens de avaliação para muitos problemas psicológicos diferentes. Uma lista completa de testes psicológicos em todas as áreas de avaliação, juntamente com referências para a pesquisa relevante, pode ser encontrada em *The Sixteenth Mental Measurements Yearbook* (Spies e Plake, 2005; www.unl.edu/buros/bimm/index.html).

Muitas medidas presentes nesses textos estão disponíveis para uso clínico gratuitamente. Algumas medidas, porém, tais como o Beck Anxiety Inventory (BAI; A. T. Beck e Steer, 1993) ou o Beck Depression Inventory-II (BDI-II; A. T. Beck, Steer e Brown,

1996), devem ser adquiridas por meio de uma empresa de testes psicológicos. Para maiores informações sobre essas ferramentas, acessar www.harcourtassessment.com.

É muito útil manter várias mensurações diferentes à mão para problemas que você tipicamente vê na sua prática. As muitas medidas gerais de ansiedade incluem o BAI (A. T. Beck e Steer, 1993) e o State-Trait Anxiety Inventory (STAI; Spielberger, Gorsuch, Lushene, Vagg e Jacobs, 1983), embora tendam a ser bastante globais. Medidas mais específicas de sintomas de ansiedade, tais como a Yale-Brown Obsessive-Compulsive Scale (Y-BOCS; Goodman et al., 1989a, 1989b) ou a Social Phobia Scale (Mattick e Clarke, 1998), podem ser levadas em consideração se você trabalhar com formas específicas de transtornos da ansiedade. Escalas úteis para trabalhar com a depressão são a BDI-II (A. T. Beck et al., 1996) e a Beck Hopelessness Scale (BHS; A. T. Beck e Steer, 1988). Todas essas mensurações são adequadas para a avaliação repetida e podem, portanto, ser empregadas como índice de sucesso do tratamento. Embora algumas delas devam ser adquiridas por meio de um centro comercial de testes, muitas são reimpressas para uso clínico nos textos de Antony e colaboradores (2001) e de Nezu e colaboradores (2000).

Apesar de as escalas previamente mencionadas medirem principalmente os sintomas e poderem ser usadas para avaliar mudanças nos sintomas ao longo do tempo, é também útil empregar mensurações comportamentais e cognitivas relacionadas a seu trabalho. Por exemplo, o Mobility Inventory for Agoraphobia (Chambless, Caputo, Gracely, Jasin e Williams, 1985) é uma escala rápida e de fácil uso, relacionada à capacidade do cliente de sair de casa e à sua mobilidade fora de casa. O Fear Questionnaire (Marks e Mathews, 1979) avalia vários tipos diferentes de fobias e as evitações potenciais dos clientes a diferentes situações ou estímulos. A Cognitive-Behavioral Avoidance Scale (Ottenbreit e Dobson, 2004) pode ser usada para avaliar a tendência a evitar situações sociais e não sociais. O Young Schema Questionnaire (YSQ; Young e Brown, 2001) é uma escala abrangente de esquemas desadaptativos potenciais que podem estar presentes em expressões mais sintomáticas dos problemas. Todas essas mensurações, com a possível exceção do YSQ, são adaptáveis à avaliação repetida; definir quais podem ser aplicáveis à sua prática dependerá de seus clientes e dos tipos de problemas que eles apresentarem.

O auxílio da observação

O clínico é treinado para observar o cliente, começando pelo primeiro telefonema ou contato. Dados muito úteis são obtidos por meio de observação cuidadosa do cliente, incluindo a comunicação verbal e não verbal, e tanto o conteúdo quanto os aspectos não verbais das respostas às questões e mensurações usadas na avaliação. Tradicionalmente, o comportamento durante a avaliação é visto como uma "amostra" do comportamento geral do cliente e pode-se criar a hipótese de generalização para situações similares. Anotar as observações sobre o comportamento do cliente, bem como selecionar frases ditas durante e imediatamente depois da entrevista, é útil. Notar a extensão de tempo que o cliente leva para completar os questionários e seu comportamento durante os testes é também útil.

Além das habilidades de observação, as mensurações dos déficits de habilidade e das dificuldades interpessoais, tais como o Inventory of Interpersonal Problems (Horowitz, Rosenberg, Baer, Ureno e Villasenor, 1988), podem ser consideradas na integração do processo de avaliação. Incentivamos, em especial, a consideração de ferramentas práticas, tais como um cronômetro (para medir a duração dos comportamentos), um contador (para medir a frequência dos comportamentos), um espelho (para observação feita por outros clínicos ou alunos) e equipamento de áudio ou vídeo, de modo que as entrevistas possam ser observadas depois da avaliação. Embora o áudio seja de preparação mais simples, é muito mais fácil completar e fazer verificações de confiabilidade com sessões gravadas em vídeo, se alguma escala de índice de comportamento for usada pelos observadores.

A observação mais formal pode ser construída como parte de uma avaliação de habilidades comportamentais ou de evitação. Por exemplo, considere a possibilidade de manter cópias de situações padronizadas para *role plays* a fim de avaliar as habilidades comunicacionais. Os testes de evitação comportamental podem ser realizados para avaliar fobias específicas ou sociais.

Automonitoramento

"O automonitoramento envolve a auto-observação sistemática e o registro de ocorrências (ou não ocorrências) de determinados comportamentos e eventos" (Haynes, 1984, p. 381). Existem vários métodos para automonitoramento. Geralmente, é mais útil adaptar os métodos de automonitoramento ao cliente e aos problemas específicos que ele traz para a avaliação. É útil ter vários formulários diferentes e padronizados de automonitoramento que possam então ser adaptados para o uso com diferentes problemas e clientes durante a avaliação. Formulários básicos são o Behavioral Activity Schedule, para os clientes registrarem suas atividades durante uma semana, o Panic Attack Log, o Dysfunctional Thoughts Record e o Simple Frequency Record, para os clientes acompanharem comportamentos diferentes, incluindo atividades distintas, tais como puxar os cabelos, comer, fumar, discutir, ou dar início a conversas. É comum modificar esses formulários de acordo com o cliente: por exemplo, um cliente que apresente tricotilomania pode monitorar o número de cabelos que arrancou em resposta a diferentes ativadores ou o período de tempo que passou arrancando seus cabelos, ou fazer amostragens da atividade em diferentes momentos do dia. Pode ser útil desenvolver modelos de formulários que possam ser facilmente modificados. Com frequência é necessário ser criativo no que diz respeito a obter as informações de automonitoramento. Possíveis métodos incluem registros em simples folhas de papel, formulários adaptados, ou mesmo programas para *palm-tops*, dos quais se pode fazer o *download*, e que ajudam a examinar a relação entre gatilhos, humor e pensamentos. Pergunte pela preferência do cliente em relação ao automonitoramento e respeite-a, pois isso aumentará as chances de adesão do cliente ao plano de automonitoramento.

Outras fontes de informação

Família e cônjuges/companheiros

É em geral útil obter informações sobre os membros da família ou sobre os companheiros do cliente, especialmente se estes vivem com ele e têm podido observar mudanças ao longo do tempo. Naturalmente, é necessário obter o consentimento do cliente para conversar com outras pessoas e, em geral, é bom entrevistar essas pessoas na presença do cliente. A reação do cliente à entrevista e também os padrões de comunicação entre os indivíduos na entrevista podem também ser observados. Em certas situações, especialmente quando os problemas principais são relacionados ao trabalho, pode ser útil entrevistar o empregador do cliente, seu supervisor direto ou um colega, novamente com o consentimento e diante do cliente, se possível. Um formato semiestruturado pode facilmente ser usado para entrevistar o cônjuge/companheiro do cliente para obter informações similares àquelas obtidas com o cliente, mas a partir de outro ponto de vista.

Documentação prévia

A documentação prévia pode ser muito útil para estabelecer os resultados de avaliações passadas, diagnósticos e tratamentos ou recomendações, se disponíveis. Alguns clientes têm dificuldade em lembrar-se de detalhes dos tratamentos e podem relatar ter passado por um tipo de tratamento quando não há, na verdade, evidências que sustentem tal declaração. Os clientes às vezes também relatam ter passado por algum aconselhamento ou terapia, mas não são capazes de descrever aspectos específicos da abordagem. Um exame dos registros passados pode esclarecer os tratamentos oferecidos e também prevenir a repetição de procedimentos de avaliação ou permitir a avaliação longitudinal dos clientes que tenham tido problemas de longo prazo. O alcance da documentação que pode ser considerada no exame inclui relatos psicológicos e psiquiátricos passados e observações do progresso realizado, além de registros hospitalares, escolares e do trabalho. Em alguns casos, pode também haver registros gerados pelo cliente, tais como notas pessoais, diários ou automonitoramento, que podem ser usados como parte do plano de avaliação.

Outras considerações acerca da seleção de ferramentas para a sua biblioteca

Além do *status* empírico das ferramentas de avaliação, há uma série de considerações a fazer na seleção de tais instrumentos. Essas considerações incluem o custo, a disponibilidade, a facilidade de administração, o nível de linguagem e a facilidade de leitura e a aceitabilidade dos clientes. A ferramenta mais adequada e sensível em termos psicométricos provavelmente ficará intacta nos arquivos se for demasiadamente longa, tediosa e complicada no que diz respeito ao uso e à pontuação. Se os clientes reclamarem ao realizarem a tarefa, ou se tiverem dificuldade em entender a medida, então sua precisão está comprometida. Os níveis de leitura, a linguagem e a adequação cultural das ferramentas de avaliação são considerações importantes. Outra consideração na escolha da avaliação é se o sistema no qual você trabalha sustenta o uso das medidas que seleciona. Idealmente, outros profissionais estarão usando as mesmas ferramentas ou ferramentas similares, e os dados podem ser coletados entre os clientes e ao longo do tempo para avaliar os padrões e resultados do ambiente. As ferramentas serão mais provavelmente utilizadas se houver entusiasmo no grupo de profissionais.

♦ Avaliação como processo contínuo

Todos os profissionais clínicos conduzem algum tipo de avaliação inicial para todos os clientes, mas é muito menos comum realizar a mensuração contínua ou de resultado, de modo rotineiro. Com efeito, muitos ambientes conferem uma espécie de prêmio à avaliação inicial, mas ignoram a importância das avaliações repetidas ou de saída. Pelo fato de a avaliação ser um processo contínuo na terapia cognitivo-comportamental, e não um processo estático ou que ocorra uma só vez, outra consideração importante é ter algumas medidas que sejam adequadas para a repetição ao longo do tempo. As ferramentas de avaliação repetidas são geralmente mais curtas em extensão do que as outras medidas e tendem a enfocar problemas mais específicos, que são o foco do tratamento. A sensibilidade à mudança é um fator importante na escolha dessas medidas, porque algumas delas avaliam variáveis que levam muito tempo para mudar (por exemplo, as mudanças de qualidade de vida do YSQ). O propósito da avaliação contínua é avaliar o progresso e os resultados.

Tipos diferentes de avaliação contínua podem ser muito úteis não apenas para avaliar os resultados, mas também para influenciar o processo ou o curso da terapia. Discutimos em outros capítulos a mensuração contínua durante o curso do tratamento, mas essas avaliações incluem:

Avaliações feitas na sessão

Essas avaliações frequentemente informais, tais como pedir a resposta do cliente à entrevista inicial, ocorrem ao final de uma sessão de tratamento. As avaliações incluem perguntar por índices verbais ou escritos de várias experiências ou ideias (por exemplo, "Qual é a intensidade de sua raiva em uma escala de 1 a 10?"; "O quanto você acreditou em um determinado pensamento em uma escala de 0 a 100%?"; ou "O quanto você se sente ansioso por ter de usar uma escala que avalia seu sofrimento?"), ou fazer com que o cliente complete um formulário de satisfação ou lista de sintomas.

Reavaliação periódica das metas

Quando estabelecer metas durante as sessões iniciais de terapia, é útil reavaliá-las em um determinado momento (por exemplo, depois de seis ou oito semanas de tratamento). Essa avaliação pode ser formal ou informal. Um método para fazer essa espécie de avaliação é o Goal Attainment Scaling (GAS; Hurn, Kneebone e Cropley, 2006; Kiresuk, Stelmachers e Schultz, 1982), que consiste em nomear o problema da criança na primeira sessão e em obter um índice de gravidade dos problemas (por exemplo, em uma escala de 0 a 100%). Esse índice básico pode então ser comparado a índices posteriores da gravidade dos mesmos problemas, para ver se a meta de redução desses problemas foi atendida. Deve-se observar que o método GAS pode também ser usado para indicar o quanto determinadas metas foram atendidas na terapia; sua avaliação repetida em uma escala percentual pode ser usada como índice de uma melhora específica no tratamento, e pode até figurar em decisões para terminar ou para dar continuidade a ele.

Medidas contínuas de resultado

Pode ser útil usar medidas sintomáticas, comportamentais ou cognitivas em determinados momentos do tratamento, como depois da sexta, décima ou décima quinta sessão, dependendo da extensão do tratamento. As medidas dos resultados podem incluir os registros de automonitoramento do cliente ou índices que podem então ser transformados em *feedback* para ele. Nossa perspectiva geral é compartilhar os resultados das avaliações repetidas com o cliente, a não ser que haja alguma razão para não fazê-lo. Tal processo de *feedback* pode estimular a discussão sobre a velocidade do progresso, os obstáculos ao tratamento de sucesso e a necessidade de tratamento contínuo. Esse *feedback* também envolve o cliente mais profundamente no processo, porque sua percepção da mudança pode ser comparada aos métodos formais de avaliação, e suas ideias sobre por que a terapia está ou não indo bem podem ser discutidas. Algo que reforça, com frequência, a dedicação do cliente é ver dados reais de resultados que indicam mudança.

Finalização do tratamento e avaliação do seguimento

É comum avaliar o progresso em relação às metas estabelecidas no começo e durante o tratamento. Uma reavaliação dos problemas que trouxeram o cliente à terapia é muito adequada, bem como a discussão de outros recursos de tratamento, caso eles requeiram mais ajuda. É muito útil e também reforça a mudança do cliente oferecer um *feedback* claro sobre os resultados de quaisquer medidas que tenham sido completadas. Os clientes ficam em geral surpresos com o progresso que fazem. Considere oferecer aos clientes um resumo de seus resultados nos testes. Se for adequado, considere enviar uma cópia dos resultados da avaliação ao médico da família do cliente ou a outros profissionais. Embora a avaliação do seguimento seja talvez menos comum na psicoterapia (ver Capítulo 9 deste livro), tal avaliação pode incluir um telefonema ou listas de verificação, ou de sintomas, enviadas por *e-mail*.

O próximo capítulo examina a integração dos resultados da avaliação e o desenvolvimento da lista de problemas para uma formulação do caso inicial. Há também uma revisão de como comunicar os resultados da avaliação aos clientes, fontes de indicações (encaminhamento) de tratamento e outros participantes no processo de tratamento.

3

INTEGRAÇÃO E FORMULAÇÃO DE CASOS

Uma vez finalizada a avaliação inicial, você precisa integrar, entender e formular a gama de informações em um conjunto coerente de hipóteses relativas ao cliente e a seus problemas. Essas hipóteses devem não só descrever as relações entre os problemas atuais dos clientes, mas também começar a sugerir relações entre as crenças subjacentes, os pensamentos automáticos atuais e as reações e comportamentos emocionais resultantes. A formulação de casos também leva ao planejamento da intervenção, no que diz respeito a quais intervenções serão provavelmente usadas e à sua sequência.

Dependendo de sua própria prática e das necessidades de seu ambiente de trabalho, é possível desenvolver uma formulação de casos imediatamente depois da avaliação ou depois das primeiras sessões. Nossa própria perspectiva é que a formulação do caso deve ser desenvolvida a partir da primeira sessão, muito embora se desenvolva mais com o tempo, à medida que você entende melhor o cliente por meio do contato contínuo e do tratamento. Depois do desenvolvimento da formulação do caso, os resultados são tipicamente comunicados ao cliente e a quem o encaminhou, seja verbalmente, seja por escrito, ou de ambas as formas.

A formulação do caso é a ponte que liga a avaliação ao tratamento. O estabelecimento de metas e o planejamento do tratamento seguem-se logicamente e naturalmente da formulação do caso, que foi descrita como "uma hipótese sobre a natureza da dificuldade psicológica (ou dificuldades) subjacentes aos problemas presentes na lista de problemas do paciente" (Persons, 1989, p. 37). Kuyken, Fothergill, Musa e Chadwick (2005) afirmam que a formulação de caso individualizada e cognitiva é o *núcleo central* da prática baseada em evidências na terapia cognitivo-comportamental. A avaliação abrangente que você faz, e que usa mensurações confiáveis e válidas, incluindo uma entrevista cognitivo-comportamental, oferece as informações necessárias para construir a formulação do caso. Neste capítulo, discutiremos a base de evidências para a formulação cognitiva do caso. Depois, discutiremos como desenvolver uma lista de problemas e uma formulação inicial do caso, como comunicar esses resultados e como estabelecer metas iniciais de tratamento e conduzir o planejamento do tratamento.

◆ **FORMULAÇÃO DE CASOS**

Origem da formulação de caso

A formulação clínica de caso é um conceito amplo que foi aplicado e usado em muitos tipos de psicoterapia individualizada ou idiográfica, incluindo a terapia cognitivo-comportamental. A formulação de caso, uma ferramenta central para quase todas as psicoterapias (Eells, 1997), é a maneira pela qual a avaliação leva à intervenção, incorporando os princípios teóricos da abordagem à prática. Como foi observado antes, a formulação de caso oferece a ligação entre prática, teoria e pesquisa, para qualquer cliente (Kuyken et al., 2005). Deve levar à seleção e ao uso das intervenções mais adequadas, teoricamente corretas e embasadas empiricamente, para os problemas do cliente. Pode também guiar o tempo e a sequência das intervenções, além prever dificuldades na implementação da terapia. Também leva em consideração as dificuldades individuais do cliente, a fim de ampliar ao máximo os efeitos da terapia.

Uma das questões que se faz sobre a terapia cognitivo-comportamental é se todo cliente exige uma conceituação individualizada de caso ou se os manuais de tratamento podem ser aplicados a casos futuros que sejam similares àqueles dos clientes em que o tratamento foi avaliado empiricamente. A terapia cognitivo-comportamental tem sido às vezes criticada por oferecer uma terapia do tipo "tamanho único", baseada em manuais, para clientes que se encaixem nos critérios de um dado diagnóstico. Essa crítica não tem fundamento, por várias razões. Embora a avaliação inicial em muitos testes de pesquisa sirva primeiramente para garantir que o cliente atenda aos critérios de diagnóstico para o estudo e *não* atenda aos critérios de exclusão, e embora tal avaliação venha a "conduzir o cliente" ao tratamento, ela não necessariamente ajuda o clínico a planejar todos os aspectos do tratamento. Uma vez que o cliente faça parte do estudo, a entrevista inicial oferece as informações pelas quais o clínico formula o caso, e as intervenções que decorrem dessa formulação.*

É verdade que os tratamentos mais estruturados, baseados em manuais, não necessariamente usam uma abordagem de formulação de caso altamente individualizada. Contudo, todos os manuais de tratamento baseiam-se em uma conceituação teórica do problema ou dos problemas clínicos comumente vistos naquele grupo de clientes, oferecendo, portanto, intervenções com alta probabilidade de sucesso. A preocupação com os tratamentos padronizados é talvez maior em intervenções de grupo, em que pode haver menor individualização de intervenções do que no tratamento cognitivo-comportamental individual. Nos grupos cognitivo-comportamentais, as necessidades do cliente individual são menos claras, e o tempo e a oportunidade de enfocar cada indivíduo são limitados. Mas mesmo nesses exemplos os clientes são incentivados a adaptar as intervenções gerais a suas próprias e únicas circunstâncias. Em resumo, há uma grande possibilidade de variação nos manuais de tratamento dos tratamentos cognitivo-comportamentais empiricamente sustentados, variando daqueles que deixam espaço considerável ao clínico a aqueles que apresentam planos de sessão a sessão, que devem ser seguidos com cuidado.

A formulação de casos tem sido uma característica da terapia cognitivo-comportamental há muito tempo, e uma série de variações sobre a formulação de casos foi desenvolvida (por exemplo, Nezu, Nezu e Lombardo, 2004). Dois métodos comumente discutidos para a formulação de casos na terapia cognitivo-comportamental são os desenvolvidos por Persons (1989) e J. S. Beck (1995). Esses métodos são descritos mais detalhadamente a seguir. Além disso, outros tipos de formulações podem ser incluídos na terapia cognitivo-comportamental: uma formulação comportamental ou funcional-analítica (Haynes e O'Brien, 2000; Martell, Addis e Jacobson, 2001) ou uma formulação interpessoal (Mumma e Smith, 2001). A formulação comportamental enfoca a variabilidade existente entre as situações, e não a estabilidade, ao passo que a formulação interpessoal enfoca os fatores de relação causal entre as cognições do cliente e os padrões interpessoais recorrentes.

Como clínico, você provavelmente lida com uma variedade de clientes e não

---

* Um exemplo clássico dessa realidade está no primeiro grande manual de terapia cognitivo-comportamental, que foi *Terapia Cognitiva da Depressão* (A. T. Beck, Rush, Shaw e Emery, 1997, Artmed Editora). Esse livro tem sido usado como um manual "padrão" de tratamento em muitos estudos da terapia cognitivo-comportamental. As intervenções usadas para um cliente individual repousam, contudo, em uma formulação de caso idiográfica.

consegue decidir, com facilidade, quem incluir ou excluir de sua prática, como faria em um teste clínico. Essa espécie de prática também significa que você terá uma responsabilidade maior ao desenvolver planos de tratamento individualizados para atender às necessidades únicas de seus clientes. Além disso, independentemente da extensão do uso da formulação do caso nos estudos de resultado, a maior parte da prática clínica exige uma formulação de caso individualizada, porque o cliente típico que se apresenta para tratamento é mais complexo e tem mais problemas do que o sujeito médio de um estudo de resultados. É por causa dessas complexidades e questões que a maior parte dos clientes exige avaliação cuidadosa, conceituação de caso e planejamento de tratamento. Consequentemente, é crucial para você, como terapeuta cognitivo-comportamental, desenvolver e praticar suas habilidades relativas à formulação de casos.

Conhecer a base de evidências

A formulação de caso é o "lugar" em que os clínicos obtêm os resultados da avaliação e aplicam suas inferências e interpretações aos fatos do caso; em essência, é a conexão entre os resultados descritivos da avaliação e o plano de tratamento. Assim, a formulação de caso é o local mais provável para a ocorrência de erros. Dado o papel central das formulações de caso, a quantidade de pesquisas dedicadas a esse assunto é surpreendentemente pequena.

A formulação de casos é uma arte ou uma ciência? Ou, conforme perguntam Bieling e Kuyken (2003): "A formulação cognitiva de casos é ciência ou ficção científica?" Em dois dos poucos estudos realizados, Persons e colaboradores (Persons, Mooney e Padesky, 1995; Persons e Bertagnolli, 1999) constataram que quando se pedia aos clínicos para examinarem amostras de casos clínicos, eles conseguiam identificar de maneira confiável entre 60 e 70% dos comportamentos desadaptativos manifestos dos clientes (por exemplo, concordavam sobre a lista de problemas), mas não conseguiam concordar sobre as crenças subjacentes ou atitudes que levavam a tais comportamentos manifestos. Se esse resultado for válido, ele sugere que, enquanto o planejamento do tratamento para resolver problemas atuais tende a ser bastante consistente entre os terapeutas cognitivo-comportamentais, a consistência das formulações de caso das causas dos problemas, e o trabalho preventivo para impedir problemas futuros, podem ser mais variáveis.

Bieling e Kuyken (2003) também sugerem que a confiabilidade dos índices pode ser alcançada no que diz respeito aos componentes descritivos da formulação do caso, mas não quanto aos componentes inferenciais. Os autores sugeriram que a confiabilidade da formulação do caso, porém, pode ser melhorada por meio do treinamento e do uso de métodos mais sistemáticos e estruturados de determinação da formulação do caso. Sustentando essa sugestão, Kuyken e colaboradores (2005) ensinaram os profissionais que frequentaram seus *workshops* a desenvolver uma formulação de caso, e depois testaram a confiabilidade e a qualidade do trabalho dos participantes. Uma formulação de caso "clássica" apresentada por J. S. Beck foi usada para comparação. Os resultados demonstraram que os participantes do estudo concordavam tanto no que dizia respeito às características descritivas quanto no que dizia respeito aos componentes teoricamente inferidos da formulação do caso (embora a confiabilidade fosse mais baixa para estes do que para aquelas). O treinamento prévio e a abonação prévia de uma organização cognitivo-comportamental foram associados a resultados de qualidade mais alta. No geral, esses resultados sugerem que a confiabilidade das formulações de caso pode ser melhorada com o treinamento e a prática. Esses resultados também são sustentados pela obra de Kendjelic e Eells (2007), que demonstraram que a qualidade das formulações de caso genéricas pode ser melhorada com o treinamento.

A literatura existente sobre formulação de casos sugere que, embora os aspectos informativos básicos da formulação de caso possam ser obtidos de maneira confiável, é mais difícil, para os clínicos e para os avaliadores, concordarem sobre as relações hipotéticas entre esses elementos. Essas constatações não são surpreendentes, dado que os componentes descritivos de um caso incluem dados demográficos, sintomas mensuráveis e comportamentos interpessoais, entre outros comportamentos. Os componentes inferenciais incluem os fatores de manutenção e causativos subjacentes, que frequentemente não são medidos pelo uso de ferramentas confiáveis e válidas, e que dependem da interpretação e da experiência clínicas. Hoje, não se sabe quais são os melhores métodos para o desenvolvimento da habilidade da formulação do caso na terapia cognitivo-comportamental.

Apesar da relativa falta de compreensão sobre como melhor treinar a conceituação do caso na terapia cognitivo-comportamental, parece que há maneiras pelas quais a confiabilidade da formulação de casos na terapia pode ser melhorada. Por exemplo, Luborsky e Crits-Christoph (1998) realizaram vários estudos sobre o método de formulação de casos chamado "tema central da relação conflituosa" (TCRC), ainda que no contexto da psicoterapia psicodinâmica. Nesse método, os temas centrais dos conflitos nas relações são inferidos pelo terapeuta a partir das descrições feitas pelos clientes sobre suas relações. Um método sistemático de pontuação foi desenvolvido para criar um índice para esses temas centrais, que, por sua vez, são relacionados à teoria psicodinâmica subjacente. Os estudos constataram que os avaliadores, especialmente os mais habilitados e sistemáticos, podem concordar de maneira bastante confiável no que diz respeito a esses temas. Esses temas demonstraram ter uma relação modesta com as mudanças nos sintomas durante a terapia psicodinâmica breve. Consequentemente, o TCRC parece ser um método que atende aos critérios de confiabilidade, validade e melhoria dos resultados. De acordo com Bieling e Kuyken (2003), uma formulação de casos derivada desse método pode levar a resultados melhores, ajudando a escolher as melhores intervenções e/ou a ampliar a relação terapêutica. Consequentemente, parece que a formulação de casos pode ter uma base científica, para além de seus componentes descritivos. A formulação cognitivo-comportamental de casos não tem uma história tão antiga quanto a do trabalho feito no TCRC, e os pesquisadores e profissionais cognitivo--comportamentais poderiam aprender com essa pesquisa.

Poucos estudos têm avaliado a validade da formulação cognitivo-comportamental de casos ou determinado sua utilidade no tratamento. Mumma (2004) desenvolveu um processo que pode ser usado para validar a formulação de casos para o trabalho com clientes individuais; contudo, o processo é complexo e depende muito da cooperação do cliente para oferecer grandes quantidades de dados. Infelizmente, embora pareça inerentemente importante individualizar o tratamento de acordo com as necessidades exclusivas do cliente, não há também nenhuma relação *conhecida* entre a formulação de casos e os resultados melhores para os clientes. Por outro lado, vários estudos indicam que a utilidade do tratamento pode ser melhorada com uma avaliação analítico-funcional, levando a uma formulação analítico-funcional, em clientes com transtornos comportamentais graves. Essas constatações são provavelmente devidas ao fato de que poucas inferências tendem a ser exigidas na análise funcional (por exemplo, Carr e Durand, 1985).

Vários estudos sugerem que os resultados clínicos podem ser melhores para as abordagens baseadas em manuais e altamente estruturadas se comparadas a tratamentos individualizados para problemas clínicos mais rotineiros (Kuyken et al., 2005). É possível que as pesquisas futuras sustentem o uso de uma formulação de caso idiográfica, especialmente para clientes com problemas mais complexos e/ou múltiplos. Para sustentar essa ideia, Persons, Roberts, Zalecki e Brechwald (2006) descrevem um estudo de resultados naturalistas no qual a terapia cognitivo-comportamental voltada à formulação de casos foi usada para clientes que apresentam tanto ansiedade quanto depressão. Os clientes demonstraram melhorar com essa abordagem. Infelizmente, de uma perspectiva de pesquisa, não houve comparações com clientes tratados com outro tipo de formulação ou com uma abordagem de terapia cognitivo-comportamental sem formulação de caso. Kuyken e colaboradores (2005, p. 1200) afirmaram: "A pesquisa é necessária para examinar a questão fundamental de a formulação estar ou não ligada aos resultados melhorados por meio da seleção de intervenções mais bem dirigidas, como se demonstrou com a psicoterapia psicodinâmica breve, mas que ainda não se demonstrou com a psicoterapia comportamental e cognitivo-comportamental".

Bieling e Kuyken (2003) concluíram que para a formulação de caso ser útil, as seguintes questões precisam ser abordadas:

1. A formulação de caso tem validade prognóstica?
2. A formulação de caso leva a melhores resultados?
3. A formulação de caso melhora a aliança terapêutica?
4. Os clínicos aderem à sua formulação de caso depois de ela ter sido elaborada?

Essencialmente, as respostas para essas questões ainda não são conhecidas.

O que você pode, como clínico cognitivo-comportamental, retirar dessa discussão? Parece que os testes de resultado que incluem a formulação de caso como um dos componentes de tratamento têm bons resultados. Assim, apesar da falta de pesquisas, há boas razões para suspeitar que a formulação de caso seja parte útil do bom cuidado clínico. Boa parte dos clínicos dá grande valor ao uso de uma abordagem individualizada e à consideração de muitas variáveis diferentes, para entender seus clientes e como eles interagem com seus ambientes. Algumas sugestões práticas que derivam do trabalho contínuo nessa área podem ajudá-lo a pensar o seguinte:

- Use as ferramentas de avaliação mais confiáveis e válidas (ver Capítulo 2 deste livro).
- Enfatize o uso de dados descritivos e objetivos quando possível.
- Limite a variedade e o número de inferências que você retira das informações disponíveis.
- Use uma abordagem coerente e estruturada para a formulação de caso.
- Reveja e redefina sua conceituação de caso à medida que novos dados se tornarem disponíveis.
- Esteja aberto a hipóteses alternativas.
- Teste suas hipóteses em relação ao que você observa ao longo do tempo na terapia; esteja especialmente aberto a novas informações que sejam incoerentes com sua conceituação de caso.
- Obtenha *feedback* para sua formulação de caso, a partir do cliente e outras pessoas que o conhecem.
- Considere usar uma abordagem baseada em manuais no tratamento se os problemas apresentados forem simples. De outro modo, você poderá ser tentado a complicar em demasia a base subjacente dos problemas do cliente, levando a um tratamento mais idiográfico, mas não mais eficaz.

Mark era um psicoterapeuta que possuía formação em terapia psicodinâmica e humanista. Ele veio para a supervisão, porém, para aprender sobre a terapia cognitivo-comportamental. O supervisor constatou que Mark possuía habilidades interpessoais muito bem desenvolvidas e um entusiasmo por ajudar clientes que sofriam. Ao mesmo tempo, Mark não conseguia libertar-se de conceituações de caso que foram incoerentes com as evidências coletadas na sala de terapia e que, com frequência, faziam referência a experiências de desenvolvimento hipotéticas feitas anteriormente. Durante as sessões, ele frequentemente ouvia uma questão ou problema atual e empenhava-se em entender a sua gênese em vez de trabalhar para encontrar soluções efetivas para o cliente. Na supervisão, ele fazia mais perguntas "por que", sobre o comportamento, do que perguntas "como", sobre as estratégias para ajudar. Ele se interessou pela hipótese de esquemas, que, reconheceu, tinha alguma semelhança com as ideias psicodinâmicas dos processos inconscientes.

O supervisor trabalhou com Mark durante meses e com vários casos diferentes, descobrindo que este conseguia desenvolver rapidamente conceituações complexas para os casos e que tendia a enfocar o nível das crenças nucleares da análise, mas que enfrentava problemas com os aspectos pragmáticos e comportamentais do tratamento. Mark tinha dificuldades principalmente com a elaboração e implementação de tarefas de casa.

A "virada" no treinamento de Mark veio com uma cliente que lutava contra o perfeccionismo. Na sessão 4, da mesma forma que Mark estava começando a oferecer uma tentativa de formulação de caso à cliente, esta disse: "Eu sei disso tudo. Tudo o que quero é me livrar do problema". Por alguma razão essa cliente, naquele momento, teve um impacto sobre Mark. Ele deu um passo para trás no seu enfoque de esquemas e conseguiu usar os métodos que havia aprendido, sendo pragmático e eficaz em seu trabalho. A cliente respondeu muito favoravelmente ao tratamento e agradeceu pela ajuda recebida.

♦ Passos da formulação de casos

Agora nos voltaremos a uma descrição de um processo de formulação cognitivo-comportamental de caso que compreende vários passos. Esses passos incluem o desenvolvimento da lista de problemas, o desenvolvimento da formulação inicial do caso e a comunicação da formulação do caso e os resultados de avaliação.

Passo 1:
Desenvolvimento da lista de problemas

Os clientes em geral vêm para a avaliação inicial muito dispostos a falar sobre seus problemas. Esses problemas com frequência incluem itens tão diversos quanto: sofrimento generalizado, sintomas indicativos de algum transtorno, estressores, relações com outras pessoas, sentimentos a respeito de si mesmo, comportamentos destrutivos, acontecimentos externos e situações incontroláveis. Os clientes não descrevem naturalmente suas preocupações de um modo que seja fácil desenvolver uma lista coesa de problemas. Alguns clientes têm dificuldades em expressar suas preocupações com clareza e de maneira sucinta. Pode ser um desafio criar uma Lista de Problemas que oriente o planejamento da intervenção com base em uma avaliação inicial que seja abrangente e concisa. A organização da Lista de Problemas é uma das muitas razões para realizar uma boa avaliação.

Persons (1989) sugeriu que a Lista de Problemas deve ser inclusiva e específica. Quando você for desenvolver uma Lista de Problemas na entrevista de avaliação, tente fazer com que os clientes listem todos os grandes problemas relacionados ao fato de terem procurado a terapia. À medida que a entrevista prosseguir, porém, será importante para o clínico organizar e categorizar os problemas. Se a avaliação cognitivo-comportamental ocorrer conforme se descreveu no Capítulo 2 deste livro, essa categorização já estará provavelmente pronta quando a avaliação tiver sido finalizada. Os clientes podem também não estar cientes de todos os problemas, ou podem não articular todos os problemas que estão experimentando, no momento da avaliação. É importante observar com cuidado e perguntar ao cliente sobre possíveis problemas que não tenham sido expressos. Por exemplo, um cliente pode parecer ter poucas habilidades sociais ou estar muito ansioso na entrevista, mas não pode explicitar em palavras nenhum dos problemas. Observar as reações do cliente na avaliação e fazer perguntas específicas pode elucidar os problemas que não estiverem imediatamente manifestos. Usando uma formulação cognitiva de casos, pode ser também possível inferir certos problemas que o cliente não tenha diretamente expressado. Por exemplo, os clientes podem apresentar um padrão de relacionamento que implica que eles acreditam não poder ser amados, mas sem estarem cientes dessa crença. Notar essa possível crença nos resultados de avaliação ajuda a moldar a avaliação futura e as intervenções.

Depois de que a Lista de Problemas tiver sido completada, a prioridade e a importância dos problemas a serem abordados na terapia devem ser estabelecidas. Pode haver várias desvantagens no desenvolvimento de uma Lista de Problemas muito abrangente, longa e orientada ao tratamento, e que deverá ser incluída na formulação do caso. Tanto o cliente quanto o terapeuta podem ficar sobrecarregados e ter dificuldades em distinguir os problemas principais dos secundários. Mais do que ajudar o enfoque terapêutico, problemas em demasia podem prejudicá-lo. Se simplesmente se perguntar aos clientes "Quais são seus problemas?", eles poderão rechear suas respostas com tantos problemas quanto forem capazes de pensar – alguns dos quais podem não ser passíveis de mudança, e outros podem exigir muita "massagem" para tornarem-se uma meta terapêutica razoável. Por exemplo, um cliente pode citar a seguinte frase "Sou tímido demais" como um problema, o que poderá ser traduzido em um problema que se pode trabalhar na terapia, como "falta de amigos", "pouco suporte social" ou uma crença sobre esperar a rejeição dos outros. Desde a primeira vez que o problema é citado, você deve considerar o quanto ele é aberto à mudança, bem como as intervenções possíveis para trabalhar com ele.

Uma estratégia que ajuda muito é a de considerar a inclusão de um ou dois problemas que levem diretamente a uma rápida e efetiva intervenção. O sucesso inicial na terapia ajuda a envolver o cliente no processo terapêutico. Por exemplo, se o cliente apresentar o problema de tensão muscular relacionado à ansiedade, ensiná-lo a adotar o relaxamento muscular progressivo pode ser uma intervenção rápida que propicia um alívio inicial. Tenha cuidado, porém, para não oferecer "soluções rápidas" que façam com que o cliente acredite que está melhor e abandone a terapia antes de lidar com problemas mais centrais e difíceis.

Deve o diagnóstico do cliente, se houver, estar na Lista de Problemas? Nossa opinião é de que não deve. Pode ser muito útil diferenciar entre *problemas* e *diagnóstico*; portanto, recomendamos não incluir o diagnóstico ou os sintomas principais na Lista de Problemas (ver Quadro 3.1 para um exemplo de formulário para a formulação de caso). Em alguns ambientes, um diagnóstico formal pode não ser necessário ou apropriado, sendo apenas exigida a Lista de Problemas.

Por exemplo, os clientes que se apresentam a um ambiente de prática privada podem não atender aos critérios para quaisquer diagnósticos, mas ainda assim possuem problemas tratáveis.

Os clientes frequentemente chegam à primeira sessão com um diagnóstico indicativo de um problema principal. De fato, uma série de materiais sobre a terapia cognitivo-comportamental é orientada para as categorias diagnósticas específicas do DSM-IV. O cliente pode ter lido alguma parte desse material, ou ter sido diagnosticado por outro profissional. Em um modelo cognitivo-comportamental, porém, o diagnóstico é o *resultado* de certas crenças subjacentes, pensamentos e comportamentos. Os problemas do diagnóstico podem também ter certas consequências, como a exacerbação de comportamento evitativo ou mudanças nas crenças sobre a autoeficácia.

Normalmente incluímos os fatores correntes relacionados ao diagnóstico na Lista de Problemas, mas não o próprio diagnóstico. Por exemplo, se uma cliente de 36 anos apresentar sintomas que atendam aos critérios para um transtorno de ansiedade generalizada e sintomas adicionais que quase atendam aos critérios para um transtorno depressivo maior, ela pode estar experimentando muitos problemas atuais que tanto levam a sintomas de ansiedade quanto resultam deles. Esses sintomas podem incluir dificuldade em lidar com atividades diárias, como trabalho, cuidado das crianças e obrigações familiares. Ela pode também experimentar baixa autoeficácia, pensamentos negativos sobre si própria e padrões ruins de sono. Uma estratégia útil nos estágios iniciais da formulação de caso pode simples-

Quadro 3.1 Folha para formulação cognitivo-comportamental de caso

Nome: _____ Data: _____

Informações de identificação: _____

Lista de problemas:
1. _____
2. _____
3. _____
4. _____
5. _____

Diagnósticos:
Eixo I: _____
Eixo II: _____
Eixo III: _____
Eixo IV: _____
Eixo V: Avaliação de funcionamento global _____

Medicações: _____

Crenças nucleares hipotéticas:
Eu sou _____
Os outros são _____
O mundo é _____
O futuro é _____

Situações precipitadoras/ativadoras: _____
_____

Hipóteses de trabalho: _____
_____
_____

Origens de desenvolvimento: _____
_____

Plano de tratamento/metas: 1. _____ 2. _____
                               3. _____ 4. _____
                               5. _____ 6. _____

Obstáculos potenciais às metas: _____
_____
_____

Auxílios potenciais às metas: _____
_____
_____

mente ser a de preencher duas listas, uma relacionada aos sintomas de um ou mais diagnósticos, e outros relacionados aos problemas da vida. A Lista de Sintomas ajuda a formular o diagnóstico, e a Lista de Problemas ajuda a guiar a formulação. Com intervenções apropriadas que ajudam o cliente a resolver os problemas, deve haver uma redução proporcional dos sintomas. A esperança é que, se os problemas forem resolvidos de maneira satisfatória, o cliente não mais atenderá aos critérios do diagnóstico. Conceitualmente, o ponto principal aqui é de que intervir no nível do problema, e não no nível do diagnóstico, é o maior objetivo da terapia cognitivo-comportamental.

Passo 2:
Desenvolvimento da formulação inicial de caso

O formulário para a formulação de caso (Quadro 3.1) é usado para trabalhar os passos da formulação. Em nossa experiência, é muito difícil ter todas as informações necessárias para trabalhar esses passos depois da entrevista inicial. Podem ser necessárias várias sessões antes de a formulação de caso estar completa de maneira satisfatória.

Durante a avaliação e durante o desenvolvimento da Lista de problemas e diagnóstico (se for apropriado em seu ambiente), você terá obtido informações consideráveis sobre o cliente. Você também terá tido a oportunidade de interagir com o cliente durante a(s) entrevista(s). Quando desenvolver a formulação, você precisará considerar as situações ativadoras, ou os gatilhos atuais, que levam ao problema ou aos problemas que trouxeram o cliente à terapia. Pode ser útil neste estágio de avaliação completar uma tabela que descreva as interações entre os eventos da vida, as crenças nucleares e os pensamentos, as emoções e os comportamentos atuais (ver Figura 3.1).

As crenças nucleares incluídas na formulação de caso são o resultado do que o cliente disse a você na entrevista, dados de questionários e também suas hipóteses sobre as crenças que provavelmente existam, com base nos problemas reportados. A hipótese de trabalho visa explicar as razões pelas quais essa pessoa desenvolveu esses problemas neste momento do tempo, com base em uma interação complexa entre crenças, precipitadores, repertórios comportamentais e mudanças entre os fatores ao longo do tempo. A hipótese de trabalho deve ser vista como algo preliminar e que responda aos dados de entrada, da mesma forma que qualquer hipótese experimental seria.

É importante considerar quais obstáculos provavelmente estejam no caminho do tratamento, e que fatores podem ser usados para ajudar no tratamento. Por exemplo, os obstáculos podem incluir dificuldades práticas, tais como as limitações financeiras que impedem certos tipos de tarefas de casa, falta de acesso a transporte ou ao cuidado infantil, ou características mais individuais (por exemplo, falta de inclinação psicológica ou dificuldade com a expressão verbal). Alguns clientes têm grande dificuldade em seguir as indicações terapêuticas. As informações são obtidas não só nos resultados do questionário, mas também do comportamento do cliente durante a tarefa (por exemplo, um cliente que demore um tempo excessivo para preencher os testes pode ser perfeccionista ou ter dificuldade de leitura). Os obstáculos precisam ser identificados, tanto para minimizar seu efeito negativo sobre a terapia quanto para desenvolver soluções possíveis para eles. Dito de outra forma, os obstáculos ao tratamento podem, e provavelmente deveriam, ser postos na Lista de Problemas. Os fatores que ajudam o tratamento podem ser: um grande sofrimento, que tende a levar a um anseio maior por mudança pessoal, o interesse por uma abordagem cognitivo-comportamental, altos níveis de motivação ou uma família incentivadora.

As origens de desenvolvimento de problemas são fatores mais distantes e ten-

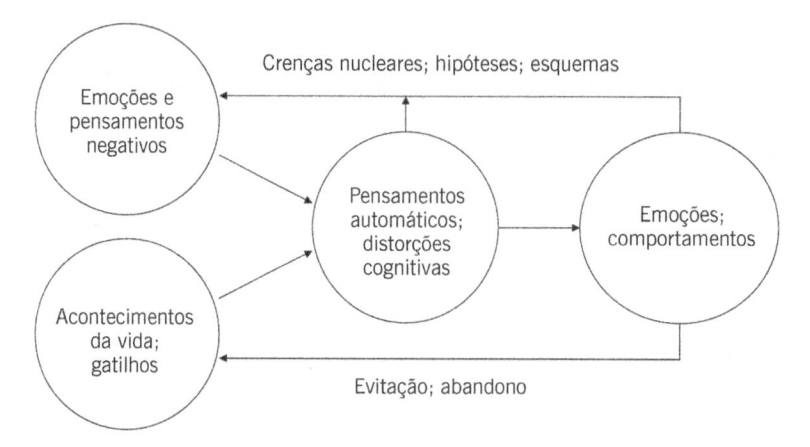

FIGURA 3.1 O modelo cognitivo-comportamental do sofrimento emocional.

dem a ser mais especulativos por natureza. Lembre-se de que as informações que você recebeu em relação às origens de desenvolvimento do problema dependem tanto da memória do cliente quanto da interpretação que ele faz dos acontecimentos, frequentemente envolvendo a família, as relações socias e outras experiências que ocorrem ao longo do tempo. Nossa abordagem geral em relação a tais informações, especialmente no princípio da terapia é de cautela. Assim, você pode perceber essas informações como a maneira que o cliente veio a conceituar a gênese de seu problema, mas reservar o julgamento sobre a adequação ou completude desse modelo, até que você conheça melhor o cliente e tenha a oportunidade de ver como seus problemas atuam durante a terapia. Em geral, contudo, incentivamos o uso de um modelo de vulnerabilidade (também chamado de biossocial ou modelo de diátese-estresse) enquanto você estiver considerando as origens de desenvolvimento dos problemas (Zubin e Spring, 1977); este modelo o forçará a considerar a ampla gama de fatores biológicos, psicológicos e sociais que podem estar relacionados à gênese do problema no passado do cliente. Nossa visão geral é de que há muitos caminhos para desenvolver problemas, e muitos caminhos possíveis para evitá-los.

Tricia era uma mulher de 21 anos com problemas relativos à alimentação e com depressão contínua. Esses padrões de sintomas causaram-lhe sofrimento, além de também problemas interpessoais, sob a forma de tensão familiar e envolvimento reduzido com seu pequeno círculo de amigos. Depois da avaliação, o terapeuta desenvolveu a seguinte lista potencial de problemas para trabalhar na terapia:

* Problemas que podem subjazer às questões atuais, e que podem ser abordados no tratamento
    * Relações familiares passadas, regras familiares
    * Esquema próprio disfuncional
    * Questões de desenvolvimento na autodefinição
* Problemas que provavelmente sejam subjacentes e que precisam ser abordados no tratamento
    * Perfeccionismo
    * Disfunção familiar
    * Evitação
    * Habilidades sociais limitadas
* Problemas apresentados
    * Problemas alimentares (bulimia nervosa)
    * Depressão
    * Estresse e ansiedade
    * Isolamento social

Passo 3: Comunicação da formulação de caso e resultados da avaliação

Comunicando-se com o cliente

A discussão de sua formulação de caso com o cliente é um passo fundamental para fazer com que ele se engaje no processo terapêutico. Muito embora haja poucas pesquisas sobre o fato de a aliança terapêutica ser ampliada por este passo, a experiência clínica certamente sugere que isso pode ocorrer. A natureza colaborativa da terapia cognitivo-comportamental torna esse processo de comunicação necessário.

Em geral é útil ser bastante transparente sobre o modo como você começa a conceituar os problemas do cliente. A maneira específica pela qual você faz essa comunicação, contudo, deve variar de cliente para cliente. As sugestões para a comunicação incluem o seguinte:

♦ Não passe mais informações do que o necessário, de maneira que você não sobrecarregue ou confunda os clientes. Os clientes ficam frequentemente ansiosos à medida que recebem o *feedback* da avaliação, e eles podem não lembrar os detalhes dos resultados do questionário ou conceituações complicadas. Faça pausas com frequência e faça perguntas para verificar a compreensão.

♦ Use a linguagem cotidiana ou a linguagem típica do cliente, tal como *pensamentos* em vez de *cognições*, e *sentimentos* em vez de *afeto*. Use exemplos frequentes da própria experiência do cliente, quando possível.

♦ Considere a utilização de citações do que o cliente já lhe disse durante a avaliação, especialmente em relação às crenças nucleares do cliente.

♦ Use o processo de *feedback* como uma oportunidade para verificar a precisão das partes factuais da formulação. Muito embora você possa estar confiante sobre os fatos, faça perguntas ocasionalmente ao cliente, como verificação. Fazer isso o engaja no processo, aumenta a confiança dele no respeito que você lhe dispensa, e provavelmente aumentará o desejo do cliente de participar.

♦ Depois de discutir os componentes mais factuais, levante hipóteses como "possibilidades informadas". Demonstre uma atitude de curiosidade em vez de atitude de certeza.

♦ Se possível, use a sessão de *feedback* para conduzir a uma descrição do modelo cognitivo-comportamental da terapia. Lembre-se de que há muitas maneiras de apresentar uma formulação inicial de caso e a "melhor" maneira é aquela que funciona para o seu cliente. J. S. Beck (1995) apresenta um modelo de conceituação cognitiva relativamente completo que pode ser compartilhado com os clientes que sejam particularmente inteligentes ou tenham experiências passadas em terapia cognitivo-comportamental. Considere outras maneiras de apresentar essas informações. Por exemplo, um de nós (K. S. D.) com frequência apresenta uma conceituação inicial de caso usando um modelo pictórico mais do que escrito, tal como o descrito na Figura 3.1.

♦ Considere dar ao cliente um resumo escrito ou quadro gráfico da formulação inicial do caso, para que leve para casa e pense sobre o tema como tarefa de casa.

♦ A aliança terapêutica pode ser ampliada e o sofrimento reduzido, pela normalização das reações do cliente; por exemplo, ao apresentar uma afirmação como "Suas reações parecem ser normais a circunstâncias anormais". Tais afirmações podem ser particularmente adequadas se o cliente estiver passando por uma situação de grande estresse em sua vida, ou se estiver vivendo sob circunstâncias difíceis, incluindo pobreza ou conflito familiar. O cliente pode ter sofrido perdas recentes. A inclusão desses fatores contextuais na formulação pode "normalizar" essas reações, oferecer alívio e facilmente ser incluída na formulação cognitivo-comportamental. Não diga isso, contudo, se você não acreditar no que diz, ou se a afirmação for obviamente inverídica; afirmações falsas de tranquilização ou de normalização podem ter o efeito não pretendido de serem consideradas como condescendência, solapando a relação terapêutica.

♦ Peça ao cliente um *feedback* e dados que alimentem a formulação. Colabore e estimule uma propriedade conjunta sobre a formulação de caso. Uma afirmação como "Muito embora eu conheça muito a terapia cognitivo-comportamental, você é o especialista em você mesmo" pode ser útil.

♦ Peça ao cliente para explicar a compreensão dele da formulação de caso em suas próprias palavras. Esse passo permite que você avalie a compreensão do cliente sobre o que você disse, e pode oferecer ao cliente a oportunidade de elaborar certos componentes e a buscar esclarecimentos de alguns pontos que você tenha defendido, ou permitir que ele até mesmo discorde de suas ideias.

Comunicando-se com outros profissionais

Depois de ter completado sua avaliação e compartilhado os resultados com o cliente, é importante também comunicar os aspectos necessários da avaliação a outros profissionais envolvidos. Se você trabalha em uma equipe interdisciplinar, entre esses outros profissionais estarão os colegas do seu ambiente de treinamento. Se você trabalha em um HMO, entre esses profissionais estará um administrador de uma companhia de seguros. Se você trabalha em um ambiente privado, entre os profissionais o responsável pelo encaminhamento externo a seu ambiente, tal como um médico de família ou um terceiro. As necessidades relativas à comunicação são diferentes para cada cliente, mas você deve elaborar uma lista de verificação mental sobre quem precisa saber o quê sobre a sua avaliação.

A comunicação pode ser ou verbal ou escrita, dependendo da natureza da relação com o outro profissional. A comunicação pode também ser longa ou mais sucinta, dependendo da necessidade do outro profissional de saber mais ou menos. Naturalmente, a comunicação com os outros só ocorre com a permissão por escrito do cliente (a não ser que as circunstâncias, tais como o risco de mutilar a si mesmo ou aos outros, indiquem o contrário). Aqui estão alguns pontos a considerar quando da comunicação dos resultados da avaliação:

♦ A comunicação com outros profissionais que praticam de acordo com modelo similar é direta. Essa comunicação se dá apenas em uma base do tipo "preciso saber", como acontece quando consultamos ou obtemos supervisão de pares. Em geral, tal comunicação não inclui quaisquer informações de identificação sobre o cliente. Esse tipo de comunicação pode ser estimulante e de muita ajuda para obter novas ideias e maneiras de ver os problemas. Os colegas podem também ser fonte de uma segunda opinião.

♦ A comunicação com outros profissionais no âmbito de uma equipe ou ambiente de tratamento, tais como um programa de tratamento diário ou uma unidade de atendimento de internação, e em particular com os que usam um modelo diferente ou que vem de outra área de especialidade, pode ser tanto desafiadora quanto estimulante. Muitos profissionais trabalham com outros profissionais que podem desempenhar um papel no tratamento do cliente, incluindo profissionais da área médica, trabalhadores sociais, enfermeiras psiquiátricas e terapeutas ocupacionais. Profissionais diversos dificilmente concordam sobre todas as intervenções usadas e com frequência negociam os componentes do "pacote" geral de tratamento em alguns ambientes. Tente ser tanto respeitoso aos outros quanto confiante no que diz respeito aos planos propostos quando você fizer uma comunicação em conferências ou encontros para o planejamento do tratamento. Considere esses encontros como uma oportunidade para dar destaque a intervenções cognitivo-comportamentais sustentadas empiricamente.

♦ Espere que os profissionais discordem com sua formulação de caso e aspectos do plano do tratamento (mas surpreenda-se amavelmente se eles não discordarem) e esteja preparado para explicar e oferecer uma lógica sólida para o que você planejar. Veja o Capítulo 12 para uma discussão sobre os mitos comuns que ocorrem em alguns ambientes e são relacionados à terapia cognitivo-

-comportamental. Desenvolva a confiança no que você faz e comunique-se de acordo com isso. Desenvolva recursos que incluam a base de evidências ou orientações práticas que sustentem seu trabalho. É difícil para os outros discordarem de um tratamento que esteja de acordo com os melhores interesses do cliente. Nas equipes de tratamento diversificadas, um debate saudável pode ser estimulante e levar a tratamentos melhorados para os clientes se todos os membros da equipe ouvirem-se respeitosamente e derem seguimento a planos que sirvam ao cliente. Por exemplo, já vimos terapeutas cognitivo--comportamentais enfatizar excessivamente os aspectos intrapsíquicos dos problemas de um cliente, negligenciando outros aspectos do funcionamento do cliente, tais como fatores ambientais ou sociais.

♦ Considere o envolvimento de outros membros da equipe no plano do tratamento. Um terapeuta recreacional ou especialista em dietas pode não só oferecer equilíbrio ao tratamento como um todo, mas também compatibilizar-se com o cuidado próprio do cliente, bem como com sua ativação ou exposição comportamental (por exemplo, fazer ligações telefônicas ou ir a um lugar público, no caso de um cliente ansioso). Por exemplo, um de nós (D.D.) frequentemente organizava atividades de exposição para clientes ansiosos quando trabalhava em um programa de tratamento diário. Tal atividade envolveu todo um grupo de pacientes ansiosos que tiveram de atuar como "garçons" em um almoço oferecido a outros clientes e à equipe. Tenha cuidado, porém, pois tais atividades requerem planejamento e colaboração de outros membros da equipe de tratamento. Se você recrutar outros membros para a equipe, certifique-se de que eles entendam o propósito de seu envolvimento, e de que eles não solapem inadvertidamente o plano de tratamento. Um exemplo de solapamento seria fazer a tarefa pelo cliente para reduzir sua ansiedade.

♦ A avaliação formal ou relatos de entrada podem ser requeridos em alguns ambientes. Esses documentos apresentam uma oportunidade para comunicar os resultados da avaliação e da formulação ao médico da família ou ao profissional da saúde mental que tenha servido como fonte de encaminhamento, e para informar outros profissionais sobre a terapia cognitivo-comportamental. O Quadro 3.2 apresenta uma amostra inicial de avaliação para o relato da terapia cognitivo-comportamental para um cliente que lutava contra a ansiedade e a depressão. Este formato é abrangente e segue de perto a formulação de caso da folha do Quadro 3.1.

♦ Você pode também rotineiramente incluir uma atividade chamada "Pesquisa de Resultados Clínicos Relevantes". Tal formato foi desenvolvido com colegas em um serviço de terapia cognitiva em um programa de saúde mental ambulatorial. Essa atividade ajuda muito a quem recebe o relatório e também força quem o escreve a estarem cientes da literatura de resultados recentes em diferentes áreas de problemas. Para uma amostragem de breves resumos de pesquisa de resultados para diagnósticos diferentes, ver o Quadro 3.3. É claro que é necessário atualizar esses resumos de maneira regular à medida que uma nova pesquisa se torna disponível e é publicada. É também importante apontar as diferenças entre seu cliente e a amostra dos estudos.

A folha e o relatório de amostras apresentados aqui precisam ser "customizados" de acordo com sua prática. Pode ser tentador "saltar" a finalização de uma formulação de casos formal se você estiver muito ocupado ou tiver muitos clientes, ou se estiver envolvido em outras atividades. Pode ser tentar omitir a conceituação do caso com apresentações mais sintéticas do cliente e depender apenas da formulação de casos com clientes mais complexos. Para lutar contra essa tendência, é prudente anexar uma folha de formulações já preenchida, em um lugar acessível do arquivo de cada cliente, a que se possa voltar quando necessário para reexames e revisões.

Bo, um terapeuta cognitivo-comportamental interessante, trabalhou em um programa de saúde mental que recebeu financiamento público. Ele recém havia completado a avaliação inicial e a formulação de caso para um novo cliente, Roger. Coerente com a prática usual neste ambiente, Bo escreveu a avaliação e colocou uma cópia dela, incluindo um parágrafo sobre a base de evidências para a terapia cognitivo-comportamental, no arquivo dos casos. Ele também pediu o consentimento por escrito de Roger, e, com tal consentimento, enviou uma cópia da avaliação para o médico familiar que havia encaminhado Roger ao programa. Bo também fez um desenho da formulação de caso preliminar e colocou-o na parte interna da capa do arquivo, de modo que estivesse prontamente disponível para ele como referência e para edição ao longo do tempo.

Pelo fato de a relação com a esposa de Roger ter-se mostrado tão forte no caso, Bo apontou esse fato a Roger e usou a formulação de caso pictórica para ajudar a explicar seu pensamento neste estágio da terapia. Bo sugeriu que, em algum momento do futuro, poderia ser útil compartilhar a formulação de caso com a esposa de Roger, ou talvez até mesmo trazer sua esposa para uma sessão ou duas de informações. Roger concordou que essa questão poderia ser revisada em uma sessão futura.

QUADRO 3.2 Avaliação inicial para um relatório de terapia cognitivo-comportamental

Nome do cliente: Anna C.
Encaminhada por: DR. X
Data da primeira sessão: 12 de julho
Data do preenchimento da avaliação: 12 de julho

Fonte do encaminhamento e preocupações apresentadas
Anna C. pediu ao médico de sua família que a encaminhasse para a terapia cognitivo-comportamental para tratar depressão e ansiedade. Ela apresentou-se com uma série de preocupações que incluíam tristeza, baixa motivação e pouca energia, uma sensação negativa acerca de seu valor próprio e preocupações sobre a sua saúde e a de sua família. Ela também relatou algum conflito e infelicidade em seu casamento.

Informações de identificação
Anna C. é uma mulher de 31 anos, casada. É graduada em administração, e trabalha como assistente administrativa em um escritório de advocacia. Seu marido Luka trabalha em tempo integral como gerente da sessão masculina de uma loja de departamentos. Eles têm dois filhos, Nate, de 7 anos, e Alicia, de 5. Anna está casada há 10 anos.

Situação atual
Anna cooperou bastante e foi muito educada durante a entrevista. Ela pareceu estar motivada e interessada no tratamento. Não houve indicações de dificuldades com sua concentração ou memória. Ela pareceu triste, arrependida e respeitosa, e frequentemente fazia comentários autodepreciativos. Ela pareceu um pouco ansiosa, mas mantinha um bom contato "olho no olho" e o entrevistador foi capaz de desenvolver o *rapport* com ela facilmente.

Anna relatou vários sinais tanto de ansiedade quanto de depressão. Ela se preocupou "o tempo todo" com a saúde de seu filho e de sua mãe. Não foi capaz de interromper essa ruminação, muito embora percebesse que era contraproducente. Ela estava convencida de que sua mãe morreria nos próximos anos, e que

(continua)

Quadro 3.2 *(continuação)*

a saúde de seu filho estava também em situação de risco. Ela relatou insônia em pelo menos cinco dias da semana. Os pensamentos de Anna e seus sentimentos de agitação mantinham-na acordada durante horas quando ela ia para a cama. Muito embora fatigada durante o dia, Anna tendia a ficar um tanto quanto nervosa, assustando-se com facilidade. Uma entrevista diagnóstica semiestruturada revelou que ela atendia aos critérios diagnósticos para transtorno da ansiedade generalizada.

Embora Anna tenha relatado alguns sintomas de depressão, ela não atendia aos critérios para a presença de transtorno de humor. Ela culpava-se por não ser capaz de oferecer o que considerava ser necessário para ajudar sua família. Não acreditava ser uma boa mãe ou uma parceira atraente para seu marido. Ocasionalmente, pensava em suicídio, mas não tinha intenção ou plano de automutilar-se. Seu apetite e sua libido eram normais, mas sua energia, motivação e interesse por atividades cotidianas estavam de alguma forma reduzidos. Sentia-se esperançosa sobre o futuro em geral; contudo, duvidava de sua própria capacidade de fazer mudanças significativas em sua própria vida.

O estilo interpessoal de Anna C. foi passivo e não assertivo na entrevista, e ela reconheceu esse padrão em todos os seus relacionamentos. Ela descreveu-se como uma pessoa "legal", leal e trabalhadora, com alto padrão de expectativa em relação a seu próprio desempenho. Anna afirmou que era uma boa funcionária e que tendia a priorizar o trabalho, em detrimento de suas próprias necessidades. Esforçava-se em não criar conflitos e esperava que os outros gostassem dela.

Anna C. relatou estar geralmente em boa forma física, mas que havia ganhado cerca de 10 quilos no ano anterior. Sua tendência era a de comer algo que lhe desse prazer quando se sentia sobrecarregada ou quando estivesse sozinha. Anna relatou que raramente tinha tempo de exercitar-se ou de praticar outras atividades de cuidado próprio. Tinha enxaqueca mais ou menos uma vez por mês. Estava tomando medicamentos antidepressivos há seis meses. Também tomava medicação ansiolítica aproximadamente uma vez por semana. Admitiu tomar um ou dois cálices de vinho à noite para relaxar.

Lista de problemas atuais
1. Preocupação não controlada
2. Diminuição da intimidade com o marido
3. Falta de apoio social
4. Insônia e fadiga
5. Falta de assertividade e evitação de conflito
6. Pouco cuidado de si
7. Altos padrões e sensação de responsabilidade para com as outras pessoas

História relevante

Episódio atual
Os sintomas atuais de Anna C. remetem a seu retorno ao trabalho de tempo integral, um ano antes da avaliação. Logo depois que começou a trabalhar, sua mãe teve uma recidiva de câncer de mama. Consequentemente, suas responsabilidades e a necessidade de dar apoio a outras pessoas cresceu significativamente. Anna tem estado cada vez mais ansiosa, com preocupações sobre a saúde de sua mãe, a capacidade de enfrentamento de seu pai e a saúde de seu filho. Sua filha tem se comportado mal desde que começou a pré-escola e também foi colocada em um serviço de cuidado de crianças. Anna sente-se culpada pelo tempo que passa longe da família e questiona-se sobre sua capacidade de atender às demandas de seu emprego. Ela duvida de sua habilidade de mãe. Além disso, Luka tem trabalhado muito em seu emprego e frequentemente trabalha à noite nos finais de semana. Pelo fato de Anna passar a maior parte de suas noites sozinha depois de as crianças dormirem, ela tem bebido mais álcool e comido mais do que o normal, tendo ganhado peso.

(continua)

QUADRO 3.2 *(continuação)*

História do tratamento
Anna C. consultou com o médico da família há seis meses devido a seus problemas para dormir. O médico realizou uma entrevista, observou seu humor depressivo e receitou medicação antidepressiva. Apresentou informações sobre a depressão e a ansiedade e a encaminhou para terapia ambulatorial. Anna relatou que teve alguma melhora, embora estivesse preocupada sobre possíveis efeitos colaterais do ganho de peso e das dificuldades sexuais. Em termos de tratamento passado, ela e seu marido passaram por seis sessões de aconselhamento para casais um ano depois do nascimento de sua filha. Ela relatou algum benefício com o enfoque sobre as habilidades comunicativas de ambos. Também passaram a apreciar o efeito de suas origens culturais diferentes sobre o casamento. Não houve ingresso em serviços psiquiátricos e nem psicoterapia individual. Anna jamais tentou o suicídio.

Informações relevantes
Anna C. nasceu em Toronto, Canadá. É a filha mais velha e tem dois irmãos. Seus pais são aposentados e vivem na comunidade em que ela nasceu. Estão casados há 40 anos. Seu pai trabalhou como taxista e sua mãe é dona-de-casa. Anna cresceu em uma família religiosa, cristã, que estava envolvida com a igreja da comunidade. Dava-se valor à família e às contribuições à comunidade, mais do que ao desenvolvimento pessoal e aos ganhos financeiros.

Anna afirmou que era uma criança e adolescente tímida e nervosa. Ela se descreveu como sendo muito próxima de sua mãe. Quando tinha 14 anos, foi diagnosticado que sua mãe tinha câncer de mama, passando depois por uma mastectomia seguida de quimioterapia. Sendo a filha mais velha, Anna assumiu muitas responsabilidades pelo cuidado da casa e de seus irmãos. Seus irmãos tinham 10 e 13 anos quando surgiu o diagnóstico de câncer da mãe. O pai de Anna ficou muito perturbado durante os 18 meses em que a mãe estava doente e passou pelo tratamento. Vários anos depois, o irmão mais moço começou a usar drogas e álcool. Ele saiu da escola aos 16 anos e foi acusado de roubo. Esses incidentes foram bastante estressantes para toda a família. Anna perguntava-se se havia sido uma pessoa deprimida durante a escola secundária. Ela lembrou que se sentia triste por longos períodos, passando muito tempo em casa preparando refeições e tomando cuidado da casa. Não se lembra de alegria em casa nesses anos nem de sentir prazer em sair com os amigos. Ela se preocupava muito com sua família, especialmente com a saúde de sua mãe, o bem-estar emocional de seu pai e as ações de seu irmão. Ela tendia a conquistar aprovação por meio do trabalho árduo na escola, do cuidado que dispensava a outras pessoas e por ser uma pessoa capaz e consciencioso. Perdeu a fé na religião durante o final da adolescência, mas reteve muitos dos valores inerentes à igreja, tais como dar muita importância ao autossacrifício e aos relacionamentos familiares.

Anna começou a namorar no último ano da escola secundária. Seu primeiro namorado sério rompeu o relacionamento repentinamente e sem explicação. Pelo fato de não entender as razões do rompimento, Anna culpou a si mesma. Ela teve de lutar contra o humor deprimido e contra a autoimagem negativa durante os dois anos em que fez o curso de graduação. Aos 22 anos, Anna encontrou Luka, e eles namoraram durante vários anos antes de se casarem. Os pais de Luka haviam imigrado para o Canadá, vindos da Croácia, quando ele tinha 19 anos. Sua família não era religiosa. A guerra na Croácia teve uma forte influência sobre Luka durante sua adolescência. Quando Anna encontrou seu futuro marido pela primeira vez, ela o achou interessante e um tanto exótico. Gradualmente, eles descobriram que tinham muitos valores em comum.

Ela se relacionou muito bem com a mãe de Luka, que era uma pessoa calorosa e aberta, mas achou seu pai um tanto intimidador e agressivo. No geral, Anna constatou que seu marido e sua família eram emocionalmente expressivos e um tanto inconstantes, especialmente se comparados à sua família. Os pais de Anna não aprovaram o casamento e nunca estabeleceram um vínculo forte com a família do genro. Essa situação melhorou consideravelmente, porém, com os nascimentos dos dois filhos.

Anna trabalhou em tempo integral como assistente administrativa em um escritório de advocacia depois de seu casamento e até o nascimento de seu filho, há 7 anos. Diagnosticou-se que o menino, aos 2 anos, tinha asma e várias alergias sérias. O menino tem estado na emergência dos hospitais com bastante fre-

(continua)

QUADRO 3.2 *(continuação)*

quência por causa dos problemas de respiração. Anna permaneceu em casa, cuidando dos filhos, até que seu filho começasse o ensino fundamental.

Formulação cognitivo-comportamental

Anna C. cresceu em uma família na qual obteve apoio para a abnegação e para o incentivo às outras pessoas. Quando sua mãe desenvolveu uma doença ameaçadora à vida, Anna foi colocada em um papel de sacrifício de suas próprias necessidades de desenvolvimento para ajudar a família a continuar a funcionar. Com o tempo, ela internalizou essas crenças, e agora tem um sistema de valores muito fortes que envolve o autossacrifício em prol de servir os outros. Desenvolveu esquemas nucleares de autossacrifício, altos padrões e vulnerabilidade aos danos. Esse esquema de vulnerabilidades inclui danos físicos decorrentes de doenças, e também rejeição de parte dos outros. Suas crenças sobre os homens são confusas. Enquanto seu pai tinha um modelo de vulnerabilidade emocional, seu primeiro namorado a rejeitou. O marido de Anna em geral é uma pessoa que a incentiva, que a apoia. Anna tem sentido medo do conflito e da agressão em toda sua vida. A supressão da raiva era um modelo em sua família, ao passo que a expressão externa e a alta emotividade eram modelos da família de seu marido. Ela tende a evitar trazer problemas à tona por temer represálias.

Anna foi recentemente colocada em uma situação na qual não tinha tempo, energia ou recursos para lidar com as muitas demandas colocadas sobre ela. O ajuste a todas essas mudanças em sua vida foi difícil e levou a uma ansiedade muito alta e a uma sensação de estar sobrecarregada pelas demandas postas sobre ela.

Avaliação diagnóstica

Eixo I: transtorno da ansiedade generalizada, transtorno depressivo maior, em remissão parcial.

Eixo II: protelado.

Eixo III: enxaquecas.

Eixo IV: problemas com o grupo de apoio principal.

Eixo V: GAF atual = 65.

Pesquisa de resultados clínicos relevantes

Muitos estudos demonstraram o benefício da terapia cognitivo-comportamental para o tratamento da depressão e da ansiedade. Este tratamento enfoca tarefas comportamentais que aumentam os comportamentos associados com sentimentos de poder e prazer, a identificação e reestruturação de emoções e pensamentos automáticos negativos e a avaliação e mudança potencial das crenças do cliente. As metanálises demonstram que a terapia cognitivo-comportamental é altamente eficaz para a depressão (Feldman, 2001; Hollon, Thase e Markowitz, 2005) e ansiedade generalizada (Hunot, Churchill, Teixeira e Silva de Lima, 2007; Mitte, 2005a), com resultados que suplantam a efetividade de outras terapias e criam uma mudança de longo prazo relativa às terapias com drogas.

Recomendações e metas do tratamento

Deu-se início a sessões de terapia cognitivo-comportamental com Anna. Concordamos em fazer um encontro por semana, e as metas do tratamento inicial foram estabelecidas. Anna quer aprender estratégias para reduzir sua preocupação e aumentar sua autoeficácia. Anna afirmou que preferiria parar de tomar medicações se fosse possível. Ela foi aconselhada a discutir essa possibilidade com o médico de sua família durante a terapia. Entre as metas de tratamento estão as seguintes:

1. Orientação para o modelo cognitivo-comportamental.
2. Provisão de psicoeducação.

(continua)

Quadro 3.2 *(continuação)*

3. Monitoramento de atividades diárias, incluindo poder e prazer.
4. Avaliação e trabalho para diminuir a evitação (especialmente o conflito).
5. Treinamento de habilidades de comunicação, possível encaminhamento para grupo de habilidades sobre assertividade.
6. Monitoramento de pensamentos e reestruturação de crenças disfuncionais.
7. Exposição de preocupações.
8. Monitoramento de ideação suicida e de uso de substâncias.
9. Possível encaminhamento para treinamento de habilidades parentais.
10. Terapia de esquemas perto dos últimos estágios de tratamento, se adequado.

Fatores antecipados que afetam o resultado
Anna C. é uma pessoa inteligente, conscienciosa e motivada. Ela tomou uma decisão por conta própria para buscar tratamento, quando percebeu que estava preocupando-se mais do que o necessário e que suas habilidades de enfrentamento poderiam ser melhoradas. Esses fatores fizeram dela uma excelente candidata para terapia. Por outro lado, ela deseja muito agradar e prefere evitar, mais do que enfrentar, emoções negativas e situações difíceis. Essas tendências aparecem na relação terapêutica e podem interferir no progresso, se ela for capaz de lidar com essas questões no âmbito da terapia e transferir essa mudança para outros aspectos de sua vida, ela poderá ser capaz de mudar seus esquemas nucleares. Em um nível prático, as muitas demandas de sua vida podem tornar as sessões regulares um desafio a ser mantido.

Keith S. Dobson, PhD, Psiquiatra
CC: Dr. X

(Adaptado de Cognitive Therapy Subgroup, Outpatient Mental Health Program, Calgary Health Region. Este formato de relatório talvez não seja prático para todos os ambientes, requerendo adaptação.)

Quadro 3.3 Resumos de eficácia do tratamento

Transtorno depressivo maior
A terapia cognitivo-comportamental é um tratamento psicossocial eficaz para a depressão, bem como para a prevenção de recaída (Hollon et al., 2005). O estudo do National Institute of Mental Health (NIMH) de Elkin e colaboradores (1989) oferece apoio empírico ao uso de terapia cognitivo-comportamental como tratamento de primeira linha para episódios agudos de depressão. Outras pesquisas que usam testes de controle aleatórios determinaram que a eficácia da terapia cognitivo-comportamental é igual àquela das medicações farmacológicas no curto prazo (Hollon et al., 2005) e com resultados ainda melhores no longo prazo do que a medicação contínua.

Transtorno do pânico
A terapia cognitivo-comportamental é um tratamento de base empírica com bons resultados para o transtorno do pânico. Por exemplo, a pesquisa conduzida como programa Mastery of Your Anxiety and Panic (MAP-3) indica que aproximadamente entre 70 e 90% das pessoas que o fazem estão livres do pânico (Barlow e Craske, 2000). Revisões da literatura confirmam que os resultados da terapia cognitivo-comportamental para o transtorno do pânico são fortes e geralmente duradouros (Landon e Barlow, 2004; Mitte, 2005b).

Transtorno da ansiedade social
Os estudos têm demonstrado a efetividade da terapia cognitivo-comportamental de grupo (TCCG) comparada à psicoterapia de grupo para o transtorno da ansiedade social (por exemplo, Heimberg et al., 1990).

(continua)

Quadro 3.3 *(continuação)*

As metanálises dos estudos de resultado confirmam que uma combinação de exposição e terapia cognitivo-comportamental são altamente eficazes no tratamento da ansiedade social (Federoff e Taylor, 2001; Rodebaugh, Holaway e Heimberg, 2004).

Transtorno do estresse pós-traumático

A terapia cognitivo-comportamental é um tratamento eficaz para melhorar os sintomas tanto agudos quanto crônicos do transtorno do estresse pós-traumático (TEPT). A terapia de exposição e a terapia de inoculação do estresse são dois componentes principais da terapia cognitivo-comportamental, e ambos são métodos empiricamente sustentados para o tratamento do TEPT. A terapia cognitivo-comportamental tem demonstrado ser um tratamento bastante eficaz para as sobreviventes de agressões de ordem sexual (por exemplo, Foa et al., 1999). As revisões confirmam que a terapia cognitivo-comportamental para o TEPT é tão eficaz quanto os outros métodos e tem bons resultados de longo prazo (Bisson e Andrew, 2007; Seidler e Wagner, 2006).

Transtorno obsessivo-compulsivo

A psicoterapia cognitivo-comportamental, especialmente de exposição e prevenção da resposta, é o tratamento psicológico escolhido pelos adultos com transtorno obsessivo-compulsivo, de acordo com o Expert Consensus Treatment Guideline (March et al., 1997). Os clientes que completam a terapia cognitivo-comportamental relatam uma redução entre 50 e 80% dos sintomas depois de 12 a 20 sessões. Usar a terapia cognitivo-comportamental em conjunção com a medicação pode ajudar a prevenir a recaída depois de a medicação ser descontinuada (Abramowitz, Taylor e McKAy, 2005).

Transtorno da ansiedade generalizada

Em uma meta-análise, Borkovec e Whisman (1996) constataram que a terapia cognitivo-comportamental para o transtorno da ansiedade generalizada produz melhoria significativa que é mantida depois do encerramento do tratamento. Também se constatou que a terapia cognitivo-comportamental obtinha melhora mais significativa do que a psicoterapia analítica, o placebo, a terapia não diretiva e a terapia com placebo (Mitte, 2005a).

Fobias específicas

A exposição ao objeto temido ou à situação temida é considerada como um componente essencial para o tratamento eficaz para fobias específicas. As sessões de exposição *in vivo* que são estruturadas de forma a fazer com que a ansiedade caia significativamente nas sessões demonstraram resultar em uma melhoria clínica significativa para até 90% dos pacientes (Ost, 1989). As metanálises confirmam o valor clínico da terapia cognitivo-comportamental para fobias específicas (Choy, Fyer e Lipsitz, 2007).

Ansiedade e depressão

Muitos estudos demonstraram o benefício da terapia cognitivo-comportamental para o tratamento da depressão e da ansiedade (Bandelow, Seidler-Brandler, Becker, Wedekind e Rüther, 2007; Butler, Cahpman, Forman e Beck, 2006; Hofmann e Smit, 2008). As metanálises demonstram que a terapia cognitivo-comportamental é altamente eficaz para a depressão (Feldman, 2007; Hollon et al., 2005) e para a ansiedade generalizada (Hunot et al., 2007; Mitte, 2005a), com resultados que suplantam a efetividade de outras terapias e criam uma mudança de mais longo prazo em relação a terapias com drogas.

Observações

É também importante acrescentar as seguintes observações para seus clientes, quando for apropriado:
- Os indivíduos com preocupações comórbidas, tais como depressão ou outros transtornos da ansiedade, provavelmente requeiram ou um tratamento mais longo ou terapias adjuntas.
- A depressão pós-parto é similar a um episódio clínico depressivo, e não é necessariamente tratada de modo diferente (Bledsoe e Grote, 2006).

4

COMEÇANDO O TRATAMENTO: PLANEJANDO A TERAPIA E CONSTRUINDO A ALIANÇA

A avaliação e a formulação clínica de casos foram finalizadas, e agora você está começando a discutir as metas da terapia com seu cliente. Já pensou na possibilidade de o diagnóstico ser adequado e apresentou esta informação ao cliente durante o *feedback* da avaliação. Uma aliança terapêutica positiva é apenas o começo. Com sorte, você teve tempo para pesquisar sobre as terapias mais atuais, e sustentadas empiricamente, para o problema apresentado pelo cliente. O que fazer agora? Como traduzir as esperanças do cliente em metas atingíveis? Este capítulo examina os passos do planejamento do tratamento e do estabelecimento de metas: estabelecer um contrato e ampliar a motivação do cliente. Também fazemos sugestões para estabelecer uma aliança terapêutica positiva com seu cliente.

Muitos livros-textos, programas de treinamento e *workshops* dedicam boa parte de seu tempo e energia à avaliação e à formulação da terapia, e passam muito menos tempo tratando do que de fato ocorre na terapia depois das primeiras sessões. Muitos estudantes e residentes fazem a pergunta "O que fazer agora?" e não têm certeza de como proceder depois de finalizar as partes mais estruturadas e delineadas do processo. Sob certos aspectos, esse enfoque dado à avaliação tem sentido. Os clientes encaminhados para tratamento recebem, em geral, uma entrevista de avaliação, e muitos receberão um diagnóstico. O primeiro passo depois da avaliação e da formulação envolve o planejamento do tratamento, o estabelecimento de metas e o desenvolvimento de um contrato terapêutico. Embora as metas iniciais sejam estabelecidas durante a formulação do caso, elas devem continuar a ser desenvolvidas durante as primeiras sessões do tratamento.

Acreditamos que os fatores inerentes à relação são vitalmente importantes para a psicoterapia. Nos casos mais extremos, um cliente que não esteja à vontade com seu terapeuta, ou que se sinta desrespeitado, poderá não mais comparecer às sessões. O cliente com uma boa aliança terapêutica estará mais apto a se engajar no difícil trabalho de mudança. Na segunda parte deste capítulo, examinaremos brevemente os fatores de relacionamento que afetam a psicoterapia, especialmente as intervenções cognitivo-comportamentais. Durante as fases iniciais do tratamento, a relação terapêutica é nova, e o cliente talvez ainda não se sinta à vontade, nem confie plenamente no terapeuta. Examinamos alguns dos "fatores comuns" que afetam as intervenções cognitivo-comportamentais, em especial o desenvolvimento de uma aliança terapêutica que facilite a mudança, bem como algumas maneiras pelas quais esses fatores diferem nessa abordagem.

◆ PLANEJAMENTO DO TRATAMENTO, ESTABELECIMENTO DE METAS E CONTRATO TERAPÊUTICO

A formulação de caso que você elaborou ajuda a entender as relações entre os vários problemas que o cliente está experimentando. Também o ajuda a planejar o tratamento e a estabelecer metas. A escolha das intervenções depende apenas dos problemas específicos do cliente, das preferências do cliente (e do terapeuta), da disponibilidade de intervenções diferentes (por exemplo, realidade virtual ou alguns tipos de exposição *in vivo* podem não estar prontamente disponíveis), do treinamento e do nível de habilidades do terapeuta, da base de evidências para as intervenções pretendidas e de outras variáveis (por exemplo, a urgência de certos problemas). O estabelecimento de metas é uma parte crítica da terapia que pode parecer incrivelmente simples, mas que é surpreendentemente difícil para muitos clientes. Com efeito, de alguma maneira, você pode imaginar que a razão pela qual o cliente veio até você é porque ele não conseguiu lidar com este item no passado. O planejamento do tratamento é um processo contínuo que oferece uma ponte entre a avaliação e a intervenção. Certamente, comunicar-se com o cliente e chegar a um acordo com ele sobre a formulação e o planejamento do tratamento de seus problemas é uma intervenção em si mesmo, e leva diretamente ao estabelecimento de metas.

Os pesquisadores têm uma série de sugestões sobre o estabelecimento de metas. Por exemplo, é crucial para o cliente estar envolvido e comprometido tanto com o estabelecimento de metas quanto com o processo de trabalhar para atingir tais metas. Chegar a um acordo sobre as metas é um componente da aliança de trabalho na terapia, que foi mensurado pelo Working Alliance Inventory (Reddin Long, 2001; Horvath e Greenberg, 1986). Constatou-se que a aliança de trabalho está relacionada aos resultados em diferentes tipos de terapia. Safran e Wallner (1991), por exemplo, verificaram que as percepções do consenso de metas obtidas no início da terapia (depois da terceira sessão) estão associadas com as melhorias clínicas depois de 20 sessões de terapia cognitivo-comportamental para a depressão. O compromisso com as metas antes do tratamento tem sido positivamente relacionado à remissão em um tratamento de grupo cognitivo-comportamental de 12 sessões para a bulimia (Mussell et al., 2000). Tryon e Winograd (2002) relatam uma relação positiva entre o consenso de metas e o resultado em pelo menos uma das medidas usadas em 68% dos estudos que examinaram.

É difícil mensurar o consenso de metas em boa parte dos ambientes clínicos. Tryon e Winograd (2001, p. 387-388) declaram que "para ampliar ao máximo a possibilidade de atingir um resultado de tratamento positivo, o terapeuta e o paciente devem estar envolvidos ao longo da terapia em um processo de tomada compartilhada de decisões, em que as metas são frequentemente discutidas e sobre as quais se busca a concordância". Eles também afirmam que "os pacientes que atingem melhores resultados são aqueles que estão ativamente envolvidos no papel de paciente, discutindo preocupações, sentimentos e metas, mais do que resistindo ou recebendo passivamente as sugestões dos terapeutas. Quando os pacientes resistem a colaborar com os terapeutas, os resultados serão fracos".

Berking, Grosse Holtforth, Jacobi e Kroner-Herwig (2005) argumentam que, embora a realização de metas seja uma medida essencial do sucesso da psicoterapia e esteja fortemente associada a outras medidas de sucesso, as metas que os clientes propõem são frequentemente vagas, irreais ou não necessariamente apropriadas ou possíveis. Eles usaram o Bern Inventory of Treatment Goals em seu estudo para formular as metas da terapia cognitivo-comportamental e para metas categorizadas que eram mais ou menos propensas a ser atingidas. Eles propuseram que o sucesso com metas comparativamente fáceis no início do tratamento ajuda os clientes a construir a confiança e um sentido de autoeficácia, além de fortalecer a aliança terapêutica (é de se observar que eles tenham relatado os níveis mais baixos de realização de metas quando lidavam com problemas do sono e com a solução de dores físicas).

A concordância explícita sobre as metas pode levar a uma melhoria já no início do processo, ao passo que a falta de um contrato explícito de tratamento pode estar relacionada a resultados negativos. Para um exemplo de contrato de tratamento, ver o Quadro 4.1. O desenvolvimento de um contrato de tratamento é uma intervenção em si mesmo (Reddin Long, 2001). Otto, Reilly-Harrington, Kogan e Winett (2003) discutem os benefícios dos contratos formal e informal de tratamento na terapia cognitivo-comportamental. Os *contratos formais* são definidos como acordos explícitos entre todas as partes envolvidas e que delineiam as responsabilidades de todos. O acordo é formalizado por meio de assinaturas em um contrato. Otto e colaboradores sugerem que os benefícios dos contratos formalizados de tratamento podem incluir uma ampliação da adesão e da motivação. O contrato pode também ajudar o cliente a apresentar uma clara afirmação de suas intenções e metas de mudança. Otto e colaboradores também sugerem que os resultados podem ser melhorados com **menos** *input* do terapeuta e **mais** *input* de parte do cliente.

Da mesma forma que os terapeutas podem recomendar, mas não necessariamente aderir a formulações formais de caso para todos os clientes, o mesmo pode acontecer para os contratos de tratamento. Os contratos informais são muito mais comuns em boa parte dos ambientes clínicos. Esses contratos são desenvolvidos entre o terapeuta e o cliente por meio de um processo colaborativo, e podem mudar de sessão a sessão, como parte de um estabelecimento regular de agenda. Em geral, no que diz respeito a aderir às metas gerais de tratamento, o ônus fica com o terapeuta. Infelizmente, os terapeutas tendem a se desviar de seu propósito mais facilmente quando não há um contrato formal. Os contratos formais tendem a ser mais comuns em ambientes em que o comportamento *acting-out*, ou impulsivo, do cliente é um problema. Por exemplo, contratos contingenciais podem ser usados para reforçar as consequências de não frequentar as sessões ou de comportamento de automutilação. As metas desses tipos de contrato geralmente são as de controlar o comportamento dos clientes, e não são as mesmas metas do contrato de tratamento.

Passos do planejamento do tratamento e do estabelecimento de metas

1. Colabore e ouça com cuidado as metas de mudança do cliente. Trabalhe com ele para formular metas que possam levar a possíveis intervenções. Mesmo que você não necessariamente pense que algumas das metas sejam fundamentais para a Lista de Problemas, estabelecer metas relacionadas aos desejos do cliente será bom para ajudar a aliança terapêutica. Contudo, se as metas de um cliente não estiverem relacionadas à Lista de Problemas, informe-o. Deixe o cliente à vontade para trabalhar em outras metas fora da terapia e para aprender habilidades que o ajudem a fazê-lo. Por exemplo, se um cliente precisar aprender habilidades de gerenciamento financeiro, ou tiver um problema legal, seria apropriado reconhecer a importância da meta e ajudar o cliente a buscar o serviço em algum lugar.

2. Se possível, estabeleça uma meta que possa levar ao sucesso rapidamente ou que reduza o sofrimento. O ato de estabelecer metas claras reduz, com frequência, o sofrimento, porque oferece um direcionamento terapêutico e dá aos clientes a sensação de que estão fazendo algo sobre os seus problemas em vez de "apenas falar" sobre eles. Por exemplo, quando estiver atendendo um cliente deprimido, uma meta inicial poderia ser a de aumentar as atividades cotidianas, tais como sair de casa uma vez por dia. Essas metas podem levar a atividades terapêuticas iniciais, tais como dar uma estrutura ampliada ao dia e obter informações sobre possíveis atividades comunitárias. Essas metas preliminares não apenas ajudam a reduzir o sofrimento, mas podem também ampliar a motivação para a mudança, aumentar a autoeficácia e ajudar a estabelecer a aliança

Quadro 4.1 Amostra de contrato de tratamento

Este é um acordo de terapia cognitivo-comportamental entre _____, cliente, e _____, terapeuta. Este tratamento abordará o(s) seguinte(s) problema(s):

1. _____ 2. _____
3. _____ 4. _____
5. _____ 6. _____

Entendo que a terapia cognitivo-comportamental é um tipo de tratamento psicológico que enfoca a solução de problemas atuais. Não há garantia de que esse tratamento resolverá todos os meus problemas, mas assinar este contrato reflete meu compromisso para trabalhar para a realização dessa meta. Sei que a terapia cognitivo-comportamental é um tratamento que implica uma relação em que o cliente e o terapeuta trabalham juntos para resolver essas metas. É também um tratamento que tipicamente envolve tarefas a serem realizadas entre uma sessão e outra. Estou ciente desses fatos e ingresso neste tratamento por livre e espontânea vontade.

Fui avisado de que este tratamento provavelmente tenha a duração de _____ sessões. Examinaremos o progresso em intervalos regulares. Tenho toda a liberdade de fazer perguntas sobre o progresso, para restabelecer as metas de tratamento ou para interromper a terapia a qualquer momento.

As informações obtidas durante a avaliação e o tratamento serão consideradas confidenciais, dentro dos limites da lei. Entendo que o terapeuta pode ser forçado a revelar alguma informação a meu respeito se houver a percepção de dano potencial a mim ou aos outros, relato de abuso infantil, uma investigação de instituição profissional licenciada ou exigência legal de revelação de informações. De outra forma, nenhuma informação será revelada sobre mim ou sobre o tratamento sem o meu consentimento expresso.

Tenho ciência de que o terapeuta merece ser compensado justamente pelo tratamento. Concordo em pagar uma taxa de _____ por sessão de tratamento. Também concordo em apresentar um aviso de 24 horas de antecedência em caso de qualquer necessidade de troca ou cancelamento de sessão, ou pagar a taxa estabelecida pela sessão à qual me ausentar. Concordo em discutir com meu terapeuta quaisquer mudanças significativas em meu estado financeiro que possam afetar minha capacidade de continuar no tratamento.

Este acordo é assinado de livre e espontânea vontade. Todas as minhas questões foram respondidas satisfatoriamente.

Termo de compromisso assinado hoje, _____, em _____

_____   _____
Cliente   Terapeuta

---

terapêutica. Elas também aumentam a concordância com o modelo cognitivo-comportamental não só para o cliente, mas também para outros indivíduos que possam estar envolvidos no processo, incluindo os membros da família e os membros de uma equipe de tratamento que inicialmente possam estar céticos em relação à terapia cognitivo-comportamental.

3. Quando estabelecer metas, é importante também estabelecer maneiras de avaliar os resultados, de modo que o cliente saiba quando estes tiverem sido bons. Um método que ajuda você e seu cliente a manterem-se centrados em um determinado tópico é nomear e estabelecer uma série de metas, e avaliar a realização delas por parte dos clientes periodicamente. A Goal Attainment Scale (GAS) é um processo bastante simples no qual você inicialmente nomeia certas metas que são antitéticas aos problemas desenvolvidos na Lista de Problemas. Por exemplo, se o isolamento social é um problema percebido, desenvolver uma vida

social ativa pode ser uma meta. Você precisa estabelecer alguns pontos de referência ou critérios concretos para saber que essa meta está sendo atingida. Com efeito, a escala de realização de metas é mais útil quando você estabelece algumas metas comportamentais que são óbvias quando realizadas pelo cliente (por exemplo, sair de casa uma vez por dia). De tempos em tempos, você pode voltar à lista de metas e ver como você e o cliente estão trabalhando para chegar a elas. Nesse aspecto, a escala de realização de metas serve para desenvolver um ambiente colaborativo e para manter o tratamento enfocado tanto na resolução de problemas quanto no desenvolvimento de áreas positivas de funcionamento.

4. Pode ser surpreendentemente difícil para alguns clientes estabelecer metas que conduzam a intervenções cognitivo-comportamentais. Muitos clientes listam, inicialmente, metas que são vagas, ambíguas ou que frequentemente mudam ou parecem não se relacionar com seus problemas. Exemplos disso incluem "Quero ser mais feliz" ou "Preciso de um emprego (parceiro, vida) diferente". Algumas metas podem ser completamente inatingíveis ou além do controle do cliente. Algumas metas podem ser razoáveis na teoria, mas completamente impossíveis de avaliar de maneira confiável ou válida. Os clientes frustrados falam, com frequência, em mudar outras pessoas, tais como parceiros, pais ou supervisores! Além disso, embora os terapeutas cognitivo-comportamentais estejam acostumados a trabalhar de uma maneira orientada às metas e ao futuro, alguns clientes não estão. Suas vidas podem avançar de um dia para o outro, sem orientação futura. As metas claras e específicas podem ser uma noção estranha. Todos esses estilos requerem flexibilidade e engenhosidade de parte do terapeuta, para ajudar a relação terapeuta-cliente a estabelecer metas para a mudança. Para os clientes que têm dificuldade em estabelecer metas, uma boa ideia é estabelecer metas de curtíssimo prazo e fáceis de atingir. Tenha também em mente que aprender como estabelecer metas é em si mesmo uma habilidade que algumas pessoas precisam aprender, de forma que ter problemas em estabelecer metas pode em si mesmo tornar-se um problema a identificar e um trabalho a superar.

5. As metas podem ser divididas *grosso modo* entre aquelas que envolvem a redução de algo negativo (por exemplo, tensão e ansiedade diminuídas) ou o aumento de algo positivo (por exemplo, aumento de habilidades, prazer, domínio da situação e autoeficácia). Pelo menos em parte, o seu plano deve ser o de aumentar o que é positivo, com o resultado eventual de diminuir o negativo. Por exemplo, quando trabalhar com um cliente que tenha raiva, pense sobre as intervenções que reduzam a raiva, bem como naquelas que aumentem a quantidade e a qualidade das interações interpessoais positivas.

6. As metas podem também ser divididas em afetivas, comportamentais, cognitivas, interpessoais e ambientais. O cliente pode também ter outras metas (por exemplo, espirituais ou existenciais) que em geral estão para além do escopo da prática da maior parte dos clínicos cognitivo-comportamentais. Uma meta afetiva pode ser a de aprender as habilidades de regulação de emoções, de forma que o cliente não reaja impulsivamente ou se torne incontrolavelmente indignado. Uma meta interpessoal pode ser a de ampliar a consciência sobre as reações de outras pessoas em certos tipos de trabalho ou ambientes sociais. Uma meta ambiental pode ser algo tão simples quanto requisitar uma mudança no espaço de trabalho de alguém, de modo que fique mais próximo de outras pessoas. Imagine um cliente que se sinta excluído no trabalho, mas cujo espaço de trabalho não esteja no local onde haja mais movimento. Um simples pedido de mudança de colocação de sua mesa pode fazer uma diferença significativa nos sentimentos de exclusão do cliente, especialmente se o cliente perceber que o contato reduzido não é intencional de parte de seus colegas.

7. Para algumas metas, ajuda usar um acrônimo, como SMART, o qual apresenta orientações relativas a metas adequadas que podem ser facilmente lembradas. As metas

SMART (*smart* pode ser traduzido por "inteligentes") representam, como indicam as primeiras letras das palavras inglesas *Specific, Measurable, Achievable, Realistic e Relevant e Time limited*, metas que são específicas, mensuráveis, atingíveis, realistas e relevantes, e limitadas temporalmente (ser limitada temporalmente é algo que se refere à ideia de que os resultados serão avaliados no futuro próximo, para reduzir a procrastinação). Quaisquer metas podem estar sujeitas à avaliação; contudo, o modelo SMART tende a ser mais adequado para metas comportamentais.

8. As metas podem também ser divididas em imediatas, de curto prazo, de médio prazo ou de longo prazo. As *metas imediatas* são aquelas que podem ser estabelecidas e atingidas no âmbito da sessão de terapia. Por exemplo, se um cliente estiver relutante em praticar uma nova habilidade fora da sessão ou duvidar de sua capacidade para fazê-lo, então pode-se estabelecer a meta de praticar, monitorar e avaliar os resultados no âmbito de uma simples sessão de terapia. As *metas imediatas* podem incluir muitos tipos de comunicação, consciência afetiva ou cognitiva, *feedback* interpessoal, etc. O estabelecimento de metas imediatas e de curto prazo tende a estar "a serviço" dos resultados de longo prazo. Por exemplo, aprender a comunicar-se melhor pode ser uma meta de médio prazo, que é um passo provisório que serve à meta de longo prazo de melhorar as relações com as outras pessoas.

O que fazer se o cliente não aceitar o modelo?

Alguns clientes podem não concordar com o estabelecimento de metas específicas ou não estar interessados em um modelo de mudança cognitivo-comportamental. É importante considerar as razões hipotéticas que estão por trás dessa falta de aceitação. Razões possíveis para isso incluem:

♦ *Falta de compreensão do modelo.* A solução para esse problema pode ficar mais simples se houver maiores explanações sobre ele, especialmente se relacionadas aos interesses do cliente.

♦ *Falta de credibilidade do modelo.* Alguns clientes declaram que o modelo cognitivo-comportamental é "simplista" ou de "senso comum". Outros clientes podem estar convencidos de que embora essa terapia possa funcionar para os outros, uma abordagem direta não poderá resolver seus problemas. As melhores soluções para esses problemas são as que puderem combinar evidências sobre o sucesso do modelo e algum sucesso no início do tratamento, personalizando o modelo de acordo com os interesses dos clientes, e ouvindo com cuidado o *feedback* deles.

♦ *Desacordo sobre a formulação do caso.* Se seu cliente não aceitar a formulação do caso, pare e compreenda a perspectiva dele. Você foi claro o suficiente na expressão da formulação do caso ao cliente? Há alguma informação importante que você não entendeu ou deixou passar? É preciso fazer outra avaliação? Talvez você e o cliente precisem concordar ou discordar, respeitosamente, mesmo quando você estiver iniciando a terapia e resolvendo alguns problemas iniciais. Em geral, porém, se você e o cliente não concordarem sobre os maiores problemas ou sobre seus fundamentos, você precisará passar mais tempo nesta fase, antes de ingressar no tratamento. Em situação extrema, se você e o cliente não concordarem sobre os problemas a serem abordados, ou sobre seus fundamentos, poderá ser mais apropriado encaminhar o cliente para outra forma de terapia que seja mais coerente com a sua visão de mundo. Por exemplo, se o cliente acreditar que seu transtorno de ansiedade é o resultado de um conflito inconsciente, como resultado de ter estado em alguma forma de terapia psicodinâmica no passado, então encaminhá-lo para tal terapeuta pode ser preferível a batalhar pela formulação de caso "certa" e pelo tratamento ótimo.

♦ *Falta de adequação do modelo.* Às vezes, o modelo padrão para um dado conjunto de problemas pode não combinar bem com o cliente. Nessas horas, você precisa ser honesto com ele sobre a questão, e pedir-lhe para suspender o julgamento e adotar uma atitude do tipo "vamos ver o que vai acontecer" na terapia. Outras vezes, é importante ser humilde e perceber que nem você nem a terapia cognitivo-comportamental podem ajudar todos os clientes. Apesar do esforço, alguns clientes não se beneficiam dela. Se um cliente não tiver sucesso desde cedo, tiver de lutar contra o estabelecimento de metas, tiver problemas persistentes nas tarefas de casa (ver mais sobre esse tema, abaixo) ou continuar a sofrer com suas preocupações, considere a possibilidade de encaminhá-lo para outro terapeuta que use uma abordagem diferente.

♦ *A persistência em perguntar "por quê?"*. Apesar do melhor esforço dos terapeutas, os clientes podem continuar a fazer perguntas tais como "por que estou tendo esses problemas?" ou buscar discutir seu desenvolvimento infantil. As razões para essas discussões podem ser uma curiosidade natural para entender seu próprio funcionamento, a experiência terapêutica prévia que incentivou tal discussão ou a evitação da resolução de problemas e de ações concretas. Muitos clientes vêm à terapia esperando a revisão de experiências da infância, muito embora o terapeuta tente dissuadi-los de longas investigações. Às vezes, é possível negociar com o cliente: por exemplo, você pode concordar em passar parte da sessão em um tópico passado que seja de interesse do cliente, e o resto da sessão abordando interesses presentes. Se assim for, certifique-se de que você cubra as questões atuais primeiro, de forma que a sessão não seja "sequestrada" pelo que poderia ser uma longa discussão sobre uma história pessoal fascinante! Novamente, se você for capaz de obter algum sucesso já no início do tratamento, poderá usar essa evidência, sugerindo ao cliente que a compreensão do passado é menos promissora que o estabelecimento de metas específicas e concretas para levar a mudanças no presente. É especialmente importante identificar se a discussão de questões passadas é uma forma de comportamento evitativo do cliente. Às vezes, falar sobre as questões é mais fácil do que confrontar problemas. Em tais casos, você precisa ouvir com atenção a história do passado, mas reorientar o cliente para as manifestações atuais do problema e para estratégias que possam ser implementadas no futuro de curto prazo.

Jenna fez uma avaliação cuidadosa e abrangente de Miriam, uma nova cliente que foi encaminhada a ela, para a prática cognitivo-comportamental. Constatou-se que Miriam tinha algumas crenças nucleares bastante manifestas sobre a necessidade de agradar aos outros e de sacrificar suas próprias necessidades no trabalho ou nos relacionamentos. Essas crenças estavam relacionadas a vários problemas interpessoais, interações estressantes e sintomas de ansiedade e raiva. Quando Jenna compartilhou essa formulação de caso, Miriam expressou uma forte opinião de que suas crenças refletiam conflitos inconscientes que exigiam exames de sua história anterior. Quando questionada, Miriam disse que essa ideia havia sido afirmada por um psicoterapeuta anterior, e que tinha sentido para ela.

Jenna explicou-lhe brevemente a ideia dos esquemas cognitivos e sobre como eles eram abordados na terapia cognitivo-comportamental. Ela também observou que o tratamento normalmente começava com um enfoque das questões correntes, mais do que com problemas passados ou inconscientes. Ela reconheceu que outros modelos de terapia enfocam essas preocupações e ofereceu a indicação de outro terapeuta. Jenna foi cuidadosa em não se opor às crenças de Miriam sobre o seu próprio funcionamento psicológico ou sobre a existência de conflitos inconscientes.

Depois de fazer algumas questões sobre o modelo cognitivo-comportamental, a que Jenna respondeu de uma maneira pragmática e não defensiva, Miriam concordou em começar o tratamento. Jenna incentivou Miriam a manter sua atitude cética em relação à terapia cognitivo-comportamental, e a relatar quaisquer reservas sérias que ela pudesse ter em relação ao trabalho conjunto que realizariam. Também concordaram em reavaliar a credibilidade do tratamento para Miriam ao final da quinta sessão, para certificar-se de que a paciente achava que o tratamento estivesse no rumo certo.

O que fazer se o cliente não estiver motivado a mudar?

Nossa experiência é a de que o cliente que vem para a terapia cognitivo-comportamental está motivado a resolver seus problemas. Problemas como ansiedade e depressão, que juntos compreendem os problemas mais comuns vistos nos ambientes de saúde mental de atendimento externo, são mais perturbadores para o cliente e intrinsecamente desagradáveis. É difícil imaginar alguém que esteja motivado a estar ansioso ou deprimido. Mesmo com outros problemas nos quais a motivação pode ser mais complicada, tais como transtornos do uso de substâncias ou transtornos alimentares, os clientes não se apresentam à ajuda a não ser que queiram mudar algum aspecto de seu funcionamento.

Nossa crença é a de que quando as pessoas têm problemas em suas vidas tentam naturalmente resolvê-los. Muitas pessoas não precisam da assistência de um profissional da saúde mental para realizar esse trabalho, pois elas têm as habilidades necessárias ou o apoio social necessário para superar os obstáculos da vida. Os seres humanos são uma espécie que se adapta extraordinariamente. Mesmo assim, os problemas são às vezes verdadeiramente avassaladores, ou o indivíduo não tem as habilidades, a capacidade mental, a preparação emocional, a flexibilidade cognitiva, o apoio social ou a motivação para fazer as mudanças desejadas. Esses indivíduos provavelmente falharam em suas tentativas anteriores de mudar, e motivar-se pode ser um problema para eles.

Métodos de entrevista motivacional têm sido amplamente usados, pesquisados e escritos na área de adicção (Miller e Rollnick, 2002; Sobell e Sobell, 2003). Essas estratégias já foram além da área de adicção, contudo, e podem ser facilmente adaptadas a uma abordagem cognitivo-comportamental. Mais do que ser considerada um instinto ou traço fundamental, a motivação é como um estado que pode ser influenciado por um clínico. A *entrevista motivacional* é definida por Sobell e Sobell (2003) como uma maneira de falar e interagir com os clientes e que evita ou minimiza a resistência à mudança. Miller e Rollnick (2002) apontam que é normal experimentar a ambivalência em relação à mudança, e que a maior parte das pessoas tem um "conflito de evitação de abordagem" em relação à mudança. Inicialmente, a mudança pode ser uma grande ideia, mas quando um cliente percebe não só o trabalho envolvido, mas também todas as consequências da mudança, seu desejo de dar seguimento a um plano de mudança pode desaparecer!

Miller e Rollnick (2002) descrevem *a entrevista motivacional* como um método de comunicação que enfoca a resolução da ambivalência. É fundamentalmente colaborativo por natureza e geralmente usa habilidades terapêuticas básicas, tais como provisão terapêutica de apoio, empatia e aceitação. Sobell e Sobell (2003) apresentam uma lista de "sins" e "nãos". Essas ideias incluem perguntas abertas, audição reflexiva, provocação de frases automotivacionais e ajuda aos clientes para que apresentem seus próprios argumentos para a mudança. Alguns desses métodos são similares ao questionamento socrático (A. T. Beck et al., 1979), no qual o terapeuta faz perguntas que levam o cliente a uma certa conclusão. No caso de entrevista motivacional, essas frases reflexivas e questões socráticas são usadas para ajudar o cliente a reafirmar suas razões para a mudança.

Miller e Rollnick (2002) apresentam quatro princípios gerais para a entrevista motivacional:

1. Expressar empatia, usando a aceitação e a audição reflexiva. Informar o cliente de que a ambivalência em relação à mudança é normal.
2. Desenvolver a discrepância. Ajudar o cliente a perceber as discrepâncias entre o seu estado atual e suas metas ou valores. Se um cliente adotar um comporta-

mento que é altamente discrepante em relação a seus valores, a situação muito provavelmente levará ao desconforto, especialmente quando a consciência do cliente de tal discrepância aumentar.

3. Lidar com a resistência. Jamais discuta com o cliente, porque ele será pressionado a defender suas ações. Não imponha, também, perspectivas diferentes ao cliente. Em vez disso, ajude o cliente a engajar-se, como recurso primário para encontrar suas soluções para os problemas.
4. Incentive a autoeficácia. A confiança do terapeuta na capacidade que o cliente tem de mudar pode ajudar a construir a confiança do cliente. Use as ferramentas cognitivas para ampliar a crença do cliente em suas capacidades. Aproveite os aspectos iniciais bem-sucedidos para ampliar a autoeficácia.

A entrevista motivacional normalmente inclui o uso de uma conversa sobre a mudança, para sustentar e ampliar a autoeficácia do cliente. Essa conversa sobre a mudança inclui a discussão das desvantagens do estado atual e das vantagens da mudança, o reforço da intenção de mudança e a expressão de otimismo do terapeuta pela capacidade de mudança do cliente. A essa lista acrescentaríamos a importância de reforçar pequenas mudanças feitas no início da terapia e a intenção de mudança do cliente ao vir para a terapia, além do uso de outras mudanças que ele tenha feito no passado. A discussão sobre as mudanças do passado pode enfocar o modo como tais mudanças ocorreram e destacar as evidências que sustentam a capacidade do cliente de mudar.

♦ FATORES DE RELACIONAMENTO NO ÂMBITO DA TERAPIA COGNITIVO-COMPORTAMENTAL

A relação terapêutica como um componente de mudança maior da psicoterapia foi extensivamente estudada e discutida, e muito se escreveu sobre o assunto. Um texto abrangente e uma força-tarefa da American Psychological Association examinou a vasta literatura desta área (Norcross, 2002). A importância relativa da relação terapêutica foi debatida energicamente. Alguns autores sugerem que ela responde pela maioria das mudanças, ao passo que outros acreditam que uma aliança positiva entre terapeuta e cliente é "necessária, mas insuficiente" para a mudança (A. T. Beck et al., 1979).

Ao longo da história da terapia cognitivo-comportamental, as características terapêuticas e as qualidades da relação que levam a uma aliança de trabalho foram enfatizadas. Esses fatores, similares àqueles de outros tipos de psicoterapia, incluem a cordialidade, a empatia, a positividade incondicional e o respeito pelo cliente (cf. Castonguay e Beutler, 2006). Para oferecer a terapia cognitivo-comportamental, é necessário dispor de uma boa relação terapêutica. Uma série de itens da Escala da Terapia Cognitiva (ver Apêndice A), a medida mais comumente usada da competência da terapia cognitivo-comportamental, avalia os "fatores comuns" mais do que os "fatores específicos" relacionados à terapia cognitiva. Entender a realidade interna do cliente, demonstrar cordialidade e interesse pelo seu bem-estar e desenvolver uma aliança colaborativa de trabalho são exigências da terapia cognitivo-comportamental. A *aliança de trabalho* foi definida como uma concordância entre o terapeuta e o cliente sobre as metas terapêuticas e as tarefas por meio das quais as metas serão atingidas, e como a formação de um vínculo entre o terapeuta e o cliente (Borden, 1979).

Para uma breve revisão da pesquisa nessa área, ver o Capítulo 11 deste livro. Agora nos voltamos aos modos pelos quais alguns desses princípios podem ser aplicados nas relações da terapia cognitivo-comportamental. Presumimos que você tenha treinamento, supervisão e prática no desenvolvimento de alianças terapêuticas com seus clientes. Nesta seção, não examinamos os fatores comuns ou o modo como desenvolvê-los em geral, mas discutimos o modo com eles podem ser usados no tratamento cognitivo-comportamental.

O papel do terapeuta

Os clientes buscam, em seus terapeutas, especialistas na oferta de tratamento e que se comportem de maneira profissional, o que inclui ter boa qualificação profissional e excelentes habilidades interpessoais. Os terapeutas cognitivo-comportamentais devem saber equilibrar uma série de demandas interpessoais no papel que desempenham, permanecendo sensíveis às necessidades dos clientes.

"Conhecimento especializado" versus "Igualdade"

Você é um especialista em certos assuntos, o que inclui o tratamento cognitivo-comportamental e o funcionamento psicológico anormal, além de transtornos e problemas específicos. Quando o tratamento começa, refira-se a seu conhecimento especializado de maneira graciosa, descrevendo suas áreas de competência e experiência. Se um cliente fizer uma pergunta sobre o tratamento, responda da melhor maneira possível. Se não souber a resposta e tratar-se de algo que se relacione ao tratamento ou problema do cliente, não há erro em comunicar a ele e, se possível, busque a informação e traga-a ao paciente na próxima sessão. Ao mesmo tempo, ter uma área de conhecimento especializado não significa que você seja um especialista para o caso do cliente em questão. O cliente é o especialista em sua própria história, funcionamento psicológico e interesses atuais. Ele pode também ter áreas de conhecimento especializado que não se relacionam ao tratamento, o que pode levar a uma relação entre dois especialistas com diferentes conjuntos de habilidades funcionando para resolver um conjunto de problemas.

A relação entre terapeuta cognitivo--comportamental e cliente não é nunca uma relação de igualdade completa, pelo fato de o cliente estar consultando o terapeuta como especialista e profissional. Você precisa estar ciente de que muitos clientes o verão como alguém poderoso e, de fato, seu papel tende a ser mais poderoso do que o deles, especialmente quando se sentem vulneráveis e em condição de sofrimento. Este papel é desempenhado de várias formas, incluindo o modo como o cliente se refere a você (por exemplo, Doutor ou primeiro nome), o ambiente da sessão (por exemplo, consultório formal ou comunitário) e o modo de pagar pelo seu trabalho.

Como especialista, você também é um educador. Quando você oferece informações aos clientes, as qualidades de um bom professor são importantes. Essas qualidades incluem ser claro e ajudar seus clientes a entender os materiais ou exercícios que estão sendo discutidos. Adapte o que você diz à linguagem do cliente: nem fale de cima para baixo, nem use linguagem que eles não compreendam. Alguns clientes consideram a provisão de artigos científicos como sinal de respeito; outros sentem-se sobrecarregados por tal material. Mantenha-se sempre sensível aos níveis de compreensão, educação, necessidades e interesses de seus clientes quando lhes ensinar conceitos ou oferecer-lhes informações.

"Enfrentamento" versus "Domínio da situação"

Como terapeuta, você, em geral, é um modelo para seus clientes, tanto implícita, quanto explicitamente. Por exemplo, é comum utilizar dramatização e outros tipos de exercícios de modelização durante as sessões. Quando praticar a comunicação ou outras habilidades, não se espera que você seja um especialista em todas as áreas. Na verdade, pode não ajudar se você parecer ser "perfeito" a seus clientes. Pode ser intimidador, para os clientes, fazerem suas próprias tentativas de mudança na presença de uma pessoa altamente capacitada. Consequentemente, os clientes com frequência aprendem mais com um modelo de enfrentamento (*coping*) do que com um modelo de domínio da situação. Para os clientes, pode ser um fator de tranquilidade ver que seus terapeutas cometem erros, reconhecem tais erros e trabalham para melhorar seu próprio comportamento. Pode ser útil às vezes cometer erros deliberadamente durante os exercícios práticos, de forma que os clientes tenham a chance de oferecer sugestões. Se um cliente lhe der *feedback* sobre o seu desempenho durante a sessão, é um sinal de que ele se sente à vontade para fazê-lo, e é importante que você não se torne defensivo. A capacidade de aprender com os erros, tentar mudar e adotar perspectivas alternativas são todas características importantes que servirão de modelo para seu cliente. Da mesma forma, quando você apresentar *feedback* ou sugestões, coloque-as no formato de opinião e não como se fossem respostas definitivas. Também incentive seus clientes a obter opiniões de outras pessoas em quem eles confiam e que respeitam.

Uso da autorrevelação

A autorrevelação pode ser uma ferramenta eficaz na terapia cognitivo-comportamental. Ela inclui uma série de diferentes tipos de comunicação que podem ser divididas *grosso modo* na revelação do conteúdo em contraposição ao processo. A revelação do conteúdo inclui sua resposta às questões feitas pelo cliente (por exemplo, "Qual sua idade?"; "Você tem filhos?"). Uma orientação útil para a autorrevelação é não responder às perguntas com as quais você não se sente à vontade, simplesmente declarando isso ao cliente ("Não me sinto à vontade para responder a essa pergunta."). Recomendamos que não complemente essa frase com outra que implique que o cliente estivesse errado em perguntar, ou que responda por meio de outra pergunta ("Por que você pergunta?"). Considere a intenção do cliente, que pode estar tentando entender sua credibilidade ou experiência ou, simplesmente, estar tentando conversar e ser educado. É sua responsabilidade responder às perguntas de acordo com seu treinamento, histórico e experiência. Os clientes são naturalmente curiosos sobre seus terapeutas, e compartilhar algumas informações pode ajudá-los a considerá-lo como um ser humano como qualquer outro. Na verdade, é virtualmente impossível não compartilhar informações. Os clientes podem ver as fotografias de sua família no consultório, ver seus livros nas prateleiras, formar opiniões sobre o modo como você se veste ou sobre o seu corte de cabelo.

Você pode também optar ocasionalmente por revelar problemas que encontrou em sua vida e falar sobre como lidou com eles. Uma orientação útil para esse tipo de autorrevelação é que ela deve estar sempre a serviço do tratamento e centrada nos interesses do cliente. Se você revelar um problema pessoal, deve ser um problema que tenha resolvido, e não algo que leve o cliente a ficar preocupado com você ou com seu bem-estar. Considere a ideia da revelação com cuidado. Ela ajudará a "normalizar" as preocupações do cliente? Ajudará a fazer com que ele considere você uma pessoa que sabe lutar contra os problemas e usa as estratégias cognitivo-comportamentais para resolvê-los? As estratégias que você usou são similares ao que você está propondo no tratamento? Por exemplo, um de nós (D. D.) observou que teve dificuldades no passado em relação a falar em público, mas que superou esse problema por meio da repetição da tarefa de professora (exposição).

A autorrevelação orientada ao processo na terapia cognitivo-comportamental inclui compartilhar seus pensamentos automáticos ou respostas emocionais, especialmente com os clientes que tenham problemas interpessoais. Esse tipo de revelação pode ser muito valioso para os clientes, pois muitas pessoas raramente recebem um *feedback* honesto de quem faz parte de suas vidas. Por exemplo, um cliente que pareça bravo ou agressivo pode experimentar a rejeição por parte dos outros, sem explicação. Pode ser extremamente útil oferecer *feedback*, incluindo suas próprias respostas durante a sessão. Da mesma forma, a revelação de que você ficou triste ou preocupado em resposta a seu cliente pode ser uma informação muito útil para ele. Compartilhar seus pensamentos automáticos pode levar a um aumento da compreensão interpessoal para seu cliente. E também modela uma habilidade que você incentivaria seu cliente a usar em sua vida fora do tratamento. Se você compartilhar suas reações com ele, é importante moldá-las como um exemplo de reação, e não como uma resposta definitiva ou única ao cliente. Certifique-se de assumir a responsabilidade pessoal por suas próprias reações; você não pode prever como as pessoas em geral reagiriam a seu cliente.

Uso da metacognição

Para usar a autorrevelação no que diz respeito à relação terapêutica, você deve estar ciente em nível *metacognitivo* e usar tais informações durante a sessão. Esse processo implica estar ciente não só das necessidades imediatas do cliente, em termos do conteúdo do que ele está dizendo, das reações emocionais à situação e da atenção às estratégias usadas na sessão, mas também de suas próprias reações. Envolve estar ciente das nuanças das reações do cliente, isto é, não só do que o cliente diz, mas também do que ele não diz. Sua observação pode então ser colocada como hipótese para o cliente, de maneira que ele possa concordar, discordar ou simplesmente refletir sobre os comentários. Essa habilidade requer a capacidade de sentar, escutar e observar tanto o cliente quanto você mesmo, como se tivesse um terceiro ouvido e um terceiro olho. Demanda tempo e prática desenvolver essa habilidade, pois a perspectiva exigida pode ser diminuída pela ansiedade do terapeuta, ou meramente pelo enfoque relativo aos assuntos que estiverem à mão.

Uso do afeto

Um dos "mitos" sobre o tratamento cognitivo-comportamental é o de que ele é seco, técnico e sem emoção. Os clientes, virtualmente sem exceção, estão sofrendo e expressam emoções negativas quando começam o tratamento. Embora a expressão de emoção por si só não seja incentivada como intervenção, muitas emoções são expressas pelos clientes durante o tratamento. O afeto é normalmente acionado por muitas das intervenções (por exemplo, exposição) e é necessário para que elas sejam eficazes. Os terapeutas podem também expressar suas próprias emoções, incluindo a tristeza, em face de alguma situação ruim por que passa o cliente, entusiasmo e empolgação, pelo esforço que o cliente faz pela mudança, frustração, pela falta de progresso ou esforço, e prazer intenso, quando o tratamento é finalizado com sucesso. O humor e a irreverência podem, às vezes, ser muito úteis, em parte para aliviar a tensão e em parte porque a leveza pode oferecer uma nova perspectiva ao cliente. Às vezes, as atividades em que você pede ao cliente que se envolva podem ter um aspecto verdadeiramente humorístico (por exemplo, tocar em objetos sujos, para exposição, no transtorno obsessivo-compulsivo; ensinar um cliente a contar piadas, no transtorno da ansiedade). Da mesma forma, se você for verdadeiramente tocado pela história dos seus clientes, pode ser muito útil informar isso a ele. Você pode ser levado às lágrimas por algumas situações vividas pelos clientes, tais como uma história de abuso traumático. Embora obviamente não seja bom para seus clientes que você comece a chorar compulsivamente durante a terapia, se eles virem uma lágrima ou duas em sua face, provavelmente sentir-se-ão mais compreendidos.

Incentivando a coragem

Como terapeutas, podemos perder de vista a dificuldade das tarefas que estabelecemos para nossos clientes. Os clientes podem ter passado boa parte de suas vidas evitando situações, pessoas ou certas emoções. No tratamento, pedimos a eles não só para ficarem mais cientes de seus problemas, mas também para enfrentá-los prontamente. É natural, para os clientes, hesitar, evitar e procrastinar. É fundamental incentivar os clientes a serem corajosos em sua conquista da mudança; sem esses esforços, a mudança não ocorrerá. Como terapeuta, você pode sustentar a mudança por meio do incentivo, apoio e reforço de qualquer pequena mudança observada. Lembre seu cliente de que o esforço feito será recompensado, e aponte regularmente para situações nas quais tais esforços já tenham sido recompensados.

Além do papel do terapeuta, uma série de outras questões que surgem nos tratamentos cognitivo-comportamentais tem efeito sobre a relação terapêutica. Tais questões incluem o uso da estrutura, a provisão de esperança e de expectativas positivas para a mudança e, além disso, o empirismo colaborativo.

Equilíbrio entre estrutura e flexibilidade

Uma das maiores diferenças entre tratamentos cognitivo-comportamentais e outras psicoterapias é o uso das sessões estruturadas. Examinaremos a estrutura típica das sessões no próximo capítulo. Embora a estrutura tenha sentido, pode ser muito difícil para os terapeutas disporem de um foco nas sessões, especialmente com clientes que sofrem muito, que falam muito ou que são muito efusivos. Você pode ter a impressão de estar sendo rude e de interromper seus clientes, especialmente quando eles estão contrariados. Com efeito, é frequentemente necessário interromper os clientes, gentilmente, para trazer o foco de volta à sessão. Alguns clientes podem exigir um redirecionamento claro e não sutil, tais como "temos apenas 10 minutos até o final da sessão" ou "a fim de completar o que planejamos, temos de ir em frente". Um de nós (D. D.) teve uma cliente que respondia negativamente à finalização das sessões, comentando que se sentia pressionada a apressar-se. Depois de conversar sobre várias maneiras de abordar essa preocupação, concordamos em adotar um "aviso prévio de 10 minutos", de modo que ela tivesse uma orientação sobre quando a sessão estivesse se aproximando do fim. Muitos clientes falam livremente quando se sentem à vontade; contudo, com frequência respondem negativamente ao redirecionamento. Certamente, criar a agenda inicial e resumir o que fez em determinados pontos da sessão, e novamente quando a sessão estiver próxima do encerramento, são elementos que ajudam a criar uma estruturação conjunta e duradoura do tempo. Uma sugestão prática é simplesmente dispor de um relógio claramente visível tanto para o terapeuta quanto para os clientes. A estrutura das sessões é algo que ajuda a tranquilizar os clientes.

Ao mesmo tempo, é importante ser flexível e responder às necessidades dos clientes, de modo que eles tenham a oportunidade de contribuir à sessão, oferecer *feedback* e oferecer suas próprias sugestões. Pode haver momentos em que seja importante não seguir a estrutura típica, como durante uma crise do cliente ou se houver um problema com a aliança terapêutica. Os clientes podem responder negativamente à estrutura se eles sentirem que você não está atendendo seus interesses ou necessidades. Esteja atento a suas respostas aos clientes. Às vezes, se a terapia não estiver indo bem ou com clientes extremamente dependentes, você pode ficar tentado a oferecer *mais* em vez de *menos* estrutura, em especial se estiver ficando ansioso sobre os resultados. Em vez disso, resista a essa urgência e discuta as reações dos clientes ao tratamento. Ser flexível também envolve "rolar" a situação e fazer coisas que não esperava fazer. Se um cliente repentinamente pedir para trazer um parceiro para a sessão para apoio, ou um filho, pelo fato de não encontrar alguém para cuidar de tal filho, leve o pedido em consideração. Se parecer razoável, ou se for útil, seja flexível. Um de nós (D. D.) certa vez teve uma cliente que trouxe seu gato para a sessão durante uma tempestade, o que levou a um tipo diferente de sessão.

Provisão de esperança e de expectativas positivas para a mudança

Muitos clientes têm dúvidas sobre suas próprias capacidades de mudar e ocasionalmente sentem uma profunda desesperança em relação a si mesmos e a seu próprio futuro. Os clientes que começam o tratamento, contudo, tendem a pelo menos ter um pequeno grau de esperança; de outra forma, não teriam começado o processo de terapia. Quando os clientes relatam que não têm esperança alguma, pode ser útil apontar esse fato a eles como discrepância. Partir de quaisquer esperanças que o cliente tenha, sem promover uma esperança falsa ou irreal, pode ser fundamental nos primeiros estágios do tratamento. Dizer ao cliente

"Estou esperançoso em relação a você, porque... Outras pessoas, parecidas com você, fizeram grandes mudanças no tratamento" ou "Sentir-se desesperançado pode ser um sinal de depressão e não um sinal de que você não pode mudar" são frases que podem incentivar a esperança. Pode ser útil discutir os pensamentos automáticos do cliente sobre vir ao tratamento, como um passo a mais. O uso desses pensamentos para a reestruturação cognitiva pode levar os clientes a sentir menos negatividade em relação ao futuro. Uma vez que ele tiver experimentado um aumento de sua esperança, é possível promover uma expectativa positiva de mudança.

Outras estratégias cognitivo-comportamentais podem também incentivar a esperança e construir uma nova realidade a partir de expectativas positivas. Essas estratégias incluem rastrear os pequenos passos para a mudança, oferecer *feedback* e buscar outros momentos das vidas dos clientes em que eles se mostraram capazes de mudar ou de monitorar cuidadosamente seu próprio progresso. Quando os clientes expressam abatimento sobre a falta de mudança, você pode voltar às notas em que o progresso dos clientes está registrado e ler em voz alta alguns dos comentários, ou rever os sintomas iniciais ou preocupações da época da avaliação. Comparar o *status* atual com os problemas anteriores pode tranquilizá-los e demonstrar que eles estão de fato mudando. Obviamente, essa estratégia só é útil se você acreditar que a mudança tenha de fato ocorrido.

Promoção do empirismo colaborativo

O *empirismo colaborativo* (A. T. Beck et al., 1979) implica que você e seu cliente trabalhem em equipe para resolver os problemas deste e reduzir o sofrimento. O palco está pronto para esse trabalho de equipe quando você revê os resultados da avaliação e a conceituação clínica do caso, e se envolve no planejamento do tratamento. Para promover essa abordagem, ajudará ser ativo em termos de curiosidade e questionar a experiência e a visão de mundo do cliente. Essa curiosidade é uma expressão de interesse pelo cliente como pessoa e normalmente o ajuda a sentir-se vinculado a você. A perspectiva do empirismo envolve o desenvolvimento de hipóteses, fazer perguntas e experimentar – tudo a serviço da ajuda ao cliente. Essa posição força tanto você quanto o cliente a serem objetivos e a adotarem uma perspectiva que ele em geral não está propenso a adotar. Muitas pessoas não tomam uma posição de neutralidade, mas examinam seus próprios pensamentos, sentimentos e reações a situações ou a pessoas. Isso tende a ser algo "proativo" mais do que "reativo", e estimula a tomada de perspectivas sobre seus problemas, o que por si só ajuda. É algo similar à perspectiva metacognitiva do terapeuta que descrevemos anteriormente.

O empirismo colaborativo também envolve a transparência sobre a terapia e o processo terapêutico. Existe uma lógica normalmente presente em todas as intervenções, o que pode incluir os resultados esperados ou os problemas que podem surgir. O propósito das estratégias é discutido a cada passo do tratamento. Os clientes estão ativamente envolvidos no planejamento das intervenções e fazem todo o trabalho envolvido fora da sessão. O cliente participa como um "pesquisador", coletando dados dos experimentos comportamentais, dos registros de pensamento ou das tarefas da prática interpessoal. Os resultados são "analisados" quando o cliente volta para a próxima sessão para discutir os resultados e planejar a próxima estratégia. A meta final é que o cliente aprenda a engajar-se nesse processo de forma independente, mas o terapeuta ativamente ensina, sustenta e orienta essa meta durante o tratamento.

Uso da relação como uma medida da mudança

As sessões das fases iniciais da terapia cognitivo-comportamental são bastante estruturadas, e o terapeuta pode tender a ser um tanto quanto didático e usar métodos mais "formais" se comparados àqueles usados nas fases finais do tratamento. O cliente está familiarizado com o processo e tem um papel bastante ativo no estabelecimento da agenda. É um sinal de conforto e confiança se ele for capaz de expressar interesses, opiniões e discordar do terapeuta. Se o terapeuta parecer autoritário ou defensivo, os clientes não tenderão a reclamar, mas podem não mais voltar. Já vimos terapeutas que instigam seus clientes a usar a comunicação assertiva fora das sessões, mas que ficam muito pouco à vontade quando os clientes são assertivos com eles. Dê apoio aos clientes verbalmente quando eles dão voz às suas opiniões, discordam ou são assertivos com você. À medida que a terapia aproxima-se do final, é comum que a relação se torne cada vez mais igualitária e que os clientes às vezes conversem mais com você, em vez de levantar algum problema. Se você perceber esse padrão de relacionamento na comunicação, pode então reavaliar os problemas iniciais e considerar se há necessidade de mais tratamento ou se o cliente está pronto para tomar seu rumo sozinho.

Neste momento inicial do tratamento, você provavelmente já estabeleceu muitos fatores que conduzem ao sucesso, inclusive uma formulação de caso flexível, metas concretas e específicas e uma aliança terapêutica positiva. Examinaremos no próximo capítulo algumas das habilidades básicas da terapia cognitivo-comportamental.

5

COMEÇANDO O TRATAMENTO: HABILIDADES BÁSICAS

O que fazer agora? O que você faz quando o tratamento começa? Boa parte dos tratamentos cognitivo-comportamentais inclui componentes comuns, tais como sessões estruturadas, tarefas a serem realizadas fora das sessões, psicoeducação e resolução de problemas. Este capítulo examina as habilidades básicas para o começo do tratamento, uma vez que você tenha estabelecido as metas e desenvolvido uma aliança terapêutica positiva com o seu cliente.

Neste capítulo, abordamos os componentes do tratamento incluídos na maioria das intervenções cognitivo-comportamentais. Esses componentes incluem a orientação para o tratamento cognitivo-comportamental e sua estrutura no que diz respeito às sessões, à psicoeducação e à resolução de problemas. Todos esses processos ocorrem em momento próximo do começo do tratamento, embora possam reaparecer ao longo da terapia. Outra intervenção básica de todos os tratamentos cognitivo-comportamentais é a designação de tarefas de casa, o que tende a ocorrer no começo, mas continua ao longo do tratamento. Todas essas estratégias em si e por si mesmas podem levar à mudança, bem como a facilitar a transição para intervenções comportamentais e cognitivas mais formais, o que abordamos nos Capítulos 6 a 8 deste livro.

Antes de discutir a estrutura das sessões individuais, brevemente revisamos a sequência típica de tratamento geral no tratamento cognitivo-comportamental. Esta sequência é aproximada e deve ser adaptada às necessidades individuais do cliente.

♦ SEQUÊNCIA E EXTENSÃO DO TRATAMENTO

Os manuais de tratamento não são coerentes no que diz respeito ao relativo ordenamento de intervenções comportamentais e cognitivas. Alguns começam com intervenções comportamentais (por exemplo, A. T. Beck et al., 1979), ao passo que outros começam com a psicoeducação relativa às distorções cognitivas e à reestruturação cognitiva (por exemplo, Antony e Swinson, 2000). A prática que recomendamos é geralmente começar com as estratégias comportamentais, e depois "entrelaçar" as intervenções cognitivas na terapia de modo bastante rápido. Dessa forma, obtemos uma mudança objetiva no funcionamento, enquanto continuamos a entender melhor os padrões de pensamento do cliente e as maneiras ótimas para intervir no pensamento negativo. A sequência da terapia cognitivo-comportamental ocorre, em geral, da seguinte maneira, embora seja possível avançar ou recuar entre as fases:

1. avaliação
2. formulação clínica de caso

3. *feedback* ao cliente e reformulação, conforme necessário
4. estabelecimento de metas
5. psicoeducação
6. monitoramento dos comportamentos e emoções do cliente
7. intervenções comportamentais
8. monitoramento das cognições do cliente
9. reestruturação cognitiva
10. reavaliação e discussão de esquemas
11. monitoramento de esquemas (se necessário)
12. terapia de mudança de esquemas (se necessário)
13. prevenção de recaída, manutenção e finalização da terapia

Como foi observado nos Capítulos 2 e 3 deste livro, a avaliação e a formulação são processos contínuos. Embora a ordem precedente seja comum, a sequência deve ser flexível e adaptada a cada cliente, de acordo com a formulação clínica do caso. Por exemplo, alguns clientes requerem uma psicoeducação mínima, mas um enfoque maior sobre suas cognições. Outros clientes podem responder muito bem às intervenções comportamentais e prontamente afirmam que não requerem qualquer ajuda extra. Outros clientes, ainda, podem requerer o "pacote" integral do tratamento. Em alguns casos, é necessário ir e vir entre os estágios do tratamento, porque o cliente pode inicialmente melhorar e depois sofrer um revés que requeira intervenções mais básicas. Também, para alguns problemas, uma estratégia comportamental é necessária e suficiente para a mudança, mas, para outras questões, intervenções cognitivas são necessárias. Obviamente, as intervenções comportamentais afetam as cognições e as intervenções cognitivas afetam o comportamento. É extremamente difícil desembaraçar o efeito de muitos componentes do tratamento. Sua formulação inicial pode sugerir que o cliente requeira um tratamento de mudança de esquemas; contudo, essas crenças subjacentes podem gradualmente começar a mudar durante as fases iniciais da terapia, tornando esse tipo de tratamento mais curto ou às vezes desnecessário.

A duração média das intervenções dos estudos de tratamento varia, mas fica entre 12 e 16 sessões. A duração média da terapia na prática clínica é muito mais variável e vai de uma a muitas sessões. Consequentemente, o entrelaçamento de intervenções comportamentais e cognitivas é crucial, porque elas reforçam-se mutuamente. Por exemplo, os experimentos comportamentais podem ser conduzidos nas fases iniciais, intermediárias e finais da terapia. Esses experimentos podem não só ajudar o cliente a praticar a mudança, mas também questionar seus pensamentos e crenças subjacentes. Consequentemente, um terapeuta cognitivo-comportamental experiente avalia constantemente, na sessão, as reações do cliente a experimentos de mudança comportamental, e aponta as discrepâncias com as crenças identificadas e expressadas pelo cliente. Um de nós (D. D.) atende clientes com ansiedade social e medos relativos a falar em público. No começo da terapia, a profissional faz com que os clientes planejem um experimento no qual falam por dois minutos sobre um tópico de interesse deles. Esse exercício de exposição normalmente gera ansiedade, mas boa parte dos clientes é capaz de criar ânimo para enfrentar a situação. Depois da atividade, os prognósticos feitos pelos clientes sobre não serem capazes de falar em público são postos em questão, porque obviamente eles conseguiram falar! A discrepância em relação a seus pensamentos típicos é apontada, e prognósticos alternativos são propostos para exercícios futuros.

◆ ORIENTAÇÃO E ESTRUTURA DA SESSÃO

Embora a orientação a um modelo teórico não seja especificamente uma intervenção, é crucial para o sucesso do tratamento. A orientação terapêutica de sucesso aumenta a confiança do cliente no modelo terapêutico, ampliando, no processo, sua motivação, concordância e disposição de adotar alguns dos riscos exigidos na terapia. A orientação começa durante a semana inicial ou mesmo antes de o terapeuta encontrar o cliente. Alguns clientes que chegam à terapia já estão cientes da terapia cognitivo-comportamental; consequentemente, eles podem já ter aceitado o modelo em alguma medida.

A orientação para a terapia ocorre de acordo com uma série de diferentes maneiras e varia, dependendo das necessidades do cliente e das metas da terapia. Uma das maneiras por que a orientação ocorre é por meio da estrutura das sessões cognitivo-comportamentais. O formato usual de uma sessão de terapia cognitivo-comportamental inclui o seguinte:

1. Um *check-in* geral, incluindo uma avaliação de humor e de angústia/sofrimento e um comentário sobre a sessão anterior, ou ligação ("ponte") com ela.
2. Uma breve revisão da tarefa de casa que se tentou realizar.
3. Uma discussão de quaisquer questões prementes para a sessão atual.
4. Estabelecimento de agenda, incluindo prioridades e tempo aproximado destinado a cada tópico.
5. Discussão e trabalho sobre cada item da agenda.
6. Resumo dos pontos principais da sessão.
7. *Feedback* sobre a sessão.
8. Discussão dos aspectos gerais da tarefa de casa, incluindo a antecipação de problemas, a prática relativa às preocupações e o estabelecimento de nova tarefa de casa.

É muito comum para os novos terapeutas superestimarem a quantidade de trabalho que pode ser realizada em uma sessão, e constatar que só têm alguns poucos minutos ao final da sessão para resumir e planejar a tarefa de casa. Se a elaboração da tarefa de casa for apressada, serão menos colaborativas, menos flexíveis e terão menos sucesso. Dividir mentalmente cada sessão em três "partes" é útil: o *começo* da sessão (itens 1 a 3), o *desenvolvimento ou trabalho* da sessão (itens 4 a 6) e *finalização* (itens 7 e 8). Dessa forma, nem o começo nem o final da sessão recebem um prazo curto, e as expectativas do terapeuta para o trabalho que pode ser realizado são reduzidas. Em geral, pode-se utilizar uma regra de 10-30-10 minutos alocados para cada parte da sessão, totalizando 50 minutos de sessão. Assim, em uma sessão tradicional, você deve começar a encerrar a sessão ou encaminhar o seu término quando faltarem 10 minutos para você encerrá-la.

Embora os 50 minutos de sessão sejam uma tradição e uma maneira conveniente de organizar nossas agendas, pode haver razões para variar a duração das sessões às vezes. As exceções à duração usual da sessão podem incluir a exposição planejada a exercícios ou intervenções de grupo. As sessões de exposição têm com frequência mais do que 50 minutos, especialmente para os clientes com transtorno obsessivo-compulsivo, transtorno do estresse pós-traumático ou para clientes cuja ansiedade dure mais do que 30 minutos para reduzir-se em intensidade. Quando planejar uma sessão de exposição (ver Capítulo 6 deste livro), é inteligente planejar sessões mais longas, se possível. Embora as sessões de grupo cognitivo-comportamentais durem entre 90 e 120 minutos, a divisão das sessões em três partes pode ainda ser seguida. Ocasionalmente, sessões de 30 minutos podem ser agendadas para clientes que se aproximam do final da terapia e que requeiram apenas uma sessão de manutenção. Também é útil considerar sessões mais breves para clientes com problemas de concentração ou outros problemas cognitivos, especialmente em momento próximo ao início da terapia. Por exemplo, os clientes com depressão severa ou transtornos psicóticos podem requerer sessões mais curtas, porém mais frequentes, para promover a mudança terapêutica.

♦ PSICOEDUCAÇÃO

Psicoeducação é algo que se define como o ensino de princípios e conhecimentos psicológicos relevantes para o cliente. Esse aspecto da terapia ocorre sob uma série de formas, usando uma série de formatos. Os tipos e a extensão dos métodos para propiciar essas informações dependem das necessidades de aprendizagem do cliente. Alguns tipos de informações são rotineiramente usados, ao passo que outros são usados apenas ocasionalmente. O Quadro 5.1 apresenta uma série de considerações e sugestões relativas à psicoeducação.

Dada a verdadeira explosão de informações referentes ao cliente pode ser muito difícil "separar o joio do trigo". Sugerimos que você não recomende um livreto, livro, vídeo ou *site* que não tenha examinado. Para garantir que a qualidade dos tipos de informações a que você quer expor seu cliente estejam incorporados em tal fonte, sugerimos que mais do que fazer as mesmas recomendações a todos os clientes, você molde suas recomendações a cada um deles. Em alguns casos, pode ser melhor simplesmente dar informações verbais e não exigir qualquer leitura.

Norcross e colaboradores (2000) apresentaram, de maneira conveniente, qualificações dos livros de autoajuda, autobiografias, filmes e recursos da internet e grupos de autoajuda/apoio que estão amplamente disponíveis nos Estados Unidos. Esse texto pode ajudá-lo a guiar suas escolhas sobre os materiais disponíveis até a data de sua publicação. Lembre-se de que muitos clientes não estão interessados em ler tanto quanto os terapeutas, e os materiais breves e concisos são frequentemente adequados e suficientes para as intenções da psicoeducação básica. Alguns clientes, contudo, apreciam o acesso direto aos estudos de pesquisa e consideram a provisão dessas referências como um sinal de respeito por seu intelecto. Em tais casos, a discussão desses materiais pode ampliar a relação terapêutica e oferecer oportunidades para aplicações às situações particulares dos clientes. Também pode ajudar alguns clientes a conduzir sua própria pesquisa e a encontrar seus próprios materiais educacionais.

Aqui estão algumas das principais considerações que recomendamos para escolher materiais:

- O modo como a educação, a linguagem e o nível de alfabetização do cliente correspondem aos materiais.
- As habilidades do cliente (por exemplo, habilidades de pesquisa no computador ou na biblioteca).
- Os interesses do cliente e seu desejo de mais ou menos informações.
- Os recursos disponíveis ao cliente (por exemplo, computador ou acesso à internet).
- Questões de privacidade (por exemplo, se os membros da família não estiverem cientes do problema, o cliente pode relutar em levar materiais para casa).
- O nível de sofrimento e a capacidade de concentração do cliente (por exemplo, alto sofrimento e pouca concentração impedem o cliente de participar da psicoeducação. Por isso, ajuste o material utilizado).
- A qualidade dos materiais (por exemplo, a conveniência das informações, sua precisão, sua qualidade técnica e a consistência da mensagem dos materiais em relação ao tratamento que você está tentando desenvolver com o cliente).

O que sabemos sobre a eficácia e os benefícios da psicoeducação? Embora poucos estudos tenham avaliado diretamente a psicoeducação como um componente separado da terapia cognitivo-comportamental, muitos estudos examinaram a eficácia das intervenções educacionais breves e das orientações clínicas práticas, frequentemente recomendando informações sobre "biblioterapia" como um primeiro passo no tratamento ou como um tratamento de primeira linha para indivíduos com problemas leves. Vários manuais de autoajuda, *sites* e livros que foram elaborados estão incluídos nos modelos de cuidado "passo a passo" para as orientações da prática clínica de saúde mental. Esses modelos funcionam para corresponder os serviços oferecidos às necessidades do cliente e foram usados por algumas organizações de saúde, tais como o National Health Service (NHS) no Reino Unido.

A maior parte dos profissionais acredita que a psicoeducação é útil, além de aumentar a concordância do cliente com a intervenção. De acordo com a nossa experiência, os benefícios são muitos. O conhecimento em geral leva a uma sensação de controle sobre os problemas e começa a mudar crenças.

Alguns clientes que vêm para a psicoterapia estão convencidos de que um "desequilíbrio bioquímico" é a causa de seus sintomas. Tal crença tipicamente leva a pensamentos relativos à falta de controle e sentimentos de desamparo. Um cliente que comece a entender alguns dos precursores e gatilhos dos sintomas depressivos *em geral* normalmente também considera como as informações se aplicam a suas próprias situações. Os benefícios da psicoeducação também incluem a sensação de alívio dos clientes, pois alguém escreveu sobre seus problemas, pesquisou-os e os discutiu, levando a sentimentos de validação, apoio e esperança. Os clientes que são expostos a tais materiais podem fazer frases como "Eu sei que não estou só", "Meus problemas são mais comuns do que eu pensava" e "Muitas pessoas melhoram com esse tratamento. Por isso, minha tendência é sentir-me melhor depois desta terapia".

Outros tipos de psicoeducação têm os benefícios de um maior conhecimento e maiores habilidades. Por exemplo, parte desses materiais ensina os clientes sobre os princípios de reforço ou do efeito potencial da mudança cognitiva sobre os resultados comportamentais. O ônus é do terapeuta, no que diz respeito a determinar que tipo de informação pode ser útil ao cliente para além do diagnóstico, da lógica do tratamento e das constatações de pesquisa. As informações sobre os transtornos e as interven-

---

Quadro 5.1 Considerações sobre a psicoeducação

Considere o uso de informações psicoeducacionais para este tipo de material:
- Em relação aos critérios de diagnóstico, muitos clientes estão bastante interessados em ver e discutir os sintomas que constituem um transtorno. Somente considere usar essas informações se você tiver confiança de que os sintomas do cliente de fato atendem os critérios.
- As explicações cognitivo-comportamentais e os modelos para o desenvolvimento e manutenção de sintomas.
- Intervenções cognitivo-comportamentais e sua eficácia.
- Princípios de mudança de comportamento, tais como reforço, punição, formatação e extinção.
- Informações relativas às orientações de prática clínica para os problemas dos clientes. Por exemplo, o NHS no Reino Unido publica guias práticos baseados em evidências para uma variedade de problemas de saúde mental: www.nice.org.uk.
- Problemas relacionados que os clientes possam estar experimentando, tais como transtornos do sono, estresse e ansiedade gerais e dificuldades relativas à paternidade ou à comunicação.

Uma série de modalidades disponíveis para a psicoeducação apresenta as seguintes características:
- As informações didáticas apresentadas pelo terapeuta na sessão.
- Folhetos e livretos produzidos por profissionais. Livros, filmes ou materiais da internet (ver Norcross et al., 2000, para exemplos e índices).
- Recursos locais e apresentações públicas.

Sites úteis para textos que podem ser baixados da internet:
- www.cpa.ca/public/yourhealthpsychologyworksfactsheets: Canadian Psychological Association; folhetos sobre muitos assuntos diferentes, incluindo tratamentos baseados em evidências.
- www.apa.org: American Psychological Association; ver no *site* o item "Psychology Topics".
- www.adaa.org: Anxiety Disorders Association of America.
- www.anxietycanada.ca: Anxiety Disorders Association of Canada.
- www.abct.org/mentalhealth/factsheets/?fa=factsheets: Association for Behavioral and Cognitive Therapies; explora os sintomas dos transtornos e dá destaque aos modos pelos quais os terapeutas cognitivo-comportamentais os tratam.
- academyofct.org: Academy of Cognitive Therapy; ver no site o item "Consumers".

ções cognitivo-comportamentais podem ser encontradas *on-line*, e seus clientes podem imprimi-las. Veja o Quadro 5.1 para uma lista de recursos que podem ser baixados da internet.

> Kerry estava finalizando a primeira sessão com sua nova cliente, Natasha. Ele estava descrevendo o modelo cognitivo-comportamental de depressão, que foi o maior problema apresentado por Natasha. De forma surpreendente, Natasha parecia desinteressada por essa informação, e, quando perguntamos a ela se tinha alguma questão a fazer, ela disse que não. Quando Kerry ofereceu-lhe alguns materiais de leitura, ela disse que não estava interessada. Kerry perguntou se ela gostava de aprender por meio da leitura ou mais pela ação. Natasha claramente expressou interesses em "ir em frente" e em descobrir o que funcionaria na experiência dela.
>
> Mais do que tentar forçar a questão da educação, Kerry observou o estilo de aprendizagem de Natasha. Ele tentou garantir que houvesse tarefas de casa em todas as sessões. Explicou cuidadosamente a lógica de cada tarefa para garantir que Natasha pudesse explicar por que cada uma das tarefas era importante, mas não enfatizou os materiais de leitura. Ele criou a hipótese de que Natasha pudesse também relutar em fazer qualquer tarefa escrita. Esse prognóstico provou ser verdadeiro; Natasha não gostava de escrever coisas sob a forma de tarefa de casa e de trazê-las para a terapia. Ambos constataram, porém, que ela não se opunha a usar um quadro branco durante a sessão para demonstrar como a tarefa de casa poderia ser feita. Na verdade, ela considerou o uso de desenhos no quadro branco bastante eficazes. Ao longo do tempo, ela também foi capaz de usar lembretes escritos sob a forma de notas ou cartões. Juntos, Kerry e Natasha sempre discutiam como lembrar e implementar cada tarefa, sempre respeitando o estilo de aprendizagem particular de Natasha.

◆ ESTABELECIMENTO DA TAREFA DE CASA

A tarefa de casa é um componente essencial das intervenções cognitivo-comportamentais. As muitas metas do trabalho de casa incluem a aprendizagem e a generalização de mudanças para além das sessões de terapia. Os vários tipos de tarefa de casa incluem a leitura de materiais educativos, a condução de experimentos comportamentais ou a prática de habilidades de comunicação. Os clientes são em geral ensinados que a tarefa de casa é um componente necessário do tratamento cognitivo-comportamental, sem o qual mudanças significativas provavelmente não aconteceriam. Ver o Quadro 5.2 para obter algumas sugestões de tarefa de casa. Em geral, a tarefa de casa bem-sucedida deve ser desenvolvida em colaboração com o cliente (Ver Quadro 5.3). Outras discussões sobre a tarefa de casa para intervenções também podem ser encontradas nos Capítulos 6 a 8. Dificuldades com a adesão à tarefa de casa são discutidas no Capítulo 10 (ver Quadros 10.1 e 10.2 deste livro).

Contrariamente ao que a maior parte dos terapeutas cognitivo-comportamentais dizem a seus clientes, a concordância com as tarefas de casa não está positivamente associada com o resultado em todos os estudos. Keijsers, Schaap e Hoogduin (2000) relataram um resultado positivo em quatro estudos, mas não em outros sete. Contudo, Kazantzis e Dattilio (2007) sugerem que há fundamentos teóricos e empíricos muito fortes para o uso da tarefa de casa no tratamento. Há pouco foi publicado um texto sobre o uso da tarefa de casa na psicoterapia (Kazantzis e L'Abate, 2007). Há também uma constatação recente de que a aprendizagem e a incorporação bem-sucedida das intervenções da terapia cognitiva de fato levaram a índices mais baixos de recaída para clientes com depressão que variava de moderada à severa, acompanhados durante um ano depois de um tratamento exitoso (Strunk, DeRubeis, Chiu e Alvarez, 2007).

QUADRO 5.2 Dicas para uma tarefa de casa bem-sucedida

1. Certifique-se de que as decisões relativas ao trabalho de casa sejam colaborativas, e não decididas isoladamente pelo terapeuta ou pelo cliente.
2. Deixe tempo suficientemente livre ao final de cada sessão para discutir e desenvolver tarefas de casa.
3. Certifique-se de que haja compreensão mútua em relação à tarefa. Pode ser útil fazer com que os clientes parafraseiem sua compreensão do que seja a tarefa de casa.
4. Ofereça uma boa lógica para a tarefa de casa, de modo que esteja claro como essa tarefa em particular está relacionada às metas gerais do tratamento.
5. Obtenha um compromisso, de parte do cliente, no que diz respeito à realização da tarefa.
6. A designação da tarefa deve ser específica e clara, e não geral (por exemplo, "pratique o contato olho no olho com três pessoas diferentes por dia", e não "pratique as habilidades sociais não verbais").
7. Avalie o sucesso pelos esforços do cliente e pelo processo de tarefas de casa, e não pelos resultados, algo que é coerente com o empirismo colaborativo (por exemplo, se o cliente praticou o contato olho no olho conforme o item 6, tal contato será considerado bem-sucedido, independentemente de as outras pessoas terem respondido positivamente).
8. Certifique-se de que o cliente disponha tanto dos recursos (por exemplo, funcionais, emocionais, motivacionais) quanto das habilidades (por exemplo, de letramento, sociais, de conhecimento) para realizar a tarefa de casa.
9. Use os recursos de memória, tais como as folhas de tarefas de casa ou o formulário para prescrição de mudança (ver Quadro 5.3). Os clientes podem ficar ansiosos na sessão e ter boas intenções de realizar a tarefa, mas genuinamente esquecer exatamente o que deveriam fazer.
10. Faça com que os clientes prognostiquem a probabilidade de que completarão a tarefa de casa. Se for algo próximo de 70%, considere mudá-la ou simplificá-la, ou encontrar uma estratégia que ampliará as chances de realização da tarefa.
11. Certifique-se de que você fará perguntas sobre a tarefa de casa na próxima sessão e reforce verbalmente os esforços dispendidos na realização da tarefa.
12. Considere a possibilidade de designar uma tarefa de casa a você mesmo, a fim de que você possa modelar a realização da tarefa. Sua tarefa de casa inclui acessar material psicoeducaional ou encontrar informações relevantes para os problemas do cliente.

♦ INTERVENÇÕES DE RESOLUÇÃO DE PROBLEMAS

De certa forma, a função de toda terapia cognitivo-comportamental é resolver problemas. Ajudamos os clientes que chegam ao tratamento a dar nome e a definir seus problemas, de maneira tão precisa quanto possível. Depois, criamos uma relação colaborativa para determinar os métodos e a ordem em que devemos abordar seus problemas. Quando estamos no processo de resolução desses problemas, avaliamos as preocupações ou déficits de comportamentos, cognições e crenças. Se percebemos essas preocupações, ou se os clientes parecem ter déficits de habilidades, oferecemos educação e treinamento para ajudá-los a desenvolver habilidades mais adaptativas a serem empregadas tanto para problemas atuais quanto futuros. As técnicas que usamos são variadas, dependendo da formulação de caso para cada cliente, mas envolvem algumas das intervenções típicas que discutiremos nos próximos capítulos (ver Capítulos 6, 7 e 8).

Embora a terapia cognitivo-comportamental use um formato geral de resolução de problemas, é importante reconhecer que a *resolução de problemas* tem sido definida também como um formato de tratamento independente (Chang, D'Zurilla e Sanna, 2004; D'Zurilla e Nezu, 2006). Há evidências de que a terapia de resolução de problemas

Quadro 5.3 Formulário para prescrição de mudança

Prescrição de mudança
Acordo sobre realização da seguinte tarefa de casa:

_____
_____
_____
_____
_____

Dra. Deborah Dobson
_____

Cliente
Próxima consulta (data e hora) _____
Telefone: (403) xxx-xxxx

---

por si só pode produzir efeitos significativos de tratamento para os clientes que lutam contra a depressão ou problemas crônicos de saúde, tais como o câncer. A terapia de resolução de problemas implica uma estratégia flexível de solução de problemas que pode ser adaptada para atender a casos diferentes. Pode também ser incorporada na terapia cognitivo-comportamental formulada por casos, seja de uma maneira geral, seja como uma metodologia específica que se ensina para ajudar os clientes a abordarem e resolverem problemas.

No modelo geral de resolução de problemas, que pode ser visto na Figura 5.1, o processo inicia com a identificação e a nomeação de um problema específico. O problema pode ser um sinal ou sintoma de um transtorno psicológico (por exemplo, a evitação; as transtornos do sono); pode ser a ocorrência de um estressor psicossocial (por exemplo, o aspecto fundamental representado por um parceiro ou um dos pais, estresse no emprego) ou uma questão constante na vida do cliente (por exemplo, asma). Quando o processo começa, o terapeuta e o cliente determinam os parâmetros do problema (por exemplo, sua frequência, duração, os fatores de acionamento do problema e como ele em geral se resolve), e desenvolvem uma estra-tégia de avaliação para o problema. É importante entender completamente e medir o problema antes da intervenção, de modo que os resultados possam ser avaliados.

O segundo passo incentiva uma orientação de resolução de problemas na qual se pede ao cliente que desenvolva a ideia de mudar e começar a considerar o modo de promover a mudança. O conceito de experimentação comportamental é apresentado ao cliente e a ele se pede que renuncie a quaisquer pensamentos ou sentimentos sobre o problema, especialmente aqueles relacionados ao desamparo ou à passividade. Em vez disso, algumas maneiras possíveis de resolver o problema são discutidas. Ao fazê-lo, o cliente é fortemente estimulado a não chegar a conclusões precipitadas sobre a utilidade de qualquer estratégia dada, mas a adiar seu julgamento até que o maior número possível de alternativas seja identificado. Esse processo de geração de solução é frequentemente chamado de *brainstorming*. Durante esse passo, o terapeuta incentiva o cliente a usar tanto a quantidade (tantas quanto for possível) e os princípios de qualidade (tantos tipos quanto for possível) para gerar estratégias alternativas e para abrir uma gama de opções para discussão. Pelo fato de alguns clientes terem dificuldades

```
┌─────────────────────────────────────┐
│ Identificação do problema           │
│  • Nomear e esclarecer o problema   │◄──────┐
│  • Avaliar seus parâmetros          │       │
│  • Determinar resultados            │       │
└─────────────────────────────────────┘       │
                    ▼                         │
┌─────────────────────────────────────┐       │
│ Geração de soluções alternativas    │       │
│ para o problema                     │       │
│  • Abstenção do princípio de        │       │
│    julgamento                       │       │
│  • Princípio da quantidade          │       │
│  • Princípio da variedade           │       │
└─────────────────────────────────────┘       │
                    ▼                         │
┌─────────────────────────────────────┐       │
│ Tomada de decisões e escolha de     │    Problema não resolvido?
│ soluções                            │    (Reciclagem, para novo
│  • Análise custo-benefício          │    processo de resolução
└─────────────────────────────────────┘    de problemas)
                    ▼                         │
┌─────────────────────────────────────┐       │
│ Implementação da solução            │       │
│  • Desempenho                       │       │
│  • Automonitoramento                │       │
│  • Autoavaliação                    │       │
│  • Autorreforço                     │       │
└─────────────────────────────────────┘       │
                    ▼                         │
┌─────────────────────────────────────┐       │
│ Avaliação do resultado              │───────┘
└─────────────────────────────────────┘
                    ▼
          Problema resolvido?
          (Encerrar resolução
              de problemas)
```

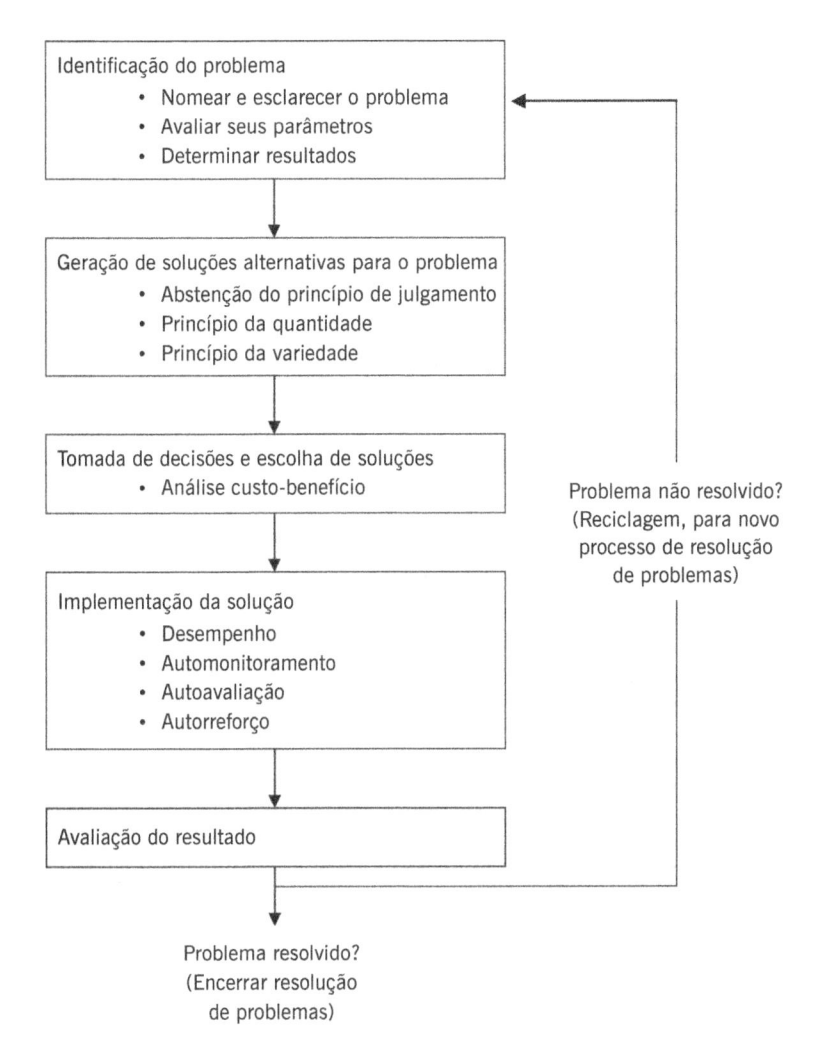

FIGURA 5.1 O modelo geral da resolução de problemas.

em gerar novas ideias, pode ser útil propor algumas sugestões criativas, improváveis e bem-humoradas como uma forma de abrir os seus olhos para soluções possíveis.

No terceiro passo, realiza-se um processo de análise de custo-benefício, no qual cada opção de resolução de problema é avaliada. O critério fundamental para julgar cada opção é sua probabilidade, se bem implementada, de resolver o problema original. Questões como custo, tempo, esforço ou outras considerações precisam ser levadas em consideração se elas forem resolver o problema mais completamente. Esse processo é feito de maneira colaborativa e explícita com o cliente, e a discussão sobre como as diferentes opções podem ser implementadas é em geral parte desse passo de resolução de problemas.

Uma "melhor" estratégia é escolhida para o quarto passo do processo. Esta é a estratégia ótima que considera os fatos correntes, a informação e os recursos do cliente, e que é uma melhor tentativa sobre o resultado provável das diferentes opções consideradas no terceiro passo. A maneira precisa de implementar a estratégia é discutida, incluindo o momento quando ela deve começar, como será conduzida, o período de tempo, e assim sucessivamente. Se necessário, o cliente pode receber instruções ou ser ensinado a implementar a estratégia, se ele estiver incerto. Às vezes, pode ajudar a praticar essas estratégias durante a sessão. Pode também ser importante dividir a estratégia geral em uma série de submetas, que podem ser feitas em ordem planejada. Depois da opção, o cliente implementa a estratégia como tarefa de casa. Ao fazê-lo, ele tenta garantir que o desempenho esteja de acordo com a expectativa e que ele monitore o seu próprio uso da estratégia, apresente uma avaliação contínua de si mesmo como agente de mudança e dê a si mesmo créditos pelos esforços feitos. Deve-se reconhecer que muito embora o cliente possa estar fazendo um ótimo trabalho, a estratégia pode não mudar o problema, de modo que o reforço esteja no esforço e não nos resultados. Os clientes podem ser incentivados a incluir seus próprios esforços e tentativas de resolução de problemas como parte importante do resultado.

No quinto passo, o cliente e o terapeuta avaliam o resultado do esforço de resolução de problemas. Se o problema foi resolvido, então eles podem trabalhar na próxima questão e construir uma nova realidade a partir do sucesso atual. Se o problema não foi resolvido, ou resolvido parcialmente, ou mudou de alguma forma durante o exercício de resolução de problemas, o terapeuta e o cliente voltam ao começo do processo e reavaliam o problema e as estratégias que podem ser tentadas. Esse passo é em geral mais fácil, pois as outras soluções geradas na fase de *brainstorming* podem ser reintroduzidas como estratégias a serem consideradas. O cliente também aprendeu com seus esforços e pode ter gerado novas ideias. De acordo com nossa experiência, não é incomum que uma estratégia "subótima" seja escolhida na primeira vez. Por isso, pode ser apropriado em tais casos discutir a necessidade de tentar uma alternativa mais difícil, mas potencialmente mais eficaz com o cliente.

Como foi observado anteriormente, o modelo de resolução de problemas é uma metáfora para a terapia cognitivo-comportamental, e os terapeutas são estimulados para também abordar os problemas dos clientes a partir de uma orientação de resolução de problemas. Quando trabalhar com um cliente individual, contudo, poderemos ou não ser explícitos sobre o modelo em si. Nossa impressão é a de que o processo de percorrer os passos é fundamental para resolver problemas para muitos clientes, e que nomear os princípios para a geração de problemas alternativos, por exemplo, não é necessário para que eles usem o método. Para outros clientes, contudo, em especial se eles são um pouco desorganizados ou se suas estratégias de enfrentamento são fracas, pode valer a pena delinear um modelo genérico de resolução de problemas e depois trabalhar de uma maneira mais explícita o modo como o modelo poderá ser aplicado às situações individualizadas.

> Joshua, cliente de Thomas, veio para a sessão com uma questão muito clara a discutir. Quando tal questão foi abordada, Joshua disse que tinha um grande problema com sua sogra, Penny, que ele não sabia como abordar. Sua sogra estava cuidando da filha mais moça de Joshua, Chloe, porque ele e sua mulher, Samantha, estavam trabalhando fora de casa. O casal precisava e apreciava a atenção que a avó dispensava à menina, mas não podia pagar pelo serviço.
>
> O problema foi que Penny não era tão cuidadosa quanto Joshua e Samantha gostariam que fosse. Dois dias antes da sessão, Joshua, ao chegar em casa, encontrou a porta de segurança do porão da casa totalmente aberta, e Chloe perambulava junto ao degrau mais alto da escadaria que levava ao porão, quase pronta para cair. Joshua e Samantha já haviam encontrado as gavetas da cozinha abertas ou visto objetos com que a menina poderia cortar-se soltos em cima da mesa. A consequência é que Joshua veio para a sessão preocupado com sua filha, um pouco irritado com sua sogra e incerto sobre o modo correto de abordar a questão com sua mulher.

Thomas e Joshua produziram as seguintes soluções possíveis para a situação:

1. "Despedir" a sogra e contratar alguém para cuidar da criança.
2. Livrar-se de tudo que representava insegurança e trancar as portas de segurança.
3. Postar uma lista de regras para a casa, a que todos teriam de obedecer.
4. Fazer com que Samantha confrontasse sua mãe, ficando Joshua de fora.
5. Fazer uma reunião com a sogra para expressar preocupação.
6. Tentar fazer com que a sogra entendesse que seu comportamento era perigoso.

Tanto quanto possível, Thomas usou perguntas para ajudar Joshua a produzir a lista de possíveis soluções para problemas. Thomas mantinha em mente a ideia relativa à capacidade de Joshua realizar essa tarefa e também sabia que as emoções dele pareciam às vezes obscurecer seu discernimento.

Tendo produzido a lista, eles analisaram cada uma das estratégias e verificaram suas possíveis vantagens e desvantagens e facilidade de implementação. Ao final, concordaram que a melhor estratégia a tentar era a de Joshua primeiramente conversar com Samantha, para certificarem-se de que ambos concordavam quanto ao problema e sua possível solução. Então, juntos, os dois falariam com Penny, para tentar fazer com que ela considerasse o perigo a que estivera expondo Chloe, fazendo também com que Penny, se possível, apresentasse sugestões que pudessem mudar sua aparente falta de cuidado. Eles concordaram que Joshua discutiria a ideia primeiramente com Samantha. O casal poderia ou implementá-la imediatamente, se houvesse acordo, ou Joshua e Thomas poderiam discuti-la na sessão da próxima semana, se a discussão com Samantha provasse ser problemática.

Para concluir essa discussão, Thomas levou alguns minutos para explicar a Joshua o processo de resolução de problemas que eles haviam acabado de finalizar. Ele sugeriu que essa estratégia geral poderia ser usada em uma série de situações e que ele estaria atento a outras situações potenciais em que Joshua pudesse praticar essa ideia. Joshua concordou também em ficar atento a situações similares, e passaram ao item seguinte da agenda.

Outra observação importante é que o modelo de resolução de problemas não prescreve quais estratégias precisam ser usadas. Qualquer estratégia que melhore ou resolva um problema é aceitável neste quadro. Em geral, as estratégias tendem a enfocar problemas externos, tais como as relações ou estressores da vida real, ou problemas internos, tais como sintomas ou interesses emocionais, e alguns métodos estão mais propensos a ser usados para cada classe de fatores externos *versus* internos (ver o Quadro 5.4). Ao final do dia, dependerá realmente de você e de seu cliente desenvolver, selecionar e criar estratégias relativas ao método para resolver os problemas, de modo que ele esteja altamente individualizado. Finalmente, observe que nem todas as estratégias selecionadas precisam necessariamente ser monitoradas por você, como terapeuta. Por exemplo, se o maior problema do cliente for de ordem financeira, consultar um planejador financeiro pode ser muito mais eficiente do que sessões contínuas com o terapeuta.

Agora que revisamos as habilidades cognitivo-comportamentais básicas, e também as estratégias gerais de resolução de problemas, voltaremos os Capítulos 6, 7 e 8 deste livro às estratégias comportamentais e cognitivas de tratamento. Você provavelmente também voltará às habilidades básicas em circunstâncias em que seus clientes não fazem sua tarefa de casa, quando eles exigem uma psicoeducação sobre um novo problema, ou quando a aliança terapêutica parece extenuada. Embora a sequência deste texto esteja de acordo com um modelo lógico, ela pretende ser flexível, e é importante sempre ter em mente as necessidades particulares do cliente.

QUADRO 5.4 Estratégias comuns de resolução de problemas

Habilidades de enfrentamento centradas no problema	Habilidades de enfrentamento centradas nas emoções
♦ Treinamento de habilidades de comunicação ♦ Habilidades relativas a encontrar trabalho e para entrevistas ♦ Paternidade ou gerenciamento dos filhos ♦ Educação ou treinamento financeiros ♦ Atualização educacional ♦ Habilidades de resolução de conflitos ♦ Desenvolvimento de apoio social ♦ Obtenção de autoajuda ♦ Habilidades de relações interpessoais	♦ Reestruturação cognitiva ♦ Métodos de relaxamento (relaxamento muscular progressivo, respiração, meditação) ♦ Rotina estruturada ♦ Imaginário mental positivo ♦ Estratégias de autocontrole comportamental ♦ Distração dos problemas ♦ Exercícios físicos ♦ Afirmações (declarações) pessoais positivas e de enfrentamento ♦ Higiene do sono ♦ Distanciamento emocional ou tomada de perspectiva

---

O CASO DE ANNA C. (CONTINUAÇÃO DO CAPÍTULO 3)

Depois da avaliação, Anna C. recebeu informações verbais relativas a seus diagnósticos de transtorno de ansiedade generalizada e de transtorno depressivo maior, em remissão parcial. A lógica dos diagnósticos e dos critérios foi discutida. Muitos clientes ficam ansiosos quando recebem *feedback* e podem não se lembrar dos detalhes da discussão; consequentemente, apresentaram-se informações escritas, usando panfletos do *site* da Academy of Cognitive Therapy, seção dos consumidores. A formulação clínica do caso foi também examinada com Anna, juntamente com os tratamentos usuais para tais problemas. Anna foi respeitosa durante essa discussão; contudo, foi incentivada a fazer perguntas, e buscaram-se suas opiniões relativas à precisão da formulação. As metas gerais para o tratamento foram examinadas, bem como os passos para a criação de metas específicas. Como tarefa de casa para depois do tratamento, pediu-se a ela que lesse os panfletos. Solicitou-se que Anna comprasse uma pasta para colocar os textos recebidos na terapia. Embora as metas gerais do tratamento tenham sido discutidas durante o tratamento, as orientações para o estabelecimento de metas foram discutidas, incluindo um texto sobre o estabelecimento das metas SMART (ver Capítulo 4 deste livro). Anna observou que alguns dos seus principais interesses eram as preocupações contínuas, a fadiga e a falta de comunicação com seu marido.

Durante esta sessão e na subsequente, Anna recebeu orientações relativas ao modelo cognitivo-comportamental, que foi uma das primeiras metas de tratamento. Ela foi descrita como uma terapia ativa para ajudá-la a resolver os problemas de sua vida, e como um tratamento em que o terapeuta e ela trabalhariam. Anna reagiu positivamente a essa informação e fez várias perguntas. O terapeuta estabeleceu a agenda para a primeira sessão, que incluía a provisão de *feedback* sobre a avaliação, discussão da formulação e metas para o tratamento. O tratamento cognitivo-comportamental foi descrito, e Anna recebeu um texto sobre essa abordagem, retirado do *site* da Academy of Cognitive Therapy. Enquanto Anna comentava sobre sua fadiga, recebeu informações básicas sobre a higiene do sono para examinar como tarefa de casa.

Anna relatou que havia lido todo o material na semana seguinte e que havia testado algumas das recomendações relativas ao sono. Anna ficou surpresa pelo fato de sentir-se melhor, e observou que se sentia um pouco mais esperançosa.

6

ELEMENTOS DE MUDANÇA COMPORTAMENTAL NA TERAPIA COGNITIVO-COMPORTAMENTAL

Neste capítulo, abordamos os elementos comuns de mudança de comportamento presentes nas terapias cognitivo-comportamentais. Ao fazê-lo, reconhecemos que algumas abordagens cognitivo-comportamentais baseadas em manuais oferecem uma descrição sessão a sessão do tratamento, mas, por definição, os tratamentos idiográficos não o fazem. O ponto forte da formulação clínica de caso é sua flexibilidade, que pode ser assustadora para novos terapeutas acostumados a manuais e a estruturas em sua prática. Uma meta deste capítulo é ajudá-lo a aprender os elementos de mudança de comportamento para os clientes, mais do que necessariamente usar os manuais aplicáveis a diagnósticos específicos. Por exemplo, um cliente que apresente ansiedade e evitação provavelmente requeira estratégias similares àquelas de um cliente com um transtorno de ansiedade passível de diagnóstico.

Os elementos comportamentais do tratamento que são relevantes a maior parte dos clientes nas intervenções cognitivo-comportamentais podem ser divididos *grosso modo* em duas amplas categorias: (1) estratégias de mudança de comportamento que aumentam o conhecimento, as habilidades e os comportamentos que ampliam a mudança, e (2) aqueles que reduzem a evitação e os autoderrotistas ou comportamentos problemáticos. Pelo fato de haver algumas áreas que se sobrepõem entre os elementos comportamentais e cognitivos de mudança, a divisão deste texto é, necessariamente, aproximada e, de certa forma, artificial. Há uma interação entre todos os componentes da terapia, que, esperamos, resulte em um efeito terapêutico que é maior do que a soma de suas partes. Os pesquisadores tentam separar os componentes eficazes da terapia para determinar a relativa eficácia de cada um. Os clínicos não conseguem em geral prever quais estratégias serão mais eficazes ou úteis para um cliente individual. O que funciona para um sujeito médio em um ensaio clínico randomizado pode ser ineficaz para seu próprio cliente. Assim, a evidência a partir dos ensaios randomizados sugere estratégias de intervenção plausíveis, mas a formulação clínica do caso orienta o tratamento e ajuda você a planejar as intervenções que são provavelmente as mais úteis para o cliente.

♦ INTERVENÇÕES COMPORTAMENTAIS PARA AUMENTAR AS HABILIDADES E PLANEJAR AS AÇÕES

As intervenções comportamentais para aumentar as habilidades e planejar a ação têm sido pontos de sustentação da terapia cognitivo-comportamental desde o início. Neste capítulo, escolhemos separar métodos comportamentais tradicionais, cujos maiores propósitos são o de aumentar os reforçadores e diminuir as consequências aversivas, da ativação comportamental, cujo propósito maior é o de diminuir padrões evitativos do enfrentamento. Embora haja sobreposição entre essas duas abordagens, elas são distintas na literatura, e consideráveis confusões entre ambas têm surgido (Farmer e Chapman, 2008; Lewinsohn, Sullivan e Grosscup, 1980; Martell et al., 2001).

Métodos tradicionais comportamentais e agenda de atividades

Considere os métodos tradicionais comportamentais para:

* Clientes com níveis baixos de atividade.
* Clientes que enfrentam problemas com baixa motivação e energia, independentemente do diagnóstico.
* Clientes que reclamam da perda de prazer, baixa produtividade e baixa autoestima.
* Clientes que estão deprimidos (seja como primeiro, seja como segundo diagnóstico).
* Clientes que tenham benefícios decorrentes de incapacidade física, com baixo nível de atividade e autoeficácia diminuída.
* Clientes com sofrimento emocional resultante de condições médicas ou dor crônicas (presumindo que eles sejam capazes de aumentar essa atividade em termos médicos).

Os métodos de ativação comportamental foram primeiramente desenvolvidos para o tratamento da depressão, porque a maior parte dos clientes que têm problemas com humor depressivo também diminuiu o reforço de seu ambiente. A atividade diminuída leva a mais perda de reforço, incluindo perda de prazer, apoio social e reforço social. Já vimos inúmeros clientes tornarem-se menos ativos devido a depressão, ansiedade, condição médica crônica ou dor. A atividade reduzida em geral apresenta um alívio de curto prazo a esses problemas, mas geralmente essa redução comportamental cria muito mais problemas do que soluções para eles. Tais problemas incluem maior redução de humor, perda de amor próprio, comportamento cada vez mais evitativo, aumento na ansiedade relativa a situações evitadas, sentimentos de isolamento e perda de produtividade.

Os comportamentos negativos de enfrentamento podem resultar de comportamento reduzido, tais como comer cada vez mais, falta de exercícios ou abuso de substâncias. O indivíduo deprimido que esteja em casa sozinho durante o dia tem em geral um aumento, e não uma redução, de pensamentos negativos e autodepreciativos. Uma pessoa ansiosa em geral desenvolve níveis maiores de evitação. Uma pessoa com dor crônica com frequência fica fora de forma, sedentária e fisicamente incapaz. Muito embora esses indivíduos possam ser repreendidos por essas atitudes, e aconselhados a aumentar seus níveis de atividade, eles são em geral incapazes de fazê-lo sem a estrutura das atividades da vida diária. Eles em geral sentem-se sobrecarregados e incapazes de fazer as coisas que previamente davam significado a suas vidas, o que leva à vergonha e a mais afetos negativos. A carga familiar também existe, devido a outras pessoas fazerem o trabalho que a pessoa que está em casa deveria fazer. O conflito interpessoal e familiar pode ser um triste resultado dessa sequência de eventos.

Desde seu desenvolvimento por Ferster (1973) e Lewinsohn e colaboradores (1980) como tratamento comportamental da depressão, a ativação comportamental foi usada de muitas formas. A meta do tratamento original era a de ajudar as pessoas a aumentar a quantidade e a qualidade de comportamento positivamente reforçado, e também o de aumentar os comportamentos de enfrentamento para que lidem de maneira mais adaptada com situações negativas da vida. Essa espécie de abordagem pode ser usada com os clientes que diminuíram a atividade e reduziram o reforço, mesmo que eles não estejam clinicamente deprimidos. As estratégias comportamentais incluem a melhora do humor e altos níveis de energia. Se os clientes se envolverem mais profundamente em suas vidas, torna-se muito mais fácil identificar e trabalhar com quaisquer déficits de habilidades ou padrões negativos de pensamento que se tornam manifestos.

É importante neste estágio do tratamento diferenciar entre atividade reduzida decorrente de humor em baixa, desinteresse e baixa motivação e atividade reduzida decorrente de ansiedade e evitação. O primeiro passo para fazer essa distinção, se ela não tiver sido feita durante a avaliação, é avaliar os padrões de atividade do paciente por meio do automonitoramento. Formas diferentes existem para o registro de atividades, mas uma lista direta dos dias da semana no topo da página e os horários do dia (divididos em manhã, tarde e noite) na coluna esquerda serão suficientes (ver Figura 6.1).

Se o cliente não gostar da formalidade desse registro (que se constitui em informações úteis em si mesmas), as mesmas informações podem ser coletadas em um pedaço de papel com uma lista de atividades. Se seu cliente usar um calendário eletrônico, este poderá ser impresso para o exame de padrões comportamentais. Como estratégia final, você pode depender do relato verbal do cliente sobre seu comportamento, mas lembre-se de que tais relatos podem ser tendenciosos pelo estado clínico do cliente, ou por questões como desejo social (isto é, o cliente pode dizer-lhe o que pensa que você quer ouvir).

Hora	Dia						
	Segunda	Terça	Quarta	Quinta	Sexta	Sábado	Domingo
7							
8							
9							
10							
11							
12							
13							
14							
15							
16							
17							
18							
19							
20							
21							
22							
23							

Nota: Liste a sua atividade principal para cada hora. Se a atividade propiciou uma sensação de domínio ou realização, escreva "D" ao lado da descrição da atividade. Se atividade propiciou uma sensação de prazer, escreva "P" ao lado da descrição da atividade.

FIGURA 6.1 Exemplo de um horário de automonitoramento.

Orientações para a ativação comportamental

Quando começar a ativação comportamental, certifique-se de que você está iniciando pelo ponto em que está seu cliente, e não pelo ponto em que ele pensa que deveria estar. Tenha muito cuidado para evitar qualquer julgamento sobre o nível de (in)atividade do cliente. Se ele passar boa parte do dia na cama, de pijama, é importante que se sinta à vontade para admitir isso a você. Alguns clientes relutam em falar sobre suas atividades diárias por medo de desaprovação. Eles frequentemente recebem mensagens do tipo "deixe isso para lá" de outras pessoas, o que pode levá-los a sentir-se inadequados e terem pensamentos autodepreciativos. Replicar esse processo problemático interpessoal na terapia provavelmente não levará a uma mudança comportamental positiva.

Faça a diferença entre atividades que são simplesmente prazerosas e aquelas que oferecem uma sensação de domínio ou sucesso. Alguns clientes sofrem para entender tal distinção. Por isso, use exemplos de suas vidas. Exemplos de atividades especialmente prazerosas são massagens, comer chocolate, assistir à televisão ou ler um romance ou revista escapista (que podem ser chamados de "doces para a mente"). Há listas de atividades prazerosas, tais como a Pleasant Events Schedule (MacPhillamy e Lewinsohn, 1982). Algumas dessas atividades podem ter outros propósitos, diferentes do prazer, tais como relaxamento ou melhoria da concentração. Exemplos de atividades de domínio inicial incluem exercitar-se por 10 minutos, preparar um almoço nutritivo, lavar uma máquina de roupas, pagar uma conta ou realizar uma tarefa da terapia. Muitas atividades combinam componentes tanto do prazer quando de domínio, tais como ligar para um amigo, brincar com crianças pequenas, assistir a um programa educativo na televisão ou organizar um passeio.

Embora atividades de prazer e de domínio sejam comumente consideradas e usadas nos aspectos comportamentais do tratamento, tenha em mente que outras categorias de comportamentos podem também ser monitoradas e agendadas (Farmer e Chapman, 2008). Por exemplo, se a sua conceituação de caso deixa claro que os comportamentos sociais são determinantes importantes do humor de seu cliente, então você pode monitorar a frequência dos eventos sociais da vida do cliente e agendar tais eventos para examinar o impacto dessa mudança sobre o humor do cliente e sobre o funcionamento geral. De fato, suspeitamos que o monitoramento comportamental e o agendamento possam ser usados com qualquer classe de comportamentos.

Crie uma lista de atividades simples e concretas com seus clientes. Se eles não conseguirem pensar em qualquer atividade possível que possam fazer, pergunte a eles sobre coisas que tenham gostado de fazer no passado. Alguns clientes conseguem imaginar o que poderia ser útil para outra pessoa, então essa questão talvez leve a ideias sobre coisas a serem tentadas. Pode ser útil organizar uma lista de atividades de 10 minutos que estejam prontamente disponíveis para o cliente em casa. Seja sensível a possíveis barreiras para o cliente, tais como custos e inconveniências. Por exemplo, o registro em um programa de exercícios em uma academia de custo baixo, mas que fica do outro lado da cidade terá poucas chances de sucesso. Faça com que o cliente dê pequenos passos, mas que o levem em frente, e registre as atividades dele até que elas se tornem mais habituais. Parta de cada passo que tenha sido dado. Cada passo deve ser levemente mais difícil do que o cliente acha que pode realizar, mas não tão difícil que o cliente fracasse; dessa forma, a realização de qualquer passo será considerada um sucesso pelo cliente. Reforce verbalmente os esforços do cliente e, se possível, faça com que ele fale positivamente a respeito desses esforços. Tente incentivá-lo a fazer uma atribuição interna para a realização de tarefas comportamentais. Peça ao cliente que avalie o sucesso pelo esforço feito, não pelos resultados. Essa orientação se aplica a todas as estratégias de mudança de comportamento.

Antes de concordar com qualquer tarefa comportamental, tente certificar-se de que o cliente tenha as habilidades e os recursos necessários à realização da tarefa. Um de nós (D. D.) teve uma cliente que evitava preencher sua declaração de renda desde a morte de seu marido, vários anos antes do início da terapia. Ela não conseguiu nem mesmo separar os documentos necessários. Quando tentou fazê-lo, ficou sobrecarregada e fez previsões que indicavam sua ruína financeira. Sua tristeza não havia sido resolvida por meio de aconselhamento e outra abordagem era necessária para resolver o problema da declaração de renda, o que incluía pedir auxílio a sua filha e contratar os serviços de um contador. Depois de conseguir dar início a esse processo, a sensação de domínio da situação da cliente desenvolveu-se plenamente e ela conseguiu preencher sua declaração.

Para os clientes com extrema inatividade e sintomas que afetam sua motivação e níveis de energia, considere o uso de atividades que da mesma forma os ajudem a aumentar suas chances de sucesso. Os clientes às vezes declaram que se tornarão mais ativos quando sua motivação e energia aumentam. Eles podem ser aconselhados de que a motivação e a energia são uma consequência da ativação comportamental, mais do que uma exigência para ela. Mais do que debater esse ponto, contudo, use as ideias do cliente como uma oportunidade de envolver-se em um experimento comportamental. Faça com que eles projetem uma tarefa para ver em que ponto eles se sentem mais ou menos energizados depois.

Uma opção para uma avaliação comportamental inicial é fazer com o que o cliente se comprometa com uma atividade agendada com um membro da família ou amigo, fora de casa. Em geral, as pessoas tendem mais a participar de atividades quando há alguém esperando por elas. Colabore com o cliente ao agendar a consulta terapêutica pela manhã se ele enfrentar problemas nessa parte do dia. Comece a tarefa de casa na sessão, ou faça com que o cliente planeje fazer uma das atividades de casa imediatamente depois da sessão. Use recursos comunitários quando estes estiverem disponíveis, tais como grupos de autoajuda e programas de lazer. Em alguns casos, um programa diário ou clube para pessoas com transtornos de saúde mental podem ser boas opções. O *site* da International Center for Clubhouse Development (www.iccd.org/clubhousedirectory.aspx) apresenta uma lista de clubes em diferentes países. Esses locais podem ser bastante úteis para aumentar a estrutura diária e também para oferecer outros benefícios sociais, mas são mais adequados para os clientes que tenham transtornos mentais severos ou persistentes. O trabalho voluntário realizado algumas horas por dia pode ser bastante útil para muitos clientes, porque pode levar a uma maior estrutura, produtividade e autoeficácia.

A contratação contingencial pode ser útil para um cliente que tenha problemas de inatividade ou de realização de uma determinada tarefa. Nesse procedimento, o cliente concorda em realizar uma tarefa em troca de uma determinada contingência ou resultado. O contrato pode ser verbal ou escrito, entre você e o cliente, ou entre um amigo de confiança do cliente e o próprio cliente. A autorrecompensa pode ser um componente do contrato, seguindo-se a realização de tarefas prescritas. Use essas estratégias apenas quando você pensar que o cliente será capaz de exercer controle suficiente para torná-las eficazes. Muitas pessoas inativas tendem a recompensar-se de maneira indiscriminada (por exemplo, com comidas não saudáveis ou muito tempo diante da televisão), e depois se sentem culpadas. Certifique-se de que o reforço esteja de acordo com a intensidade da própria tarefa de casa.

As atividades de domínio são frequentemente mais importantes e úteis do que as atividades prazerosas. Embora as atividades prazerosas possam temporariamente elevar o humor, o domínio sobre elas propicia não só um humor melhor, mas também a autoeficácia. O cliente tende a fazer atribuições pessoais pelo sucesso e a ter maior sensação de controle depois de completar uma atividade de domínio. Além disso, tenderá a completar uma pequena tarefa que precisava ser feita, tal como pagar uma conta ou fazer uma ligação telefônica. Realizar algumas dessas tarefas gradualmente reduz a sensação do cliente de sentir-se sobrecarregado.

Reavalie o progresso toda semana, acrescentando passos e outras estratégias indicadas pela formulação de caso do cliente. Poucos clientes exigem mais do que de duas a três semanas de ativação comportamental para iniciarem, a menos que estejam profundamente deprimidos ou tenham um padrão de inatividade crônica. Depois de passar a outras estratégias na terapia, certifique-se de que seu cliente continua ativo.

Treinamento de habilidades e prática

Muitos tipos de habilidade podem ser ensinados no âmbito de sessões cognitivo-comportamentais e acima da provisão de informações durante a porção psicoeducacional da terapia. Considere o treinamento de habilidades para:

- Clientes que pareçam ter um déficit de habilidades em uma área em que você é capaz de oferecer treinamento (por exemplo, relaxamento ou habilidades de comunicação). O treinamento de habilidades de comunicação é um dos mais importantes elementos comportamentais do repertório de ferramentas de um terapeuta (ver abaixo).
- Os clientes que estejam ansiosos em relação a suas habilidades e possam beneficiar-se de prática, *feedback* e habilidades generalizadas ou minuciosas, aumentando sua confiança.
- Os clientes que têm um déficit de habilidades em uma área importante, relacionada a seu problema, mas para quem você não pode oferecer treinamento (por exemplo, o cliente tem fobia de dirigir automóveis e dúvidas sobre suas habilidades). Indique serviços adequados, preferencialmente de um instrutor que possa ser sensível aos problemas de seu cliente.
- Outras habilidades comumente ensinadas, incluindo relaxamento, meditação de atenção plena (em geral presente na prevenção da recaída, ver Capítulo 9) e resolução de problemas (ver Capítulo 5 deste livro).

Treinamento de habilidades de comunicação

As expressões *treinamento de habilidades comunicacionais, treinamento de habilidades sociais* e *treinamento de assertividade* foram usadas de maneira intercambiável em manuais de tratamento e em livros-texto. Essas intervenções têm um longo histórico de pesquisa e de aplicações na terapia comportamental e são comumente usadas pela maior parte dos terapeutas cognitivo-comportamentais quando necessário.

Os déficits de habilidades sociais manifestos podem surgir por uma série de razões, e é importante avaliá-las e entendê-las quando elas aparecem. Alguns clientes de fato carecem de habilidades e podem não ter sido previamente socializados para as situações interpessoais em que se encontram. De maneira bastante comum, contudo, os clientes são capazes de usar boas habilidades em alguns ambientes ou com algumas pessoas, mas travam a língua, ou se calam, diante de certas pessoas, tais como autoridades, ou diante de possíveis interesses românticos, ou ao falar em público ou em situações de conflito. Consequentemente, sua grande barreira é a ansiedade ou certos tipos de prognósticos negativos (por exemplo, "Outras pessoas não gostarão de mim ou ficarão bravas"), e não a falta da habilidade. É difícil diferenciar entre um déficit interpessoal ou de habilidades e a ansiedade que afeta a expressão social, especialmente porque os clientes podem apresentar uma combinação desses problemas.

Há poucos riscos (exceto os relativos à perda de tempo), e pode haver benefícios consideráveis ao oferecer algum treinamento em habilidades sociais e em oportunidades para a prática durante as sessões. A prática pode ser usada para avaliar mais ainda as habilidades, bem como ampliar a confiança social e a experiência de seu cliente. Alguns clientes podem carecer de habilidades básicas por causa de históricos caóticos ou desvantajosos, doença grave (mental ou física) durante a infância ou a adolescência, longos períodos de evitação ou uma falta de "inteligência social" que os leva a serem insensíveis a alguns fatos sociais ou ao *feedback* indireto. No extremo, alguns clientes podem apresentar problemas clínicos, tais como esquizofrenia ou síndrome de Asperger, que afetam diretamente a capacidade de processar fatos sociais e de ser adequado socialmente. Esses clientes podem beneficiar-se com o treinamento de habilidades e a prática.

As habilidades de treinamento de comunicação incluem o ensino e a prática das habilidades verbais básicas, tais como começar as conversas, participar de bate-papos ou conversas superficiais, fazer transições tópicas e fazer e responder a pedidos. Esse treinamento também inclui habilidades de comunicação não verbal, tais como ritmo, velocidade do discurso, modulação da altura da voz e identificação e redução de padrões vocais estranhos e habituais, tais como "uhm" e "ah". Além disso, a comunicação não verbal inclui o tom de voz, que pode demonstrar o afeto do falante e a intenção (por exemplo, um tom de questionamento ou culpa). As habilidades comunicacionais podem incluir o uso da linguagem corporal adequada, tais como proximidade física, expressividade facial e gestos feitos com as mãos. Muitas pessoas não estão completamente cientes das sutilezas dos padrões comunicacionais, que, com frequência são bastante habituais e automáticos. O Quadro 6.1 lista áreas para a prática de habilidades sociais que podem ser usadas em outras sessões de grupo ou individuais.

Os clientes em geral têm comumente as habilidades básicas adequadas, mas enfrentam problemas com as habilidades "mais avançadas", tais como a comunicação assertiva e o enfrentamento de conflitos. A comunicação com parceiros íntimos pode também ser uma área difícil que pode estar associada a sensações assustadoras de vulnerabilidade. Essas sensações podem resultar nas dificuldades que os clientes têm de abordar alguns temas de seus relacionamentos.

Há relativamente poucos pontos "certos" e "errados" em relação à boa e efetiva comunicação. Há uma variedade considerável de expressões sociais nas culturas, nas faixas etárias e nos ambientes de trabalho, e nenhum padrão por si só é inerentemente melhor do que outro. Já encontramos pessoas que são agradáveis e participativas, mas que têm hábitos sociais peculiares. Aquilo em que acreditamos como terapeutas (por exemplo, "é importante comunicar-se honesta e diretamente e sempre tratar os outros com respeito") nem sempre pode ser eficaz na realidade.

Da mesma forma, já conhecemos outras pessoas que têm habilidades sociais relativamente limitadas, ou que poderíamos considerar como habilidades sociais fracas, mas que parecem ajustar-se bem em seu ambiente. Infelizmente, em algumas situações sociais, pode ser a agressão, mais do que a assertividade, que leva a pessoa a conseguir atenção ou fazer com que certas necessidades sejam atendidas. Por exemplo, um cliente que reclame em voz alta em uma loja pode ser atendido mais rapidamente do que uma pessoa respeitosa e assertiva. Agimos em geral abertamente com nossos clientes, e afirmamos ter determinadas opiniões e valores sobre o que constitui as boas habilidades sociais. Também pensamos que é inteligente obter uma gama de opiniões e *feedback* dos outros sobre esse tópico. Um de nós (D. D.) teve clientes do sexo masculino, operários da construção civil, que achavam suas sugestões ("Eu preferiria que..." e "Você me machuca quando...") bastante engraçadas. Esses homens disseram que seriam ridicularizados se usassem tais expressões. Terapeuta e cliente juntos são frequentemente capazes de formular uma solução de compromisso. Pelo menos, essa discussão propicia alguma reflexão e especulação sobre a melhor maneira de comunicar os desejos e as necessidades do cliente em seu ambiente.

Os ambientes de grupo são extremamente úteis para qualquer tipo de treinamento de habilidades sociais. Se seu cliente carece de habilidades básicas, ou poderia claramente beneficiar-se da prática social, considere encaminhá-lo para treinamento em grupos de habilidades sociais ou assertividade como um elemento adjunto à terapia individual. Embora um terapeuta

Quadro 6.1   Lista de exercícios de habilidades sociais

1. Habilidades auditivas – prestar atenção e lembrar-se.
2. Habilidades auditivas – transições tópicas (manter a conversação).
3. Habilidades auditivas – o que é parafrasear?
4. Habilidades de autorrevelação – o que é uma revelação adequada? O que não é?
5. Exercícios de flexibilidade – pensar em maneiras diferentes de apresentar alguém, convidar alguém para tomar um café, fazer um pedido, etc.
6. Apresentações a um grupo de pessoas – praticar a lembrança dos nomes das pessoas.
7. Saber enfrentar o fato de alguém "ter um branco" em um ambiente social.
8. Saber enfrentar os silêncios sociais.
9. Falar diante de várias pessoas.
10. Consciência da linguagem corporal.
11. Consciência do tom de voz.
12. Consciência dos maneirismos vocais.
13. Fazer pedidos a outras pessoas.
14. Dizer não.
15. Dar e receber elogios.
16. Fazer e receber críticas.
17. Fazer perguntas em diferentes ambientes.
18. Lidar com pessoas difíceis (por exemplo, pessoas críticas, bravas, que rejeitam os demais e que culpam os demais).
19. Fazer ligações telefônicas e deixar mensagens.
20. Fazer convites, convidar alguém para sair.
21. Habilidades necessárias a entrevistas de emprego.
22. Fazer uma atividade diante de outras pessoas (por exemplo, escrever, comer, dançar).
23. Lidar com o conflito.
24. Lidar com pessoas passivo-agressivas.
25. Correr riscos emocionais.
26. Cometer erros de propósito.
27. Aceitar imperfeições em si e nos outros.
28. Ser agradável – praticar a tolerância em relação aos erros de outras pessoas.
29. Habilidades de empatia – colocar-se na pele da outra pessoa.

possa oferecer *feedback*, sugestões e oportunidades para a prática, outros clientes em um contexto de grupo oferecem múltiplas fontes para todos os aspectos do tratamento. Uma série de outros benefícios para o grupo inclui todos os fatores terapêuticos comuns, tais como a oportunidade de oferecer *feedback* aos outros, e uma sensação de não estar sozinho ou sentir-se diferente das outras pessoas. Diferentes tipos de oportunidades práticas também podem ser criadas em um grupo, tais como interpretação de papéis em ambientes sociais ou falar diante de uma série de pessoas. O Quadro 6.2 lista alguns dos métodos para o treinamento de habilidades sociais.

Outros déficits identificados durante a terapia podem estar relacionados a resolução de problemas (ver Capítulo 5 deste livro), gerenciamento do tempo, higiene do sono, conhecimento de alimentos nutritivos, hábito de se exercitar ou estilo de vida saudável. Boa parte dos terapeutas não é formada por especialistas em todas essas áreas. Se você for confrontado com tais problemas, em geral recomendamos que busque material profissional sobre o assunto, consulte outros profissionais que possam ter tal especialização e considere o uso de outros recursos em sua comunidade. A internet dispõe de uma verdadeira miríade de ideias sobre como gerenciar os problemas

Quadro 6.2 Métodos e estratégias para o treinamento de habilidades sociais

1. Use materiais psicoeducacionais (por exemplo, McKay, Davis e Faning, 1995, para habilidades gerais de comunicação; Paterson, 2000, para comunicação assertiva).
2. Identifique habilidades problemáticas por meio da avaliação e observação do terapeuta.
3. Ofereça um *feedback* verbal *específico* ao cliente, apresentando exemplos concretos, preferencialmente aqueles obtidos por meio da observação direta na sessão.
4. Aponte as consequências das habilidades problemáticas (por exemplo, "Eu me sinto fora da conversa quando você evita me olhar nos olhos enquanto fala"; "Percebo que quando você está brincando com suas mãos eu me distraio e nem sempre ouço o que você está dizendo.").
5. Discuta outras opções, oferecendo sugestões específicas (por exemplo, "Você poderia começar três frases com as palavras *Sinto que* ou *Penso que?*"; "Tente pausar e esperar que eu responda à pergunta feita.")
6. Use gravações de vídeo, se possível. Grave uma sequência curta na qual um comportamento problemático é identificado e faça com que os clientes observem a si mesmo. Muitos clientes ficam bastante ansiosos ao se observarem, mas um *feedback* bastante direto e de momento e momento se torna possível. Eles são então capazes de entender exatamente o que você quer dizer e de mudar. Use vídeos para as tentativas feitas, para aperfeiçoar e para reforçar os esforços do cliente. Com as câmeras digitais e seus monitores, tornou-se relativamente fácil acessar o equipamento necessário para gravações. Certifique os clientes de que as informações serão apagadas depois da sessão, a não ser que eles deem permissão para pesquisas futuras, treinamentos ou outros procedimentos.
7. Use a modelização. Faça a diferença entre o modelo de domínio e o modelo de enfrentamento. Os clientes reagem mais positivamente a um terapeuta que tenha imperfeições, cometa erros ou pareça um pouco extravagante do que a um terapeuta que somente seja um especialista. Os clientes também tendem a fazer um esforço maior depois de observar um modelo competente ainda que não totalmente especializado. Os clientes apreciam os terapeutas que correm riscos na sessão; tais ações fazem com que seja mais fácil para eles também correr riscos.
8. Ofereça um *feedback* positivo, amplo e honesto, e também sugestões específicas para a mudança. É em geral possível oferecer algum *feedback* possível e específico, mesmo para os clientes que sejam bastante esquivos socialmente.
9. Use exercícios de dramatização de maneiras diferentes, tais como fazer com que o cliente assuma um papel de "especialista" ou o papel de alguém com habilidades específicas muito diferentes das dele. Por exemplo, um cliente muito tímido e ansioso pode sentir-se um tanto liberado ao interpretar uma pessoa agressiva e que fale em voz alta. É improvável que o comportamento do cliente seja inadequado, e pode ser interessante testar esse tipo de exercício. Troque os papéis, de modo que você faça o papel de cliente. Tente tipos diferentes de resposta, de modo que o cliente possa ver como é a mudança. Seja flexível e aborde esses exercícios de maneira divertida. Crie um ambiente no qual seu cliente se sinta apoiado e incentivado a correr riscos.
10. Incentive o cliente a correr riscos e a se esforçar, mais do que buscar a perfeição. Demonstre ao cliente que a maior parte das pessoas se sente à vontade ao lado de quem se esforça por conseguir seus objetivos, mas se sente intimidada pelos especialistas. Um bom exercício pode ser o de identificar as celebridades cujas habilidades sociais o cliente admira, e depois ajudá-lo a determinar as razões dessa admiração. Com frequência acontece de que a admiração não se deve à perfeição, o que pode levar a uma discussão sobre outras características positivas que as pessoas podem ter e a uma perspectiva mais ampla sobre a questão da aceitabilidade social.
11. Incentive os pequenos passos da prática de tarefas de casa. Tente uma habilidade de cada vez e observe e monitore os resultados. "Pratique a ampliação do uso do contato olho no olho e sorria para seus colegas durante três ocasiões em cada dia desta semana. Conte o número de pessoas que retribuíram o sorriso".
12. A prática de habilidades sociais apresenta muitas oportunidades para os experimentos comportamentais, tais como o exemplo recém-descrito. Esses experimentos não apenas propiciam uma prática em habilidades sociais, mas também a oportunidade de desafiar alguns dos pensamentos do cliente (ver Capítulo 7 deste livro).

comportamentais. Se você usar essa fonte, certifique-se de que os autores dos materiais disponíveis *on-line* sejam confiáveis.

Não demorou muito tempo para que Sebastian percebesse que sua cliente Lauren tinha alguns déficits organizacionais. Lauren parecia incapaz de organizar seu apartamento, e com bastante frequência guardava em lugares inadequados os materiais relacionados à terapia. O resultado foi que o progresso foi mais lento e difícil do que Sebastian imaginava, e ele se sentiu frustrado no tratamento.

Na nona sessão e depois de Lauren dizer novamente que não conseguia organizar alguns aspectos das tarefas de casa, Sebastian resolveu dar um passo para trás no conteúdo do tratamento, enfocando o processo de fazer com que as tarefas de casa fossem realizadas. De maneira não punitiva, ele apontou o padrão que havia observado e pediu o auxílio de Lauren. Ela concordou que era cronicamente desorganizada, mas não sabia como lidar com essa questão. Juntos, Sebastian e Lauren concordaram que essa questão era um problema, e decidiram dedicar a sessão à elaboração de ideias que ajudassem Lauren a se organizar melhor, de modo que outras ideias pudessem ser colocadas em prática. Eles desenvolveram uma série de ideias que Lauren começou a implementar, primeiramente de forma limitada, mas depois de forma cada vez mais bem-sucedida ao longo das semanas seguintes.

Ao colocar essa questão na agenda para discussão, Sebastian constatou que sua frustração havia diminuído. Lauren ficou um pouco atrapalhada no começo, mas com o tempo passou a apreciar os novos modos de organizar suas atividades. Importante ressaltar o fato de que, à medida que essas habilidades se tornaram características regulares de seu estilo de vida, elas permitiram que Lauren pudesse ir adiante e lidar com outras questões prementes que a haviam levado à terapia.

Treinamento de relaxamento

As habilidades de relaxamento são ensinadas em muitos lugares e ambientes diferentes, indo das aulas de aeróbica e relaxamento a programas de gerenciamento do estresse. Dada sua ubiquidade, não discutiremos esses métodos detalhadamente. Para uma boa fonte geral de informações sobre o treinamento do relaxamento, ver Davis, Eshelman e McKay (2000).

Boa parte dos terapeutas acha útil dispor de vários tipos de relaxamento, tais como relaxamento muscular progressivo, retreinamento de musculação, relaxamento autogênico ou exercícios de visualização. Pode ser útil criar para seus clientes uma fita ou CD de áudio personalizado que use as estratégias planejadas em colaboração com eles, tais como a combinação de diferentes tipos de estratégias de relaxamento. Esses áudios podem ser feitos na sessão, simplesmente por meio da gravação do *script* enquanto o cliente pratica o exercício (peça a ele para trazer sua própria fita ou CD, o qual poderá levar para casa depois da sessão).

Trabalhar o relaxamento no estilo de vida de cada paciente é algo útil e que se recomenda a todos. O relaxamento pode ser benéfico de várias maneiras:

- Como uma atividade de cuidado pessoal.
- Para os clientes que se agitam com facilidade e que tenham problemas para se acalmar.
- Como uma maneira de diminuir a tensão física por meio do relaxamento muscular progressivo.
- Como uma maneira de fazer com que clientes muito ansiosos relaxem e aprendam a prestar atenção a sensações internas.
- Para os clientes que tendem à hiperventilação, ou para os que sofram ataques de pânico ou de transtorno de pânico e possam se beneficiar do retreinamento de respiração.

Embora sejam limitadas as evidências de que o relaxamento se beneficia da exposição aos tratamentos para o transtorno de ansiedade (Antony e Swinson, 2000), a maior parte dos clientes aprecia seus efeitos quando estão tensos ou agitados. Nossa experiência é de que os clientes geralmente relatam benefícios imediatos com o relaxamento; contudo, com frequência dizem que esquecem ou não conseguem usar as habilidades quando estão muito ansiosos. O uso desses métodos pode ser aumentado por lembretes visuais, pela prática frequente e pela conjunção do relaxamento com uma atividade diária regular, tais como praticar imediatamente antes ou depois de tomar um banho pela manhã. Uma vez que se transforme o relaxamento em um novo hábito, seu uso tenderá a continuar, e os clientes serão capazes de pôr em uso as habilidades quando necessário.

Você talvez se surpreenda se seu cliente tiver um ataque de pânico durante uma sessão de relaxamento. Porém, as pessoas ocasionalmente têm respostas contraintuitivas ao relaxamento e ao abandono do controle, tornando-se agitadas e tendo um ataque de pânico ou episódio dissociativo. A ansiedade e o pânico podem ser acionados pelo relaxamento ou pela meditação, quando se trata de clientes vulneráveis (Antony e Swinson, 2000; Barlow, 2002). Essas respostas podem se dever tanto a sentimentos de perda de controle quanto a uma maior consciência das sensações físicas, que o cliente pode considerar assustadores. É melhor tratar essa experiência de maneira direta e tentar outros tipos de relaxamento, ajudando o cliente na sessão. Certifique-se, porém, de usar a experiência do cliente como uma oportunidade para avaliar o processo que levou a essa reação. Em especial, certifique-se de identificar os gatilhos ou os acionadores (por exemplo, certas sensações psicológicas ou cognições) associados ao aumento da ansiedade, porque eles ajudarão a entender melhor seu cliente. Certifique-se também de que o relaxamento não seja usado como um comportamento de segurança (ver a seguir) para minimizar os efeitos da ansiedade durante os exercícios de exposição.

◆ INTERVENÇÕES COMPORTAMENTAIS PARA DIMINUIR A EVITAÇÃO

Os terapeutas cognitivo-comportamentais eficazes sabem como lidar com a evitação, tanto na terapia quanto na vida de seus clientes. Independentemente dos problemas específicos, evitar emoções, pensamentos, memórias, sensações e situações que causem sofrimento é uma tendência natural. A evitação é uma característica de todos os transtornos de ansiedade e do transtorno da personalidade esquiva, mas também ocorre em muitos outros transtornos e problemas. Os clientes podem procrastinar situações em que tenham de lidar com algum problema de difícil resolução no trabalho, convidar uma pessoa atraente para sair, candidatar-se a um novo emprego ou fazer mudanças em suas vidas, mesmo quando essas ações tendem a levar a uma melhora de longo prazo e a uma mudança positiva. A evitação não só aumenta a ansiedade, mas também leva a uma autoestima mais baixa e a outras espécies de emoções, tais como humor depressivo ou frustração consigo mesmo. A terapia cognitivo-comportamental é uma abordagem voltada à mudança; consequentemente, a redução da evitação é um componente central de praticamente todas as intervenções. Dois tipos de intervenções comportamentais que especificamente se dirigem ao comportamento evitativo são os tratamentos de exposição e a ativação comportamental.

Tratamentos de exposição

As intervenções baseadas em exposição estão entre os componentes mais estudados e eficazes da terapia cognitivo-comportamental (Barlow, 2002; Farmer e Chapman, 2008; Richard e Lauterbach, 2007). Esse tratamento pode ser definido simplesmente como exposição a um estímulo temido, com as metas de habituar-se à ansiedade fisiológica, extinguir medos e oferecer oportunidades para que a nova aprendizagem ocorra. A exposição gradual e sistemática durante longos períodos de tempo pode facilitar a nova aprendizagem à medida que os padrões de evitação do cliente gradualmente começam a dissipar-se no âmbito da sessão de exposição.

Considere o tratamento de exposição para:

♦ Clientes que sejam ansiosos, independentemente de atenderem aos critérios diagnósticos para um transtorno de ansiedade.
♦ Clientes que estejam evitando algo que tenha um impacto negativo sobre suas vidas ou funcionamento (por exemplo, uma atividade, situação, pessoa, emoção ou acontecimento) devido à ansiedade ou a medos.

Embora o treinamento de habilidades e a ativação comportamental tradicional do tratamento aumentem a exposição de maneira natural para a maior parte dos clientes, não se trata de sessões de exposição tipicamente planejadas. É às vezes possível, contudo, combinar a ativação e a exposição com um plano de tratamento. O excerto a seguir é de um texto elaborado por D. D. para um cliente:

> O tratamento de exposição significa expor-se, gradual e sistematicamente, a situações que criam alguma ansiedade. Você pode então provar a si mesmo que sabe lidar com essas situações, à medida que seu corpo aprende a ficar mais à vontade. O tratamento de exposição é extremamente importante para sua recuperação e envolve correr riscos controlados. Para que o tratamento de exposição funcione, você deverá passar por alguma ansiedade – pouquíssima ansiedade não será o suficiente para colocá-lo em sua zona de desconforto, em que poderá provar que seus medos estão equivocados. Ansiedade em demasia indicará que você poderá não prestar atenção ao que estiver acontecendo. Se você estiver em situação extremamente desconfortável, poderá ser difícil tentar fazer a mesma coisa novamente. Em geral, a exposição eficaz implica experimentar uma ansiedade que esteja por volta de 70, em um total de 100, na sua escala de unidades subjetivas de sofrimento/angústia. Tenha então a consciência de que passará por alguma espécie de ansiedade. À medida que você se sentir mais à vontade com a situação, poderá dar o próximo passo. A exposição deve ser estruturada, planejada e previsível. Deve estar sob o seu controle, e não sob o controle de outra pessoa.

Nos primórdios da terapia comportamental, a dessensibilização sistemática combinava o relaxamento muscular progressivo com a exposição de imagens mentais a um estímulo fóbico. A pesquisa demonstrou que o componente do relaxamento não é necessariamente benéfico, e que a exposição *in vivo* leva a maiores benefícios do que a exposição a imagens mentais (Emmelkamp e Wessels, 1975). A exposição *in vivo*, contudo, não é necessariamente prática para alguns medos ou situações; a exposição a imagens mentais pode ser melhor em algumas sessões. Os alvos possíveis para a exposição incluem muitos estímulos diferentes (ver Quadro 6.3).

O planejamento de sessões eficazes de exposição

Um elemento crucial da exposição eficaz é oferecer uma lógica sólida para estimular o cliente a correr os riscos envolvidos nessa estratégia. Uma boa aliança terapêutica é absolutamente essencial para que a exposição ocorra. O término da avaliação comportamental (ver Capítulo 2) é exigido para determinar os elementos específicos dos estímulos temidos, que podem estar presentes em certos pensamentos, respostas emocionais, consequências ou situações. Uma vez que a aliança e os alvos tenham sido estabelecidos, tente encontrar algumas práticas de exposição que tenham alta probabilidade de funcionar, de modo que a aceitação, de parte do cliente, aumente.

Quadro 6.3 Possíveis alvos para a terapia de exposição

1. A(s) situação(ões) temida(s) presentes nas fobias específicas.
2. Os pensamentos obsessivos no transtorno obsessivo-compulsivo.
3. As ruminações e preocupações no transtorno de ansiedade generalizada (ou para uma pessoa que se preocupe muito).
4. Gafes sociais ou erros no transtorno de ansiedade social.
5. Ser o centro de atenção ou de discurso público para as pessoas com ansiedade social e medo de falar em público.
6. A imperfeição em si ou nos outros para os clientes com características de perfeccionismo.
7. A ambiguidade ou a incerteza para os clientes com alta necessidade de controle.
8. O aumento do afeto dos clientes que temem a perda ou o controle emocional.
9. O afeto relacionado com a raiva, para os clientes que temem a perda de controle para a irritação, ou que tenham problemas de irritação.
10. As sensações fisiológicas (por exemplo, tontura, ritmo acelerado do coração) nos clientes com sintomas do pânico.
11. Estar longe das fontes de ajuda, no caso dos clientes com transtorno de pânico com/sem agorafobia.
12. Estar em situações das quais é difícil escapar, no caso de clientes com transtorno de pânico com ou sem agorafobia ou claustrofobia.
13. Memórias ou imagens temidas, no caso de clientes com transtorno de estresse pós-traumático.
14. Passar um tempo sozinho, para clientes ansiosos e dependentes.

A exposição é mais eficaz quando é desempenhada frequentemente, e continua até que a ansiedade do cliente esteja reduzida. O enfoque do cliente deve estar no estímulo temido, mais do que em suas próprias reações, distrações ou outros aspectos do ambiente. Longos períodos de exposição são em geral mais eficazes do que períodos curtos, e, com base nos resultados de alguns estudos, a "prática maciça" tem sido recomendada, especialmente para os clientes com transtorno obsessivo-compulsivo (Foa, Jameson, Turner e Payne, 1980). As sessões de prática maciça são aquelas sessões mais longas (por exemplo, de 90 a 120 minutos), que ocorrem várias vezes por semana.

A maior parte dos terapeutas está familiarizada com o desenvolvimento de *hierarquias*, que são passos estruturados e graduais de estímulos ou situações sobre as quais se tem a expectativa de que levem a níveis baixos de ansiedade, até aqueles que tendem a engendrar uma forte ansiedade. Exposições a estímulos mais fáceis são praticadas até que o cliente se sinta mais à vontade, então o próximo item da hierarquia é apresentado. Pode ser difícil para o cliente prever com precisão seus níveis de ansiedade às práticas de exposição. Alguns clientes subestimam o grau de ansiedade que sentem enquanto planejam as sessões, e constatam que estão sobrecarregados quando expostos aos gatilhos. Podem sentir um forte apelo a escapar da situação. Essas reações indicam que a intensidade da situação precisa ser reduzida de alguma forma. Para que a exposição seja eficaz, a ansiedade deve ser moderadamente intensa, mas não extrema ou sufocante. Os clientes devem esperar se sentir desconfortáveis. Se a ansiedade for inexistente ou muito baixa, o exercício não será útil. Para alguns medos, modular a intensidade do estímulo pode ser muito difícil. Esse problema tende a ser especialmente verdadeiro para os medos de ordem social, porque as respostas de outras pessoas não estão sob o controle do cliente. No início, planeje práticas que sejam tão controladas e previsíveis quanto possível, depois construa nessa prática a incerteza ou as reações negativas de parte de outras pessoas.

Embora a exposição a imagens mentais seja mais conveniente para os terapeutas e possa ser útil para alguns medos ou para os estágios iniciais de algumas hierarquias de exposição, a exposição que é apresentada na situação real ou em algo próximo de tal situação é mais realista e confiável para a maioria dos clientes. Incentive seus clientes a praticar com uma variedade de situações, ambientes ou pessoas, para promover a generalização. Além da prática da exposição que se dá na sessão, os clientes devem ser instruídos a praticar regularmente fora da sessão, como parte de sua tarefa de casa. É útil para os clientes repetir a prática interna da sessão por conta própria, usando a exposição a imagens mentais ou *in vivo*. Boa parte dos clientes sente-se mais à vontade quando praticam no consultório do terapeuta. Por isso, a prática feita em casa pode ampliar a confiança que eles têm em si mesmos. Sugira-lhes que pratiquem ou a mesma situação ou uma situação ligeiramente mais fácil por conta própria, para evitarem a ampliação da ansiedade. Faça com que os clientes registrem suas práticas e seu progresso, de modo que possam revê-los com regularidade. Os pensamentos positivos de enfrentamento ajudam combater pensamentos automáticos ansiosos.

Uma característica fundamental da terapia de exposição é a interpretação que o cliente faz de tal exposição. Idealmente, você poderá ter clientes que reconhecem que sabem aprender, por meio da exposição, que as situações que eles vinham evitando não são tão assustadoras, imprevisíveis ou fora de controle quanto imaginavam. Esperamos, também, que os clientes possam lidar com situações que já evitavam de antemão e, consequentemente, aumentar sua sensação de autoeficácia. Se você fizer com que os clientes articulem esses pensamentos na terapia e depois pratiquem tais pensamentos por conta própria à medida que se envolvem na exposição planejada, seu discurso próprio tenderá a ficar mais consistente, com uma abordagem em geral mais eficaz em relação a situações e estímulos difíceis.

Os terapeutas usam a terapia de exposição muito menos do que a literatura empírica sugere. Freiheit, Vye, Swan e Cady (2004) investigaram a abordagem de psicólogos em nível de doutorado que regularmente tratavam clientes com transtornos de ansiedade. Boa parte dos pesquisados (71%) identificou-se como tendo uma orientação cognitivo-comportamental. Para o tratamento do transtorno de pânico, 71% dos terapeutas cognitivo-comportamentais relataram o uso da reestruturação cognitiva e do relaxamento, ao passo que apenas 12% usaram a exposição interoceptiva. Para o transtorno de ansiedade social, 69% empregaram a reestruturação cognitiva e 59% usaram o treinamento do relaxamento, ao passo que apenas 31% apenas utilizaram a exposição *in vivo* autodirigida, e 7% e 1% fizeram uso a exposição dirigida pelo terapeuta e a exposição de grupo, respectivamente. Um total de 26% dos participantes da amostra relatou nunca ter usado a exposição e a prevenção de respostas para o transtorno obsessivo-compulsivo. Tais resultados sugerem que embora os terapeutas possam estar cientes da sustentação empírica e das recomendações de tratamento para os transtornos de ansiedade, optam por usar outras estratégias, diferentes da exposição. Hembree e Cahill (2007) revisaram os problemas com a disseminação de tratamentos de exposição, bem como outros obstáculos a seu uso.

Os terapeutas não empregam regularmente métodos de exposição por uma série de razões, entre elas a ansiedade do terapeuta, especialmente com clientes altamente ansiosos ou com transtorno de estresse pós-traumático. Essa ansiedade tipicamente inclui uma previsão negativa de que a exposição pode retraumatizar o cliente ou piorar os sintomas. Pode ser fácil para os terapeutas evitar esse tratamento, especialmente se o cliente estiver relutando em enfrentar seus medos. Esteja ciente de suas próprias cognições quando começar a fazer o tratamento de exposição, e contraponha-se às previsões negativas com uma atitude do tipo "esperar para ver". Você pode modelar uma boa abordagem, baseada em evidências, à exposição, juntamente com seu cliente, ao começar este trabalho. Tendo obtido algum sucesso com essa abordagem, você provavelmente terá maior confiança em usá-la e ficará menos reticente à medida que o tempo passar.

A exposição em geral toma mais tempo e criatividade do que os outros componentes do tratamento, porque os estímulos têm de ser coletados ou as situações devem ser recriadas. Os autores deste livro fizeram de tudo, desde coletar insetos de tamanhos diferentes a procurar filmes que contivessem cenas com grande quantidade de sangue ou vômito ou comprar réplicas de roedores! A exposição *in vivo* pode implicar qualquer coisa, desde fazer com que seu cliente observe você sendo picado por uma agulha ao doar sangue (algo feito por K. S. D.) – antes de o próprio cliente passar pela mesma experiência (fobia relativa a sangue, doença e injeções) – a subir e descer andares repetidamente em um elevador (fobia específica) e a girar em uma cadeira (exposição interoceptiva). As sessões de exposição podem levar os terapeutas para fora de seus consultórios e de suas próprias "zonas de conforto".

Problemas práticos podem surgir na terapia de exposição. A exposição guiada pelo terapeuta pode consumir bastante tempo e ser inconveniente, porque pode envolver atividades tais como ir até o aeroporto, usar meios públicos de transporte ou ir a um *shopping-center*. Se você trabalha na prática privada e cobra seu cliente pelo serviço prestado, os custos poderão ser altos para ele ou para quem custeie seu tratamento. Consequentemente, o uso de recursos adicionais pode ser muito útil e eficaz em termos de custo. Um parceiro de confiança ou um amigo do cliente podem fazer parte das práticas. Essa pessoa pode ser convidada a participar de uma sessão psicoeducacional e de planejamento com o cliente. Outros profissionais podem ser usados em algumas circunstâncias, embora seja fundamental que eles entendam os princípios da exposição eficaz. Usamos às vezes os serviços de outras equipes se o cliente for internado em um hospital ou for atendido por membros de algum grupo interdisciplinar. Os estudantes e outros estagiários podem facilmente participar do tratamento, e também adquirem uma excelente experiência de treinamento por meio da prática de exposição *in vivo*.

É importante ser claro com os clientes a respeito do propósito de toda sessão de exposição que ocorra fora do consultório, e discutir os limites terapêuticos adequados com eles. Alguns clientes confundem o propósito terapêutico de uma sessão de exposição (por exemplo, ir a um café) com um propósito de cunho social. Converse com seu cliente, antes de ir a tais locais, sobre os tópicos adequados para discussão em espaços públicos, de forma que ele não revele informações pessoais que os outros possam ouvir, ou faça perguntas sobre questões pessoais que você não queira compartilhar. Você pode dramatizar (*role play*) o que você e o cliente deveriam dizer se encontrassem alguém conhecido. Decida como vocês pagarão as pequenas despesas, tais como passagens de ônibus ou café.

Tenha cuidado em alguns aspectos da preparação para as sessões de exposição fora do consultório. Em geral, recomendamos que você e o cliente não se dirijam ao local de exposição no mesmo carro. Planejem encontrar-se no próprio local ou usem o transporte público, se isso for mais conveniente. Leve um telefone celular, para o caso de quaisquer situações inesperadas e deixe informações de contato com sua secretária no consultório. Todas essas recomendações são ainda mais importantes se você planejar visitar a casa de seu cliente. É bom ser cauteloso em relação a visitas desacompanhadas à casa do cliente, mesmo que o conheça muito bem. Certifique-se de que o cliente entenda que a visita não é uma visita social, mas uma sessão de tratamento que se realiza fora do consultório. Preveja possíveis problemas que venham a surgir, de modo a evitar situações desagradáveis.

Fatores de minimização que inibem a terapia de exposição de sucesso

Quando você apresenta o conceito de exposição, os clientes podem comentar que já tentaram a exposição por conta própria, e que ela não foi útil. Faça algumas perguntas sobre o que eles tentaram fazer, a fim de determinar por que não tiveram sucesso. Há muitas maneiras pelas quais os clientes inadvertidamente reduzem a eficácia da exposição, sem a consciência de que o que estão fazendo na verdade obstrui sua recuperação. Sem deixar de sustentar a iniciativa e o esforço deles, poderá ensiná-los sobre o modo como você conduz a exposição e sobre como ela difere dos esforços que fizeram anteriormente.

A maior parte dos terapeutas cognitivo-comportamentais está ciente da função de redução de ansiedade dos rituais mentais e/ou comportamentos compulsivos do transtorno obsessivo-compulsivo. A exposição e a prevenção de resposta são os tratamentos psicológicos mais comumente recomendados para esse transtorno. Os clientes são instruídos a evitar compulsões mentais ou comportamentais que sirvam para reduzir a ansiedade enquanto se expõem a pensamentos obsessivos. O conceito de prevenção de resposta não foi utilizado em outros problemas de ansiedade, ainda que a maior parte dos clientes ansiosos tenha hábitos mentais ou comportamentais que são funcionalmente similares a compulsões e servem para diminuir sua ansiedade e minimizar a efetividade da exposição. Por exemplo, se a exposição a situações sociais fosse tudo o que é necessário para tratar a ansiedade social, ela de fato não existiria, porque praticamente todas as pessoas têm amplas oportunidades de se exporem socialmente durante o tempo em que estão na escola.

Salkovskis, Clark e Gelder (1996) cunharam a experiência *paradoxo neurótico* para descrever o fato de que as pessoas com transtornos de ansiedade não necessariamente se beneficiam de experiências repetidas de que saiam incólumes. Muitos clientes desenvolveram várias ações, inações, processos atencionais ou estilos atributivos que inadvertidamente neutralizam os efeitos da exposição ou que até incorporam experiências internas à sessão em seus sistemas disfuncionais de crenças.

A neutralização e a manutenção da ansiedade, mesmo com a exposição, podem ocorrer de várias formas, incluindo a evitação sutil, os comportamentos de segurança e a atenção enfocada no *self* ou na ansiedade. Gelder (1997) categorizou esses comportamentos como evitação, escape e evitação sutil (geralmente no âmbito da própria situação). As pessoas podem realizar esses tipos de comportamento antes, durante ou depois de uma prática de exposição. Conceitualmente, esses comportamentos de "manutenção" têm a mesma função e são o equivalente comportamental dos *mecanismos de defesa* na teoria psicodinâmica, que são definidos como processos inconscientes usados para escapar da ansiedade. O propósito de qualquer fator de manutenção é o de temporariamente reduzir a ansiedade, em geral tornando, inadvertidamente, o tratamento menos eficaz. Contudo, da mesma forma que o simples "despir-se" das defesas levaria provavelmente a uma sobrecarga de ansiedade para o cliente, não é em geral realizável ou aconselhável eliminar as respostas de neutralização completamente e sem planejamento.

Dos vários fatores de manutenção, os comportamentos de segurança receberam a maior atenção da pesquisa (por exemplo, Wells et al., 1995). Os *comportamentos de segurança* são ou atividades mentais ou físicas realizadas para reduzir a ansiedade em uma situação que provoca a ansiedade. Por exemplo, um cliente socialmente ansioso pode usar óculos de sol para evitar o contato olho no olho com as pessoas. Uma pessoa que esteja com medo de um transtorno de pânico pode carregar consigo medicamentos ansiolíticos, mesmo que não tenha intenção de usá-los. Tais ações em geral têm consequências negativas, incluindo um enfoque maior na ansiedade, impedimento de nova aprendizagem e de envolvimento verdadeiro com a prática de exposição. Consequentemente, a *neutralização de ansiedade* ou os *fatores de manutenção* podem ser definidos amplamente como quaisquer fatores que minimizem os efeitos da exposição. Eles em geral são executados automática e habitualmente, e podem incluir fatores afetivos, cognitivos e comportamentais. Para um modelo conceitual de interação da exposição e dos fatores de manutenção de ansiedade, ver a Figura 6.2.

Os exemplos desses fatores de manutenção variam de cliente para cliente e de

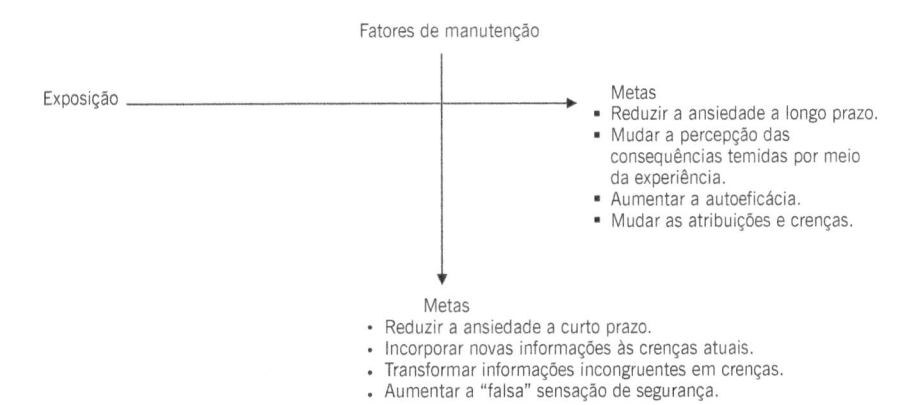

```
                    Fatores de manutenção
                            │
Exposição ─────────────────┼──────────────▶  Metas
                            │                 • Reduzir a ansiedade a longo prazo.
                            │                 • Mudar a percepção das
                            │                   consequências temidas por meio
                            │                   da experiência.
                            │                 • Aumentar a autoeficácia.
                            │                 • Mudar as atribuições e crenças.
                            ▼
                          Metas
              • Reduzir a ansiedade a curto prazo.
              • Incorporar novas informações às crenças atuais.
              • Transformar informações incongruentes em crenças.
              • Aumentar a "falsa" sensação de segurança.
```

Figura 6.2 Exposição e fatores de manutenção da ansiedade.

transtorno para transtorno, podendo incluir comportamentos antecipadores (por exemplo, beber álcool antes de participar de alguma atividade social, tomar Ativan antes de uma sessão de exposição), comportamentos ou ações de segurança no âmbito da sessão ou depois dela (por exemplo, verificar que não cometeu um erro ou lavar as mãos depois de uma exposição). Pelo fato de essas ações, em geral, serem bastante automáticas e o cliente pensar nelas como ações úteis e não danosas, pode ser difícil identificá-las ou reduzi-las. Contudo, elas são provavelmente cruciais para a mudança; a probabilidade de melhora é reduzida se não forem identificadas, reduzidas e, finalmente, eliminadas.

Exemplos de estratégias sutis de evitação que não devem ser usadas durante a exposição:

- Uso de álcool ou drogas para reduzir a excitação afetiva (prescrita ou não prescrita).
- Distração.
- Evitação interna (por exemplo, divagações, "desligamento").
- Sentar perto das saídas, saber a localização de todas as saídas ou banheiros.
- Evitar o contato olho no olho durante as conversas.
- Usar roupas comuns, evitando chamar a atenção para si.
- Ir apenas a lugares "seguros" ou em momentos "seguros" do dia.
- Dizer a si mesmo que a descontaminação poderá ser feita depois da sessão de exposição.
- Certificar-se de que não há problema na exposição, porque o terapeuta disse e porque ele não colocaria o cliente em uma situação "perigosa".
- Dizer a si mesmo que os materiais de exposição do terapeuta são "mais seguros" ou "mais limpos do que a média", minimizando o risco.

É importante que os clientes entendam os efeitos desses padrões sutis, de modo que possam identificá-los por conta própria. Em geral, é bom reduzir esses comportamentos sistematicamente e de maneira gradual, construindo a redução na própria exposição. Muitos clientes ficam sobrecarregados com a redução imediata de todos os padrões de evitação.

Alishia estava trabalhando com Carl para dar conta da depressão dele, e também de sua ansiedade social, há algumas semanas. Carl estava começando a ser mais ativo, mas havia colocado uma série de restrições a seu comportamento, devido à percepção de risco, ao perigo e ao potencial constrangimento. Alishia conseguiu ajudar Carl a identificar alguns de seus pensamentos sobre as situações sociais e o papel dos comportamentos de segurança na manutenção dessa ansiedade. Juntos, eles concordaram que eliminar os comportamentos de segurança seria uma maneira de testar tais previsões. Ambos criaram uma lista desses comportamentos, que incluía fazer compras em determinados dias, evitar *shopping-centers* lotados, usar roupas soltas e escuras, ficar em silêncio no trabalho e em situações de grupo, não pedir que os erros fossem corrigidos, fingir não estar em casa se o telefone tocasse ou se alguém tocasse a campainha e evitar usar banheiros públicos. Ao longo do tempo, e em um ritmo que Carl estivesse disposto a aceitar, eles começaram a testar as ideias de Carl e a eliminar os comportamentos de segurança. Alishia e Carl perceberam que estavam progredindo quando Carl foi visitar sua família, que reside em outra cidade, e não usou roupas soltas ou escuras, mas novas e bem-ajustadas durante o final de semana inteiro, discordando abertamente de sua mãe acerca de uma questão política.

A opção por usar estratégias deliberadamente evitativas com seus clientes no curto prazo pode ser chamada de confiança que se deposita nas "muletas", que são descritas como métodos a serem usados apenas se absolutamente necessários para ajudar os clientes a sentirem-se mais no controle da situação no curto prazo. "Dar um tempo" é um exemplo de tal muleta. Chamar um confidente quando o cliente se sente sobrecarregado é outra muleta. Por exemplo, um cliente com agorafobia pode ir a um *shopping-center* e experimentar sintomas de pânico que não diminuem. Em vez de abandonar a situação completamente, o cliente poderia "dar um tempo" e sentar-se em algum banco do *shopping-center*. Ou poderia chamar seu confidente para falar sobre a situação. Quando a ansiedade reduzir-se, o cliente pode então reingressar na situação ou pelo menos reavaliar o comprometimento com essa tarefa de exposição quando não estiver em um estado de ansiedade. É melhor usar uma "muleta" do que abandonar a situação. Da mesma forma que as muletas propriamente ditas são usadas apenas temporariamente quando se está com uma perna quebrada, as muletas psicológicas são usadas enquanto o cliente está construindo sua determinação e confiança. O uso permanente de muletas obviamente não é recomendado. Para maiores sugestões sobre a redução da evitação e sobre ajuda aos clientes no que diz respeito à manutenção de ganhos da terapia de exposição, ver o Quadro 6.4.

♦ ATIVAÇÃO COMPORTAMENTAL

Ativação comportamental de "terceira onda"

A ativação comportamental de "terceira onda" (Martell et al., 2001) adota uma abordagem contextual para a depressão e sugere que a evitação colabora para manter o humor deprimido. Essa explanação é similar à abordagem de Lewinsohn (1980), discutida anteriormente, e há uma sobreposição entre essas duas abordagens. A abordagem da terceira onda, contudo, diz primeiramente respeito à função do processo de comportamento depressivo, mais do que à sua forma ou conteúdo. Martell e colaboradores claramente dizem que um aumento nas atividades prazerosas não é uma meta dessa abordagem. Da mesma forma que a evitação mantém a ansiedade, os padrões de enfrentamento evitativo mantêm o humor deprimido e alguns dos outros sintomas e consequências da depressão. A ativação comportamental de "terceira onda" tem o enfrentamento evitativo como problema principal da depressão. Martell e colaboradores trabalham para entender as contingências que mantêm a depressão e depois compartilham essa análise com o cliente. A ativação comportamental de terceira onda trabalha com o "de fora para dentro" em vez de trabalhar "com o de dentro para fora". É completamente contextual, e o cliente é estimulado a tornar-se mais deliberadamente ativo, independentemente do modo como esteja se sentindo. Da mesma maneira que a função dos comportamentos

Quadro 6.4 Métodos para minimizar a evitação e manter os ganhos da terapia cognitiva

1. Identificação dos maiores fatores de manutenção por meio da análise funcional.
2. Vigilância do terapeuta e observação próxima. Os fatores de manutenção podem ser sutis e automáticos para seu cliente.
3. Educação do cliente e assistência na identificação. Ajude seu cliente a tornar-se ciente da evitação e entender sua função.
4. A assistência do parceiro e da família na identificação. Ajude as pessoas queridas de seu cliente a desenvolverem a consciência e a compreensão sobre como eles podem ajudar a minimizar a evitação (com o consentimento e a colaboração do cliente).
5. Diferencie *enfrentamento* da ansiedade de *evitação* da ansiedade.
6. Identifique *ausências* e *muletas*. As *ausências* levavam à evitação aumentada e são danosas a longo prazo, ao passo que as *muletas* gradualmente ajudam o cliente a diminuir a evitação, com alguma ajuda ao longo do caminho. Uma maneira de diferenciar ausências de muletas é que as ausências ajudam o cliente a evitar a situação e as muletas ajudam-no a colocá-lo na situação.
7. Gradual e sistematicamente, reduza os fatores de manutenção em colaboração com o cliente, à medida que ele for capaz de tolerar essa redução.
8. Gradualmente, ajude o cliente a aprender a tolerar a ansiedade. A tolerância da ansiedade é, com frequência, parte da exposição.
9. Use a relação terapêutica. Aumente tanto a confiança em você quanto na própria abordagem.
10. Certifique-se de que o cliente atribua o sucesso aos esforços que ele mesmo faz e não aos fatores externos ou aos esforços do terapeuta ou à presença do terapeuta.
11. Avalie e modifique as crenças do cliente sobre a eficácia e sua capacidade de enfrentamento.
12. Avalie e modifique as crenças do cliente sobre perigos específicos. Reestruture essas crenças por meio de técnicas comuns, tais como a coleta sistemática de dados em relação aos resultados temidos.
13. Repita a exposição e faça com que o cliente pratique mais do que você julga necessário.
14. Estimule a tomada de perspectivas e use o humor, quando possível e apropriado.
15. Use a prevenção de recaída próximo ao fim da terapia. Por exemplo, estabeleça metas futuras, preveja problemas, preveja e supere estratégias de evitação, e ajuste o seguimento ou sessões extras em intervalos cada vez mais longos.

é abordada, a função dos pensamentos, mais do que o seu conteúdo, é também abordada (ver Capítulo 7 deste livro).

Considere a ativação comportamental para:

♦ Clientes que tenham problemas de humor depressivo.
♦ Clientes que tenham padrões evitativos de comportamento.
♦ Clientes que procrastinam, ou parecem não abordar, os problemas presentes em suas vidas.

Em nossa opinião, essa abordagem simples, mas elegante, pode ser aplicada à evitação em geral. O primeiro passo da ativação comportamental é realizar uma análise funcional para determinar os padrões de evitação do cliente. Algumas das estratégias usadas nessa abordagem já foram cobertas. Elas incluem o uso que o cliente faz de um quadro detalhado de atividades, e a realização de índices de domínio da situação e de prazer, o estímulo de níveis de atividade cada vez maiores, e a minimização da evitação. As intervenções específicas que são particularmente úteis são a identificação e a análise do modelo TRAP* iniciais de *trigger* [gatilho ou ativador], *response* [resposta], *avoidance pattern* [padrão de evitação]) e do modelo TRAC (iniciais de *trigger* [gatilho ou ativador], *response* [resposta], *alternative co-*

---

* N. de T.: A palavra inglesa *trap* corresponde a "armadilha".

ping [enfrentamento ou *coping* alternativo]), criados por Martell e colaboradores (2001) (ver Figura 6.3). Essa estratégia implica a identificação dos gatilhos para a evitação e delineamento de suas consequências, antes de nomear e praticar alternativas comportamentais à evitação.

♦ Um comentário final relativo ao contexto social

Muitos de nossos clientes vivem sob circunstâncias difíceis e passaram por acontecimentos infelizes, às vezes trágicos. É importante ser realista quanto às intervenções e lembrar que nenhuma quantidade de ativação comportamental individual, exposição, ou treinamento de habilidades poderá mudar sua história. Nossa esperança é que esses clientes fiquem mais bem-equipados para mudar suas circunstâncias presentes e futuras. Se eles forem capazes de minimizar sua evitação, reduzir sintomas e comportamentos problemáticos, bem como aumentar seu nível de habilidades em áreas diferentes, serão também mais capazes de melhorar suas vidas e exercer uma influência positiva sobre as pessoas que os cercam.

Amostra de um modelo TRAP

Gatilho → Resposta → Padrão de evitação

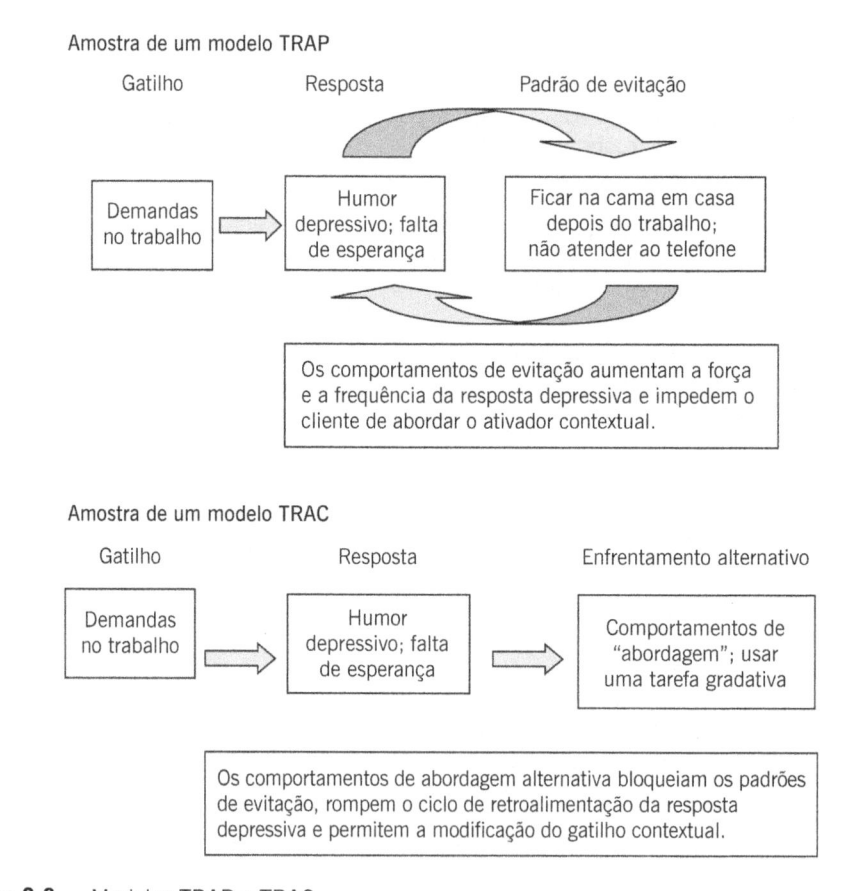

Demandas no trabalho → Humor depressivo; falta de esperança → Ficar na cama em casa depois do trabalho; não atender ao telefone

Os comportamentos de evitação aumentam a força e a frequência da resposta depressiva e impedem o cliente de abordar o ativador contextual.

Amostra de um modelo TRAC

Gatilho → Resposta → Enfrentamento alternativo

Demandas no trabalho → Humor depressivo; falta de esperança → Comportamentos de "abordagem"; usar uma tarefa gradativa

Os comportamentos de abordagem alternativa bloqueiam os padrões de evitação, rompem o ciclo de retroalimentação da resposta depressiva e permitem a modificação do gatilho contextual.

Figura 6.3 Modelos TRAP e TRAC.

O CASO DE ANNA C. (CONTINUAÇÃO)

Seguindo a orientação e a psicoeducação para Anna C., o terapeuta passou várias sessões revisando as atividades diárias da cliente e determinando a relação entre seu comportamento, pensamentos e humor. Por causa do modelo geral que havia sido discutido previamente, o terapeuta aproveitou várias oportunidades para apontar as conexões entre não apenas evitação e humor negativo, mas também entre a abordagem e o humor positivo, e autoeficácia aumentada. Anna observou que estava começando a querer vir para as sessões. Pediu-se a ela que monitorasse suas atividades e apresentasse índices de domínio da situação e de prazer, usando o formulário da Figura 6.1. Sua tendência de participar de atividades pelo bem de outras pessoas foi percebida, assim como sua dificuldade de dizer "não". Ela espontaneamente relatou alguns de seus pensamentos automáticos na sessão, tais como: "Luka ficaria bravo comigo se eu não estivesse em casa quando ele chegasse" ou "Minha mãe poderia se sentir abandonada se eu não a levasse para o tratamento". O terapeuta enfatizou como essas predições poderiam levar Anna a negligenciar suas próprias necessidades e afetar seus comportamentos, mas não deu início à reestruturação formal cognitiva.

Depois do agendamento de atividades, Anna foi estimulada a considerar suas próprias necessidades de autocuidado. A terapeuta discutiu a comunicação assertiva, enfatizando a relação entre as crenças assertivas e o comportamento. Os passos para a resolução de problemas foram usados para um *brainstorming* de estratégias possíveis, que foram então praticadas no âmbito da sessão, como dramatização. O terapeuta participou da dramatização, primeiramente como Anna, demonstrando habilidades de enfrentamento, depois como o parceiro de Anna. Várias versões diferentes de habilidades assertivas foram praticadas, e o terapeuta observou que não há uma maneira única ou "correta" de comunicar-se com os outros. A leitura dos materiais sobre as habilidades de comunicação assertivas (Paterson, 2000) foi apresentada como tarefa de casa, e Anna foi incentivada a praticar três tipos diferentes de habilidades específicas durante a semana.

Em momento posterior da terapia, Anna começou a ficar ciente de como sua preocupação interferia em sua capacidade de resolver problemas. Ela havia tido a impressão de que preocupar-se era um atributo positivo, um indicativo de que se importava com os outros e de que era uma mãe responsável. Uma hierarquia de preocupações foi criada e começou-se a exposição à preocupação. Inicialmente, pediu-se a Ana que desenvolvesse por escrito um *script* para um exercício a ser feito como tarefa de casa, relativo a seus medos dos ataques de asma de seu filho. Ela leu o *script* em voz alta quatro vezes durante a sessão seguinte, e o terapeuta gravou sua leitura. Anna ouviu a gravação diariamente durante a semana seguinte e relatou sentir níveis muitos mais baixos de ansiedade relativos a essa preocupação específica. Anna espontaneamente percebeu que também havia sido mais ativa ao lidar com a asma do filho. Marcou um horário com um médico pneumologista e contatou o setor de asma e alergia do serviço de saúde local. Anteriormente, ela havia evitado ambos os contatos, por ter medo do que encontraria pela frente.

7

INTERVENÇÕES DE REESTRUTURAÇÃO COGNITIVA

Os clientes podem chegar ao tratamento sabendo que seu pensamento é negativo ou pessimista. Esses pensamentos podem ser tão "poderosos" que os clientes se sentem sobrecarregados e incapazes de responder a eles. Com frequência, tais pensamentos são "verdadeiros" para os clientes, de modo que parece não haver qualquer maneira de ir contra eles. Neste capítulo, discutimos algumas das estratégias comuns para reconhecer e responder a essas cognições problemáticas. Primeiramente, descrevemos alguns dos modos pelos quais você pode ajudar seus clientes a reconhecer o pensamento negativo e alguns métodos para coletar essas informações. Oferecemos um modelo para a diferenciação entre os tipos de pensamento, e sugerimos algumas estratégias eficazes para trabalhar com tais pensamentos, o que em geral chamamos de *reestruturação cognitiva*. Finalizamos o capítulo com alguns dos obstáculos que você poderá enfrentar ao realizar esse trabalho para ajudá-lo a resolver suas possíveis dificuldades.

Antes de descrever como identificar pensamentos negativos e trabalhar com eles, queremos enfatizar a ideia geral que apresentamos no Capítulo 6 deste livro: a de que a meta maior da terapia cognitivo-comportamental é ajudar os clientes a resolver seus problemas. Em alguns casos, as intervenções comportamentais por si só levam a uma redução significativa dos problemas. Às vezes, o tratamento pode ser completo, seguindo-se apenas as intervenções comportamentais. A mudança cognitiva pode ocorrer sem intervenções cognitivas específicas. Adote uma atitude prática, especialmente se o seu ambiente enfocar intervenções de curto prazo. Por exemplo, oferecer novas informações pode mudar significativamente o modo como os clientes conceituam seus próprios problemas. Às vezes, o fato de que uma conceituação possa ser oferecida estimula uma orientação mais ativa para a resolução de problemas. Também sabemos que as técnicas de mudança de comportamento não mudam só o comportamento. Os clientes são observadores ativos de seu próprio comportamento, e chegam a conclusões a partir daquilo que se veem fazer. Um cliente do sexo masculino que temia situações sociais e que agora percebe que está conseguindo aproximar-se das pessoas não tem como negar que seu pensamento sobre tais situações mudou. O cliente que antes se sentia deprimido e sem esperanças e que agora está novamente engajado em sua vida e tenta resolver seus problemas não pode negar que mudou sua atitude em relação ao futuro. Na maior parte dos casos, você precisa rastrear essas mudanças cognitivas e ajudar os clientes a perceber que elas ocorrem como uma espécie de suporte às estratégias de mudança comportamental a que eles deram início. Por isso, a consciência das mudanças cognitivas pode ajudar a manter e a ampliar a mudança comportamental.

Na maioria dos casos, contudo, reconhecemos que os clientes têm pensamentos negativos que não só refletem, mas também perpetuam seus problemas. Nesses casos, acreditamos que você os ajude por meio da exposição das relações entre pensamentos, comportamentos e emoções. Esses clientes beneficiam-se do que ensinamos sobre tais relações e das estratégias que diretamente modificam essas cognições. Essas estratégias serão enfocadas neste capítulo.

Considere a reestruturação cognitiva para:

- A maior parte dos clientes.
- Os clientes com sofrimento emocional significativo ou com comportamento disfuncional.
- Os clientes com evidências de distorções cognitivas.
- Os clientes que demonstram resistir a métodos mais diretos de mudança comportamental.

♦ IDENTIFICAÇÃO DE PENSAMENTOS NEGATIVOS

Antes de que você possa ajudar os clientes a mudar seus pensamentos disfuncionais, precisa ajudá-los a ficarem cientes de seus próprios pensamentos e a lhe relatarem essa experiência. Em nível geral, você os está estimulando a darem um passo para trás em relação à experiência imediata, para que, ao contrário, tenham uma relação de introspecção e reflexão acerca de suas próprias experiências. Esse ato de metacognição (Wells, 2002) é em si uma habilidade que precisa de treinamento e prática. Alguns clientes são bastante voltados à psicologia e entendem essas ideias de maneira muito rápida, ao passo que outros enfrentam dificuldades com algumas dessas noções e exercícios. De fato, alguns chegam à terapia prontos e aptos a engajarem-se nessas intervenções, ao passo que outros precisam praticar, mesmo para tornarem-se adeptos moderados. É bom que você antecipe as diferenças individuais e esteja pronto para responder à capacidade e aos níveis de habilidade de seus clientes. A linguagem que você usa para ensinar seus clientes pode ser modificada, a fim de garantir que eles entendam o que você diz ou não reajam negativamente. Alguns deles podem fazer objeção a termos como *disfuncional* ou *pensamentos distorcidos*. O ônus de encontrar termos substitutos que tenham o mesmo significado e que sejam agradáveis ao cliente é do terapeuta. Por exemplo, podemos usar "pensamentos que fazem com que nos sintamos mal" ou "pensamentos que levam a emoções negativas".

Uma boa maneira de avaliar a capacidade que seus clientes têm de se engajarem na metacognição é esperar que surja uma situação, no início da terapia, na qual você possa perceber que os pensamentos dos clientes estejam afetando o modo como eles se sentem e reagem. Você pode usar o exemplo e descrever uma versão básica do modelo cognitivo-comportamental de mediação, identificando a cadeia situação-pensamento-resposta. Pode perguntar ao cliente se ele entende como o pensamento levou à resposta emocional ou comportamental. Se a resposta for positiva, poderá pedir a ele que descreva a sequência em seus próprios termos, de modo que você possa avaliar sua compreensão. Pode também pedir ao cliente que descreva uma situação comparável que demonstre o mesmo princípio. Se a resposta for negativa, você pode explicar tudo novamente com outras palavras, usar outra situação que tenha surgido na terapia ou, ainda, usar outra situação hipotética para ensinar a habilidade da metacognição.

Uma vez estabelecido com o cliente que há uma relação entre os seus pensamentos em diferentes situações e as respostas a essas situações, você pode incentivá-lo a começar a prestar atenção a padrões similares de resposta. Pode fazer-lhe um pedido informal no início do tratamento para que ele se torne mais consciente de seus próprios padrões de pensamento. Quando o fizer, certifique-se de dar seguimento ao processo na sessão seguinte. Peça uma descrição do processo situação-pensamento-resposta, e certifique-se de que o cliente entenda esse padrão. Se possível, delineie esse processo conforme o Quadro 7.1. Escrever o processo ajuda o cliente a ver a sua resposta como mais abstrata do que quando ele está em meio à situação. Esse exercício em geral leva a um "distanciamento" útil das reações. Também permite que você converse com ele sobre o processo que determina sua capacidade de pensar sobre tais questões e usar os termos apropriados.

Entre os problemas que podem surgir na identificação dos pensamentos estão os seguintes.

O cliente que enfrenta problemas na identificação de acontecimentos ou gatilhos

Uma razão pelas quais os clientes enfrentam problemas na identificação de gatilhos é que a situação não está clara em suas mentes quando eles a estão discutindo ou relatando. Quando você coleta a descrição que ele faz da situação, certifique-se de que ela esteja clara e detalhada o suficiente, de modo que você possa se imaginar em tal situação. Lembre-se de que "situações" podem envolver interações interpessoais, acontecimentos solitários ou mesmo imaginários. Elas podem incluir memórias, imagens parciais dos acontecimentos ou quadros mentais aos quais o cliente esteja respondendo. Os acontecimentos podem também ter componentes multissensoriais e incluir sons, cheiros ou elementos táteis. Ficam geralmente restritos a um determinado momento do dia e, por isso, perguntar sobre os aspectos contextuais da situação pode ajudar a ativar a memória dos clientes. Embora seja improvável que você precise dar conta de todos esses aspectos das situações em todos os casos, tenha cuidado com esses possíveis elementos variáveis quando for coletar a descrição da situação.

Em alguns casos, pode ser útil pedir ao cliente que feche os olhos e imagine mentalmente a situação com você. Peça ao cliente para descrevê-la em voz alta e detalhadamente. O cliente pode visualizar o espaço que ele ocupou e identificar lugares, sons ou outras sensações, em uma tentativa de ampliar a visualização e a memória dos pensamentos no momento. Se a situação envolveu um processo interpessoal, uma estratégia é fazer com que o cliente descreva o comportamento da outra pessoa. Você pode então interpretar (*role play*) essa pessoa para ajudar o cliente a mergulhar novamente na situação e lembrar-se de pensamentos e reações.

Uma questão que surge com bastante frequência é que a situação não é apenas um momento simples e estático, mas que de fato se desenvolve ao longo do tempo. Por exemplo, uma disputa interpessoal pode iniciar com um insulto bastante pequeno ou algo que tenha magoado minimamente, mas pode aumentar rapidamente, provocando insultos mútuos. Uma ação final pode ir da agressão ao abandono da situação, pelo cliente, devido à raiva. É provável que os pensamentos e as emoções dos clientes evoluam ao longo dessa transação, o que também muda com o tempo. Em tais casos, é, às vezes, útil dividir o conjunto de acontecimentos em momentos distintos e classificar as mudanças de acordo com os pensamentos associados a reações variadas. Embora esse exercício possa ser minucioso e tedioso, em geral permite ao cliente uma melhor compreensão.

Em alguns casos, o cliente que enfrenta problemas em nomear seus sentimentos

QUADRO 7.1 Uma amostra do padrão situação-pensamento-resposta

Situação	Pensamento	Resposta
Em uma festa, tentar falar com uma pessoa interessante e demonstrar a ela que também sou interessante.	"Ela pensa que eu sou chato." "Não sei o que dizer." "Ela acha que estou inventando coisas."	Sentir-se ansioso. Sentir-se preocupado. Sentir-se frustrado.

pode demonstrar uma mudança de humor durante a sessão de terapia. Tais ocorrências representam oportunidades maravilhosas para ajudar o cliente a enfocar experiências internas e para melhorar a autoexpressividade emocional. O terapeuta cognitivo-comportamental habilidoso presta atenção a tais mudanças de humor e, quando apropriado, em geral dá ao cliente a oportunidade de reagir (por exemplo, chorar), e depois apresenta uma frase ou declaração de apoio, seguida de uma avaliação cognitiva. Essa avaliação inclui um relato sobre as respostas emocionais do cliente, os pensamentos que precipitaram as respostas e, depois, a frase, imagem ou outro gatilho que, na sessão, deu início à resposta. O uso das mudanças de humor que ocorrem na própria sessão pode propiciar maneiras eficazes de examinar a cadeia situação-pensamento-resposta e também uma oportunidade de demonstrar sua sensibilidade às respostas emocionais do cliente. Os terapeutas cognitivo-comportamentais devem estar prontos para discutir as emoções no momento presente, e sentirem-se à vontade com um cliente que expresse emoções fortes no consultório. Dito isso, não incentivamos que se dê muita ênfase a experiências emocionais no âmbito da sessão, porque a ênfase deste tratamento é resolver problemas no mundo real do cliente. Por exemplo, imagine saber que seu cliente está ansioso quanto a vir para a sessão porque está com medo de que você fique zangado ou desapontado por ele não ter feito a tarefa de casa. É, obviamente, importante que você entenda essa reação emocional – e abordá-la na própria sessão de terapia pode ser útil. Contudo, nós o incentivaríamos a determinar com bastante rapidez se esse tipo de reação também ocorre nas outras relações do cliente, em vez de enfocar somente a relação cliente-terapeuta.

O cliente que tem dificuldade em identificar as emoções

Em termos gerais, a maior parte das pessoas sabe identificar e nomear as suas emoções, mas há uma variabilidade considerável em tais habilidades. Os clientes que venham de uma realidade em que havia pouco espaço para emoções, que talvez tenham sido desestimulados a falar sobre seus sentimentos, ou que simplesmente não se inclinam muito a assuntos de natureza psicológica, podem enfrentar dificuldades nesse processo. Se esse for o caso, você pode ajudá-los a usar termos diferentes para descrever esses processos. Tais termos incluem *sentimentos, reações intempestivas, reações, coração, experiências* ou *emoções*. Alguns clientes prestam mais atenção às reações psicológicas internas. Por isso, ajudá-los a aprender termos emocionais que possam relacionar a essas respostas pode ajudá-los a rotular esses sentimentos de maneira mais precisa. Em casos mais extremos, você pode de fato precisar passar algum tempo apresentando e definindo termos relacionados às emoções, de modo que os clientes possam usar esses termos em situações futuras.

Em alguns casos, o cliente precisa de ajuda para melhorar a variedade e a qualidade de seu vocabulário emocional. O cliente que, por exemplo, diz estar *incomodado* ou *mal*, para comunicar uma reação emocional, está, com certeza, dizendo-lhe que passou por algo negativo, mas não está sendo claro sobre qual foi essa experiência negativa. Tal cliente deveria não ser estimulado a usar termos vagos, substituindo-os por palavras mais descritivas e específicas. Para obter muitos exemplos de palavras para rotular as emoções, acesse www.psychpage.com/learning/library/assess/feelings.html. Em geral, ajuda fazer com que os clientes não só deem nome ao tipo de reação emocional que estejam sentindo, mas também que descrevam sua intensidade. Os índices de intensidade podem implicar uma variedade de termos, tais como *nem um pouco, um pouco, razoavelmente, fortemente, bastante, muito* e *extremamente*. Os índices percentuais da Subjective Units Scale ou da Distress Scale podem ser usados para descrever a intensidade de qualquer emoção.

Como exemplo, imagine as diferentes maneiras pelas quais uma experiência de

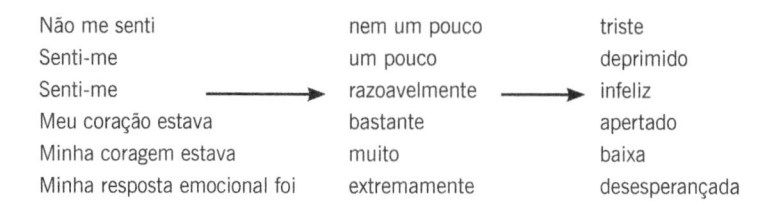

Não me senti	nem um pouco	triste
Senti-me	um pouco	deprimido
Senti-me ⟶	razoavelmente ⟶	infeliz
Meu coração estava	bastante	apertado
Minha coragem estava	muito	baixa
Minha resposta emocional foi	extremamente	desesperançada

tristeza poderia ser expressa. Se você puder ajudar seu cliente a ser mais preciso e acurado no modo como descreve a sua experiência, será possível apreciar melhor o quanto a situação é um problema para o cliente e como intervir da melhor forma.

O cliente que está confuso sobre a natureza dos sentimentos

Alguns clientes usam termos que nós associamos com as emoções ou com os impulsos de ação para descrever seus pensamentos. Um cliente pode dizer, por exemplo, "Eu pensei no quanto estava desapontado com meu filho" ou "Tive pensamentos tristes" ou "Senti que deveria ir embora". Em tais casos, você precisa de algum tempo para ajudá-lo a fazer a diferença mais precisamente entre sentimentos, pensamentos e comportamentos. As definições desses termos ajudam, mas também é útil usar as próprias experiências do cliente para ajudá-lo a entender essas respostas diferenciadas.

O cliente que enfrenta dificuldade para identificar pensamentos

Muito embora você tenha ajudado o cliente a esclarecer a natureza do acontecimento, da situação, do gatilho ou do estímulo, e tenha passado algum tempo discutindo sobre como fazer a diferença entre pensamentos, sentimentos e comportamentos, ele pode ainda enfrentar dificuldades para identificar seus pensamentos. Em tais casos, você pode usar uma série de questões para ajudar o cliente a prestar atenção a seus processos de pensamentos e a identificar ideias (ver Quadro 7.2).

O cliente que coloca pensamentos como se fossem questões

Alguns clientes reconhecem que fazem perguntas a si mesmos como resposta a situações problemáticas: "Serei aceito?", "E se eu errar?", "Por que isso sempre acontece comigo?" ou "Como posso sair desta situação?". Essas questões em geral indicam os seus altos níveis de ansiedade, mas desfiguram o verdadeiro pensamento negativo em si. A maior parte dos clientes não apenas faz perguntas a si mesmos; eles também respondem tipicamente a questões de forma negativa. Por exemplo, o cliente que pergunta "Serei aceito?" provavelmente preveja que não será aceito. Aquele que se preocupa com as consequências do fracasso provavelmente acredita que esse resultado ocorrerá. O cliente que se preocupa sobre como sair de uma situação pode estar com medo de que não conseguirá escapar. Quando você ouve um cliente levantar esses tipos de questão durante uma sessão, peça a ele para responder às questões com a melhor tentativa possível de resposta. Se ele de fato souber como responder às questões, essas informações podem ser o foco da intervenção (ver abaixo). A incapacidade de responder às questões pode também ser instrutiva, e você e o cliente podem então trabalhar juntos para coletar informações.

> TERAPEUTA: Você acha que poderia agir para resolver este problema nesta semana?
> CLIENTE: Não sei se consigo. E se eu não conseguir? Vou estar bastante ocupado nesta semana.
> TERAPEUTA: O que você quer dizer com a pergunta "E se eu não conseguir?"?
> CLIENTE: Suponho que estou pensando que não vou conseguir. Isso me as-

Quadro 7.2 Questões que ajudam a provocar pensamentos de parte dos clientes

1. O que você estava pensando em tal situação?
2. Em que você poderia estar pensando naquela ocasião?
3. Essa situação faz com que você se lembre de outras situações similares, nas quais você sabia o que estava pensando?
4. É possível que você estivesse pensando em _____ (preencher com um pensamento provável)?
5. É possível que você estivesse pensando em _____ (preencher com um pensamento improvável, para contrastar com o item anterior)?
6. Você tinha em mente alguma imagem em especial?
7. Você tem alguma lembrança que se relaciona a essa situação?
8. O que essa situação quer dizer para você?
9. O que outra pessoa pensaria desse tipo de situação?
10. Se eu estivesse lá, o que eu teria pensado?
11. O que você pensaria se esta fosse a situação (ofereça uma variação hipotética da situação, para ver se os pensamentos dos clientes são similares ou diferentes)?

Nota: Adaptado de J. S. Beck (1995). © 1993 de Judith S. Beck. Adaptado com a autorização de Judith S. Beck e da Guilford Press.

---

susta bastante. Posso fracassar e voltar ao ponto inicial ou, pior, terei tentado e falhado. Pelo menos agora percebo que eu poderia ter a opção de tentar resolver futuramente.

TERAPEUTA: Parece que você está ansioso quanto a fazer uma tentativa. Fico me perguntando se uma de suas previsões é a de que seus esforços levarão ao fracasso.

O cliente que confunde pensamentos com crenças, esquemas e hipóteses

Em alguns casos, os clientes podem apresentar não só pensamentos ou avaliações das situações ou acontecimentos, mas também suas interferências sobre esses pensamentos. Por exemplo, um cliente deprimido que não consiga realizar a tarefa de casa poderá reagir dizendo: "Não consegui fazer minha tarefa da casa, porque não consigo começar, o que mais uma vez prova o quanto sou um fracassado." A primeira reação dessa frase reflete um pensamento específico de uma determinada situação relacionada à inação (embora o pensamento ainda precise ser esclarecido), mas a segunda parte é o resultado de uma inferência, ou conclusão, retirada da incapacidade de começar. No início da terapia, é útil observar a inferência que o cliente fez mais do que comentá-la. É mais útil simplesmente enfocar a primeira parte da resposta, que é o "pensamento automático" (A. T. Beck et al., 1979) no momento particular conectado à incapacidade de começar a tarefa de casa que havia sido estabelecida.

Muito embora estimulemos o terapeuta nessa situação a enfocar o pensamento específico da situação, especialmente nas primeiras sessões da terapia, podemos observar que o pensamento reflete uma preocupação mais profunda, relacionada a uma crença nuclear ou esquema. No exemplo anterior, a crença nuclear está relacionada a um tema de fracasso ou incompetência. Dada a forte reação negativa que o cliente teve ao fato de ser incapaz de começar a tarefa de casa, o terapeuta, neste caso, pode continuar a elaborar tarefas de casa sobre o tema da realização de tarefas e do sucesso, para ver se (1) o sucesso que é percebido se relaciona à melhora do humor e (2) se o fracasso ou incompetência percebidos estão relacionados a um aumento no humor deprimido e/ou a sentimentos de desesperança. Ambas as previsões estariam de acordo com a formulação cognitiva do caso, e ambas as reações podem ajudar a confirmar o desenvolvimento da conceituação do caso.

O cliente que responde a seus pensamentos negativos

Muito embora o enfoque de seu trabalho inicialmente seja a avaliação dos pensamentos automáticos, muitos clientes podem perceber de maneira precisa que o próximo passo será a intervenção. Alguns clientes estão familiarizados com as intervenções cognitivo-comportamentais antes de virem para o tratamento. Muitos formulários de Registro de Pensamento têm colunas nas quais os clientes escrevem suas respostas a pensamentos automáticos negativos. Dadas essas indicações, não é surpreendente que alguns clientes possam começar a responder a seus pensamentos negativos antes de que você trabalhe com eles. Embora essas respostas sejam positivas em alguns aspectos, porque demonstram a vontade que o cliente tem de envolver-se no trabalho, e permitam que você avalie a capacidade espontânea do cliente de fazê-lo, não as incentivamos, por várias razões. Primeiramente, os clientes provavelmente se envolvam com estratégias não exitosas, conforme se reflete em seus problemas atuais e em sua presença na terapia. Essa falta de sucesso provavelmente leve à decepção com a terapia e pode até precipitar a perda de confiança no tratamento e o seu término. Além disso, essas respostas interrompem o fluxo de reações negativas à situação, interferindo assim em sua capacidade de entender completamente os pensamentos de seu cliente e outras respostas a situações adversas.

♦ MÉTODOS PARA COLETAR PENSAMENTOS NEGATIVOS

Muitos terapeutas cognitivo-comportamentais usam o Dysfunctional Thoughts Record (DTR; A. T. Beck et al., 1979; J. S. Beck, 1995). De fato, o DTR quase se tornou a característica definidora da avaliação cognitiva, e várias versões do DTR foram criadas ao longo do tempo. Esse método é, sem dúvida, uma estratégia eficaz para coletar pensamentos e nós o usamos extensivamente com os clientes. Contudo, a versão clássica do DTR tem as seguintes limitações potenciais:

1. A colocação da coluna de emoções antes da coluna de pensamentos não está de acordo com o modelo cognitivo.
2. Enquanto a medida da intensidade das emoções ajuda, porque você pode usar as respostas emocionais mais fortes para orientar sua avaliação, nossa experiência é a de que medir a força da crença nos pensamentos é desnecessária. A maior parte dos clientes em geral acredita fortemente em seus próprios pensamentos.
3. O formato do registro é insuficiente para coletar informações sobre os comportamentos que se seguem aos pensamentos automáticos.
4. A inclusão da coluna de distorções sugere aos clientes que seu pensamento está distorcido ou "errado". Embora alguns pensamentos negativos distorcidos requeiram intervenções particulares, muitos outros pensamentos não são especialmente distorcidos. Por isso, essa coluna pode ser problemática.
5. A inclusão da coluna de respostas racionais às vezes estimula os clientes a começarem a responder aos pensamentos negativos antes de que eles estejam prontos.

Em geral, optamos por usar uma modificação do DTR tradicional. Podemos pedir ao cliente que adquira um caderno, que deve ser trazido para as sessões. O caderno é muito útil para anotar as tarefas de casa, as observações sobre o tratamento e a coleta de pensamentos negativos. Quando o assunto é coletar pensamentos, o cliente escreve em uma série de colunas, conforme a Figura 7.1, dando início ao processo de coleta de dados. Esse formato em colunas pode também ser reproduzido em um computador, se o cliente quiser, ou impresso em um formulário. Outra opção é fazer com que o cliente adquira uma pasta do tipo arquivo, para coletar todos os pensamentos, bem como textos e outras informações sobre a terapia. Outras maneiras de coletar essas informações podem também ser úteis. Por exemplo, o cliente pode usar o formulário da seguinte forma:

Situação (data, horário, acontecimento)	
Pensamentos automáticos	
Emoções (liste o tipo e avalie a intensidade de 0 a 100)	
Comportamentos ou tendências de ação	

Um formato diário pode também ser utilizado, desde de que as informações requisitadas estejam incluídas. Embora não tenhamos tido essa experiência, um cliente pode até usar um gravador de voz e transcrever a gravação em um arquivo que pode ser enviado por *e-mail* ao terapeuta. O que estamos defendendo aqui é que a informação coletada no Registro de Pensamento é mais importante que seu formato. O cliente deve ser um colaborador ativo das decisões acerca de como registrar as informações, de uma forma que seja útil e aumente a probabilidade de acompanhar juntamente com as tarefas de casa.

Às vezes o conteúdo do pensamento negativo é menos importante do que as outras dimensões desses pensamentos. Por exemplo, o cliente pode ter pensamentos repetitivos sobre o mesmo problema mais do que pensamentos negativos sobre assuntos diferentes. Em tais casos, um registro de frequência pode ser a melhor forma de registro de pensamento a ser criada. Tal registro pode ser feito por meio de um contador usado em jogos de golfe ou qualquer outro sistema de contagem de frequência, desde que seja razoavelmente preciso e confiável. Em outro caso, pode haver apenas um mesmo pensamento que esteja por trás da maior parte do sofrimento do cliente (por exemplo, assumir a responsabilidade pela má saúde de uma criança). Em tal caso, fazer com que o cliente avalie e reavalie a força da crença no pensamento que pode ser o melhor índice de sucesso terapêutico. É claro que qualquer sistema perderá outras informações, tais como os ambientes nos quais tais pensamentos ocorrem, e os resultados desse padrão de pensamento, mas em alguns casos o seu julgamento pode ser que essa informação extra não seja fundamental para rastrear outras questões.

Alguns clientes enfrentam dificuldades em escrever as informações em uma tabela fora das sessões terapêuticas. Antes de determinar o registro de informações como tarefa de casa, certifique-se de que o cliente se sinta à vontade escrevendo tais informações, que tenha facilidade em lembrar-se do sistema utilizado, que seja algo que estará disponível e que ele possa manter o sigilo do sistema (pois muitos clientes não gostariam de ver seus pensamentos revelados). Se

Situação (data, horário, acontecimento)	Pensamentos automáticos	Emoções (liste o tipo e avalie a intensidade de 0 a 100	Comportamentos ou tendências de ação

Figura 7.1 Registro de Pensamento, adaptado por Dobson (para avaliação apenas).

o cliente for reticente quanto a essa tarefa, você poderá precisar negociar uma estratégia diferente.

Os clientes podem lhe dizer que preferem não anotar as informações, que conseguirão se lembrar delas. Em geral somos céticos em relação a essa alegação, mas se o cliente for insistente, nós deixaremos que ele colete essa informação sem um registro escrito como um experimento. Tipicamente, o cliente reconhece que sua memória é mais falível do que ele acreditava e concorda em tentar registrar por escrito seus pensamentos. Os clientes com frequência se lembram da natureza geral de seus pensamentos mas não de detalhes específicos. Às vezes eles relutam em escrever por causa da falta de prática, preocupação quanto à qualidade de sua escrita ou por não gostar de que seu esforço seja julgado. Algumas pessoas têm um nível baixo de alfabetização que pode não ficar claro na avaliação. Eles podem também fazer um esforço para esconder suas dificuldades com a leitura e a escrita, por causa da vergonha. Certifique-se de reforçar quaisquer esforços que os clientes façam para registrar seus pensamentos, mesmo que os resultados sejam diferentes daquilo que você discutiu na sessão. As modificações podem ser facilmente feitas à medida que o tratamento procede. Se os clientes percebem que não fizeram a tarefa de casa corretamente, podem ficar reticentes quanto a tentar fazê-las novamente. Você e seus clientes podem reavaliar juntos o processo e a utilidade das informações.

♦ INTERVENÇÕES PARA O PENSAMENTO NEGATIVO

Depois de começar a coletar os pensamentos negativos, você logo estará trabalhando com riquezas de informações. Alguns terapeutas cognitivo-comportamentais iniciantes podem de fato ficar sobrecarregados pelas informações e não saber por onde começar a intervir. Alguns pontos relativos ao pensamento negativo são os seguintes:

- ♦ Busque os pensamentos negativos que estejam conectados com fortes reações emocionais. Em geral, recomendamos que você atenda ou trabalhe com os pensamentos mais carregados emocionalmente, as "cognições quentes".
- ♦ Busque pensamentos que estejam conectados a um padrão de respostas comportamental forte. Da mesma forma que algumas cognições possuem valência emocional, outras possuem valência comportamental, e esses padrões podem ajudar a identificar esses pensamentos.*
- ♦ Busque pensamentos que tenham um forte grau de crenças associadas a eles, porque esses provavelmente serão os mais difíceis de mudar.
- ♦ Busque pensamentos repetitivos, porque eles mais provavelmente ajudem a determinar os temas do pensamento, e busque também as crenças nucleares que cortam o caminho em diferentes situações.

Quando você começa as intervenções cognitivas, é possível que opte por um pensamento que não seja muito frutífero ou produtivo. No mínimo, essa opção demonstra o quanto o cliente pode trabalhar com o método, e você pode usar essas informações para determinar onde não intervir no futuro. Em geral, nossa crença é que, se houver um padrão de pensamento disfuncional, ele não irá embora sem intervenção. Dê a você mesmo outra chance de refinar sua conceituação de caso, e faça outro esforço em conjunto com o cliente. Também é útil para os clientes perceber que seus terapeutas cometem erros!

Três questões para desafiar os pensamentos negativos

Se tiver trabalhado com cuidado o registro de pensamento e identificado as cognições do cliente que causam mais sofrimento, você estará pronto para começar o proces-

---

* N. de R. T.: O termo "valência" é utilizado na literatura para valores positivos ou negativos de emoções, cognições e comportamentos.

so mais formal de reestruturação cognitiva. Uma vez identificado um alvo cognitivo para a intervenção, você pode usar três questões gerais para tentar modificar um pensamento negativo:

1. Quais são as evidências favoráveis e contrárias a esse pensamento?
2. Quais são as maneiras alternativas de pensar nessa situação?
3. Quais são as implicações de se pensar desse jeito?

As questões que são mais úteis dependem da natureza do próprio pensamento, da fase da terapia e do sucesso do cliente com esses métodos.

Cada uma dessas questões gerais representa uma série de intervenções. A primeira questão é mais útil em situações em que você pensa que o pensamento negativo provavelmente represente o pensamento distorcido, ou um pensamento que é pelo menos mais negativo do que a situação garante. A segunda questão, que você pode às vezes explorar depois de examinar a questão relacionada às evidências, pede ao cliente que questione se o seu (dele) pensamento é a única, ou mais útil, das maneiras de pensar sobre a situação. A terceira questão geral incentiva o cliente a examinar se a situação ativou crenças nucleares e se as inferências desadaptativas estão sendo feitas na situação. As palavras usadas em cada questão podem ser modificadas para garantir a compreensão máxima para o cliente. Discutiremos cada um desses tipos de questão a seguir.

Quais são as evidências favoráveis e contrárias a esse pensamento?

Em termos gerais, as intervenções baseadas em evidências são mais exitosas quando o terapeuta é capaz de determinar que o cliente está usando uma distorção cognitiva. Havia uma forte ênfase no pensamento distorcido nas primeiras descrições da terapia cognitiva (A. T. Beck, 1970; A. T. Beck et al., 1979) e existe uma variedade de descrições dessas distorções (por exemplo, ver o Quadro 7.3). Essas distorções todas compartilham a ideia de que os clientes de alguma forma interpretavam mal ou distorciam suas percepções do que "realmente" acontecia. Dito de outra forma, os acontecimentos reais podem ter sido modificados para ficarem mais de acordo com as crenças dos clientes do que com os fatos da situação.

Uma nota filosófica relevante e importante aqui é a de que os terapeutas cognitivo-comportamentais em geral subscrevem a ideia de que um "mundo real" existe independentemente da nossa percepção dele. Uma árvore que caia na floresta produz um som, mesmo que ninguém o escute. Essa hipótese realista (Dobson e Dozois, 2001; Held, 1995) está de acordo com a ideia de que a saúde mental está associada com uma avaliação mais precisa dos acontecimentos do mundo real e que, consequentemente, os problemas de saúde mental estão associados com percepções equivocadas ou distorções do mundo real. Como discutiremos brevemente em um capítulo a seguir, essa perspectiva epistemológica está em desacordo com alguns dos mais recentes avanços da terapia cognitivo-comportamental.

Outra observação teórica relevante é que o modelo sustenta que nossas percepções baseiam-se em duas fontes: (1) nos fatos ou circunstâncias da situação na qual a pessoa se encontra e (2) nas crenças, hipóteses e esquemas da pessoa. É a interação entre essas duas fontes que conspira a levar a um pensamento baseado nas situações. A implicação é a de que esse modelo sustenta que, enquanto as avaliações precisas do mundo são conduzidas mais por elementos perceptuais e específicos observados na experiência de momento a momento, o pensamento distorcido é conduzido mais por crenças nucleares, hipóteses ou esquemas que são consistentes com os pensamentos automáticos situacionais. De maneira bem realista, então, a *identificação de distorções cognitivas representa o caminho nobre para o esquema* (Strachey, 1957; com nossas desculpas a Sigmund Freud). Por essa razão, os terapeutas cognitivo-comportamentais são sensíveis às distorções importantes que observam em seus clientes, trabalhando para entendê-las.

Quadro 7.3 Distorções cognitivas comuns

Título	Descrição
Pensamento tudo ou nada	Também chamado de pensamento "ou preto ou branco", ou dicotômico. Considerar que uma situação só tem duas soluções possíveis.
Catastrofização	Prever calamidades futuras; ignorar um futuro positivo possível.
Adivinhação	Prever o futuro a partir de evidências limitadas.
Leitura da mente	Prever ou acreditar que você sabe o que as outras pessoas pensam.
Desqualificação do positivo	Não prestar atenção e não dar valor a informações positivas. Similar a uma "visão em túnel" negativa.
Magnificação/minimização	Magnificação das informações negativas; minimização das informações positivas.
Abstração seletiva	Também chamada de *filtro mental*. Enfocar um detalhe, em vez de um quadro geral.
Supergeneralização	Chegar a conclusões precipitadas com base em um exemplo apenas, ou em um número limitado de exemplos.
Atribuição equivocada	Cometer erros na atribuição de causas de vários eventos.
Personalização	Pensar que você causa coisas negativas, em vez de examinar outras causas.
Raciocínio emocional	Argumentar que pelo fato de sentir que algo é mau, assim deve ser.
Rotulação	Colocar um rótulo geral em alguém ou em alguma coisa, e não descrever os comportamentos ou aspectos da coisa.

Nota: Adaptado de J.S. Beck (1995). © 1993 de Judith S. Beck. Adaptado com permissão de Judith S. Beck e The Guilford Press.

Com base na ideia de que nossos clientes distorcem a realidade, e que as distorções estão relacionadas às crenças nucleares e aos esquemas que os clientes sustentam, os terapeutas cognitivo-comportamentais com frequência começam seus programas de tratamento tentando modificar essas distorções. No subcapítulo a seguir, descrevemos alguns dos métodos principais para fazer esse trabalho. Existem também outras fontes, e nós estimulamos você a examiná-las (J. S. Beck, 1995, 2005; Leahy e Holland, 2000; McMullin, 2000).

Princípios gerais

A meta de comparação entre os pensamentos automáticos e sua base de provas tem vários princípios fundamentais. Esses princípios podem ser demonstrados por meio de várias técnicas, conforme se discute a seguir. Esses princípios incluem ajudar o cliente a perceber que, apesar de parecerem corretos, os pensamentos podem ser avaliados em si mesmos. Assim, os terapeutas cognitivo-comportamentais sustentam que as probabilidades não são certezas, que determinadas impressões não validam os pensamentos que levam aos sentimentos, e que os pensamentos podem ser ou precisos ou distorcidos.

Para planejar as intervenções, os terapeutas cognitivo-comportamentais precisam conhecer a gama de distorções possíveis que os clientes demonstram e tornarem-se adeptos delas ao reconhecê-las. Uma estratégia geral é dispor de uma lista de distorções cognitivas disponíveis para você e para o cliente. Os clientes que tenham aceitado o princípio de que essas distorções existem podem ajudar você a identificar as tendências deles à distorção. Alguns clientes gostam de portar a lista, de modo que, enquanto escrevem seus pensamentos no Registro de Pensamentos, possam identificar se alguns dos pensamentos são potencialmente distorcidos. De fato, um de nós (K. S. D.) teve um cliente que se tornou tão fluente em sua capacidade de identificar as distorções que ele dizia para si mesmo "Ah! Aí está a magnificação de novo", o que era suficiente para solapar a distorção de maneira significativa. Alguns clientes começaram a identificar distorções nos comentários de outras pessoas, o que também ajuda na conscientização desses estilos cognitivos. Uma maneira formal de ajudar os clientes a identificar e nomear as distorções é acrescentar outra coluna ao Registro de Pensamentos, na qual os clientes possam nomear suas distorções.

O outro princípio geral engastado na abordagem baseada em evidências para testar os pensamentos automáticos é a ideia de que os pensamentos podem ser avaliados em relação aos dados da experiência. Com frequência, são criados experimentos ou tarefas nos quais os clientes podem comparar seus pensamentos à evidência. Essa estratégia incentiva o teste da hipótese empírica, e uma abordagem voltada às situações problemáticas, e não à sua evitação.

EXAMINANDO AS EVIDÊNCIAS RELACIONADAS AOS PENSAMENTOS NEGATIVOS

Uma das maneiras mais diretas de contrapor-se às distorções é perguntar aos clientes sobre a evidência que *eles próprios* usam (isto é, não o modo como você possa ver a situação, ou o modo como eles *deveriam* vê-la). Você pode dar conta de vários aspectos da evidência, incluindo o seu tipo, qualidade e quantidade. É possível contrastar esses itens de evidências de apoio com os dados que não dão apoio integral, ou que sejam até mesmo inconsistentes com o pensamento original (por exemplo, "Sim, meu chefe criticou-me em nosso encontro de vendas nesta semana, *mas* deu-me uma avaliação bastante positiva há cinco meses"). Essa estratégia terá mais chances de ser exitosa se você pedir que o cliente faça uma descrição completa do acontecimento que funcionou como ativador, e se você tiver a sensação inquietante de que as percepções dele foram ditadas mais por crenças do que pelo próprio acontecimento.

Em alguns casos, buscar evidências que tanto sustentem quanto refutem o pensamento negativo original revela que o cliente não tem todas as informações necessárias para chegar a conclusões firmes sobre o acontecimento ou a situação. Em tais casos, você pode trabalhar com o cliente para ver se a situação é importante o suficiente para garantir uma tarefa de casa, para descobrir os fatos da situação. Estabelecer essa espécie de tarefa de casa é às vezes difícil, porque com frequência você está tentando recriar uma situação perturbadora para ver como ela pode ser enfocada diferentemente. Às vezes, a tarefa de casa envolve fazer com que o cliente pergunte aos outros como eles viram a situação. Essa estratégia é certamente possível, mas você precisa estar certo de que o cliente aceitará as informações das pessoas com quem ele fala ou se o cliente pode também distorcer ou descontar essas informações. "De quais evidências ou informações você precisa para convencer-se de que seu pensamento automático original não era exatamente acurado?" Se nem você nem o cliente conseguem apresentar uma resposta para essa pergunta, ou se é impossível coletar tais evidências, talvez seja bom estimular o cliente a prestar atenção a tais informações nas situações futuras, mas deixar a atual de lado.

IDENTIFICAR AS EXPECTATIVAS IRREAIS

Muitos clientes não só distorcem os acontecimentos, mas também predizem futuros negativos. Os clientes ansiosos são especialistas nesse processo e alguns são até adeptos de fazer seu futuro negativo tornar-se uma realidade. Por exemplo, uma cliente que acredita ser tímida e ansiosa por natureza e que, portanto, evita as situações sociais, não recebe quaisquer evidências contrárias às suas crenças. Ajudá-la a ver as profecias que ela faz pode ser uma maneira muito poderosa de cortar suas expectativas negativas. Quando você pensa que é importante coletar evidências relacionadas a uma previsão negativa, precisa envolver-se em várias atividades terapêuticas relacionadas:

1. Esclarecer as expectativas dos clientes: fazer, tanto quanto possível, com que elas sejam escritas clara e integralmente.

2. Determinar quais evidências eles usariam para confirmar ou não confirmar essas previsões. Uma boa ideia é perguntar aos clientes sobre o pior resultado possível, o melhor resultado possível e o resultado mais realista (esse processo em si às vezes ajuda a retirar o caráter de catástrofe das previsões).

3. Fazer com que os clientes identifiquem como coletarão as evidências relevantes. Isso garante que o plano de informações de fato colete informações que estejam relacionadas às expectativas dos clientes. Se necessário, elabore um sistema de registro para reduzir o risco de reinterpretação do acontecimento pelos clientes, antes da próxima sessão.

4. Ajude os clientes a comprometer-se com a tarefa de casa nas quais eles possam coletar informações, se possível. Se a tarefa ideal não for possível (por exemplo, uma situação interpessoal), reconheça os limites dos dados que os clientes coletam. Às vezes o ato de coletar evidências é tão importante quanto o resultado da situação. A mensagem que se envia é a de que os clientes podem confrontar, mais do que evitar, a situação, e, às vezes, resultados não previstos podem ser abordados em futuras sessões terapêuticas.

5. Na próxima sessão, certifique-se de comparar as expectativas do cliente em relação à tarefa de casa com os resultados reais. Sem exagerar os resultados, e presumindo que o resultado não foi tão negativo quanto o esperado, faça com que o cliente se envolva em várias ações:

a. Dar créditos a si mesmo pelo esforço.
b. Estar atento à minimização e voltar-se a ela quando ocorrer (por exemplo, "Não foi tão difícil quanto eu pensava"; "Qualquer pessoa poderia ter feito isso, afinal").
c. Se eles tendem a prever mais resultados negativos em geral, faça com que os clientes questionem-se a si mesmos. Faça com que eles se perguntem se querem de fato tentar prestar mais atenção às evidências no futuro.
d. Faça com que os clientes reconheçam que abordar, e não evitar, questões difíceis é algo útil, porque isso os ajuda a obter informações mais precisas sobre o problema "real".
e. Ajude os clientes a aprender como usar a resolução de problemas (ver Capítulo 5) para quaisquer questões que surjam na tarefa estabelecida.
f. (Se for adequado), elabore outra tarefa de casa relacionada às previsões, para ver se esse processo pode ser repetido em outra área.

Examinar as tendências atributivas

As *atribuições* são as explanações das causas que as pessoas dão aos acontecimentos. Três dimensões bem-reconhecidas das atribuições são o lugar (interno *VS.* externo), estabilidade (ocorrência simples/instável *VS.* permanente/estável) e especificidade (específica a uma situação *VS.* global). Foi demonstrado por um lado que a depressão está relacionada à tendência de fazer atribuições internas, estáveis e globais para o fracasso (por exemplo, "Eu sou um fracasso"), mas atribuições externas, instáveis e específicas para o sucesso (por exemplo, "Tive sorte daquela vez") (Abramson e Alloy, 2006). Por outro lado, os clientes com problemas de raiva tendem a fazer atribuições externas, estáveis e globais para os resultados negativos, tais como "Ele quis me insultar, e vai fazer isso de novo se eu lhe der oportunidade". Você deve ser sensível às tendenciosidades atributivas e abordá-las sempre que elas aparecerem. Uma estratégia para fazer isso é pedir mais detalhes sobre a situação problemática, e expor a relação tênue que possivelmente exista entre o acontecimento e as atribuições feitas na situação. Com frequência, tais casos também implicam a leitura da mente por parte do cliente, de forma que essa distorção possa também ser identificada. Em alguns casos, a tarefa de casa em evidências, discutida anteriormente, pode ser usada para expor as tendenciosidades atributivas, e para contrastar os pensamentos do cliente e as evidências da situação.

Reatribuição de causas por meio do uso de gráficos pizza

Uma técnica que ajuda com a reatribuição de causas é o uso dos gráficos *pizza*. Por exemplo, se um cliente culpar-se integralmente por um resultado (por exemplo, "Minha mulher me deixou porque eu era muito crítico"), é possível identificar primeiramente que esse pensamento trata o cliente com se ele fosse totalmente responsável por esse resultado. Você pode, então, enfatizar como qualquer pessoa provavelmente se sentiria mal se ela fosse totalmente responsável pelo fracasso do casamento. Talvez seja bom desenhar um gráfico *pizza* (ver Figura 7.2) demonstrando que ele tem um percentual de 100% de culpa. Depois, poderia lhe perguntar sobre outras possíveis fontes da ruptura da relação. O fato de sua mulher tê-lo deixado, por exemplo, pode ser evidência de que ela desempenhava um papel no futuro da relação. Você pode pedir mais informações relacionadas à responsabilidade da mulher por esse resultado, talvez 30%. Pode também ficar claro que a família como um todo não apoiava o relacionamento, e pode-se atribuir 10% da culpa a isso. Da mesma forma, as demandas do trabalho e viagens relacionadas ao trabalho que estejam fora do controle do cliente podem ter sido um estressor, como foram as finanças, cada um recebendo 10% de responsabilidade pelo fracasso do relacionamento. Tomada como um todo, a situação passou do gráfico da esquerda ao gráfico da direita da Figura 7.2.

O exercício de reatribuição não requer o uso dos gráficos *pizza*. Você pode usar simplesmente a percentagem para a atribuição de causas. Pode, para outro cliente, simplesmente nomear as várias causas de um resultado, sem determinar a percentagem de responsabilidade. A chave dessa técnica é garantir que o cliente esteja considerando todas as fontes possíveis de resultado e esteja fazendo a correspondência entre suas atribuições e circunstâncias, tanto quanto possível.

MUDAR A ROTULAÇÃO
É comum que as pessoas rotulem-se ou rotulem os outros, em vez de enfocar as ações específicas ou atributos que subjazem a esse rótulo. O rótulo pode ser um processo insidioso, porque é uma espécie de atribuição permanente que faz com que seja difícil para as pessoas verem como a pessoa rotulada poderia mudar. Se seu cliente estiver envolvido com a rotulação destrutiva, você pode usar várias intervenções para tentar reduzir essa tendência. Primeiro, pode apontar que o cliente está usando rótulos e discutir os efeitos desses rótulos – o modo como eles constrangem ações futuras e de fato acabam se concretizando. Uma estratégia muito útil é fazer com que o cliente especifique quais comportamentos ou atributos ele considera como sustentadores do rótulo. Você pode então examinar as evidências relacionadas a esses comportamentos e atributos. Também pode estimular o cliente a ver o valor de enfocar interesses específicos que podem ser modificados, em contraposição a rótulos imutáveis. Depois, dependendo das preocupações específicas que surgirem, outras técnicas, tais como resolução de problemas, treinamento de habilidades sociais ou assertividade podem ser consideradas.

TRANSFORMAR O PENSAMENTO DICOTÔMICO EM PENSAMENTO GRADUADO
As distorções cognitivas comuns são dicotômicas, pensamentos do tipo "tudo ou nada" ou "preto ou branco". O pensamento dicotômico, uma espécie de tendenciosida-

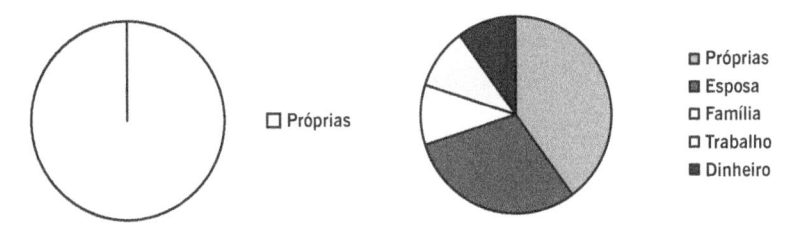

FIGURA 7.2 Atribuições originais e revistas.

de atributiva, pode também ser abordado pelo exame das evidências relacionadas ao pensamento. Embora possível, é bastante incomum que os acontecimentos ou experiências sejam categóricos (por exemplo, "Nunca me senti tão mal assim", "A pessoa mais complicada do mundo", "Um fracasso total"). Preste atenção aos termos que expressam um *continuum* subjacente, mas nos quais os clientes percebem um extremo. Em tais casos, você pode ajudar os clientes a reconhecer que eles estão usando termos categóricos, e depois contrastar as evidências favoráveis e contrárias a essa afirmação. Outra ideia é conversar com os clientes e ver se eles conseguem reconhecer o *continuum* subjacente. É então útil identificar âncoras, pontos de referência ou exemplos de vários locais do *continuum*, e avaliar se o pensamento automático original se encaixa no *continuum* ou, talvez, seja muito extremado. Você também pode elaborar experimentos para determinar a validade do pensamento categórico automático, buscando evidências favoráveis e desfavoráveis para o pensamento original. Ao fazê-lo, estimule os clientes a usar um número menor de pensamentos categóricos e a também reconhecer uma variedade maior de pensamentos. Esse exercício em geral estimula os clientes a dirigirem-se à mudança desejada do *continuum*, em vez de forçá-los a rejeitar e parar de usar as ideias categóricas subjacentes, o que é mais difícil.

Quais são as maneiras alternativas de pensar nessa situação

Embora as estratégias baseadas em evidências para avaliar as distorções cognitivas sejam métodos eficazes para minar alguns pensamentos negativos, elas são eficazes somente quando o pensamento original foi distorcido. Em outros casos, fica claro que um certo pensamento é negativo e leva a um sofrimento emocional ou a um comportamento disfuncional, mas não está claro que o pensamento é de fato baseado em uma distorção do ambiente ou das circunstâncias do cliente. Em outros casos, porém, embora haja uma distorção, e uma ou mais técnicas para ajudar a abordar e a modificar tal distorção, o terapeuta quer levar a intervenção um pouco mais adiante. Em tais casos, os seguintes métodos são recomendados.

GERAR E AVALIAR OS PENSAMENTOS ALTERNATIVOS

Às vezes, uma revisão das evidências relacionadas a um pensamento negativo indica que o pensamento não é sustentável. Em outros casos, as evidências podem em geral substanciar o pensamento, mas fica claro para você e para o cliente que o pensamento é, não obstante, de pouca ajuda. De qualquer forma, é possível pedir ao cliente para gerar e considerar um pensamento novo e mais adaptativo. Há vários métodos para atingir tais metas:

1. Com base em uma revisão das evidências, pode ficar claro que o pensamento negativo original não está em consonância com a evidência. Nesse caso, pode ser útil explicar que o pensamento tem sentido, com base no modo como o cliente tem se sentido ou pensado (por exemplo, está de acordo com suas crenças nucleares), e seria mais útil considerar pensamentos alternativos, menos negativos. Se o cliente concordar, você pode pedir a ele que gere uma alternativa que se encaixa nos fatos e seja crível. Certifique-se de avaliar como o novo pensamento se encaixa ou não na evidência e, se não for completamente acurado, trabalhe com o cliente, considerando outras alternativas.

2. Se não houve uma revisão de evidências antes desse passo, mas você e o cliente concordam que o pensamento negativo dele não é útil, você também pode ajudá-lo a gerar uma alternativa. Nesse caso, você não pediria uma alternativa mais baseada em evidências, mas sim uma que seja mais útil ou adaptativa. A alternativa precisa ser aceita pelo cliente como algo digno de consideração e aplicável à sua vida.

3. Depois de ter estabelecido um pensamento mais baseado em evidências ou potencialmente mais adaptativo, peça ao cliente para identificar as vantagens e desvantagens tanto do pensamento original quanto do revisto. Certifique-se de que essa avaliação seja respeitosa em relação ao

pensamento original (isto é, não a despreze como algo "distorcido" ou "errado"), e chame a atenção para o fato de que o pensamento alternativo quase sempre envolve alguns desafios.

4. Uma maneira de levar ainda mais adiante a estratégia anterior é desenvolver uma resposta de ponto e contraponto aos pensamentos negativos. Nesse método, você e o cliente trabalham alternativas críveis e baseadas em evidências para os vários pensamentos automáticos negativos do cliente. É possível até escrever tais alternativas em cartões, com o pensamento original de um lado e o alternativo do outro. Depois, leia os pensamentos originais em voz alta e peça para o cliente dizer quais são as alternativas a eles. Se for adequado, você pode reunir vários pensamentos negativos em uma espécie de resumo ou grupo de argumentos, e pedir ao cliente que use as alternativas para responder a esses argumentos. Outra abordagem ainda é usar a abordagem "advogado do diabo", na qual você não só repete os pensamentos originais negativos, mas na verdade os amplifica de um modo que desafie o cliente.

5. Outra técnica para desafiar os pensamentos negativos é chamada de *role play* racional. Os pensamentos negativos e suas alternativas são verbalizados como uma espécie de *role play* entre o pensamento negativo e o pensamento mais adaptativo. Idealmente, o cliente verbaliza os pensamentos mais adaptativos, mas, se necessário, você pode reverter esse *role play* por um tempo, de modo que o cliente observe a verbalização dos pensamentos adaptativos, antes de ele ter a oportunidade de praticar. A meta dessas várias estratégias é ajudar o cliente a tornar-se mais fluente em suas respostas ao pensamento negativo.

6. Idealmente, você desenvolve uma tarefa de casa na qual o cliente pode testar sua nova maneira de pensar. Ela pode ser praticada no âmbito da sessão de terapia, por exemplo, gerando uma ou mais situações hipotéticas, para ver se o cliente pode usar o modo de pensar mais adaptativo e menos disfuncional. Juntamente com o cliente, você pode pegar um determinado pensamento do Registro de Pensamentos e gerar pensamentos alternativos e discutir os benefícios dessa nova maneira de pensar. Uma técnica comum é acrescentar duas novas colunas ao Registro de Pensamentos (ver Quadro 7.4), uma coluna em que o pensamento alternativo é escrito, e um pensamento final em que as consequências comportamentais desse novo pensamento alternativo são examinadas e registradas (idealmente, menos emoção negativa ou mais emoção positiva, e menos comportamento disfuncional).

7. Alguns clientes encontram dificuldades com a geração de respostas ao pensamento negativo. Há várias opções possíveis em tal situação. Você pode gerar respostas alternativas aos pensamentos negativos. Essa opção tende a ser fácil e rápida para o terapeuta, mas algumas considerações são necessárias. Certifique-se de que essas alternativas não sejam apresentadas como a maneira "correta" ou "certa" de pensar, mas como possibilidades a serem consideradas e avaliadas pelo cliente, que poderá ou não adotá-las. Com frequência, os terapeutas cognitivo-comportamentais apresentam essas alternativas como opções (por exemplo, "Você acha que pensar dessa maneira será útil?") que estimulam o cliente a ser um participante ativo na escolha de pensamentos que funcionarão em sua vida. Outra maneira possível de gerar pensamentos alternativos é fazer uma pesquisa para buscar opiniões sobre as evidências relacionadas ao pensamento negativo original. Por exemplo, se o cliente tem uma série de pensamentos sobre o "perigo" de estar em determinados locais, você pode fazer com que o cliente pesquise junto a seus amigos ou colegas para ver o quanto eles compartilham pensamentos. Outra possibilidade é ver se o cliente conhece alguns especialistas que pudessem oferecer uma nova perspectiva sobre os pensamentos. Por exemplo, os pensamentos de alguns clientes têm uma característica moral, ou uma característica que eles consideram ser exigida de certos pontos de vista religiosos. Em tais casos, uma consulta judiciosa com algum membro do clero sobre o ponto de vista sustentado pelo cliente pode apurar a consistência desses pensamentos

Quadro 7.4 Registro de Pensamento adotado por Dobson, com colunas adicionais para os pensamentos alternativos e consequências

Situação (data, horário, acontecimento)	Pensamentos automáticos	Emoções (liste o tipo e avalie a intensidade de 0 a 100)	Tendências comportamentais ou de ação	Pensamentos alternativos	Consequências

com a doutrina moral ou religiosa, ou sobre o quanto o cliente pode ou não modificar tal pensamento.

8. Uma maneira bastante dramática e potencialmente poderosa de mudar o pensamento negativo é por meio do uso do humor. Quase que por definição, o humor envolve uma mudança criativa e às vezes bizarra de perspectiva que transforma uma ideia ou frase anterior em algo "tolo" ou "engraçado". Albert Ellis tinha uma frase famosa na qual ele argumentava que se os marcianos visitassem a Terra morreriam rindo dos pensamentos irracionais sustentados pelos humanos (Heery, 2001). Tal frase, quando dita no ambiente da terapia, pode estimular os clientes a ver seus próprios pensamentos de uma perspectiva diferente, e potencialmente ver seu pensamento como algo de que vale a pena rir. Contudo, se você usar o humor, faça-o de uma maneira que os clientes vejam que o pensamento é que é engraçado, e não eles. Certifique-se, também, de que os clientes vejam o humor como algo agradável, e não como algo sarcástico ou que vise ofender aquilo que pensam. Nossa opinião é a de que o humor é provavelmente uma melhor estratégia para um momento mais tardio da terapia, depois de você e o cliente terem estabelecido uma relação positiva de trabalho e de o sofrimento inicial do cliente ter diminuído em relação ao primeiro momento da terapia. A autoabertura humorística também pode ser útil, de modo que o cliente aprecie o fato de o terapeuta cometer erros ou o descubra em situações divertidas (ver o Capítulo 4, para maiores discussões sobre a autoabertura).

9. Outra maneira de avaliar os pensamentos alternativos é por meio de questões sobre o quanto é útil ter certos pensamentos negativos, em contraposição a uma opção alternativa. Mesmo os clientes que essencialmente não acreditam em um pensamento alternativo às vezes aceitam que o pensamento negativo original não é útil para eles. Em tal caso, eles podem estar querendo usá-lo com menos frequência, ou pelo menos reconhecer que quando ele de fato ocorre é o pensamento mais do que o acontecimento que está causando o sofrimento. Em alguns casos, você pode ajudar os clientes a considerar como eles podem aconselhar um amigo com esse tipo de pensamento. Os clientes frequentemente são mais ponderados em relação aos outros do que em relação a si próprios; consequentemente, você pode incentivá-los a dirigir essa compaixão que sentem pelos outros a si mesmos. Pode ser útil fazer com que os clientes ensaiem o que eles diriam a uma pes-

soa de quem gostam e que esteja na mesma situação. Outra alternativa, é estimular uma análise de custo-benefício do pensamento original e a alternativa de avaliar a utilidade relativa de cada modo de pensar.

10. Às vezes, os clientes estão cientes de seus pensamentos contraditórios. Isso pode acontecer, por exemplo, quando os clientes com baixa autoestima veem-se como pessoas ineficazes, mas que também se consideram responsáveis por coisas que acontecem a seu redor. Como alguém pode ao mesmo tempo ser ineficaz e ter tanto efeito sobre os outros? Se seu cliente estiver pensando de maneira contraditória, pode às vezes ser útil apontar-lhe essa contradição, e ajudá-lo a adaptar-se mais, chegando a um meio termo.

11. Uma espécie particular de distorção cognitiva chama-se *raciocínio emocional*, que ocorre quando os clientes usam as emoções que sentem depois de um certo pensamento negativo como evidência de que o pensamento em si é válido. Essa distorção é um erro lógico (um resultado consequente não pode confirmar a condição antecendente), que você pode discutir com os clientes. Você pode também gerar pensamentos alternativos com experimentos que ajudam a demonstrar que "os pensamentos não são fatos" ou que "os pensamentos são apenas opiniões".

12. Outra intervenção específica de pensamento tem sido chamada de TIC-TOC, acrônimo que, na língua inglesa, faz referência ao som do pêndulo de um relógio e que representa as letras iniciais de "*Task-interfering cognitions – Task-oriented cognitions*" (Cognições que interferem nas tarefas – Cognições orientadas às tarefas). Esse método pode ser usado se o cliente tem uma série de pensamentos repetitivos que interferem com uma tarefa particular ou um conjunto de tarefas (por exemplo, "Não consigo fazer isso"). A intervenção compreende ter-se um pensamento crível e rápido que o cliente possa usar para substituir o pensamento negativo (por exemplo, "Não preciso fazer tudo agora; fazer as coisas aos poucos já ajuda"). Então, toda vez que o pensamento negativo surgir, a alternativa é imediatamente colocada em ação, da mesma forma que um pêndulo vai e vem.

CULTIVAR PENSAMENTOS POSITIVOS

Enquanto todas essas técnicas enfocam a modificação dos pensamentos negativos, é também possível promover e incentivar pensamentos positivos como uma forma de reduzir o sofrimento. Três técnicas garantem alguma discussão neste contexto:

1. Às vezes, a discussão de um pensamento negativo demonstra que, embora o pensamento tenha consequências negativas, ele é na verdade baseado em uma preocupação subjacente positiva. Por exemplo, a mãe que está sempre preocupada com o bem-estar de seus filhos age assim porque é uma pessoa responsável. Uma pessoa que se sinta ofendida pela crítica de um amigo apenas se sente assim porque a opinião dele é importante para ela. Neste e em outros casos, às vezes é possível ver os aspectos positivos dos pensamentos negativos, e reenquadrá-los ou reafirmá-los a partir dessa perspectiva (por exemplo, "Preocupo-me com meus filhos porque eles são importantes para mim"). Às vezes, o reenquadramento positivo ajuda os clientes a ver os aspectos positivos de seus pensamentos e comportamentos, e pode ser usado para estimular outros pensamentos e ações positivas. Se você usar esse método, certifique-se de que o reenquadramento positivo é crível para o cliente e que ele esteja disposto a considerar seu uso mais amplo. A relação terapêutica pode ser prejudicada se você tentar estimular o cliente a mudar seu pensamento em direção a um conteúdo em que ele não acredite, e o cliente pensará que você não está de acordo com a visão de mundo dele. É fundamental não minimizar o sofrimento do cliente quando você trabalha com os pensamentos dele, e ter uma postura positiva e irreal pode fazê-lo.

2. É também possível incentivar o cliente a desenvolver e usar os pensamentos funcionais para aumentar o afeto positivo. Você pode contrastar os pensamentos negativos e positivos, por exemplo, e ver se um cliente está desejando aumentar a frequência de mais pensamentos positivos. Você pode

também prestar atenção às mudanças no pensamento ao longo da terapia, destacando as mudanças positivas e suas consequências emocionais e comportamentais para o cliente. Outra alternativa é, se você perceber uma mudança positiva no afeto da própria sessão de terapia, tal como um sorriso ou risada repentina de um cliente, dar destaque a esse fenômeno e incentivar o cliente a reproduzi-lo em outras ocasiões da terapia ou na vida real. Por exemplo, um cliente nosso que tinha um histórico de depressão começou a se sentir menos deprimido e começou a se interessar mais por sua aparência. O terapeuta percebeu essa mudança e, em sessões subsequentes, o terapeuta e o cliente criaram uma espécie de jogo no qual o terapeuta adivinhava as mudanças que o cliente havia feito naquele dia.

3. Uma expressão comum e, em nossa opinião, simplista, da terapia cognitivo-comportamental é que a estratégia em grande parte consiste em substituir os pensamentos negativos por positivos. Alguns autores incentivaram as afirmações positivas como uma maneira de praticar autoafirmações positivas (McMullin, 2000). Nossa experiência em geral não sustenta o uso de autodeclarações ou afirmações positivas. Constatamos que os clientes têm dificuldade em acreditar nelas, e que, a menos que ocorram em um contexto situacional, eles não terão uma moldura de que poderão fazer uso ou incorporar no desenvolvimento de uma autoimagem mais positiva. Assim, embora não rejeitemos categoricamente o uso de afirmações, preferimos incentivar o uso de mudanças mais contextualizadas do pensamento negativo ao pensamento positivo. Se as autoafirmações são usadas, é fundamental que o cliente acredite nelas em alguma medida.

Quais são as implicações de pensar desta forma?

A terceira questão identificada como maneira de responder a pensamentos negativos explora as implicações conceituais desses pensamentos. Você pode também pensar nessa última questão como "E daí?", como "E daí se o pensamento negativo for verdadeiro? O que isso significa para você ou para o mundo em que você vive?". Quando se pede aos clientes que examinem essa questão, eles espontaneamente começam a considerar as implicações mais amplas dos pensamentos.

Um método comum de perguntar pelas implicações dos pensamentos específicos é conhecido como *seta descendente* (Burns, 1989, 1999; J. S. Beck, 1995). Nesse método, mais do que pôr em questão o pensamento automático original, o terapeuta considera naquele momento o pensamento como verdadeiro. Pergunta-se então ao cliente qual é a implicação do "fato". A resposta do cliente é aceita como valor nominal, e sua inferência é examinada, e assim sucessivamente, até que o cliente atinja, como em geral faz rapidamente, uma inferência em nível muito amplo e irrevogável, além do qual outras inferências não são possíveis. Normalmente, essas inferências amplas refletem crenças nucleares ou esquemas sobre o *self* e o mundo. O Quadro 7.5 apresenta um exemplo do tipo de diálogo que reflete a técnica da seta descendente, demonstrando, por meio de um conjunto bastante simples de questões, como a crença nuclear do cliente é avaliada (nesse caso, a de que ser julgado e rejeitado socialmente é, metaforicamente, equivalente a morrer).

A seta descendente pode ser usada em quase qualquer ponto da terapia para descobrir os significados mais amplos que um cliente atribui a um pensamento específico. Certamente também é possível fazer perguntas relacionadas às inferências atreladas aos pensamentos, sem ir ao nível mais fundo e amplo. O método contém algum risco que o terapeuta precisa ter em mente. Como se vê no Quadro 7.5, o método normalmente leva o cliente a um lugar profundo e escuro, associado com esquemas e crenças mais permanentes e fixos. Fazer perguntas sobre esses pensamentos no início da terapia pode expor essas ideias cruas, mas em um cliente que não tenha ainda as habilidades ou o progresso terapêutico para se contrapor ou responder a elas. Assim, embora esse método possa ser extremamente útil no desenvolvimento da formulação de

Quadro 7.5 A técnica da seta descendente

Frase do cliente socialmente ansioso	Resposta do terapeuta
"Aconteceu de novo na semana passada. Nós estávamos em uma reunião de equipe no trabalho, e minha supervisora me colocou em uma posição de destaque. Ela olhou diretamente para mim e me fez a pergunta que todos temíamos. Não consegui falar. Congelei."	"E quais os pensamentos ou ideias que você pensa que passaram por sua cabeça antes de você congelar?"
"Eu pensei: 'ah, não. Não eu! Não me pergunte. Vou parecer um idiota.'"	"E se neste momento aqui – não que eu necessariamente concorde que sua ideia fosse de fato verdadeira; podemos retomar esse assunto mais tarde – o que aconteceria se imaginássemos que você pareceu um idiota? O que isso significaria para você?"
"Minha incompetência e ansiedade ficariam abertas a todos. Eu ficaria constrangido."	"E se você ficasse constrangido pelo fato de todos terem visto sua incompetência e ansiedade? O que isso significaria?"
"Significaria que eu seria demitido; teria de ir embora e sumir. Ninguém me aceitaria."	"E se isso fosse verdade – que você não pudesse ser aceito pelos outros?"
"Eu poderia também morrer. Que sentido teria a vida?"	"E apesar de isso ser horrível, você consegue pensar em algo mais – no que a falta de sentido da vida significaria para você?"
"Não sei. Nada me vem à mente. O que poderia ser pior do que isso?"	

caso, certifique-se de que você dê início a esse método com a qualificação de que não aceita ainda os pensamentos por seu valor nominal, e que quer voltar a eles mais tarde, para colocá-los em questão. Também, finalize com uma frase de apoio sobre o que a seta descendente lhe ensinou, como o sofrimento do cliente no momento faz sentido no contexto de suas crenças nucleares e sobre como é importante abordar essas crenças na terapia. Para estratégias tais como a da seta descendente, que expõem as crenças nucleares, é especialmente importante ter uma relação terapêutica sólida e de confiança.

Em essência, a pergunta "E daí?" estimula a identificação de crenças nucleares. As crenças nucleares ou esquemas são diferenciados dos pensamentos automáticos, no sentido de que as crenças são amplas, estáveis e são aspectos nucleares das maneiras de pensar dos clientes sobre si mesmos e o mundo, e os esquemas são pensamentos automáticos que surgem em situações específicas. Por definição, os pensamentos automáticos refletem as crenças nucleares e às vezes até têm a mesma expressão gramatical (por exemplo, "Sou um idiota", "As pessoas estão sempre contra mim"). Além disso, os pensamentos que estão ligados a uma crença nuclear em geral surgem se os gatilhos adequados estiverem presentes, e sua frequência pode confundir alguns terapeutas, que podem pensar que se trata de crenças. É importante estar claro em sua mente se você está ouvindo um pensamento automático e situacional ou uma crença nuclear, porque o método de intervenção para cada um deles é diferente, assim como é o tempo de seu surgimento na terapia.

Outras maneiras de abordar o pensamento negativo

No Capítulo 8 deste livro discutiremos a passagem do trabalho com pensamentos automáticos negativos a um nível mais profundo, de trabalho com crenças nucleares. Antes de fazê-lo, porém, discutiremos duas importantes questões relativas ao trabalho com pensamentos automáticos – abordar o pensamento negativo realista e os problemas que ocorrem na reestruturação cognitiva.

Pensamento negativo realista

Uma das potenciais consequências de revisar as evidências que sustentam o pensamento negativo é a de que ele pode ser realista, e que não haja mais ou melhores alternativas a ele. É bom resistir a chegar a tais conclusões de maneira prematura e a aceitar o pensamento negativo de seu cliente, embora reconheçamos que algumas situações de sofrimento estejam provavelmente associadas com os problemas emocionais e/ou comportamentais para todas as pessoas. Pode ser muito útil para os clientes perceber que seus pensamentos e reações tenham sentido conforme as circunstâncias. Um de nós (D. D.) tem às vezes dito aos clientes que a resposta deles é "normal em uma situação anormal". Por exemplo, um cliente que enfrente um divórcio difícil, um problema de ordem econômica e uma vida nova de solteiro, provavelmente se sinta triste e ansioso. Pensamentos tais como "Esta situação é difícil e injusta" podem ser bastante realistas. Em tal situação, você pode optar por ir em direção a uma estratégia mais comportamental e orientada à ação, que envolva ajudar o cliente a mudar o que ele puder, resolver as consequências da situação e aceitar o que deve aceitar. Várias técnicas são possíveis nesse contexto.

Uma estratégia para lidar com situações difíceis é o incentivo à melhora das habilidades de enfrentamento (ver Capítulo 6). É útil incentivar o cliente a aumentar suas atividades de autocuidado para garantir melhor resiliência. Você pode incentivar seu cliente a manter ou a ampliar habilidades positivas da vida (por exemplo, nutrição regular e saudável, sono regular, exercícios, consciência corporal e educação/cultura). Estimule o cliente a listar os recursos e apoios sociais disponíveis. Você pode recrutar novos recursos, incluindo outras agências sociais e serviços de saúde, conforme for adequado.

Às vezes, os pensamentos negativos podem ter vida própria, e não são particularmente atrelados aos acontecimentos. A preocupação repetitiva, o pensamento ruminante ou mesmo algum grau de pensamento obsessivo pode encaixar-se nessa categoria do pensar. Todos esses pensamentos podem ser relativamente realistas, mas sua frequência e natureza repetitiva podem causar sofrimento e representar rupturas para o cliente. Uma técnica desenvolvida para tal pensamento é a técnica do *horário da preocupação*, na qual os clientes restringem sua preocupação a horários restritos do dia ou da semana. Alguns clientes relatam que ter um momento próprio para a preocupação ajuda-os a se preocuparem menos em outros momentos. Outros clientes relatam que ter um momento dedicado à preocupação (por exemplo, 15 minutos, dia sim, dia não) pode levar à consciência de que a preocupação é improdutiva, ou mesmo tediosa, quando utilizada de maneira focada. Também pode ser útil fazer com que os clientes se envolvam na resolução e problemas durante o momento da preocupação, de modo que eles não só se preocupem mas também tentem resolver aquilo que os preocupa.

Outro método para lidar com o pensamento repetitivo é a *distração*, ou a retirada temporária do foco de atenção dos pensamentos. Enquanto os terapeutas cognitivo-comportamentais em geral enfocam o conteúdo dos pensamentos e tentam modificar o pensamento diretamente, com os clientes com preocupação repetitiva ou ruminação, os terapeutas ajudam a desenvolver uma estratégia de identificação do pensamento, reconhecendo-o ao mesmo tempo como o mesmo pensamento repetitivo, e depois propositalmente mudando o foco de atenção para alguma outra questão ou interesse. Esse método em geral ajuda os clientes a distanciarem-se e a ter alguma perspectiva em relação aos pensamentos. Poderão, então, encontrar uma solução para um problema de maneira mais proativa, em vez de simplesmente preocupar-se com ele. Esse método é diferente do que parar de pensar ou suprimir o pensamento, que não recomendamos. Parar de pensar é uma técnica que se mostrou relativamente ineficaz (Freeston, Ladouceur, Provencher e Blais, 1995), e a supressão do pensamento pode ter o efeito oposto de aumentar, em vez de diminuir, os pensamentos.

Uma classe de intervenções que está se tornando mais popular envolve a aceitação da experiência negativa como uma parte normal da existência humana (Wells, 2002; Hayes, Follette e Linehan, 2004). Quando os clientes sofrem mais, geralmente não incentivamos métodos orientados à aceitação, porque o uso de tais métodos implica não podermos abordar os interesses dos clientes mais diretamente. Assim, enquanto a aceitação de um problema (mas não a resignação) fundamentalmente muda as atitudes dos clientes em relação a seus problemas, tal mudança com frequência envolve o desenvolvimento de uma nova crença, ou a modificação radical da crença ou esquema que levou aos problemas do cliente. Discutiremos essa abordagem mais detalhadamente no Capítulo 8.

Problemas da reestruturação cognitiva

Uma série de problemas comuns surge quando os terapeutas fazem a reestruturação cognitiva (J. S. Beck, 2005). Algumas delas estão relacionadas a problemas na relação terapêutica ou na resistência de parte do cliente (Leahy, 2001; ver o Capítulo 10 deste livro para discussão dessas questões). Aqui discutimos algumas questões comuns que ocorrem, e também o modo de lidar com elas.

Pode ser muito difícil determinar os pensamentos que devem ser enfocados. Certamente, é mais útil enfocar os pensamentos que parecem estar relacionados ao afeto em que há sofrimento ou ao comportamento disfuncional. A conceituação do caso, teoricamente, deveria orientar suas opções e ser revisada conforme necessário. Esteja atento a pensamentos que ocorrem com frequência, pois eles estão sendo ativados por esquemas ou gatilhos subjacentes no ambiente. Às vezes, no caso de pensamentos que não ocorrem com frequência, mas que são clara e profundamente importantes, você terá de enfocar os "alvos de oportunidade". Em geral, porém, nossa sensação é a de que os pensamentos que são importantes e relacionados ao sofrimento do cliente ressurgirão. Assim, mesmo que você perca uma oportunidade, uma "cognição quente" significativa ocorrerá novamente. Você também pode usar até intervenções que não tenham muita força e que não ajudem muito como parte das informações de sua conceituação de caso, porque elas lhe dirão o que *não* está relacionado aos problemas do cliente.

Às vezes, o cliente relatará que o Registro de Pensamentos ou as intervenções que você faz não são úteis. Ouça com cuidado os interesses do cliente, que com frequência o ajudarão a reenfocar as intervenções, de maneira que elas se tornem mais úteis. Com certeza, se você não responde ao *feedback* do cliente, além da falta de eficácia, a aliança terapêutica pode ser prejudicada. Volte atrás e certifique-se de que o cliente esteja usando o Registro de Pensamento propriamente, porque os métodos ineficazes com frequência podem ser buscados na avaliação inadequada. Certifique-se de que o cliente entende como usar os métodos praticando-os com ele no âmbito da sessão. Às vezes, a inefetividade está relacionada à aplicação mal feita dos métodos pelo terapeuta. Consulte um colega para obter uma perspectiva diferente, para certificar-se de que você esteja otimizando a probabilidade de sucesso. Mas nem todos os métodos funcionam para todos os clientes, de modo que se um método não for de fato útil, tente outra abordagem. A flexibilidade e a persistência de parte do terapeuta propiciam um bom modelo para os clientes.

Alguns clientes dizem-lhe que embora entendam o que você quer dizer e aceitem suas intervenções intelectualmente, elas não parecem verdadeiras para eles. Esse aspecto tem às vezes sido descrito como um conflito entre a "cabeça" e o "coração" (J. S. Beck, 1995), ou como um conflito entre a compreensão intelectual e a experiência emocional. Quando você ouve essa preocupação, esteja ciente de que ela geralmente reflete um conflito entre duas crenças diferentes. O pensamento intelectual está geralmente relacionado a uma crença não disfuncional, e a uma perspectiva alternativa que você esteja tentando ajudar o cliente a desenvolver-se; a experiência emocional está atrelada à crença nuclear original. Ajude o cliente a nomear e a reconhecer essas crenças que competem entre si. Esse conflito pode ser uma fase de desenvolvimento que ocorre à medida que o cliente começa a elaborar e a testar a nova maneira de pensar. Às vezes, porém, essa questão reflete o fato de que o cliente ainda retém velhas maneiras de pensar. Por isso, você precisa identificar mais profundamente essas crenças e trabalhar mais para modificá-las.

Uma estratégia para lidar com esse conflito entre compreensão intelectual e experiência vivida é perguntar aos clientes qual evidência seria necessária para eles não só acreditarem intelectualmente, mas também sentirem os pensamentos alternativos com que estão lutando. Depois, projete os experimentos necessários para tornar a alternativa uma experiência verdadeiramente vivida e não algo que os clientes conheçam apenas como uma maneira mais produtiva de pensar. Por exemplo, um cliente perfeccionista poderia dizer que, para a maior parte das pessoas, fazer o melhor que podem é o suficiente, que ser perfeito não é uma meta razoável. O cliente pode até ter a vontade de experimentar com algumas tarefas relativamente "seguras" de fazer menos do que ele poderia ter feito previamente. Embora tais tarefas possam reduzir a intensidade dos pensamentos originais, elas provavelmente, no final, não cortarão a crença nuclear e os pensamentos que dela emanam. Em tais casos, pode valer a pena perguntar aos clientes qual evidência seria necessária para eles de fato aceitarem que seu pensamento anterior é disfuncional, e deixarem-no de lado. Coletar tais evidências, quase que por necessidade, retira os clientes de sua zona de conforto e requer uma experiência que seja tão inconsistente com as maneiras anteriores de pensar do cliente que o pensamento anterior se torna insustentável.

Uma questão que surge quando você trabalha com um pensamento negativo por algum tempo é constatar que suas intervenções são ineficazes. O cliente pode passar a aceitar esse pensamento negativo como somente uma parte de sua vida. Esteja ciente de que tal questão pode surgir quando você está abordando crenças duradouras e profundas. Tenha cuidado em não aceitar as predições negativas do cliente, visões de mundo ou crenças negativas sem uma revisão cuidadosa e muitas evidências de apoio. Certamente, não se junte ao cliente ao fazer frases negativas sobre os outros (por exemplo, "não me espanta que seu marido aja dessa maneira, pois todos os homens são egoístas"; "sim, os supervisores soam frequentemente críticos"). Esteja ciente de que tal aceitação de ideias negativas pode refletir sua própria visão de mundo, e que a terapia não trata da validação de seu sistema de crenças, mas de ajudar o cliente a resolver seus problemas. Podem haver momentos em que você se sinta sem esperanças ou desamparado em relação aos problemas do cliente. Se isso ocorrer, busque consultar alguém para obter uma nova perspectiva sobre o problema e/ou considere indicar o cliente a outro terapeuta.

Um fenômeno relativamente incomum é o cliente superzeloso. Tivemos clientes que levaram as intervenções cognitivas tão a sério que se tornou quase impossível afastá-los dessa abordagem. Por exemplo, pedimos que os clientes gerassem suas próprias folhas no computador para que controlassem seus pensamentos negativos, desenvolvessem um *software* que servisse como assistente pessoal para rastrear seus pensamentos, e para que se tornassem "superinvestigadores" ao nomear as suas próprias distorções cognitivas (e a dos outros). Alguns clientes tornam-se bastante adeptos de falar sobre seus pensamentos negativos, em vez de mudá-los. Esse padrão pode refletir um transtorno de personalidade obsessivo-compulsiva subjacente e a necessidade dos clientes de organizar até mesmo essa parte de suas vidas. Às vezes, isso reflete um desejo de entender, mas não necessariamente de mudar, o pensamento negativo. O enfoque sobre o rastreamento e a compreensão pode interferir nos esforços pela mudança, porque pode ser indicativo da evitação cognitiva. Seja como for, quando vemos esse tipo de padrão, normalmente passamos de um enfoque sobre o pensamento negativo para um enfoque comportamental e centrado na experiência. Tal mudança ajuda a enfocar a terapia sobre o sofrimento e os problemas do cliente, e estimula a ação mais do que o intelectualismo. Em geral, conforme afirmamos antes, não incentivamos a avaliação cognitiva ou a intervenção pela intervenção. A meta da terapia cognitivo-comportamental é resolver os problemas do mundo real em seu ambiente natural.

O CASO DE ANNA C. (CONTINUAÇÃO)

A quinta sessão com Anna C. foi cancelada no próprio dia da consulta, porque seu filho havia chegado doente da escola e ela "teve" de ficar em casa com ele. A consulta foi remarcada para a semana seguinte, e, quando ela chegou, o terapeuta usou o cancelamento como oportunidade para discutir se isso representava outro exemplo de colocar suas necessidades depois das necessidades de outras pessoas. Anna concordou que era assim, mas disse também que raramente tinha alternativa. Ela também reconheceu que tal espécie de acontecimento normalmente aumentava sua ansiedade acerca da saúde das outras pessoas.

O terapeuta apresentou a ideia das distorções cognitivas e ofereceu uma definição de algumas das distorções que Anna estava usando. A cliente resistia à ideia de que se tratasse de distorções, já que considerava seus pensamentos como "realistas". Mas o terapeuta e Anna concordaram que seria bom monitorar esses pensamentos em qualquer situação, de modo que o terapeuta demonstrasse como usar o Registro de Pensamentos para descobrir quando os pensamentos ocorriam e quais seus efeitos sobre Anna.

Anna retornou para a próxima sessão com cinco Registros de Pensamentos, em sua maioria relacionados a questões de saúde e de família. Sua observação foi a de que ela sempre se preocupava, e que não era preciso muito para que ela se preocupasse. Normalmente, a preocupação aumentava seu sofrimento, mas não levava a uma solução produtiva dos problemas. Por exemplo, qualquer notícia que ouvisse sobre câncer estimulava sua preocupação e tristeza sobre sua mãe, mas não era seguida de qualquer mudança em seu comportamento de enfrentamento. Juntos, o terapeuta e Anna, discutiram o conteúdo da preocupação e identificaram algumas distorções possíveis que foram relatadas. Anna concordou em dar continuidade ao Registro de Pensamentos, e o terapeuta trabalhou com ela nas duas próximas sessões para que ficasse mais ciente de seu pensamento negativo, e começasse a questionar o momento de seu início.

Ao revisar o Registro de Pensamentos, o terapeuta notou que outro padrão surgia, além daqueles relacionados ao autossacrifício e às preocupações relacionadas à saúde. Esse padrão era o uso bastante frequente da expressão "eu deveria" e as frequentes e altas expectativas em relação a si mesma. O terapeuta e Anna concordaram que seria bom discernir as áreas nas quais Anna tinha altas expectativas, de modo que elas pudessem ser mais tarde revistas e possivelmente ajustadas. Anna também continuou a agendar atividades e a ser mais assertiva quando a oportunidade surgia. Seu humor em geral estava melhorando. Embora ela continuasse a preocupar-se com o estado de saúde de sua mãe, constatou que estava também envolvendo-se em atividades mais positivas. A relação entre o terapeuta e Anna, sob todos os aspectos, era tanto apropriada quanto produtiva.

8

Avaliação e Modificação das Crenças Nucleares e dos Esquemas

> O modelo cognitivo-comportamental presume que os problemas clínicos representam os efeitos combinados das crenças nucleares ou esquemas, e algum gatilho ou acontecimento comportamental que ativa essas crenças. É a interação de crenças e gatilhos do ambiente que faz com que surjam os pensamentos específicos da situação, que, por sua vez, leva a consequências emocionais e comportamentais adaptativas ou desadaptativas. Neste capítulo, abordamos o que é presumivelmente o "núcleo" do problema, que são as crenças negativas ou os próprios esquemas. Oferecemos uma descrição das maneiras de acessar as crenças nucleares ou esquemas e, depois, algumas estratégias lógicas e baseadas em evidências para ajudar os clientes a mudar essas crenças e esquemas, se adequado. Também discutimos quando não fazer esse trabalho e quando aceitar tais aspectos duradouros do *self*.

Temos discutido estratégias para conceituar o processo de como o pensamento e os comportamentos negativos estão relacionados aos problemas de seu cliente. Também discutimos estratégias para intervir nos aspectos funcionais/comportamentais dos problemas de enfrentamento e, no Capítulo 7, apresentamos uma série de maneiras de avaliar e intervir em crenças nucleares ou esquemas negativos, que são, hipoteticamente, em parte responsáveis pelo desenvolvimento dos problemas de seu cliente. Você talvez se pergunte por que não começamos neste nível, se as crenças nucleares negativas são tão fundamentais para o processo de perturbação.

Temos várias razões para colocar este capítulo neste ponto do livro. Em parte, essas questões são normalmente abordadas nas fases finais da terapia e, por isso, estamos espelhando a sequência típica de tratamento. Como notamos antes, os clientes vêm mais frequentemente para a terapia quando suas tentativas de lidar com situações problemáticas foram além de suas capacidades. A maior parte dos clientes vem para a terapia com reclamações emocionais e comportamentais, porque elas são os produtos finais de processos cognitivo-comportamentais negativos. Alguns clientes estão conscientes de seus padrões de pensamento antes do começo da terapia, devido a tratamentos anteriores, inclinação de ordem psicológica ou por causa de leituras sobre a terapia cognitivo-comportamental. Embora esses clientes possam estar cientes do mal que seus pensamentos fazem para suas emoções e comportamentos, eles estão bem menos cientes de como mudar tais padrões. Independentemente disso, seria bastante incomum começar o tratamento no nível de identificação direta e na mudança de crenças nucleares, devido ao sofrimento do cliente e a outros interesses mais imediatos.

Depois de um certo momento na terapia, contudo, quando você e seu cliente tiverem conseguido abordar algumas das questões imediatas do tratamento, tiverem estabelecido uma boa aliança de trabalho e quando ele tiver aprendido alguns métodos para combater o pensamento negativo, os padrões cognitivos se tornam cada vez mais claros. É nesse ponto da terapia que você pode dar uma virada, para lidar mais diretamente com esses padrões.

A virada para um trabalho centrado nos esquemas ocorre com alguns clientes. Mas outros podem acabar o tratamento depois de seu sofrimento ser reduzido e de alguns dos problemas terem sido resolvidos. Também, em alguns casos, os clientes podem não ter a energia ou o interesse de começar esse processo, ou podem simplesmente não dispor dos recursos financeiros ou de um plano de saúde que permita dar continuidade ao tratamento. Pelo fato de o trabalho centrado em esquemas tender a seguir a melhora dos sintomas e enfocar os fatores subjacentes, ele normalmente toma mais tempo do que outros tipos de intervenção cognitivo-comportamentais. Ainda neste capítulo, abordaremos a questão de como respeitar a opção do cliente de não querer levar em frente o tratamento relacionado aos esquemas.

Considere a terapia de esquemas para o seguinte:

- Clientes cujas crenças ou esquemas subjacentes criam risco de recaída.
- Clientes cujos sintomas imediatos ou problemas reduziram-se marcadamente.
- Clientes que sabem participar de discussões mais abstratas.
- Clientes que não estejam correndo o risco de transtorno psicótico.
- Clientes que tenham os recursos e o interesse de permanecer em um tratamento mais longo.

♦ DEFINIÇÃO DOS ESQUEMAS

Uma questão que surge é a de por que termos diferentes são usados para falar sobre os amplos e duradouros padrões cognitivos que são enfocados pela terapia cognitivo-comportamental. Esses termos incluem *atitudes, valores, hipóteses (pressupostos), crenças e esquemas*. Mas será que realmente importa qual é o termo usado? Nossa posição é a de que não importa tanto assim. As atitudes e os valores são em geral conceituados como opiniões que há muito existem sobre um tópico, objeto ou pessoa; elas geralmente envolvem alguma valência emocional. Nós comumente pensamos sobre as atitudes positivas ou negativas (embora as atitudes possam também ser neutras), e com frequência enfocamos a valorização ou desvalorização de certas pessoas, ideias ou objetos. As hipóteses (ou pressupostos), ao contrário, são em geral ideias que há muito existem sobre as relações entre vários conceitos ou pessoas. Podemos presumir, por exemplo, que as "pessoas más" serão de alguma forma punidas, que as pessoas que trabalham duro progredirão em sua carreira ou que "por ser alguém que não merece ser amado, ninguém se importa comigo". Essas frases, por definição, caem no formato "se-então" da relação lógica. Como tais, elas ficam mais perto do que pode ser útil na terapia cognitivo-comportamental, que também usa um modelo que examina como os clientes reagem a diferentes situações e permite que você, como terapeuta, use uma variedade de técnicas, incluindo aquelas que enfocam a mudança da situação, ou que envolvam a mudança da resposta do cliente à situação.

As crenças e os esquemas são noções relativamente permanentes sobre os objetos, pessoas ou conceitos, e as relações entre eles. Da mesma forma que os conceitos anteriores, elas se formam como um resultado de um conjunto complexo de processos de desenvolvimento. Algumas das influências sobre os esquemas de desenvolvimento de uma criança incluem ideias que são dadas a conhecer pelo mundo (definido em termos amplos como pais, família em geral, amigos, mídia, música e influências educacionais e outras). À medida que a criança cresce, as experiências pessoais do mundo criam ideias, e as ações que concretizam, reforçam ou desafiam essas ideias moldam a forma que esses esquemas adquirem ao longo do tempo. As crenças e os esquemas podem ser categóricos (por exemplo, "Todos os homens são egoístas") ou relativos (por exemplo, "A maior parte das pessoas atraentes acaba ficando com outras pessoas atraentes"). Eles podem também ser dirigidos ao *self*, aos outros e ao mundo em geral. As crenças e os esquemas podem também ser históricos e específicos (por exemplo, "Eu era feliz e livre quando era criança") ou futuristas e gerais (por exemplo, "Nunca vou conseguir ir em frente"). As pessoas de uma determinada sociedade com frequência orientam suas crenças de acordo com eixos comuns ou temas que são relevantes para a autoestima, tais como orientação social, inteligência, popularidade, mas crenças e esquemas podem também ser altamente idiossincráticos, com base em processos únicos de desenvolvimento.

Os esquemas são potencialmente similares às características da personalidade, no sentido de que eles são aspectos de longo prazo do *self*, mas são diferentes no sentido de que as características em geral são apenas vistas como aspectos do *self*. Infelizmente, a pesquisa e a teoria da personalidade também ficaram associadas ao conceito de transtornos de personalidade (A. T. Beck, Freeman e Davis, 2004; Widiger e Frances, 1994). Na verdade, as teorias da personalidade oferecem muito mais construtos do que foram usados nas formulações diagnósticas (cf. Murray, 1938; Jackson, 1967; Widiger e Simonsen, 2005), mas no âmbito da psicologia clínica e da psiquiatria, nosso enfoque tem estado, em geral, nos padrões problemáticos do pensamento, comportamento ou emoção, e não na ampla gama desses construtos. Além disso, o conceito de personalidade com frequência leva a um enfoque interno do indivíduo e tende a não enfatizar os fatores ambientais ou situacionais que ou estimulam ou inibem a expressão desses fatores. Por essas razões, tendemos a não incentivar a ênfase em fatores de personalidade nas conceituações de caso no âmbito da terapia cognitivo-comportamental.

Com base nessa discussão, apresentamos estratégias para avaliar, acompanhar e modificar essas crenças ou esquemas. Esses termos são usados intercambiavelmente, porque as diferenças em significado são relativamente menores. À medida que conceituamos esses conceitos, as crenças e os esquemas são relativamente aspectos permanentes do modo como construímos o mundo e retiramos sentido das experiências que nos cercam. Uma definição útil é a de que "o conceito de esquema se refere a estruturas cognitivas de conhecimento anterior organizado, abstraído da experiência com instâncias específicas; os esquemas guiam o processamento de novas informações e a obtenção de informações armazenadas" (Kovacs e Beck, 1978, p. 527). Essa definição destaca os processos cognitivos que são afetados pelos esquemas, incluindo as tendenciosidades da memória que ajudam a reforçar os esquemas existentes. Mas também são destacadas as tendenciosidades centradas no futuro, tais como a tendência de prestar atenção a informações que sejam coerentes com os esquemas existentes, e a tendenciosidade corolária, que significa prestar menos atenção a informações incoerentes ou irrelevantes para os esquemas (Mahoney, 1991). Tais tendenciosidades ajudam a explicar a durabilidade dos esquemas, porque elas possuem um aspecto de autoperpetuação.

Young, Klosko e Weishaar (2003) falaram sobre o modo como os esquemas se repetem ao longo do tempo. Algumas pessoas adotam comportamentos de *manutenção de esquemas*, ações que são coerentes com a crença do indivíduo a respeito de si e que a reforçam. Por exemplo, para uma cliente que acredita que ninguém possa apaixonar-se por ela e nunca se envolve intimamente com alguém, a ausência de relacionamentos perpetua a crença de que ninguém se apaixonará por ela. Alguns clientes que assim pensam podem dedicar toda sua atenção, tempo e energia a ações que não se relacionam à intimidade. Esse comportamento de *evitação de esquemas*, embora não mantenha diretamente, para o cliente, o esquema de que ninguém possa se apaixonar por ele, não obstante também não permite que haja a provisão de qualquer evidência ou experiência contrária ao esquema, mantendo-o, portanto. Finalmente, alguns clientes adotam os comportamentos de *compensação de esque-*

mas, comportando-se de um modo que compensa em excesso o esquema. Uma cliente com um esquema segundo o qual ninguém pode se apaixonar por ela, pode se tornar sexualmente promíscua e ter muitos homens a seu redor, mas essas relações não são de fato íntimas e carinhosas, e, de certa maneira, reforçam e sustentam a crença da cliente de que ninguém pode se apaixonar por ela. Young e colaboradores descreveram o desenvolvimento, a manutenção e o tratamento desses comportamentos para os clientes com problemas interpessoais e outros problemas.

Como já sugerimos antes, os esquemas são ubíquos. Todos os seres humanos têm esquemas, e sobre muitos tópicos diferentes. Na terapia cognitivo-comportamental, tendemos a enfocar esquemas sobre o *self* e as relações interpessoais, porque estas são as relações que tipicamente estão associadas com o sofrimento e com as metas terapêuticas. Nos subcapítulos a seguir, discutiremos em primeiro lugar como identificar e avaliar esses esquemas e depois como abordá-los a partir de uma perspectiva de mudança ou aceitação.

♦ Descobrindo crenças e esquemas

As crenças e os esquemas são identificados de várias formas na terapia. Conforme já se descreveu, parte do processo de conceituação na terapia cognitivo-comportamental envolve a especulação sobre as crenças nucleares ou esquemas que tornam os clientes suscetíveis aos problemas que apresentam. Muitos dos artigos sobre transtornos específicos incluem uma descrição dos esquemas mais comuns vistos nesses transtornos (cf. Riso, du Toit, Stein e Young, 2007).

Conforme observado no Capítulo 7, fazemos uma distinção entre pensamentos específicos de uma situação e crenças ou esquemas mais estáveis. Quase que por definição, se você ouvir um pensamento, expresso por um cliente, que não seja específico de um momento ou situação, mas mais temático ou estável, será então mais provável que ele se torne uma crença nuclear. Sendo um terapeuta que busca trabalhar com tais temas, você provavelmente ouvirá falar deles e os incluirá em suas conceituações de caso. Mesmo que aquilo que você ouve confirme suas hipóteses, não se esqueça das evidências não confirmadoras, e não crie pressupostos prematuros sobre os esquemas de seu cliente. Tenha em mente, contudo, que os padrões de emoções e comportamento também podem refletir uma crença nuclear. O cliente que seja normalmente bravo e que com frequência é socialmente evitativo provavelmente tenha algumas crenças que precipitam tais reações. Além disso, os clientes que com frequência encontram-se em situações similares (por exemplo, com pessoas que estejam irritadas com eles) estão constantemente fazendo coisas baseadas em seus esquemas que, por sua vez, provocam reações comuns nos outros.

Buscando temas

À medida que você busca temas comuns ao longo do tempo, os padrões surgem ocasionalmente, sem a necessidade de qualquer avaliação específica. Como terapeuta, você pode ter uma compreensão dos padrões e descrevê-los para o seu cliente em um determinado ponto do tratamento. Nosso conselho, em primeiro lugar, é descrever o que você observou na terapia e ver se o cliente concorda que isso constitua um padrão. Se possível, faça com que o cliente dê um nome ou rótulo a esse padrão e depois avalie a maneira pela qual ele o compreendeu. Se a descrição não for apresentada como uma confrontação, mas sim como algo que você tenha observado e sobre o qual tenha meditado, o cliente participará do processo com mais facilidade. Por outro lado, não incentivamos a rotulação do esquema como algo que você tenha identificado para depois explicar ao cliente como tal esquema funciona ou para mostrar-lhe os problemas que você considera como decorrentes.

Alguns clientes desenvolvem a consciência de seus próprios padrões e podem vir para a terapia já prontos para discuti-los.

Outros clientes começam a terapia com essa compreensão, em especial se eles já passaram por outro tratamento antes da terapia cognitivo-comportamental, se leram algum livro sobre seus problemas ou se têm uma inclinação para temas relacionados à psicologia. Nossa sugestão, novamente, é perguntar a eles quais são as evidências ou experiências que perceberam como parte desse processo. Aqui pode estar um ponto decisivo sobre o fato de ser ou não o momento adequado para enfocar as crenças nucleares. Nossa perspectiva é que alguns problemas concretos devem ser resolvidos primeiramente na terapia, e você também precisa ter experiência suficiente com o cliente para ver o esquema em funcionamento antes de começar a intervir. Envolver-se nesse processo muito precocemente pode levar a intervenções mal-orientadas ou, pior, criar um confronto entre suas ideias de mudança e os esquemas do cliente. Por exemplo, se um dos esquemas de seu cliente disser respeito ao fato de ele sentir-se subaproveitado ou desvalorizado, e você estiver incentivando a mudança, o próprio ato de intervenção pode levar o cliente a concluir que você também não valoriza a pessoa que ele é. Por outro lado, se o cliente tiver reconhecido as influências negativas de certas crenças nucleares, então será o momento da terapia para, no mínimo, entender melhor esse processo, se não para intervir. No exemplo anterior, você poderá discutir a ideia de que, por um lado, você gostaria que o cliente analisasse sua sensação de que é desvalorizado, mas sua preocupação, como terapeuta, é a de que isso possa fazer com que ele se sinta desprestigiado. Ao fazer isso, você começa a dar nome à crença e a avaliar a condição do cliente de examinar esses processos.

Experiência recorrente

Outro tipo de resposta que pode indicar que você está perto de identificar um esquema nuclear ocorre quando o cliente expressa a ideia de que a experiência atual faz com que ele se lembre de uma experiência anterior de sua vida. As experiências recorrentes, especialmente quando "sentidas" como similares, são uma boa indicação de que o esquema do cliente tenha sido ativado por essa memória. Uma boa estratégia é sondar mais profundamente as situações anteriores, e perguntar a ele o que faz com que as duas situações sejam similares. Tente descobrir como essas situações se encaixam na conceituação cognitivo-comportamental do caso.

Seta descendente

Como descrevemos no Capítulo 7, uma técnica para a avaliação de crenças nucleares, a seta descendente, pode ser usada para que cheguemos até o fundo das crenças fundamentais, ou para que examinemos as inferências que seu cliente associa a vários acontecimentos, pensamentos ou experiências em múltiplas situações. Com o tempo, a avaliação do encadeamento de inferências ajuda a identificar as crenças nucleares de seu cliente. Mesmo que você não use o método da seta descendente por inteiro, terá uma noção das inferências feitas pelo cliente, e sobre quais são os significados atrelados.

Compartilhando a conceituação de caso

Outra estratégia comumente usada para avaliar e esclarecer o papel dos esquemas é compartilhar a conceituação do caso com o cliente. Já sugerimos que uma conceituação de caso pode ser desenvolvida depois da primeira sessão, e que ela naturalmente evolui e se torna mais completa e detalhada ao longo do tratamento. Quando você e o cliente estiverem prontos para discutir o esquema, você poderá usar uma série de formatos variados para discuti-lo. Um de nós (K. S. D.) tende a usar o formato apresentado na Figura 3.1 para descrever as relações entre os esquemas, ativando situações, pensamentos automáticos e consequências comportamentais e emocionais. A maneira pela qual a formulação do caso é compartilhada com o cliente depende do próprio cliente. Você pode usar as formas desenvolvidas por Persons (1989) ou por J. S. Beck (1995) como base para discussão. Com qualquer uma dessas técnicas, mais do que estimular o cliente a examinar seus esquemas para além de seus efeitos imediatos, você estará estimulando uma avaliação metacognitiva do esquema e de seus efeitos.

Tarefas comportamentais

Os esquemas podem também ser avaliados por meio de tarefas comportamentais. Por exemplo, você e o cliente podem criar a hipótese de que ele tem uma crença nuclear que será rejeitada pelos outros caso seja aberto e honesto. Tal pressuposto está em geral baseado em uma crença mais profunda sobre ser socialmente indesejável, que pode ser apresentada como hipótese ao cliente. Para testar essa hipótese, porém, você e o cliente poderiam criar uma tarefa na qual ele atue de modo proposital mais aberto do que o normal, para verificar a ativação ou não do pressuposto. Observe que essa tarefa também apresenta potencialmente evidências não confirmadoras para a crença, mas a parte fundamental da avaliação é ver se a situação em si provoca os pensamentos automáticos esperados com base na formulação do caso.

Situações hipotéticas

Uma alternativa de menor nível de exigência é construir acontecimentos hipotéticos e ver como o cliente pensa ou responde em tais situações. Essas predições provavelmente se aproximem das respostas reais (mas tenha cuidado com a tendenciosidade das predições), e uma das virtudes de usar situações hipotéticas é que elas são relativamente fáceis de criar e de modificar na determinação de quais parâmetros da situação estão mais associados com respostas negativas. As avaliações hipotéticas são também úteis se os ativadores são incomuns ou de difícil reprodução na tarefa de casa. Mas tenha cuidado de que tais avaliações são experiências de pensamento que podem ou não refletir a experiência real de seu cliente em uma situação da vida real. Tenha cuidado, também, com o fato de que alguns clientes ficarão felizes em falar sobre como eles pensam que responderiam, porque pode permitir que eles evitem o teste efetivo e real das predições. Tente, se possível, desenvolver uma avaliação *in vivo* das crenças nucleares, em vez de depender de acontecimentos hipotéticos.

Perspectiva histórica

Outra estratégia que ajuda na avaliação dos esquemas é perguntar por sua base histórica. Em geral, nossa perspectiva é a de que os esquemas se desenvolvem quando têm um propósito prático, seja para tirar sentido do mundo ou para ajudar o cliente a adaptar-se à situação corrente. Desenvolver uma crença de que é uma pessoa que tem defeitos, por exemplo, pode ser uma maneira adaptativa de um adolescente compreender o fato de ser rejeitado socialmente. Se você puder identificar o período aproximado na vida dele em que o esquema se desenvolveu pela primeira vez, e compreender como o esquema foi adaptativo *naquele momento*, o fato poderá oferecer-lhe mais evidências de que você identificou com precisão um esquema antigo que tem se mantido ao longo do tempo e que agora causa sofrimento ou perturbação.

Ativação emocional

Outra estratégia para avaliar os esquemas é empregar as técnicas emotivas para ativar esses esquemas. Por exemplo, seu cliente pode ter vindo à terapia por causa da depressão e de outros problemas. Quando você começar a abordar os esquemas abertamente na terapia, o nível de depressão do cliente pode estar bastante reduzido. Por isso, pode ser mais difícil para ele ficar ciente do esquema e de suas consequências. Em tais casos, você pode fazer uma avaliação na qual estimula o cliente a lembrar-se de um momento infeliz de sua vida e a tentar sentir a experiência como se ela estivesse de fato ocorrendo no momento presente, para ver se a ativação emocional pode trazer à tona crenças passadas. Em alguns casos, esse tipo de ativação emocional pode ser útil para demonstrar ao cliente que o esquema ou crença ainda está presente, mas menos ativo devido ao sucesso do tratamento.

Materiais de leitura

Alguns clientes beneficiam-se com as leituras sobre crenças nucleares e esquemas. Estamos bem preparados, se o cliente expressar um desejo, e se tiver a capacidade intelectual e de leitura, para recomendar capítulos, livros ou outros materiais que ajudam a entender o modelo como seus problemas se relacionam às crenças disfuncionais. Boas fontes incluem capítulos selecionados de *The Feeling Good Handbook* (Burns, 1989, 1999), *Reinventing your life* (Young e Klosko, 1994) ou *Mind over Mood* (Greenberger e Padesky, 1995)*. Tivemos clientes que leram manuais terapêuticos para entender como o modelo de um determinado transtorno se encaixava em suas personalidades. Também, embora tendamos a recomendar materiais que tenham ênfase cognitivo-comportamental, podemos recomendar a leitura de outros modelos, se eles forem relevantes para o caso em questão.

Avaliação formal

Uma maneira formal de avaliar esquemas é por meio do uso de questionários. Duas mensurações relevantes para a depressão são a Dysfunctional Attitude Scale (DAS; Weissmann e Beck, 1980) e a Sociotropy-Autonomy Scale (SAS; Bieling, Beck e Brown, 2000; D. A. Clark e Beck, 1991). Ambos os métodos pedem aos clientes que leiam uma série de frases que refletem, potencialmente, as crenças disfuncionais, e que indiquem o quanto concordam com elas. A DAS original continha 100 itens, mas duas versões similares de 40 itens foram desenvolvidas depois. O Formulário A, que é a escala mais comumente usada (Nezu et al., 2000), foi desdobrado em outras duas escalas, que são as mesmas da SAS. Elas refletem a sociotropia ou a autonomia. *Sociotropia* é a tendência de retirar significado das relações sociais e validá-las (A. T. Beck, 1993); pessoas sociotrópicas são vulneráveis à ansiedade, quando elas temem a perda de relações ou o contato social, e à depressão, se ocorrerem tais acontecimentos negativos. *Autonomia* relaciona-se aos interesses relativos à independência e ao reconhecimento. As pessoas autônomas são vulneráveis à ansiedade, se esses interesses são ameaçados, e à depressão, se houver perda de independência, falta de reconhecimento pelo sucesso, ou fracasso. Os estudos têm em geral confirmado que os altos escores nas escalas sociotrópicas indicam depressão futura, se os ativadores estiverem estabelecidos; os indicadores relativos à autonomia são de compreensão mais difícil (D. A. Clark, Beck e Alford, 1999).

A outra escala disponível para mensuração de esquemas é a Young Schema Questionnaire (YSQ; www.schematherapy.com/id55.htm), uma escala do tipo autorrelatório, com 205 itens. A YSQ apresenta frases que refletem vários esquemas possíveis, com os quais se pede ao cliente concorde (ou não). Há 11 esquemas negativos racionalmente elaborados na YSQ, com base na obra de Young (ver Quadro 8.1). A YSQ foi analisada fatorialmente, e a estrutura teórica foi sustentada por tal obra (Lee, Taylor e Dunn, 1999). É relativamente longa e requer um tempo para sua realização, mas de fato apresenta um perfil de vários esquemas que podem estar presentes em seus clientes. Os pontos fortes da YSQ são os de que os autores descreveram detalhadamente o fenótipo de cada esquema, uma descrição prototípica do desenvolvimento de esquemas e das operações, bem como as intervenções potenciais para esses esquemas (Young et al., 2003).

Uma das questões que surge com as avaliações dos esquemas é a de quando usá-las no tratamento. Se essas escalas forem preenchidas no começo do tratamento, os resultados podem ser inflados pelo sofrimento do cliente naquele momento. Se forem preenchidas em momento muito tardio do tratamento, os esquemas podem já estar mudan-

---

* N. de R.: Publicado pela Artmed em 1999.

do, e, com isso, será mais difícil obter uma medida de seus efeitos. Nossa recomendação é a de esperar para fazer a avaliação no momento da terapia em que uma série dos problemas iniciais do cliente tenham melhorado, mas em que o cliente ainda esteja lutando contra os pensamentos negativos. Assim, os esquemas ainda estarão ativos e acessíveis à avaliação mas menos propensos a serem inflados pelo sofrimento. A escala pode ser apresentada como uma maneira de melhor entender o pensamento do cliente. Quando você apresenta os resultados ao cliente também é um bom momento de descrever a conceituação de caso e obter as respostas dele. Idealmente, as escalas confirmam sua conceituação de caso e podem ser oferecidas ao cliente como outra validação do modo como você passou a pensar sobre os problemas dele. Muitos clientes consideram muito útil o retorno obtido por meio do YSQ e de outras mensurações, bem como a discussão de seguimento relativas a seus esquemas.

♦ MUDANDO OS ESQUEMAS

Você chegou ao ponto da terapia em que o funcionamento cotidiano do cliente melhorou. Você determinou qual das crenças nucleares contribuiu para os problemas iniciais e discutiu com o cliente algumas das bases históricas para esses esquemas, além de como eles tinham sentido na época em que se desenvolviam. Você talvez tenha usado questionários para avaliar a presença de vários esquemas, mas certamente terá desenvolvido e compartilhado com seu cliente uma descrição idiográfica da conceituação do caso, chegando a um consenso sobre ela. Você está potencialmente pronto para começar a mudança de esquemas, não tanto para resolver os problemas atuais, mas possivelmente para reduzir o risco de recaída ou de problemas futuros.

Instamos você a pausar por um instante antes de mergulhar nas intervenções para mudança de esquemas. Embora possa ser ló-

QUADRO 8.1 Esquemas desadaptativos precoces identificados pelo Young Schema Questionnaire

1. abandono/instabilidade
2. desconfiança/abuso
3. privação emocional
4. defectividade/vergonha
5. isolamento social/alienação
6. dependência/incompetência
7. vulnerabilidade a danos ou doenças
8. emaranhamento/ *self* subdesenvolvido
9. fracasso
10. merecimento/grandiosidade
11. autocontrole/autodisciplina insuficiente
12. subjugação
13. autossacrifício
14. busca de aprovação/ busca de reconhecimento
15. negatividade/pessimismo
16. inibição emocional
17. padrões inflexíveis/hipercriticidade
18. punibilidade

Nota: De Young, Klosko e Weishaar (2003). © 2003, The Guilford Press. Usado com autorização.

gico que mudar os esquemas disfuncionais reduz a vulnerabilidade a sofrimentos futuros, e você e seu cliente possam concordar, modificar os esquemas é um trabalho difícil. Pedir-se-á ao cliente, em essência, para desafiar algumas das maneiras fundamentais pelas quais ele construiu a si mesmo e atribui sentido ao mundo. Mudar os esquemas pode implicar a necessidade de o cliente modificar os círculos sociais, confrontar as pessoas do passado e mesmo de enfrentar a rejeição dos outros, se estes percebem que ele mudou "demais". Esse trabalho provavelmente leve a alguma desestabilização da identidade e pode em curto prazo de fato aumentar, mais do que diminuir, o sofrimento.

Além disso, as evidências que dão sustentação à mudança de esquemas são relativamente fracas. Em uma análise dos componentes da terapia cognitiva da depressão, a adição de reestruturação cognitiva ou de intervenções baseadas em esquemas na ativação de métodos terapêuticos de ativação comportamental não melhorou os resultados clínicos no tratamento agudo da depressão (Jacobson et al., 1996). Em relação à questão corrente, contudo, acrescentar essas intervenções à terapia de ativação comportamental não reduziu o risco de recaída em um período de dois anos de seguimento (Gortner, Gollan, Dobson e Jacobson, 1998; ver também Dimidjian et al., 2006). Assim, pelo menos no tratamento da depressão, as evidências de benefícios adicionais decorrentes do trabalho com esquemas são limitadas. Trabalhos recentes têm demonstrado que a terapia de esquemas no contexto do transtorno da personalidade *borderline* de fato reduz tanto o sofrimento de curto quanto de longo prazo (Giesen-Bloo et al., 2006). De acordo com o nosso conhecimento, diferentemente, apenas estudos de caso e testes não controlados sustentam o valor das intervenções baseadas em esquemas. Com certeza, muitas evidências obtidas por meio de discussões informais com os terapeutas sustentam o uso da obra de Young e colaboradores (2003), mas mais pesquisas são necessárias.

Essas considerações sugerem-nos que, antes de embarcar nessa viagem com nossos clientes, todos precisamos acreditar de modo genuíno que os benefícios superarão os custos associados ao tempo, ao dinheiro e ao provável sofrimento emocional. Também pelo fato de os clientes quase nunca virem para a terapia com uma meta de tratamento para esse tipo de mudança, pelo fato de a ciência dos esquemas disfuncionais surgirem ao longo da terapia, acreditamos que temos uma obrigação ética de obter o consentimento explícito do cliente para o trabalho, antes de que percorramos um grande caminho. Uma das primeiras coisas que precisa ser feita nesse contexto é conversar com os clientes sobre as implicações e as consequências potenciais de fazer as mudanças dos esquemas, de modo que eles entendam o compromisso. Também respeitamos o direito de nossos clientes de não dar tal consentimento, ponto em que nós passamos a um modo de planejamento de término e recaída (ver Capítulo 9). Além disso, e muito embora reconheçamos que os dados sobre essa questão sejam controvertidos, o modelo cognitivo prevê que os clientes que não fazem mudanças de esquemas têm uma probabilidade maior de recaída. Portanto, é uma boa prática oferecer uma "porta aberta", de modo que eles possam retornar à terapia rapidamente no futuro, possivelmente para abordar essa mudança em tal momento. É também bastante provável que os clientes gradualmente mudem seus esquemas sem intervenções diretas, comportando-se e pensando diferentemente ao longo do tempo. Se eles continuam a fazê-lo depois de o tratamento terminar, é bastante possível que seus esquemas possam mudar por causa de suas experiências diferentes, sem o benefício da terapia formal de esquemas.

♦ MÉTODOS DE MUDANÇA DE ESQUEMAS

Com base na hipótese de que você e seu cliente aceitem a unidade clínica da mudança de esquemas, e que o cliente tenha dado seu consentimento ao trabalho, há duas estratégias amplas para realizá-lo. Há métodos baseados em evidências e métodos de mudança lógica, e cada um é descrito separadamente aqui.

Métodos de mudança baseados em evidências

Há uma série de estratégias para ajudar seus clientes a modificar suas crenças ou esquemas centrais. Tipicamente, essas intervenções começam com a identificação do esquema existente ou "velho", que é então contrastado com um esquema preferido ou "novo". De uma perspectiva puramente prática, com frequência começamos com uma discussão lógica dos custos e benefícios dos esquemas velhos e novos, para ajudar os clientes a aceitar em princípio que a mudança de esquemas é uma boa ideia (ver a discussão abaixo), e depois usar ideias baseadas em evidências para enfatizar o valor da mudança.

O reconhecimento do continua

Uma estratégia usada no trabalho de esquemas é mudar os esquemas de características categóricas para um *continuum* mais específico, ou um conjunto de *continua*. Por exemplo, um cliente pode ter o esquema de ser "desconfiado". Esse esquema pode ter se desenvolvido a partir de uma série de experiências de vida, incluindo pais conflituosos, várias rejeições sociais ou mesmo relações abusivas. Mas a desconfiança pode estar agora associada com estar só, rejeitar quaisquer abordagens sociais, ter medo dos outros, imaginar quais são as motivações dos outros e até tentar ler mentalmente sobre quais possam ser tais motivações. Em vez de tentar modificar o esquema geral de ser desconfiado, pode ser mais fácil identificar os marcadores comportamentais ou emocionais do esquema e mexer-se para mudá-los. Por exemplo, é mais fácil reconhecer, avaliar e reestruturar a leitura da mente do que mudar um construto mais global, tal como a desconfiança. Mas ao mudar os elementos fundamentais, o construto maior mudará com o tempo.

Diário de dados positivos

Outra estratégia baseada em evidências para modificar os esquemas também depende da identificação de marcadores fundamentais do novo e desejado esquema. Tendo feito isso, a tarefa do cliente, então, é a de começar a observar e anotar sob a forma de diário as evidências que sustentam o desenvolvimento do novo esquema. Ao fazê-lo, o foco de atenção muda para evidências positivas, e fomenta outras ações positivas ou cognições que sustentam a crença mais positiva. Por exemplo, uma mãe que sempre se preocupa com seus filhos adultos, o que pode levá-la a intrometer-se em suas vidas, poderia, em vez disso, tentar desenvolver um esquema de ser "cuidadosa e interessada", e desenvolver várias maneiras de demonstrar esse novo esquema, que pode, então, ser rastreado e/ou aumentado usando um *Diário de dados positivos*. Na prática, esses diários geralmente têm duas colunas. No topo da página, os títulos dos velhos e dos novos esquemas são escritos, e depois os dados que estejam de acordo com o novo esquema são escritos em uma coluna. A outra coluna é usada para rastrear evidências que não sejam consistentes com o velho esquema, mas com uma reinterpretação mais positiva e terapêutica.

Evidências para os esquemas velhos e novos

Conforme os esquemas dos clientes começam a mudar, uma extensão do *Diário de dados positivos* é a de desenvolver uma forma de registrar evidências que sustentem a existência e os efeitos dos esquemas velhos e novos. Inicialmente, pode ser que a evidência indique fortemente que o velho sistema de crenças é dominante, mas, à medida que a mudança começa a ocorrer (esperamos que o cliente mude), a evidência para a nova crença torna-se mais forte e mais crível.

O que seria necessário para mudar a crença?

Rastrear mais informações objetivas sobre velhas e novas crenças pode levar a uma discussão dos tipos de evidência que o cliente requer para acreditar integralmente que o novo esquema tenha se "enraizado" e esteja começando a guiar suas escolhas comportamentais e interpretação de situações. Essa discussão pode ser muito útil, esclarecendo as crenças do cliente relativas à natureza da mudança, a extensão da mudança possível, e os critérios que ele emprega para reconhecer a mudança nessa área. Alguns clientes criam um padrão tão alto que é bem improvável que acreditem um dia que tenham de fato mudado. Outros podem ver um simples obstáculo como evidência de que falharam na meta da mudança de esquemas. Antecipar esses obstáculos com os clientes e estabelecer marcadores concretos e objetivos para a mudança ajuda a reduzir o risco dessas dificuldades.

A questão sobre o que seria necessário para mudar a crença ajuda você, como terapeuta, a avaliar os prospectos realistas de uma mudança internalizada e sentida pelo cliente. Por exemplo, se uma cliente que enfrenta problemas com a falta de confiança diz que precisa ter confiança e estar calma na relação com todas as pessoas que ela encontra para realmente acreditar que o esquema mudou, ela provavelmente será desestimulada e potencialmente perceberá a si mesma como alguém que não atinge a meta de seu tratamento. Um esquema novo e mais realista pode ser o de dar aos outros uma chance de provarem-se a si mesmos. Outra possibilidade pode ser a de aprender alguns sinais de julgamento de quem pode ser confiável e de quem não pode. Novamente, mover-se em direção ao novo esquema é mais provável do que por meio do ajuste de padrões ou metas impossíveis por meio de discussões com o cliente e pelo estabelecimento de alguns pontos de referência realistas.

Dramatizações terapêuticas

Outra estratégia para modificar esquemas é por meio do uso do tempo da terapia para praticar. Por exemplo, se o velho esquema do cliente foi "incompetente" e quisermos que o novo seja "seguro e competente", você poderá ajudar o cliente a praticar como agir de maneira segura e competente na sessão de terapia. Alguns clientes podem precisar de instruções comportamentais, ou de alguns outros métodos discutidos no Capítulo 6, para fazer mudanças comportamentais, especialmente se seus históricos infantis foram empobrecidos ou não conseguiram oferecer as habilidades fundamentais nesse campo. Essas habilidades podem ser comunicadas e praticadas na sessão de terapia, de modo que eles tenham a oportunidade de ampliar ao máximo suas chances de sucesso. De maneira ideal, você pode até desenvolver algumas dramatizações exigentes, nas quais você cada vez mais desafie o novo esquema, mais positivo, que estiver sendo trabalhado. Você pode até apresentar-se como um "advogado do diabo", usando as mesmas informações que o cliente usou no passado, para repreendê-lo ou criticá-lo, para ver como ele lida com essa evidência, à medida que o novo esquema se desenvolve.

"Confrontação" na terapia

Conforme discutido por Young e colaboradores (2003), ajuda muito usar a própria relação de terapia para promover a mudança de esquemas. Por exemplo, se você tiver um cliente que seja socialmente dependente ou exigente, talvez pelo fato de o esquema dele ser de inépcia ou incapacidade de estimular a mudança, você e ele podem discutir como o esquema está mudando no âmbito da relação de tratamento, e você pode incentivar tal mudança por meio de seus próprios comentários e ações. Idealmente, quando você perceber esses sinais, poderá oferecer um *feedback* positivo ao cliente, indicando que notou as mudanças. Dessa forma, a relação terapêutica em si pode tornar-se um veículo para demonstração de que o esquema está mudando.

John é seu cliente há algum tempo. Ele inicialmente apresentava preocupação generalizada e sintomas depressivos. Com o tempo, você percebeu que ele buscava afirmação e tendia a respeitar a terapia. Uma vez que seus sintomas melhoraram, ele expressou interesse pela terapia de mudança de esquemas. Quando você reconceituou o caso, os esquemas relacionados à dependência das pessoas de confiança e o medo do fracasso ficaram claros. Nas sessões de terapia, você apontou-lhe as vezes em que ele buscou orientação em você e em que minimizou seus próprios esforços pela mudança. Você diz a ele que também pode cometer erros ao orientá-lo. Você o incentiva a correr riscos nas sessões e a fazer escolhas por conta própria. Juntos, você e João avaliam o progresso da terapia, incentivando o *feedback* genuíno ao longo do processo.

Tarefas comportamentais

Uma das estratégias comuns e mais eficazes para gerar evidências que sustentam a utilidade de um novo esquema é a das tarefas comportamentais. Essa estratégia consiste na discussão, com o cliente, sobre como ele agiria, pensaria e se sentiria caso de fato internalizasse o novo esquema. Você e o cliente podem elaborar uma tarefa comportamental na qual algum aspecto do novo esquema é interpretado. Por exemplo, uma cliente quieta e passiva que adota o papel de mártir no trabalho e que lá, regularmente, fica até mais tarde para fazer hora extra e "salvar" seu chefe ineficaz poderia conscientemente decidir ser mais assertiva e não fazer hora extra. A experiência direta oferecida pela adoção de ações associadas com o novo esquema propiciará a aprendizagem experiencial com essa nova maneira de pensar e agir. Se tudo der certo, quando a tarefa de casa for revisada, o cliente perceberá mais vantagens do que desvantagens associadas ao novo esquema, e sentir-se-á estimulado a dar passos mais largos nessa nova direção.

John, o cliente sobre o qual falamos há pouco, continua a buscar afirmação em você e reluta em correr riscos. Depois de reidentificar o esquema de dependência e medo de falhar, e de discutir como tal esquema interfere na mudança, uma tarefa colaborativa comportamental é apresentada como tarefa de casa. Ele concorda em comportar-se "como se" não fosse tão dependente da aprovação das pessoas a quem respeita. John tende a ser muito agradável quando sua parceira faz sugestões relativas às atividades de final de semana. Ele sugere atividades em que está interessado, mas não tem ideia se ela gosta ou não delas. Além disso, tanto você quanto John concordam que ele fará um experimento adicional que ele considera útil, mas que não é discutido na sessão.

Agindo "como se"

Uma tarefa similar, mas ampliada, é tentar agir como se o novo esquema tivesse sido totalmente incorporado no sistema de esquemas do cliente. Esse método também foi chamado de "fingir até dar certo", mas essa expressão não é adequada. O que nós imaginamos é uma discussão minuciosa sobre o que os clientes pensam, sentem e agem em relação ao esquema antigo, contrastando tal percepção com o modo como eles atuariam se usassem o novo esquema. Essa discussão pode até ampliar-se, abarcando vestuário ou estilo de vida, carreiras profissionais e redes sociais. Tendo discutido essas considerações, você pode então perguntar aos clientes o quanto eles gostariam de ampliar essa ideia de agir como se de fato acreditassem no novo esquema, e então organizar esse experimento com eles. Com alguma criatividade, imaginação e mente aberta, esse tipo de extensão de tarefa comportamental poderia também ser divertido e libertador para os clientes.

Em geral, a técnica de agir "como se" implica várias áreas de funcionamento. Ela pode ser tão dramática para outras pessoas da esfera social dos clientes que algum planejamento é necessário. Por exemplo, o cliente deve ser alertado a esperar que os outros comentem ou potencialmente até reajam negativamente às mudanças percebidas, e pode haver pressão social para voltar à velha maneira de ser. Essas respostas podem ser usadas para indicar quem no mundo do cliente sustenta suas mudanças positivas, e quem não. Por outro lado, o cliente pode também ser alertado que outras pessoas podem não notar, o que também pode constituir-se em informações bastante úteis. O próprio cliente pode sentir-se bem pouco à vontade com a nova maneira de comportar-se, e inclinar-se a voltar aos padrões antigos. O quanto o cliente tiver o impulso de desistir ou de voltar atrás, é claro, indica a força do esquema antigo.

Como exemplo, um de nós (K. S. D.) tratou uma cliente que tinha depressão. Parte dos problemas da cliente dizia respeito ao fato de que ela tinha baixa autoestima nos relacionamentos íntimos, mas ao mesmo tempo necessitava do amor de um homem para ter uma sensação de validação. Apesar de ser uma mulher bem-sucedida no trabalho, ela quase sempre reagia de modo afirmativo às investidas sexuais dos homens e não infrequentemente acabava em situações sexuais que mais tarde a deixavam arrependida e aviltada. Ainda assim, devido a seus esquemas, ela experimentava uma espécie de desespero à medida que o final de semana se aproximava, porque sentia a necessidade de atrair um parceiro. Paradoxalmente, seu padrão de aceitar temporariamente parceiros inaceitáveis não mais a satisfazia. Tendo identificado esse padrão e os esquemas que o governavam, o terapeuta falou sobre como a cliente poderia comportar-se diferentemente se não tivesse tais esquemas. As mudanças nas suas ações sociais, as pessoas com quem ela falava, a maneira de vestir e até algumas de suas companhias sociais foram identificadas. Identificaram-se também comportamentos alternativos a ir ao bar e atrair homens, incluindo o de pintar algumas peças de sua casa, como modo de tornar o lugar mais seu, e dar continuidade a um *hobby* que havia abandonado. A cliente concordou em testar o experimento de viver um mês "como se" ela não precisasse do amor de um homem para sentir-se completa. Ela mudou suas atividades e padrões sociais (e aguentou o retorno negativo das outras pessoas). Ela pintou algumas peças da casa, sentindo-se muito bem com isso, e começou um curso sobre seu *hobby*. Sentia-se sozinha às vezes, e uma vez ficou muito tentada a abandonar o experimento, mas não o fez. Ao final do mês, a cliente ficou orgulhosa de sua própria persistência e relatou sentir-se mais completa e mais respeitosa em relação a si mesma. Ela de fato queria ter um relacionamento íntimo, mas percebeu que não conseguira chegar a esse objetivo com a estratégia que vinha usando. Foi necessário um período de terapia para que redefiníssemos o esquema que surgia e planejássemos como colocá-lo em funcionamento, mas o mês em que ela agiu "como se" foi parte importante da mudança no seu esquema pessoal.

Confrontando o passado

Outro método que examina as evidências relacionadas aos esquemas é o de determinar a história do surgimento de tais esquemas e de confrontar o passado na terapia. Esse método é útil quando o cliente expressa sentimentos ou pensamentos conflituosos sobre o passado. Por exemplo, um cliente pode discutir uma paternidade que tenha sido ineficaz, negligente ou até abusiva, mas ter uma avaliação positiva do modo como foi criado. Muito embora seus esquemas possam estar relacionados à paternidade que experimentou, o cliente pode encontrar dificuldades em falar sobre ela por causa dos sentimentos ambivalentes sobre seus pais. Em tais casos, você pode pedir ao cliente que lembre, em detalhes, de algumas de suas experiências antigas, e tentar revivê-las por meio da imaginação. Com frequência, esse reviver ajuda a demonstrar que os pais foram a primeira fonte de problemas quando o cliente era criança, porque as crianças são relativamente impotentes para afetar o funcionamento geral da família. Esse reviver pode até ajudar o cliente a reexplicar os acontecimentos de sua vida que não são coerentes com seus esquemas negativos e de uma forma que permita a mudança. O uso desse método na terapia provavelmente gere emoções fortes e conflituosas. Alguns clientes sentem emoções tais como culpa intensa ou vergonha, quando relembram essas experiências. Outros, especialmente aqueles que tiveram um trauma passado, podem ter experiências dissociativas. Embora essas reações emocionais intensas sejam muito comuns, você provavelmente conheça seu cliente bastante bem neste momento da terapia e esteja ciente da busca da redução do sofrimento que o fez vir para a terapia. As cognições "quentes" evidenciadas durante as reações emocionais são bastante úteis na mudança de esquemas.

Em alguns casos, a memória do cliente sobre o passado é bastante confusa ou emocionalmente prejudicada para que se possa confrontar ou mudar as impressões passadas efetivamente. Em alguns casos, os clientes podem ainda contar com as pessoas que conviveram com ele no passado, de modo que possam de fato confrontar as pessoas do passado no presente. Por exemplo, um cliente pode conversar com sua mãe sobre suas ações parentais para ver se as percepções e memórias estão de acordo. Falar com os irmãos sobre as experiências compartilhadas pode da mesma forma ser usado para reexaminar o papel da família no desenvolvimento de esquemas, bem como para obter múltiplas perspectivas sobre os acontecimentos. A meta dessas questões deve ser a de examinar e desafiar o esquema, e não a de determinar as memórias de quem são mais precisas.

Embora a confrontação do passado às vezes possa gerar novas informações importantes que ajudam os clientes a reavaliar seu desenvolvimento e sua necessidade de esquemas, o método envolve alguns riscos significativos. Um dos riscos associados com esse método é que os próprios esquemas do cliente podem enviesar a memória e a lembrança desses acontecimentos, o que torna um olhar novo sobre eles algo difícil, se não impossível. Além disso, confrontar as pessoas envolvidas no desenvolvimento de esquemas é algo que corre o risco de também precisar entender e apreciar o papel dos esquemas das outras pessoas no modo como elas discutem tais acontecimentos. Outras pessoas podem não estar abertas à discussão ou então discordarem do cliente acerca dos benefícios de revisar acontecimentos passados. Se essa estratégia for usada, é útil planejar com cuidado e talvez usar a prática de dramatização para ensaiar as conversas com outras pessoas. Alguma discussão sobre essa limitação é justificada antes de o seu cliente realizar a reconstrução histórica dos esquemas. Finalmente, reexaminar as primeiras experiências associadas com o desenvolvimento de esquemas não pode ser uma meta em si e por si, pois as informações obtidas nesse exercício precisariam então ser incorporadas em outros exercícios de mudança de esquemas.

Métodos de mudança lógica

Todos esses métodos envolvem obter e examinar evidências relacionadas a esquemas velhos e novos. Elas fornecem métodos poderosos para a mudança de esquemas. Se o trabalho é feito com cuidado e de modo colaborativo, o cliente começa a experimentar o novo esquema como algo mais positivo e adaptativo do que o esquema precursor. Com frequência, essas estratégias baseadas em evidências são usadas em conjunto com métodos mais lógicos ou indutivos da mudança de esquemas discutida aqui. Assim, você pode iniciar a mudança de esquemas com uma discussão lógica da ideia, gerar um exercício experimental para examinar a influência do esquema, incentivar mais discussões lógicas que possam então incitar um novo exercício baseado em evidências, até que o cliente de fato tenha começado a mudar suas crenças e esquemas.

Imaginando o novo self

Conforme se descreveu antes, uma parte necessária da mudança de esquemas é contrastar o velho esquema e suas influências com o esquema novo e emergente, e seus efeitos. Para fazê-lo, o novo *self* precisa ser identificado de maneira tão clara quanto possível, de modo que o cliente possa imaginar seus efeitos de maneira tão completa e vívida quanto possível. Até mesmo o processo de imaginar o novo esquema pode ter o efeito de "afrouxar" o comprometimento do cliente com suas velhas formas de pensar e ser, permitindo maior flexibilidade em seu processo de pensamento.

Uma das maneiras mais diretas de ajudar os clientes a imaginar maneiras pelas quais eles poderiam mudar é fazer perguntas sobre as áreas de suas vidas com as quais eles estejam insatisfeitos e possam buscar mudar. Tente conectar essas ideias às situações problemáticas que você viu na terapia e ajude-o a pensar nessas mudanças. De modo ideal, os clientes apresentarão essas ideias por si sós, mas, caso não o façam, você pode incentivá-los a obter ideias de uma série de fontes, inclusive livros (por exemplo, biografias) ou filmes. Você pode determinar leituras que discutam essas questões (por exemplo, os capítulos finais do livro *Feeling Good* [Burns, 1999] ou *Reinventing your life* [Young e Klosko, 1994]). Você pode empregar parábolas de obras clássicas, como as *Fábulas de Esopo*, ou de outros casos que tenha tratado. Se for apropriado, você pode se abrir ao cliente, discutindo mudanças que tenha feito em sua própria vida (certifique-se de não se abrir de uma forma que você se represente como um modelo a ser seguido). Se essas ideias não funcionarem, faça sugestões ao cliente, mas certifique-se de que esteja respeitando o direito que ele tem de escolher seu próprio caminho. Por exemplo, o cliente pode ler a biografia de Christopher Reeve, uma pessoa que fez coisas notáveis apesar de um acidente que mudou sua vida, ou a biografia de Mark Tewksbury, uma pessoa que superou a vergonha e o estigma para ser verdadeiro em relação a seu próprio *self*.

Buscando apoio social e consenso

Em conjunção com a imaginação de seu novo *self*, você pode estimular os clientes a obterem ideias e reações das outras pessoas de sua esfera social em relação às mudanças pretendidas. Neste exercício, você pode pedir para que os clientes planejem o que querem revelar aos outros, e quais tipos de reações que eles querem dessas pessoas. Tal *feedback* pode o ajudar a prever que tipos de reações sociais os clientes enfrentarão se eles começarem a fazer escolhas, e pode ter um efeito sobre a natureza das próprias mudanças. Por exemplo, um cliente que constata que seus planos para fazer mudanças modestas não são apenas bem-vindos, mas mais do que isso, seriam aceitos pelos amigos e pela família, pode ser incentivado a fazer um número maior de mudanças em sua vida. Também o ato de ter essas conversas com os outros ajuda a prepará-los para o que as mudanças provocarem. Certifique-se de que os clientes estejam buscando apoio social ou informações com pessoas em que eles confiam e com quem eles estejam desejando discutir ideias. Não é provável que ajude obter reações de pessoas que não são importantes para os clientes, ou cujo *feedback* será descartado por eles.

Discutindo as vantagens e desvantagens (de curto e longo prazos) dos velhos e dos novos esquemas

Um dos métodos mais formais e clássicos usados para avaliar a utilidade potencial e os efeitos de adotar um novo esquema é examiná-lo a partir de uma variedade de ângulos. Isso em geral inclui as vantagens e desvantagens do esquema velho e do esquema novo. Quando o cliente estiver pronto para pensar na adoção de um novo esquema, ele provavelmente já terá compreendido as desvantagens do esquema antigo, considerando o novo como ideal. Sugerimos que você pare por um instante, contudo, e explore mais completamente todos os aspectos do esquema antigo e do novo. De acordo com o modelo, os esquemas desenvolvem-se com base em experiências passadas, e eles ajudam as pessoas a retirar sentido de seu mundo. Assim, até mesmo o esquema mais fraco e aparentemente disfuncional "tinha sentido" ou bem se adaptava à época de seu desenvolvimento. Também não é muito difícil imaginar os "benefícios" associados às crenças negativas. Por exemplo, um cliente que acredita não ser possível que alguém o ame não precisa tentar encontrar uma relação significativa e arriscar se machucar por causa de tal relação. Um cliente que pensa ser um "inútil" pode retirar sentido de repetidas rejeições. Uma perfeccionista pode entender por que ela está sempre frustrada com os outros e por que os outros sempre a decepcionam. Por outro lado, mesmo a crença alternativa mais viável tem um custo. O cliente que não acredita que alguém possa gostar dele e começa a pôr essa crença em questão precisa correr o risco de sair machucado de um relacionamento. O cliente que se sente um inútil precisa aprender que talvez ele tenha alguns atributos positivos e que ele tenha de assumir a responsabilidade por sua parte do sucesso (ou fracasso) das relações sociais. Parte da superação do perfeccionismo é aprender a tolerar a imperfeição em si e nos outros. Todas essas mudanças são estressantes e difíceis para esses clientes. Contudo, você pode dizer aos clientes que, toda mudança envolve correr riscos, com possíveis resultados positivos.

Também reconhecemos que algumas das vantagens e desvantagens dos velhos e novos esquemas têm diferentes molduras temporais. Assim, as "vantagens" dos velhos esquemas terão provavelmente ocorrido no passado mais remoto, mas têm em grande medida consequências negativas na história recente ou no presente. Em contraposição a isso, esquemas novos e mais adaptativos têm algumas desvantagens no curto prazo, mas mais vantagens de longo prazo. O Quadro 8.2 apresenta um exemplo desse tipo de análise, no caso hipotético de um cliente com um esquema disfuncional segundo o qual se sente um inútil. Observe que esse tipo de análise em grande parte toma algum tempo para desenvolver-se, e que o terapeuta e o cliente podem trabalhar nela juntos, usando uma combinação de reflexão, análise lógica e experimentos comportamentais.

Projeção do tempo

Outra estratégia lógica para mudar crenças nucleares é estimular o cliente a assumir que seu novo esquema está pronto e projetar-se no tempo, imaginando a pessoa que gostaria de ser. Algumas estratégias desse tipo incluem escrever novos textos de caráter pessoal, que podem ser documentos narrativos, similares a uma história curta ou a um romance. Podem também ser listas de atributos em desenvolvimento, notas para si mesmo ou mesmo cartões indexados para o cliente lembrar-se do tipo de esquema que está tentando desenvolver. Observe que esses esquemas não são as mesmas afirmações

QUADRO 8.2 Contrastando velhos e novos esquemas

Áreas a avaliar	Velho esquema: "Sou um completo inútil"	Novo esquema: "Sou uma pessoa 'ok' e estou fazendo o melhor que posso."
Vantagens: Curto prazo	"Não preciso esperar muito." "Não preciso me esforçar muito."	"Posso esperar melhores resultados da vida." "Posso esperar mais dos outros. Essa crença permite que eu cresça e me desenvolva."
Longo prazo	"Isso explica por que meu pai me batia quando eu era criança."	"Uma oportunidade para ser feliz." "Uma oportunidade para novas relações e para intimidade." "A oportunidade de trabalhar por uma meta em que eu acredito."
Desvantagens: Curto prazo	"Sucesso limitado tanto em nível pessoal quanto profissional."	"Confusão acerca de meu real valor." "Algumas pessoas podem não saber como reagir a mim." "Será difícil mudar minha crença negativa."
Longo prazo	"Baixa autoestima." "Depressão." "Falta de relações sociais." "Muitas noites sozinho." "Correr riscos de maneira limitada."	"Preciso correr riscos para crescer, algo que está repleto de possibilidades de fracasso."

simples, tais como "a todo dia que passa, em todos os sentidos, estou melhorando". Ao contrário, são lembretes de mudança orientados às metas, como um conjunto de critérios concretos e específicos para reconhecer o sucesso. Por exemplo, um cliente que esteja tentando modificar sua expressividade pessoal, tentando parecer mais afável e receptível aos outros pode colocar um cartão em seu espelho que o lembre de "vestir-se do modo como quer se sentir".

Um tipo especial de projeção no tempo, um pouco mais macabra, envolve fazer com que os clientes imaginem-se no final de suas vidas e como gostariam de ser lembrados. Várias maneiras de formalizar esse tipo de projeção incluem escrever as memórias de uma pessoa idealizada ou escrever um elogio fúnebre ou epitáfio para um cliente. Obviamente, é preciso um pouco de cuidado ao usar esse método. Certifique-se de que seu cliente não seja propenso à falta de esperança ou ao suicídio. Esse exercício, contudo, pode ajudar alguns clientes a enfocar o que é mais importante para eles e levar a uma atitude mais focada e também a mudanças de esquemas.

♦ INTERVENÇÕES BASEADAS NA ACEITAÇÃO

A terapia cognitivo-comportamental orienta-se, em geral, à mudança, e os métodos discutidos estão relacionados ou à análise baseada em evidências ou à análise lógica a serviço da mudança. Em alguns casos, os clientes optam por não mudar seus esquemas, talvez por causa da energia, do tempo e dos recursos necessários, ou por causa dos medos relativos às consequências sociais ou a outras consequências dessas mudanças. Eles podem também acreditar que essa mudança não é possível ou que não é totalmente desejável. Alguns clientes que chegam ao ponto da terapia em que fizeram algumas mudanças positivas, e em que em geral se sentem bem em relação a si mesmos e à sua situação, optam por afastar-se por um tempo da terapia. Uma das habilidades importantes para uma terapia cognitivo-comportamental é saber quando é possível mudar, e quando incentivar o cliente a continuar em tal direção, ou quando pode ser mais apropriado mudar para uma perspectiva de consciência e aceitação como meta final do tratamento.

O que estamos discutindo aqui não é a capitulação ou desistência da mudança de esquemas. O que estamos fazendo é apontar para uma decisão consciente e conjunta de não buscar a mudança de esquemas em um determinado momento do tempo. Em última análise, esta decisão pertence ao cliente, e seu trabalho é ajudá-lo a fazer a melhor escolha possível. Se o cliente decidir encerrar o tratamento sem fazer uma mudança significativa de esquemas, há várias estratégias que você pode buscar:

1. Ajude os clientes a reconhecer e aceitar que a decisão deles é uma boa decisão no momento em que se encontram. Essa atitude os ajuda a reverem a decisão no futuro, a reconhecer que ela pode ser mudada e a perceberem que podem voltar à terapia para discutir a decisão com você novamente.

2. Discuta o efeito potencial da decisão dos clientes, especialmente no que diz respeito ao risco de recaída (ver Capítulo 9). Embora o fato de não participar de um tratamento deliberado de mudança de esquemas possa teoricamente aumentar o risco de recaída, há poucas evidências que sustentam essa predição.

3. Faça intervenções que tornem os clientes resilientes em relação à recaída, mesmo na ausência de mudança de esquemas. Tais intervenções incluem o seguinte:

   a. Aprender a prever, reconhecer e tolerar o estresse que emana dos esquemas que não mudaram. Por exemplo, alguém com um "complexo de mártir" pode aprender a reconhecer que pensa e se comporta como um mártir, e pode passar a esperar os resultados negativos associados a esse padrão. Às vezes, prever e identificar um padrão pode reduzir o sofrimento, mesmo que o padrão em si não seja modificado. Com o tempo, e com a consciência, o esquema pode gradualmente mudar sem o tratamento.

b. Desenvolva outras competências para contrabalançar o estresse associado ao esquema. Por exemplo, um perfeccionista que tenha padrões extremamente altos e que causa a si mesmo muito sofrimento pessoal pode talvez aumentar habilidades e atividades sociais como modo de reduzir o sofrimento associado ao perfeccionismo.

c. Desenvolva estratégias compensadoras. Young e colaboradores (2003) já escreveram bastante sobre a compensação de esquemas, e eles tipificam tais estratégias como negativas. Por exemplo, discutem a maior parte das formas de evitação de tópicos relacionados a esquemas como desadaptativas, e elas de fato são, no sentido que mantêm o esquema. Contudo, se a meta é não modificar os esquemas, mas aprender a tolerar e viver com eles, então a evitação pode servir como uma função adaptativa. Por exemplo, se, devido a sua sensação de derrota e vergonha, um cliente do sexo masculino repetitivamente se deixa levar por mulheres que são psicologicamente abusivas, ele poderá optar por não se envolver com esse tipo de mulher. Essa evitação de esquemas provavelmente não acabe com o esquema, mas pelo menos as experiências negativas associadas com o esquema são minimizadas.

d. Se os padrões dos esquemas tiverem sido completamente elucidados, então os gatilhos ou estímulos que ativam tal esquema devem ficar claros. Com esse conhecimento, o cliente pode optar por reduzir a exposição a esses gatilhos. Por exemplo, se o cliente tiver, no passado, optado por confrontar sua parceira quando beber muito, e esse padrão tiver levado ao abuso e ao autodesprezo de parte da parceira, esta poderá optar por afastar-se de seu parceiro quando ele beber. Esse afastamento reduz a probabilidade de ofensa e do padrão negativo de autodesprezo dela decorrente.

e. Agende uma sessão de seguimento. Embora os clientes possam não querer aceitar a necessidade de mudança de esquemas no primeiro momento em que percebem o padrão, eles podem querer fazê-lo alguns meses depois. Presumindo que seu ambiente permite tal decisão, pode ser muito útil agendar um *check-up* seis meses depois, apenas para verificar como estão os clientes e lembrar-lhes de que você está disponível, se eles agora estiverem prontos para dar o próximo passo na terapia.

f. Envolva-se em intervenções de aceitação. Embora não enfoquemos esse tópico em demasia, há uma ênfase recente da terapia cognitivo-comportamental sobre a importância da aceitação da experiência negativa como parte normal da experiência humana (Hayes et al., 2004). Dessa perspectiva, a meta não é tanto a mudança ou redução do sofrimento, mas estar ciente dele, ter consciência da extensão e natureza da experiência, e aceitá-la como uma resposta normal e até mesmo saudável a uma situação negativa. Tal atitude de atenção plena e aceitação é especialmente adequada quando os clientes experimentam sintomas crônicos ou residuais, já que a mudança nesse âmbito pode ser uma expectativa irreal. A consciência e a aceitação não são a mesma coisa que tolerância ou saber lidar com o problema, sendo de difícil consecução. Os programas de tratamento que foram desenvolvidos para promover uma atitude de aceitação (Hayes et al., 2004; Segal et al., 2002) são com frequência apresentados como tratamentos isolados.

Paradoxalmente, o desenvolvimento da consciência e da aceitação constitui em si mesmo a mudança. Requer que os clientes reflitam sobre sua própria experiência e o modo de abordar diferentes situações ou o que tem sido chamado de *metagonição* (Wells, 2002). As metacognições sobre a experiência podem ser negativas, caso em que os clientes normalmente avaliam a experiência negativa de modo negativo e querem evitar ou eliminar tal experiência. A aceitação, em contraposição a isso, reflete uma perspectiva neutra em direção à experiência negativa, na qual os clientes estão cientes da experiência, mas optam por não resistir a ela ou lutar contra ela. Assim, uma mudança de perspectiva precisa ser alcançada. As técnicas que foram usadas para atingir essa mudança de perspectiva incluem a atenção à experiência sensorial, meditação, métodos de consciência corporal, métodos de ioga e discussão sobre a necessidade de não se centrar tanto no controle (Hayes et al., 2004; Kabat-Zinn, 1994; Segal et al., 2002).

> **O CASO DE ANNA C. (CONTINUAÇÃO)**
>
> Anna C. cancelou a nona sessão de terapia, dessa vez pelo fato de sua mãe não estar bem de saúde. No telefonema em que cancelou a sessão, Anna contou ao terapeuta que sua mãe estava sendo internada, e que só tinha algumas semanas de vida. Anna estava em conflito em relação a esse processo. Embora a internação significasse um cuidado mais eficiente para sua mãe, Anna sentia-se culpada por não ser a pessoa responsável por tal cuidado.
>
> Anna estava bastante perturbada na sessão seguinte, em boa parte devido à saúde de sua mãe. Sua filha também havia começado a demonstrar um comportamento mais ativo e impulsivo, e seu marido fazia muitas horas extras, sentindo-se bastante estressado. Felizmente, Anna havia reconhecido o papel de seu próprio pensamento no aumento do sofrimento pessoal e foi capaz de mudar alguns de seus pensamentos negativos. Ela também desenvolveu uma rotina de cuidado pessoal, caminhando diariamente e fazendo intervalos na hora do almoço, que relatou ajudarem a acalmá-la e a reforçar a importância que atribuía a si mesma. Estava pensando mais sobre como ela havia adotado o que chamava de papel de "mártir" exigente, e percebendo como esse comportamento não era saudável para ela ou para os outros, que não eram tão competentes quanto poderiam ser, porque ela tendia a fazer o trabalho deles. Ela deu o exemplo em que, certa vez, havia de fato feito a tarefa de casa de sua filha, porque a menina tinha ido dormir mais cedo, como castigo por comportar-se mal, mas, ao mesmo tempo tinha um trabalho a entregar no outro dia na escola.
>
> O enfrentamento e o humor de Anna continuaram a melhorar nas duas semanas seguintes, e ela constatou que o fato de sua mãe estar internada deu-lhe tempo para fazer as coisas que havia deixado passar. Ela indicou ao terapeuta um desejo de se afastar por um tempo da terapia na sessão 11, em grande parte porque estava esperando a morte de sua mãe, dizendo que precisava de tempo para cuidar dos assuntos familiares. O terapeuta apoiou sua decisão, e apontou que às vezes afastar-se um pouco da terapia era sinal de cuidado de si. Eles concordaram em fazer mais duas sessões, ambas para rever o que Anna havia aprendido na terapia e para planejar atitudes contrárias à recaída.

9

FINALIZAÇÃO DO TRATAMENTO E PREVENÇÃO DA RECAÍDA

Toda terapia chega a um fim – é o que esperamos, após a obtenção dos objetivos iniciais estabelecidos e da melhora significativa dos problemas que trouxeram o cliente ao tratamento. A prevenção da recaída, normalmente, é a última fase de um tratamento cognitivo-comportamental exitoso, embora, por definição, não possa ocorrer até que pelo menos uma remissão parcial dos sintomas tenha sido atingida. O que dizer sobre o cliente que não se recupera? O que dizer se seu cliente desiste do tratamento ou tem um ritmo irregular de melhora? O que dizer se o seguro de seu cliente cobre apenas oito sessões ou se você trabalha em um ambiente com limitações rígidas no que diz respeito à duração do tratamento? Muitas variações na melhoria do cliente ocorrem caso a caso e são difíceis de prognosticar. Neste capítulo, discutiremos realidades clínicas na finalização do tratamento, incluindo estratégias de prevenção de recaída.

Em um mundo ideal, a terapia cognitivo-comportamental levaria a uma "cura", e os clientes continuariam a usar os métodos aprendidos na terapia sem a necessidade de tratamento futuro ou contínuo. Com freqüência, dizemos aos clientes que o objetivo do terapeuta é prepará-los para que sejam seus próprios terapeutas. Na terapia cognitivo-comportamental, ensinamos uma metodologia e um "estado mental" aos clientes, para que possam utilizar as técnicas consigo mesmos quando surgirem problemas, mesmo muito tempo depois de a terapia ter terminado. Quando se leem estudos e livros sobre o tratamento, é fácil ficar com a impressão de que a finalização da terapia e a prevenção da recaída são processos fáceis ou tranquilos. Na maioria dos exemplos dos textos, o cliente se recupera e mesmo com a presença de desafios, o terapeuta e a terapia são bem-sucedidos.

Na realidade clínica, os clientes freqüentemente apresentam problemas complexos e crônicos que podem ser melhorados, mas não eliminados em um curto período de tempo. Os terapeutas cognitivo-comportamentais, na prática clínica, relatam que atendem alguns clientes por muito tempo, ou têm encontros "intermitentes", nos quais enfocam novas preocupações das vidas dos clientes. Esses clientes podem apresentar um problema que responde ao tratamento, e então retornar após alguns meses ou anos com uma preocupação parecida ou similar. Os terapeutas que atendem os clientes por períodos muito longos sentem-se, às vezes, culpados e com a sensação de inadequação, pois seus clientes não melhoram tão rapidamente quanto aqueles dos exemplos dos livros, ou porque retornam para buscar mais ajuda. Além disso, após ter feito grandes esforços para estabelecer a aliança terapêutica e uma boa relação colaborativa com seu cliente, você e ele podem relutar em dizer adeus ao tratamento. Na maioria dos ambientes clínicos, os terapeutas e seus clientes em geral consideram o encerramento da terapia um processo difícil. Com frequência, os clientes têm sintomas ou problemas residuais e, em alguns casos, o término do tratamento é abrupto e pode não proporcionar a oportunidade de fazer o trabalho de prevenção da recaída que poderia ser ideal.

A primeira parte deste capítulo trata de assuntos e conceitos diferentes relacionados à finalização da terapia, tanto para os clientes que respondem quanto para os que não respondem como era o esperado. Na segunda parte do capítulo, discutimos as questões que surgem quando o tratamento termina, e oferecemos sugestões práticas para abordá-las. Também discutimos as restrições do sistema ao tratamento. Finalmente, discutimos os conceitos e a prática da prevenção da recaída.

♦ CONCEITOS E FATORES SISTEMÁTICOS RELACIONADOS AO TÉRMINO DA TERAPIA

A literatura da terapia cognitivo-comportamental tende a ser bastante otimista em relação à mudança, e a literatura dos resultados via de regra sustenta essa atitude positiva. Ainda assim, é importante que os clínicos se lembrem de que nem todos os clientes melhoram, até mesmo em testes de resultados com ótimos números, e que nem todos os clientes que melhoram retornam a um nível satisfatório ou que os leve a funcionar de modo eficaz em suas vidas. A velha noção de que há diferença entre a clínica e a estatística ainda é verdadeira; contudo, os mais recentes testes clínicos avaliam a remissão, e também os índices de resposta, de acordo com uma certa intervenção (por exemplo, Dimidjian et al., 2006; Dobson et al., 2008). As definições (Bieling e Antony, 2003) usadas na literatura sobre a recaída incluem as seguintes:

- *Remissão:* melhora tanto completa quanto parcial dos sintomas, a ponto de os critérios de diagnóstico não serem mais encontrados.
- *Recuperação:* remissão que dura mais do que um período predeterminado de tempo (por exemplo, 6 meses).
- *Lapso ou "deslize":* recorrência de curto prazo, temporária ou menor dos sintomas ou problemas de comportamento.
- *Recaída:* recorrência de sintomas ou comportamento problemático que se segue à remissão, a ponto de os critérios de diagnóstico serem novamente encontrados.
- *Recorrência:* ocorrência de sintomas ou comportamento problemático que se seguem à recuperação, incluindo a presença de algum novo episódio de um problema diagnosticável.

Todos esses termos são aplicados a problemas do Eixo I ou problemas ou condições episódicas. Também podem ser usados para problemas tais como baixa autoestima, habilidades de comunicação deficientes ou sofrimento conjugal; contudo, não há métodos padronizados para acessar a remissão ou a recuperação desses problemas não diagnosticados. Também, é muito mais difícil de mensurar a melhora quando o enfoque do tratamento são os padrões ou esquemas nucleares comportamentais ou interpessoais de longo prazo. Consequentemente, as intervenções de *prevenção da recaída* aplicam-se sobremaneira aos problemas do Eixo I, ou quando o objetivo do tratamento é eliminar um problema mais do que aperfeiçoar habilidades, conhecimento ou funcionamento positivo.

Mesmo que os sintomas do Eixo I desapareçam, alguns clientes continuam a demandar terapia, especialmente se têm outros problemas contínuos em suas vidas, os quais podem ser precipitantes subjacentes de sintomas futuros ou insatisfações com a vida. Realmente, trabalhar em um problema de longa permanência pode, na verdade, ser mais eficaz quando um cliente não tiver sintomas agudos, porque o cliente estará sofrendo menos e estará mais apto a enfocar essas preocupações. Por exemplo, um cliente pode apresentar depressão, pouco apoio social e insatisfação com o trabalho. As intervenções cognitivo-comportamentais que incluem a prevenção de recaída podem aliviar os sintomas, assim como os receios do cliente sobre a recaída. O cliente pode ficar, no entanto, em uma situação de vida comparável àquela que acionou alguma das preocupações anteriores. Pode ser melhor abordar essas preocupações integralmente, uma vez resolvidos os problemas iniciais do cliente. Esse ponto também destaca a importância do momento adequado para diferentes intervenções. Fique ciente de que a maioria dos clientes vem buscar ajuda quando seus problemas estão no ápice. Por isso, frequentemente estão em momento de muito sofrimento. O sofrimento em si pode dificultar a solução dos problemas subjacentes, muito embora a resolução de tais problemas pudesse aliviar sofrimentos futuros.

Os terapeutas cognitivo-comportamentais são influenciados não apenas pela pesquisa e literatura da área, mas também por outros conceitos, modelos e sistemas de que fazem uso. Além de crenças positivas sobre a mudança, que emanam da literatura de pesquisa, há crenças e influências comuns que vêm de outros modelos de tratamento e práticas tradicionais. Crenças negativas sobre a mudança podem também existir, particularmente em hospitais e sistemas institucionais. Por exemplo, em um ambiente em que são tratados clientes com sintomas graves ou persistentes, o enfoque poderá ser mais de "administração da doença" do que "recuperação de um distúrbio". O termo *doença mental*, em oposição a *transtorno mental*, é comumente usado em muitos ambientes. Em ambientes com enfoque biológico, alguns transtornos são provavelmente percebidos como problemas permanentes a serem administrados durante o tempo de vida da pessoa. Alguns clientes que você atende podem ter sido influenciados por essas crenças, as quais você poderá ter de tratar. É importante, contudo, ser claro com os clientes sobre o fato de que, na maioria dos casos, a terapia cognitivo-comportamental pretende ser de curto prazo, com enfoque em uma mudança de longo prazo. Em geral, estimulamos os terapeutas cognitivo-comportamentais a usar termos que sejam coerentes com tal perspectiva, tais como *transtorno*, *sintoma* ou *problema*, e não termos como *doença* ou *enfermidade*, uma vez que estes tendem a promover tanto uma orientação mais crônica quanto biológica a problemas de saúde mental.

Os dois termos que se originaram na terapia psicodinâmica, mas são com frequência usados em muitos sistemas por terapeutas de todas formações teóricas, são *dependência* e *término*. Esses termos têm um impacto significativo tanto na prática quanto no modo como os problemas de nossos clientes são vistos. A *dependência* do cliente em relação ao terapeuta, ou ao processo de terapia, em geral é vista como negativa ou patológica, um indicativo da falta de habilidade do cliente em ter relações saudáveis fora da terapia. Como a independência é altamente valorizada na sociedade ocidental, é, também, frequentemente vista como uma meta a ser atingida tanto na terapia quanto na vida em geral. Ainda assim, alguns clientes persistem na terapia durante um longo período, simplesmente porque ainda não se recuperaram suficientemente ou não têm confiança para "irem em frente sozinhos". Pode ser muito difícil para o terapeuta fazer diferença entre a dependência exagerada que decorre de problemas interpessoais e a dependência que decorre de sofrimento grave ou medo genuíno de recaída. Com certeza, os clientes às vezes apresentam critérios para transtorno da personalidade dependente, podendo exigir intervenções específicas para esse problema, mas, em outros momentos, as crenças negativas corriqueiras a respeito da dependência podem tornar difícil tanto para o terapeuta quanto para o cliente administrar esse assunto.

Com alguns clientes, no entanto, a dependência exagerada do terapeuta pode ser um mau prognóstico. Por exemplo, o cliente pode não atribuir a mudança aos seus próprios esforços, e pode ter dificuldades em generalizar a mudança para situações que estejam além das sessões da terapia. O cliente poderá questionar-se sobre como manter a melhora tendo concluído o tratamento. Embora seja difícil predizer se os clientes têm probabilidade de ter problemas ao encerrar a terapia, determinadas dicas podem guiar a tomada de decisão dos terapeutas. Veja o Quadro 9.1 para algumas maneiras de identificar e administrar a dependência no tratamento cognitivo-comportamental.

Quadro 9.1 Estratégias para identificar e administrar temas relativos à dependência com os clientes

1. Estimule os clientes a terem responsabilidade por seu próprio tratamento. As estratégias podem incluir se assegurar de que eles decidam sobre suas próprias tarefas de casa e criem seus próprios planos de prevenção de recaída. Certifique-se de que eles (e não outras pessoas que participem de suas vidas) se responsabilizem pelo tratamento. Por exemplo, alguns adultos jovens dependem dos pais para marcar horário ou para levá-los às sessões. Elimine tais ações durante o tratamento, usando exposição gradual ou administração contingencial.
2. Muitos clientes atribuem sua mudança durante o tratamento a fatores externos, dando "crédito" aos esforços do terapeuta, às medicações ou a mudanças no ambiente. Faça com que os clientes reconheçam que seus próprios esforços os levam à mudança, incluindo a decisão de tomar medicamentos e de tolerar os efeitos colaterais, de ir à terapia, de fazer as tarefas de casa e de envolver-se no difícil trabalho do tratamento. Pode ser útil fazer com que os clientes criem uma lista das tarefas que já realizaram no tratamento, incluindo ideias ou estratégias em que eles pensaram independentemente.
3. Esteja ciente da tendência de alguns clientes de buscar a aprovação do terapeuta. Essa tendência é particularmente verdadeira para os clientes que carecem de eficácia própria ou que estejam inseguros sobre si próprios, ou ansiosos. Pode ser útil identificar essa tendência como um problema na formulação clínica do caso e trabalhar para sua redução.
4. Em geral, quanto mais dependentes os clientes tendem a ser, mais importante é tê-los no comando do tratamento. Esse controle pode incluir mais estruturação das sessões de terapia e o desenvolvimento de tarefas de casa e de planos para a recaída. Também pode incluir a aprendizagem de maneiras de administrar a crise ou problemas que não impliquem contatar o terapeuta. Se os clientes administram crises sozinhos com sucesso, então sua confiança provavelmente aumente.
5. Utilize recursos adicionais à terapia cognitivo-comportamental individual. Os clientes dependem, de maneira ideal, de múltiplos recursos, incluindo aqueles que estejam relativamente separados do sistema de saúde mental. Esses recursos podem incluir aconselhamento vocacional ou serviços de emprego, serviços de lazer e de recreação, aconselhamento nutricional ou outras modalidades de tratamento, tais como tratamento em grupo ou terapia familiar. Por meio desse processo, os clientes aprendem como acessar recursos comunitários contínuos e a reduzir sua dependência da psicoterapia.
6. Leve os clientes gradualmente a "desapegarem-se" da terapia, reduzindo a frequência das sessões, assim como do modo como as sessões são conduzidas. Se os clientes ficam altamente ansiosos por não ter sessões regulares, estimule-os a ver esse fato como um experimento de independência, e planeje uma sessão de seguimento para revisar o experimento. O uso de ligações telefônicas rápidas ou de verificação de entrada de mensagens eletrônicas pode ajudar neste processo. Os clientes sentem-se, com frequência, mais confortáveis com a redução da frequência das sessões se receberem informações do tipo "o que fazer se...?". Essas informações podem incluir uma linha telefônica para administração de crise, contatos de emergência ou planos de intervenção de crise.
7. Faça um acordo com o cliente sobre fazer uma pausa temporária no tratamento, com uma sessão de seguimento planejada para avaliar a resposta do cliente à falta de tratamento. Desaconselhe-o a assumir outra forma de tratamento se o objetivo da pausa for o de testar a independência do cliente.
8. Permita a discordância. Se você acha que é uma boa ideia terminar o tratamento e seu cliente, não, diga-lhe isso. Se você acredita que continuar o tratamento pode não só ser inútil, mas também prejudicial no que se refere à independência, seja franco sobre essa preocupação e estimule seu cliente a fazer uma pausa na terapia. Em alguns casos, pode ser bom indicar seu cliente a outro tipo de serviço ou a um grupo de apoio comunitário.

Um de nós (D.D.) teve um cliente, Don, que apresentava sintomas de depressão profunda e estava bastante temeroso de que não se recuperaria de seus problemas. Antes do surgimento desses sintomas, o cliente era um profissional competente, mas já se sentia incapaz de agir por si só em casa e no trabalho quando o tratamento começou. Ele havia sido encaminhado para tratamento ambulatorial após uma internação hospitalar por depressão.

A possibilidade de dependência foi percebida nas informações do encaminhamento ao tratamento. Os sintomas de Don respondiam muito lentamente ao tratamento, e ele começou a buscar incentivos frequentes de parte do terapeuta, fazendo perguntas como "Será que vou melhorar?", "O que vai acontecer comigo sem terapia?". Devido à ideação de suicídio e à angústia intensa, ele era atendido, de início, duas vezes por semana. A família de Don estava bastante preocupada com os riscos potenciais de automutilação e sua lenta resposta ao tratamento.

Don começou a melhorar levemente e passou a ser atendido uma vez por semana. Ele teve vários retrocessos e era sensível a qualquer estresse ou ameaça à regularidade das sessões de terapia, tais como os feriados. Sua terapia teve duração mais longa do que a média (por exemplo, mais de 30 sessões), e Don parecia desenvolver a eficácia própria mais vagarosamente do que o normal. O terapeuta perguntava-se sobre como seria o final do tratamento e se Don atendia aos critérios do transtorno da personalidade dependente. À medida que os sintomas de Don começaram a diminuir, outra parte da sua personalidade veio à tona. Ele começou a gradualmente ter autoconfiança em sua melhora e capacidade em continuar progredindo. Don estava envolvido com o tratamento, bem humorado e bem disposto. O que inicialmente pareceu ser sintoma de dependência foi reinterpretado como sinal de seu sofrimento e de sentimentos de vulnerabilidade.

O *Término* na terapia psicodinâmica, fase final do processo de tratamento, ocorre após o "envolvimento" e a "superação" da relação de transferência com o terapeuta (Ellman, 2008). O término bem-sucedido da relação terapêutica é um passo necessário à conclusão exitosa da terapia. Esse conceito não se transfere bem à terapia cognitivo-comportamental, ainda que seja usado em muitos ambientes e aplicado a outros tipos de terapia. Não usamos o termo *término* neste texto (cf. O'Donohue e Cucciare, 2008); na nossa opinião, *finalização da terapia* (atingir objetivos ou resolver problemas) é uma expressão mais exata. De maneira ideal, o tratamento termina quando são atingidos os objetivos que estabelecemos no início. Esse fim pode ser temporário, pois outros problemas ou sintomas poderão surgir no futuro, e o cliente poderá ter que retornar para buscar ajuda. De acordo com nossa perspectiva, o término não é um objetivo da terapia; o objetivo da terapia é a resolução dos problemas que trouxeram o cliente ao tratamento.

Próximo ao final do tratamento, sessões de manutenção ou de reforço ocasional são, frequentemente, úteis para os clientes, à medida que procuram praticar as estratégias de modo relativamente independente do terapeuta. Por exemplo, o cliente pode ser visto, em princípio, semanalmente, depois, a cada duas semanas, mensalmente, trimestralmente ou até semestralmente. Esse tipo de cuidado, que ajuda a promover a independência sem romper o processo de terapia, pode estender o período de tratamento por muito tempo. Em alguns ambientes, esse tipo de prática pode ser considerado negativamente. Pode ser tido como estímulo à dependência da terapia ou do terapeuta. Em outras instâncias, essa prática pode ser impossível, pois alguns ambientes não incentivam a manutenção da terapia ou limitam a duração do tratamento. A quantidade de cobertura disponível ao cliente pode tornar impossível a manutenção do tratamento. Como foi observado, pode haver uma atitude pejorativa em relação à dependência do cliente e também pressão pelo término do tratamento nas equipes interdisciplinares formadas por profissionais de diferentes formações teóricas, principalmente se eles não entendem os diferentes conceitos da teoria cognitivo-comportamental (ver Capítulo 12 deste livro). É bom que você pense sobre suas próprias ideias acerca do término e do processo de finalização do tratamento, para entender se suas próprias crenças podem ser antitéticas à manutenção e às sessões de reforço.

Certamente, é importante para todos os terapeutas cognitivo-comportamentais garantir que seus clientes generalizem as mudanças ocorridas no tratamento, aperfeiçoem suas habilidades sozinhos e façam atribuições internas que visem à mudança. Frequentemente, é irreal, contudo, esperar que pessoas com problemas de saúde mental nunca mais necessitarão de terapia após completar de 10 a 20 sessões enfocadas em problemas específicos. Você perceberá, na sua prática, que muitos clientes novos tiveram, antes, avaliações e diferentes tipos de intervenções. Muitas dessas intervenções foram exitosas por um período de tempo, mas então o problema ressurgiu, ou outros estressores surgiram, na vida dessas pessoas. A recorrência de problemas não significa que o tratamento anterior falhou.

Uma grande influência no planejamento do tratamento, que ainda não foi abordada em nenhuma extensão pela literatura, é o ambiente ou o sistema no qual os terapeutas trabalham. A quantidade de tratamentos disponíveis ou os limites do ambiente no qual você atende podem ter um efeito tão grande na duração do tratamento quanto o problema apresentado ou a preferência do cliente. Nesse sentido, acreditamos que os sistemas de saúde mental poderiam se beneficiar de um novo modelo de finalização de tratamento. Por exemplo, a maior parte das pessoas não se preocupa em depender do dentista, e a maioria dos sistemas recomenda e incentiva uma revisão odontológica duas vezes ao ano. Do mesmo modo, acreditamos que a manutenção de sessões ou avaliações semestrais poderia auxiliar as pessoas a monitorarem sua própria saúde mental, e que essas avaliações da saúde mental poderiam ser incentivadas por sistemas ou organizações de saúde. Essa prática ainda não foi defendida como mensuração preventiva pelos serviços de saúde ou organizações de saúde mental, mas poderia ser um complemento útil aos serviços de saúde, especialmente para indivíduos vulneráveis ou de alto risco.

Agora nos dedicaremos aos aspectos práticos da finalização da terapia e, depois, revisaremos maneiras de trabalhar para a prevenção da recaída com seus clientes. Discutiremos orientações de tratamento retiradas de resultados de pesquisas, como também quando e como envolver-se na "manutenção" da terapia. No resto do capítulo, exploraremos alguns dos conflitos entre os sistemas atuais de cuidado e o tratamento "ideal".

Primeiro, é importante diferenciar entre dois modelos diferentes de prática que estão implícitos nessa discussão até agora: uma *prática familiar versus* um modelo *clínico especializado*. A *prática familiar* (R. Wilson, comunicação pessoal, 10 de abril de 1985) refere-se a um ambiente clínico no qual os clientes podem ter acesso ao tratamento sem encaminhamento e provavelmente consultem com o mesmo profissional para problemas diferentes ou em momentos diferentes de suas vidas. O cliente pode procurar o tratamento para um problema específico, não ser atendido durante vários anos e, então, ser novamente atendido por um motivo diferente, em um momento de transição em sua vida. O cliente, nessa espécie de ambiente, sente-se à vontade para contatar o clínico ou o terapeuta quando tem dúvidas sobre si mesmo ou sobre os membros de sua família. Ele pode procurar assistência em um momento de crise, e ajuda para reações emocionais, preocupações sobre relacionamentos, ou outros problemas. A expressão *prática familiar* é usada porque o terapeuta cognitivo-comportamental funciona como um clínico geral, similar a um médico da família. Esse tipo de modelo funciona bem para a prática privada, clínicas comunitárias de saúde mental ou em alguns ambientes de tratamento externo. O paciente pode demandar encaminhamento a serviços especializados se surgirem problemas que estejam além da competência do terapeuta ou da clínica em que é atendido.

Em contraposição a isso, a *clínica especializada* tipicamente enfoca um transtorno único ou um grupo de transtornos relacionados, ou uma modalidade particular de tratamento, e localiza-se mais provavelmente em um hospital, em uma clínica ambulatorial ou em ambientes de pesquisa ou universitários. Exemplos de tais serviços especializados incluem tratamento inicial da psicose, terapia comportamental dialética e serviços para transtorno bipolar ou adicção. As clínicas especializadas variam, seja com base no tipo de problema que enfocam (por exemplo, transtornos alimentares) ou no tipo de intervenção que oferecem (por exemplo, meditação). A disponibilidade de tais serviços especializados varia consideravelmente, de acordo com a localização. Em geral é exigido um encaminhamento para os serviços especializados. Os recursos especializados podem ser limitados, e o tratamento pode seguir certos protocolos, como aqueles dos ambientes de pesquisa. Normalmente, é difícil para o terapeuta continuar a atender os clientes após a finalização do tratamento, pois os clientes são, com maior frequência, encaminhados à clínica, para seguimento. Os clientes devem ser "dispensados" da clínica, para que novos clientes possam ser "admitidos". Tais práticas, contudo, tornam a manutenção da terapia, as sessões de reforço ou o fácil retorno ao tratamento, de algum modo, problemáticos. Em vez disso, fazem-se recomendações relativas ao tipo de seguimento, de modo que a clínica especializada possa trabalhar com os clientes para manter os ganhos do tratamento.

♦ Término da terapia

Quanto tempo de terapia é suficiente?

É virtualmente impossível responder à pergunta: quanto tempo de terapia é suficiente? Todo cliente que se apresenta para terapia tem uma determinada gama de problemas ou de circunstâncias. A terapia cognitivo-comportamental é entendida como um tratamento de curto prazo, variando, normalmente, entre seis e 20 sessões para a maioria dos problemas do Eixo I ou episódicos. Em testes clínicos, o tratamento para depressão frequentemente dura entre 16 e 20 sessões. Para a maior parte dos transtornos de ansiedade, o tratamento dura entre oito e 12 sessões. Contudo, fobias específicas ou uma crise podem ser tratadas em um número menor de sessões. Por outro lado, a maioria das diretrizes de tratamento sugere que a terapia para clientes em condições de comorbidade ou problemas interpessoais significativos precisa durar mais tempo e ser mais intensa (Whisman, 2008). O cliente poderá demandar várias sessões por semana, ou outros componentes de tratamento podem ser adicionados ao plano. Por exemplo, a terapia comportamental dialética para transtorno da personalidade *borderline* inclui, normalmente, tanto um grupo de treinamento de habilidades quanto terapia individual de, no mínimo, um ano (Linehan, 1993). Clientes que são suicidas, que têm pouca funcionalidade em suas vidas, ou que estejam em situação aguda de sofrimento, podem exigir internação ou um programa de admissão hospitalar diário.

Muitos problemas por que passam os clientes podem ser de natureza recorrente ou crônica, sobretudo se não forem tratados. Cerca de 10 a 20% das pessoas com depressão têm sintomas crônicos (Bockting et al., 2005), e a chance de uma pessoa com depressão recuperar-se sem tratamento é de aproximadamente 20% (Keller, 1994). O aumento de episódios graves e recorrentes de depressão leva a maiores chances de recaída. Mesmo com tratamento, 30% dos clientes de um estudo, os quais completaram a terapia cognitivo-comportamental para transtorno de pânico e agorafobia, não chegaram a um critério para "funcionamento elevado no estado final" (D. M. Clark et al., 1994). No transtorno de ansiedade generalizada, um dos problemas mais comuns, as taxas estimadas de melhora clínica variam entre 38 e 63% (Waters e Craske, 2005). Outros problemas, como abuso de substâncias químicas ou transtornos alimentares, têm taxas notoriamente elevadas de recaída (McFarlane, Carter e Olmstead, 2005; Rotgers e Sharp, 2005), sendo de tratamento difícil. Muitos clientes têm sintomas residuais ao final de uma terapia *exitosa*, sendo limitados os dados de seguimento sobre qualquer problema após dois anos. Os sintomas residuais são preditivos de recaída para alguns problemas, em particular a depressão (Rowa, Bieling e Segal, 2005). Em média, quanto mais graves ou crônicos os problemas de uma pessoa, mais provavelmente ela terá uma recaída. Como resultado, não é realista esperar que a terapia cognitivo-comportamental curta em uma clínica especializada levará a uma recuperação de longo prazo para um cliente com tais problemas. O seguimento com um clínico que possa atender o cliente no modelo de prática familiar é muito útil.

De modo mais positivo, algumas pesquisas têm mostrado que a terapia cognitivo-comportamental leva a taxas mais baixas de recaída quando comparadas ao tratamento usual ou medicamentoso (Hollon, Stewart e Strunk, 2006). Em uma comparação recente de taxas de recaída de clientes que tiveram tratamento exitoso para a depressão, cerca de um terço dos clientes tratados ou por ativação comportamental ou pela terapia cognitiva teve recaída nos dois anos de seguimento. Em comparação, mais de três quartos dos clientes tratados previamente com medicamentos antidepressivos tiveram recaída (Dobson et al., 2008). Em outro estudo recente, Strunk e colaboradores (2007) verificaram que o desenvolvimento e a utilização independente das competências da terapia cognitiva em uma amostra de clientes com depressão moderada a grave prognosticavam riscos reduzidos para recaída. Esses clientes foram todos tratados com sucesso e tiveram seguimento por um ano. Esse estudo liga não apenas as taxas reduzidas de recaída aos clientes tratados com terapia cognitiva, mas também a seu uso competente das estratégias. Consequentemente, esta constatação sustenta a alegação de que são as estratégias em si que levam à melhora, mais do que algum outro fator.

Algumas intervenções desenvolvidas enfocam de maneira específica a recaída, e outras têm melhorado com sucesso os resultados de longa duração. A terapia cognitiva de grupo usada especificamente para prevenção de recaída (Bockting et al., 2005), a terapia cognitiva baseada na atenção plena (Teasdale et al., 2000; Ma e Teasdale, 2004), a terapia cognitiva em etapas e as sessões de reforço têm sido consideradas úteis, principalmente para clientes com depressão. Os clientes ansiosos que são tratados com sucesso continuam a melhorar após a finalização do tratamento, e as taxas de recaída podem ser relativamente baixas (Dugas, Radomsky e Brillon, 2004). A evitação e a dificuldade com a generalização da mudança de comportamento são bons indicadores de recaída para o transtorno de ansiedade social (Ledley e Heimberg, 2005); consequentemente, essas são boas áreas para se abordar.

Recomendamos o seguinte aos terapeutas cognitivo-comportamentais que visam à prevenção da recaída na prática clínica:

- Inclua uma fase de prevenção de recaída na terapia.
- Trabalhe com a perspectiva de redução total dos problemas, e não parcial.
- Tente eliminar qualquer sintoma residual.
- Trabalhe para minimizar ou eliminar padrões de evitação disfuncional para qualquer transtorno ou problema.
- Estimule ativamente a generalização da mudança.
- Trabalhe pela mudança de uma série de modalidades, incluindo as áreas de funcionamento comportamental, cognitivo, emocional e social.
- Ajude o cliente a utilizar atribuições internas para a mudança.
- Reduza de forma gradual a frequência das sessões assim que o cliente tenha se recuperado, trabalhando pela independência em relação à terapia.
- Utilize sessões de reforço ou de manutenção durante a fase de prevenção de recaída, tanto quanto necessário.
- Utilize a terapia cognitivo-comportamental durante a descontinuidade/interrupção da medicação.

Os problemas mais graves exigem mais terapia. Alguns problemas (por exemplo, transtornos psicóticos ou de personalidade) podem exigir tratamento de manutenção por longos períodos. Mesmo que os clientes demandem tratamento contínuo, a frequência das sessões pode baixar e aumentar, dependendo da gravidade do transtorno e das necessidades do cliente.

Realidades clínicas *versus* tratamento ideal

Nenhum serviço de saúde ou sistema de financiamento é ideal. Os clientes não dispõem de financiamentos infinitos com os quais possam cobrir seus tratamentos de saúde mental. Muitos têm cobertura ou financiamento insuficientes até mesmo para a quantidade recomendada de tratamento para seus problemas existentes. Os clientes podem dispor de financiamento para algumas poucas sessões apenas e poderão ter de buscar o auxílio de terceiros para ampliar o financiamento. Os clientes podem não ter recursos para custear mais sessões, mesmo quando eles precisam de mais ajuda e estão completamente de acordo com a continuidade do tratamento. Mesmo que a terapia cognitivo-comportamental seja de duração relativamente curta, as limitações de cobertura afetam os profissionais em geral. Os clientes às vezes têm de fazer escolhas difíceis entre utilizar seu dinheiro com as necessidades da vida e a continuidade do tratamento. Você poderá, por isso, em determinadas circunstâncias, oferecer apenas o básico da terapia cognitivo-comportamental e em poucas sessões. O lado positivo é que há momentos em que o número limitado de sessões estimula tanto o cliente quanto o terapeuta a trabalhar mais eficientemente do que poderiam trabalhar. Faça o melhor da quantidade de sessões disponíveis e acesse todos os recursos que podem estar disponíveis em sua comunidade. Para dicas relativas a fazer o melhor uso de recursos escassos, veja o Quadro 9.2.

Os objetivos do tratamento frequentemente diferem das perspectivas do *cliente*, do *terapeuta* e do *sistema*. As preferências do cliente obviamente são fundamentais e normalmente enfocam a redução dos sintomas, a eliminação do sofrimento, maior satisfação geral com suas circunstâncias e a melhora da qualidade de vida. Via de regra, os clientes procuram o tratamento mais com o desejo de se sentirem melhor do que de se recuperarem de um determinado transtorno. As preferências do terapeuta são em geral semelhantes àquelas dos clientes; contudo, eles estão com frequência mais focados na remissão ou recuperação de um transtorno e na obtenção dos objetivos terapêuticos. Obviamente, como clínicos, obtemos um senso de gratificação quando nossos clientes têm uma média menor na *Avaliação Global de Funcionamento* (Global Assessment of Functioning [GAF]) ao final da terapia e são considerados "em remissão". Apreciamos também suas satisfações com o tratamento, assim como seus comentários positivos aos outros sobre os serviços recebidos. Frequentemente, contudo, os terapeutas impõem ao processo de tratamento a ideia de resolver os processos ocultos ou casuais que resultaram no problema inicial. No contexto da terapia cognitivo-comportamental, tal ideia pode incluir identificação ou modificação de crenças nucleares disfuncionais (ver Capítulo 8 deste volume). O sistema pode ser uma clínica, uma prática de grupo, um sistema de serviços de saúde mais amplo, como uma HMO, um hospital ou um sistema de saúde regional. Em geral, os objetivos para os sistemas são mais centrados na população do que em clientes individuais. Consequentemente, as metas do sistema podem ser avaliar e tratar o maior número de clientes pelo menor custo e impacto ao sistema (por exemplo, baixa hospitalar e tempo de permanência ou da enfermidade). É óbvio que o aumento de problemas dos clientes é importante para os sistemas de serviços de saúde; contudo, a satisfação do cliente com o serviço que recebem é também importante. Os sistemas que rotineiramente usam pesquisas de satisfação igualam de modo equivocado a satisfação com a melhora, quando, de fato, não há correlação entre essas duas variáveis para os clientes (Pekarik

Quadro 9.2 Fazendo o melhor uso de recursos limitados

1. Seja honesto com seus clientes. Se seu ambiente tem número limitado de sessões disponíveis para os clientes, planeje seu tempo com cuidado.
2. Use as sessões de modo inteligente, usando sempre a estrutura da terapia cognitivo-comportamental. Faça a agenda e fixe-se nela.
3. Estabeleça objetivos adequados que serão mais provavelmente atingidos com os recursos disponíveis. Veja o Capítulo 4 deste livro, para mais discussões sobre as metas estabelecidas. O estabelecimento e a obtenção de metas específicas pode ser muito útil aos clientes. Eles devem também ser capazes de aprender a aplicar essa metodologia a outros problemas que acontecerem em suas vidas.
4. Se os problemas dos clientes são leves, considere o uso de intervenções de recursos menos intensos, como biblioterapia, intervenções baseadas na *web* ou sessões psicoeducacionais que podem estar disponíveis em sua comunidade.
5. Se for apropriado aos seus clientes, marque sessões menos frequentes ou mais curtas. A cobertura de muitos clientes é de certo número de sessões ou horas de tratamento anual, renovados a cada ano. O ano não é necessariamente o ano do calendário regular; pode obedecer ao final do ano financeiro ou fiscal.
6. Verifique as especificidades da cobertura de seus clientes, pois ela pode ser categorizada de diferentes maneiras, como pelo cliente ou pelo problema. Por exemplo, alguns programas de seguro fornecem aos clientes seis sessões por ano *por problema*, enquanto que outro segurado pode ter oito sessões por ano, mais o mesmo número de sessões para cada membro da família.
7. Se a cobertura for limitada e um cliente parece ter problemas que provavelmente não responderão com rapidez, comece a investigar outras opções após a primeira ou a segunda sessão. Mantenha informações atualizadas em seus arquivos sobre os recursos disponíveis à comunidade.
8. Utilize os tratamentos cognitivo-comportamentais em grupo quando eles estiverem disponíveis. Um grupo que ensina os componentes básicos da terapia cognitivo-comportamental é eficaz economicamente.

e Wolff, 1996; mas observe que houve uma modesta correlação entre as taxas clínicas de resultado e a satisfação neste estudo).

Também é importante lembrar que alguns clientes não se recuperam mesmo quando lhes é fornecida a terapia cognitivo-comportamental ideal. Se, em um teste aleatório cuidadosamente conduzido com critérios de exclusão, dois terços dos clientes recuperaram-se, um número menor de clientes provavelmente se recupere em ambientes do "mundo real". Além disso, uma certa percentagem desses clientes é possível que passe por lapsos, recaídas ou recorrência a todo momento, dependendo dos problemas e das circunstâncias da vida em que se encontram. Alguns clientes podem resolver uma espécie de problemas, mas não outros problemas, em especial os que estão fora de seu controle. Tais clientes podem retornar para consulta futura, o que provavelmente é um sinal de que confiam em você e sentem-se à vontade em contatá-lo para ter mais ajuda.

A decisão de finalizar o tratamento

A conceituação de casos clínicos conduz seu tratamento ao ponto final, mas há variações consideráveis em como os terapeutas abordam a finalização do tratamento. É prudente discutir a duração do tratamento e o processo de término da terapia no início do tratamento, mesmo que seja difícil fazer tal previsão. A terapia de tempo limitado pode tornar o tema da finalização algo bastante direto: se o máximo for, por exemplo, oito sessões, torne seu cliente ciente desse limite já no início. Planeje sua conceituação de caso de acordo com isso, enfocando apenas os problemas mais prementes. Lembre regularmente seu cliente sobre o número de sessões remanescentes. Tomar decisões é também algo a ser feito de maneira direta e franca quando você segue um programa de manual ou uma terapia de grupo com limite de tempo. Tendo completado o protocolo de tratamento ou tendo o cliente atingido o número máximo de encontros disponíveis, é necessário preencher uma avaliação de seguimento e encaminhar os clientes que não melhoraram para o tratamento de seguimento.

Os passos seguintes podem ser levados em consideração na tomada de decisões, dependendo de seu ambiente, da preferência de seu cliente e de seu próprio julgamento.

♦ *Finalize a terapia quando a crise ou o problema que trouxe o cliente até você foi resolvido.* Muitos clientes buscam ajuda quando vivenciam uma crise pessoal, transição de vida ou um problema específico mais do que por causa de qualquer condição diagnosticável. Por exemplo, um cliente pode vir buscar ajuda quando precisar tomar uma decisão importante em sua vida ou quando estiver sofrendo devido ao rompimento de uma relação. Se o cliente não tiver um transtorno psicológico sério (ou, às vezes, mesmo se o tiver), a crise pode ser resolvida muito rapidamente com uma intervenção mínima do terapeuta. Para o cliente ter mais perspectiva sobre o que está acontecendo, envolver-se na solução do problema e aprender a abordá-lo, em vez de evitá-lo, algumas sessões de terapia cognitivo-comportamental podem ser de significativa ajuda. Com esse tipo de cliente, contudo, você deve reconhecer a possibilidade de recaída, a menos que ele faça outras mudanças em sua vida. Nessas circunstâncias, pode ser prudente oferecer uma rápida prevenção de recaída (uma ou duas sessões), enfocando o futuro e os modos de administrar problemas potenciais. Seja franco com o cliente sobre suas razões para sugerir a prevenção de recaída. Uma breve intervenção pode ser tudo o que é necessário para resolver uma crise. Em alguns casos, o cliente poderá terminar a terapia mesmo se você não concordar, particularmente se a crise tiver sido resolvida e ele não estiver sofrendo tanto. Outra estratégia é agendar um encontro de seguimento em um período de tempo relativamente curto, quando você e seu cliente poderão reavaliar a necessidade de continuidade de intervenção.

♦ *Finalize a terapia quando os sintomas do Eixo I diminuem ou são eliminados.* Esse objetivo para o fim da terapia é comum em muitas clínicas ambulatoriais ou ambientes de saúde mental. A maioria dos clientes que chegam para o tratamento deseja se sentir melhor e sofrer menos, e sentem-se prontos para o final da terapia quando essa mudança ocorre. Novamente, é prudente proporcionar a prevenção de recaída como parte da terapia para reduzir a probabilidade da recorrência de sintomas. Da mesma forma que os clientes que terminam o tratamento quando a crise imediata é resolvida, os clientes que terminam a terapia quando os sintomas diminuem podem ter recaídas ou recorrências futuras se não aprenderem a reconhecer a recorrência, desenvolver estratégias para prevenir seus sinais ou identificar os gatilhos que causaram o problema em um primeiro momento. Muitos clientes sentem-se aliviados com rapidez na terapia, simplesmente porque tomaram a decisão de procurar alguém, sentindo-se amparados e com a oportunidade de expressar suas preocupações. O benefício de ter uma pessoa neutra para ouvir seus problemas é, sem dúvida, uma parte importante das mudanças positivas associadas à terapia. Essas melhoras são, contudo, provavelmente de duração curta. Um de nós (D.D.) atendeu uma cliente que, inicialmente, sofria muito, incluindo escores de BDI (Escala de Depressão de Beck) e BAI que indicavam sintomas graves. Apenas duas semanas mais tarde, com intervenções básicas, como automonitoramento e agendamento ativo, essa cliente atingiu escores normais. Nem seus pensamentos automáticos nem sua baixíssima eficácia tinham sido tratados. Se a terapia tivesse acabado naquela situação, ela provavelmente teria grande risco de recaída, pois sua redução de sintomas parecia ser consequência principalmente do apoio que recebera e não de qualquer intervenção específica.

♦ *Finalize a terapia quando os objetivos da terapia são atingidos, independentemente da mudança de sintomas.* Em determinados momentos, o objetivo da terapia pode *não* ser enfocar os sintomas atuais, ou você pode trabalhar em um sistema que não utiliza o diagnóstico DSM. Tipicamente, o sofrimento ou os sintomas diminuem à medida que os comportamentos ou as cognições mudam; contudo, a redução de sintomas nem sempre ocorre. Por exemplo, uma cliente pode ter como objetivo do tratamento melhorar suas relações problemáticas. Tal cliente pode, na verdade, experimentar um aumento de seu sofrimento quando tenta resolver esse assunto com as pessoas que fazem parte de sua vida – assuntos que ela tem evitado há anos. A melhora dos sintomas pode não ser relevante em todos os casos; alguns clientes podem tratar seu transtorno psicológico com outro profissional, e decidir procurá-lo para ajuda cognitivo-comportamental por causas de outras preocupações. Por exemplo, um cliente com esquizofrenia pode solicitar ajuda para melhorar suas relações, enquanto continua a receber, em outro lugar, tratamento psiquiátrico. Outros clientes podem atingir seus objetivos de tratamento, mas continuar a vivenciar sintomas que não trataram, ou que não responderam ao trabalho feito previamente. Nessas circunstâncias, é preferível ou considerar os objetivos de outra terapia ou revisar a formulação clínica do caso, ou fazer um encaminhamento para esses problemas residuais (por exemplo, para uma clínica especial). Lembre-se de nossa hipótese de que alguns tipos de mudanças podem levar à melhora, mas, às vezes, podemos estar errados.

♦ *Finalize a terapia quando os sintomas mudam e os objetivos são atingidos.* Esse conjunto de resultados é o preferido, pois os objetivos foram atingidos e os sintomas foram reduzidos ou eliminados. A prevenção de recaída ocorreu, e tanto o terapeuta quanto o cliente sentem-se bem ao despedirem-se. Não há necessidade aparente para continuar o tratamento, a menos que fatores causativos subjacentes possam aumentar de modo significativo as chances de recaída. Esses casos são ideais nos quais se pode revisar as estratégias aprendidas na terapia, para enfatizar a importância do pensamento e do comportamento saudáveis e para manter os ganhos do tratamento.

♦ *Finalize a terapia quando os fatores causativos subjacentes hipotéticos mudarem (por exemplo, crenças, esquemas ou situações precipitantes, tais como estresse familiar ou no trabalho).* Todos os esquemas terapêuticos e alguns outros tipos de intervenção entram nessa categoria, particularmente em qualquer terapia que vise à mudança de longa duração de problemas do Eixo II. É difícil fazer julgamentos sobre a quantidade de mudança que é necessária aqui, pois tanto o terapeuta quanto o cliente podem querer garantir a mudança do esquema nuclear ou alterações do ambiente. É fácil para terapeutas treinados para encontrar transtornos psicológicos ver os problemas como opostos aos pontos fortes ou áreas de funcionamento positivo. Alguns terapeutas provavelmente recomendam mais tratamento do que outros. Participamos de conferências cognitivo-comportamentais nas quais o tipo preditivo e a duração do tratamento diferiam consideravelmente entre os terapeutas, a despeito do treinamento similar. Lembre-se, entretanto, de que os dados são limitados para sustentar o uso de terapia de esquemas de longa duração, exceto para clientes com problemas do Eixo II (ver o Capítulo 8 deste livro).

♦ *Outros finais para o tratamento.* Outros cenários podem e realmente ocorrem nos tratamentos. Alguns clientes deixam de frequentar a terapia, sem explicação alguma. Há pouco que o terapeuta possa fazer nesses casos, a não ser tentar o seguimento por meio de uma ligação ou carta, a fim de chegar a algum encerramento ou explicação. Sempre documente os esforços realizados no seguimento com tais clientes, e informe-lhes, da melhor maneira possível, a sua decisão de encerrar o tratamento, dependendo das práticas e políticas de sua organização. Na falta de um encerramento formal do caso, você poderá ter responsabilidade legal pelo cliente em algumas circunstâncias.

Às vezes, a terapia parece não ser efetiva, ou o cliente e o terapeuta podem ter opiniões diferentes sobre os resultados do tratamento. Embora seja melhor respeitar as opiniões do cliente, é prudente obter indicações claras sobre porque ele considera o tratamento eficaz, se você não o considera. O cliente poderá considerar úteis o apoio e a oportunidade de falar a alguém neutro, mas não envolver-se em esforços que levam a uma mudança ativa. Outras vezes, as crises surgem ou os problemas persistem apesar das intervenções apropriadas e dos esforços reais, tanto por parte do cliente quanto do terapeuta. Para mais discussões sobre alguns dos desafios na terapia cognitivo-comportamental, veja o Capítulo 10 deste livro. Sobretudo, é importante tanto para o cliente quanto para o terapeuta aprender a estabelecer resultados imperfeitos ou médios.

Talvez um dos tipos mais angustiantes de encerramento é quando ocorre uma "ruptura terapêutica". Esses problemas podem surgir devido a um sem número de razões, tal como quando o cliente tem uma crise que não é resolvida rapidamente, quando o terapeuta sente-se frustrado com o andamento da mudança e faz um comentário negativo ao cliente, quando o cliente rejeita os métodos que o terapeuta propôs, ou quando surge qualquer outro problema na relação. Em tais casos, o cliente poderá, abruptamente, "despedir" o terapeuta, sem chance para um final adequado da terapia. Nosso melhor conselho aqui é ser tão não defensivo quanto possível e avaliar honestamente o que houve no caso, para que você possa vir a melhor atender um cliente semelhante no futuro. A supervisão, ou a discussão confidencial com um colega confiável, poderá ajudá-lo a descobrir o que aconteceu e a saber como você deve lidar com tal assunto de modo diferente no futuro.

◆ PREVENÇÃO DE RECAÍDA

A prevenção de recaída é a fase final da maioria dos tratamentos cognitivo-comportamentais, embora implementá-la requeira a melhoria dos problemas ou sintomas do cliente. A prevenção de recaída inclui uma revisão do tratamento, a criação de um plano para o futuro e a discussão tanto sobre os sentimentos do cliente quanto do terapeuta sobre a finalização da terapia (Antony, Ledley e Heimberg, 2005). Em alguns casos, a prevenção da recaída é uma parte da terapia, em particular quando o problema clínico é crônico ou recorrente. Na maioria dos casos, contudo, a prevenção da recaída ocorre nas últimas duas ou três sessões. Os clientes que estiveram em tratamento por um longo período, devido à natureza crônica ou complexa de seus problemas, podem requerer mais ajuda durante essa fase. O que segue são algumas sugestões práticas e diretrizes para ajudar nessa fase da terapia (veja o Quadro 9.3 para um resumo dos métodos principais).

O ideal é que ambas as partes finalizem a terapia com a sensação de fechamento do tratamento. Assim, mesmo que pareça paradoxal, próximo à conclusão do tratamento é útil prever reveses, o que estimula o realismo e a discussão sobre como administrar problemas futuros. Sempre que ocorrerem reveses na terapia, use-os como oportunidade para novos aprendizados. Alerte os clientes que, após a conclusão das sessões regulares, eles poderão ter o desejo de fazer uma pausa no trabalho que estiveram fazendo. Em geral, essa não é uma decisão sábia, pois os clientes podem não ter incorporado por completo essas estratégias em suas vidas. As pausas também podem refletir um tipo sutil de evitação. Discuta maneiras que permitam aos clientes equilibrar o uso das estratégias terapêuticas, juntamente com outras metas e desejos presentes em suas vidas.

Todos os clientes têm gatilhos ou acontecimentos que levam a reações negativas. Por definição, eles tiveram dificuldades em administrar esses gatilhos antes do tratamento. A maioria dos clientes identificará seus gatilhos pessoais na terapia. Discuta como os clientes podem enfrentar de modo diferente esses gatilhos se e quando eles voltarem após a conclusão do tratamento. Estimule-os a tentar enfrentar por si próprios esses gatilhos, o que intensificará sua segurança e sentimento de eficácia.

Quadro 9.3 Estratégias de prevenção da recaída a serem consideradas em momento próximo à finalização da terapia

1. À medida que a terapia progride, dê gradualmente mais responsabilidade aos clientes para assuntos tais como o estabelecimento da agenda, o agendamento de sessões e a definição de tarefas de casa. Este passo é especialmente importante para os clientes que não se sentem à vontade com o final da terapia.
2. Faça experiências com sessões conduzidas pelos clientes, trocando até mesmo as cadeiras para criar um ambiente mais realista. Esse passo pode ser efetivo para ensinar os clientes a serem seus próprios terapeutas.
3. Alguns clientes tomam notas nas sessões durante o tratamento. Se não tiverem feito isso, peça a eles que criem notas resumidas das sessões, ou que usem seus cadernos de anotações da terapia para revisar o trabalho.
4. Assegure-se de que os clientes façam atribuições internas para terem êxito no tratamento. Esse passo é particularmente importante para os clientes desenvolverem a segurança relativa a suas próprias habilidades de enfrentamento após o fim do tratamento.
5. Considere os lapsos como oportunidades de aprendizagem, enquanto os clientes ainda estão em tratamento. Ajude os clientes a antecipar e a preparar-se para eles após a conclusão da terapia.
6. Agende sessões menos frequentes, logo que os sintomas dos clientes estejam reduzidos e que eles estejam usando ativamente as estratégias cognitivo-comportamentais. Revise e reforce suas habilidades durante a sessão seguinte.
7. Revise e faça com que os clientes registrem, ou registre você mesmo, as estratégias de terapia que foram mais úteis.
8. Forneça *feedback* frequente sobre as mudanças que você percebeu e sobre o que pode precisar ter continuidade depois do tratamento.
9. Desenvolva, com a ajuda do cliente, um resumo individualizado da terapia. Se você ainda não tiver feito isso, peça ao cliente para criar um arquivo da terapia. Todos os textos ou material escrito utilizados na terapia, incluindo um resumo do tratamento e o plano de prevenção da recaída, podem ser colocados neste arquivo.

É importante, contudo, determinar com os clientes quais são os "sinais prévios de atenção" de uma recaída, e o que podem fazer se esses sinais surgirem. Para alguns clientes, sintomas tais como interrupção do sono, agitação ou pensamentos suicidas são sinais de que precisam buscar ajuda. Uma estratégia é escrever uma lista pessoal de sinais de alarme ou de sintomas, e estratégias para enfrentá-los, baseadas no trabalho terapêutico realizado. Essa lista pode ser mantida em locais em que eles possam recordar ou acessar, se necessário.

Se for possível, execute uma avaliação pós-terapia quando for completada a parte funcional do tratamento. Muitos terapeutas fazem um excelente trabalho no início da avaliação, mas são menos cuidadosos nas avaliações dos seguimentos. Repita as medições que o cliente fez no início do tratamento. Forneça informações ao cliente sobre os resultados da avaliação pós-terapia, e compare os sintomas do pós-teste dos clientes aos resultados da pré-terapia. É muito útil criar um gráfico ou mapa dos resultados para dar ao cliente como um resumo visual. Esse mapa pode incluir medições de sintomas do pré ao pós-tratamento, listas de verificação comportamental ou outras medições que são sensíveis à mudança e refletem o trabalho que vocês realizaram juntos. Seja honesto sobre as áreas de falta de mudança, pois essas mesmas áreas podem refletir dimensões nas quais o cliente é mais sensível à recaída. Discuta como o cliente pode continuar tratando esses problemas por si próprio ou por meio de outros tipos de intervenção.

Ensine os clientes a fazer suas autoavaliações. Para alguns clientes, é útil fornecer listas de verificação com os sintomas típicos dos transtornos que tiveram. Os clientes podem, então, manter essas listas de verificação em mãos, para ajudá-los a decidir, no futuro, quando buscar ajuda. Recomende que o cliente estabeleça sessões de terapia consigo mesmo, dando seguimento à conclusão da terapia que fez com você. Essas "autossessões" podem imitar o processo da terapia cognitivo-comportamental: o cliente pode estabelecer uma agenda de assuntos correntes, passar por cada uma das áreas do problema utilizando as técnicas que aprendeu na terapia, e determinar tarefas de casa para si próprio, lidando diretamente com os pensamentos negativos ou com comportamentos atrelados a cada área problemática. O cliente pode tentar iniciar essas autossessões nas semanas finais da terapia e discutir qualquer preocupação durante a próxima sessão agendada. Essas sessões podem ser agendadas para o mesmo horário em que o cliente vem para sua sessão de terapia. Uma ideia é colocar-se à disposição para consulta – seja por meio de uma breve ligação telefônica ou por *e-mail* – nas primeiras semanas em que o cliente estiver tentando essas autosessões, para lidar com qualquer problema que venha a surgir logo no início.

Apesar de você poder estar na fase final do trabalho com o cliente, ajude-o a estabelecer metas a atingir após o final da terapia. Discuta métodos e prazos pelos quais ele trabalhará essas metas. "Normalize" os medos de lapsos ou recaídas de seus clientes, mas seja realista em suas discussões no que se refere ao risco. Chame a atenção do cliente para o fato de que recaídas ocorrem mesmo quando há intervenções, de modo que ele não deve se culpar se tiver problemas. Ajude-o a determinar a diferença entre emoções negativas normais e sintomas de transtorno ou de um problema importante. Muitos clientes têm dificuldade em fazer essa distinção, podendo ter tolerância reduzida ao sofrimento normal. Estimule-os a lutar contra seus problemas por algum momento, mas depois os informe de que não há nada de errado em fazer um contato futuro com você, se for necessário.

Trabalhe com seus clientes na criação de um plano escrito de prevenção da recaída, o qual inclui um resumo das estratégias mais úteis que aprenderam no tratamento, suas metas após a conclusão do tratamento, as recomendações para o trabalho de seguimento e como buscar ajuda futura se necessário. Comece esse plano usando a conceituação de caso clínico e suas notas de tratamento, nas quais você listou as intervenções que utilizou e a resposta dos clientes. Esse plano pode servir como um ponto de partida para discutir o plano das últimas sessões do tratamento. Algumas clientes gostam de ter textos, outros tipos de informação psicoeducacional, listas de verificação de sintomas ou de estratégias, ou, ainda, lembretes pictóricos, os quais eles juntam para criar um *kit* de prevenção de recaída.

Ramon esteve em terapia por 22 sessões, por um período um pouco maior do que seis meses. Quando chegou ao fim do tratamento, ele e o terapeuta concordaram em desenvolver um *kit* de prevenção de recaída. Ramon aceitou a tarefa de casa de rever todos os registros de pensamentos que fez durante a terapia e também os outros formulários que preencheu. Ele também estava escrevendo um diário pessoal, o qual concordou em rever. O *kit* de prevenção de recaída desenvolvido no decorrer das três últimas sessões incluía o seguinte:

- Uma lista de seus sintomas prévios e os sintomas possíveis que poderiam indicar recaída.
- Um questionário de sintomas, para mensurar seu *status* a qualquer momento.
- Um resumo da maioria das técnicas usadas na terapia, escrito em palavras que Ramon entende.
- Uma cópia em branco dos formulários que Ramon achou mais úteis.
- As informações de contato do terapeuta e as instruções sobre como buscar ajuda, se necessário.

Embora a terapia cognitivo-comportamental seja baseada na premissa da mudança e na confrontação direta dos problemas da vida de alguém, as intervenções baseadas na aceitação, tais como o treinamento em *mindfulness*, podem ser consideradas durante a parte do tratamento dedicada à prevenção de recaída ou como um seguimento para o tratamento. Algumas dessas intervenções têm suporte empírico, seja como um auxiliar, seja como um componente separado de prevenção de recaída para alguns transtornos após a ocorrência da remissão (por exemplo, Segal, Williams e Teasdale, 2001). Se você quiser incorporar essas ideias em seu plano de tratamento, recomendamos que ou obtenha treinamento específico em tratamentos baseados em *mindfulness*, ou encaminhe seus clientes para um fornecedor de serviço apropriado. Embora essa ideia permaneça como uma hipótese não testada, os proponentes de abordagens de atenção plena geralmente aconselham que os próprios terapeutas deveriam praticar as estratégias diariamente, para melhores resultados em seu trabalho com os clientes. Considere um encaminhamento para um grupo ou programa de treinamento para a meditação de atenção plena, se você não for habilitado a fornecer essa abordagem.

A maioria dos clientes que tiveram uma experiência positiva na terapia expressa ansiedade pela conclusão da terapia e algum grau de tristeza por não ter mais a oportunidade de discutir suas preocupações com seus terapeutas. Também é comum os terapeutas sentirem alguma tristeza quando a terapia termina, assim como algum "sentimento maternal saudável" sobre o bem-estar futuro de seus clientes. Informe seus clientes que a maioria das pessoas sente-se assim e que é saudável expressar e discutir esses sentimentos. Se for apropriado, você pode proporcionar ao cliente um *feedback* sobre as mudanças positivas que você acha que ele conseguiu, e o que você pode ter aprendido ao trabalhar com ele. A mudança do cliente é o enfoque mais importante para as intervenções cognitivo-comportamentais, mas, assim como temos um efeito sobre nossos clientes, nossos clientes têm um efeito sobre nós. Embora presentes dos clientes aos terapeutas não sejam nem esperados nem parte inerente à terapia cognitivo-comportamental, certamente não desestimulamos ou rejeitamos pequenos presentes ou cartões se forem significativos para o cliente como expressão de agradecimento ou indicação de algumas lições aprendidas na terapia.

Discuta como os clientes podem buscar ajuda no futuro, se necessário. Durante o curso do tratamento, os clientes podem ter trabalhado para aumentar seus sistemas de apoio social. Assegure-se de que esse apoio social exista e de que provavelmente continuará a existir para seu cliente. Um encaminhamento para um apoio contínuo ou grupo de autoajuda pode ser útil para clientes que continuam socialmente isolados. Estimule todos os clientes a envolverem-se em um cuidado de si adequado e em um estilo de vida equilibrado. O que esse estilo de vida equilibrado contém varia de pessoa a pessoa. Por isso, determine o que ele deverá conter para cada cliente.

O CASO DE ANNA C. (CONTINUAÇÃO)

Embora a ficha de Anna tenha sido encerrada, de acordo com sua vontade de finalizar o tratamento, o terapeuta não ficou totalmente surpreso quando ela ligou apenas 6 meses após a última consulta. Anna contou ao terapeuta que sua mãe havia falecido 5 meses atrás e que, apesar de ter enfrentado bem esse estresse, ela percebeu que estava retomando alguns hábitos antigos.

Quando encontrou o terapeuta para a consulta, Anna repetiu como a sua preocupação com seu filho estava piorando, e que se descobriu cuidando muito mais dos membros de sua família. Ela descobriu que esse padrão reflete seu esquema "mártir", que ela havia aprendido anteriormente na terapia, mas não sabia exatamente como mudar esse padrão. Após concordar que fazer essa mudança seria útil, o terapeuta e ela acertaram encontrarem-se por seis sessões para trabalhar nesse assunto.

As técnicas de tratamento para Anna incluíam impor limites, aprender como verbalizar suas necessidades e dizer "não" a pedidos não razoáveis. Anna percebeu que, na sua mente, o oposto de ser altruísta e dar atenção aos outros era ser "egoísta", e as implicações desse pensamento dicotômico foram exploradas. Foi acertado que Anna deveria experimentar ser egoísta, para sentir como era sê-lo. Ela optou por fazer uma viagem para longe de Toronto para ver familiares em Chicago. Enquanto esteve lá, Anna foi bem cuidada pelos parentes, e foi capaz de prestar atenção a suas próprias necessidades e desejos. Esse exercício do tipo "como se" provou ser muito poderoso. Anna reconheceu sua habilidade latente de aproveitar experiências e de "deixar para trás" as obrigações que havia aceitado. Essa viagem também possibilitou a sua família vivenciar a responsabilidade, e a ver Anna de uma nova forma. Quando Anna voltou para casa, estava pronta para renegociar seu papel. Ela conversou com Luka sobre a ajuda extra de que precisaria, tendo ele apoiado seu pedido. Juntos eles renegociaram deveres para as crianças. Anna e Luka se inscreveram em um curso de dança noturno na comunidade local, o que os forçou a sair de casa e a estarem juntos, o que a agradava. Importante também foi Anna ter procurado e encontrado um cargo melhor, com salário e benefícios melhores, no mesmo escritório de advocacia em que trabalhava.

Uma parte importante da terapia durante este período foi o fato de a relação entre o terapeuta e Anna ter "amadurecido" bastante. Anna era mais direta na expressão das suas ideias e mais ativa em atribuir tarefas a si mesma entre as sessões. O terapeuta percebeu e comentou essas mudanças, o que foi reconhecido por Anna. Anna foi mais longe, porém, e disse que quando começou a terapia, talvez tivesse sido muito submissa ao terapeuta, tendo como base suas crenças anteriores. Essa discussão levou a um entendimento mais profundo do processo da terapia, tanto para o terapeuta quanto para a cliente, e foi interpretada como mais uma evidência da mudança no sistema de crenças de Anna.

Ao final das seis sessões, Anna disse que se sentia mais preparada para prosseguir por si própria, pois suas preocupações e sensação de martírio haviam diminuído. O terapeuta e Anna passaram uma sétima sessão revisando o que Anna havia aprendido durante sua primeira tentativa de terapia, e os efeitos mais recentes de tornar-se uma mulher "egoísta", sem deixar de ser uma mulher atenciosa e mãe. Anna percebeu que estava se vendo de uma maneira mais complexa do que anteriormente, uma maneira que ela respeitava e de que gostava, e assumiu o compromisso pessoal de continuar a trilhar este caminho.

10

DESAFIOS NA CONDUÇÃO DA TERAPIA COGNITIVO-COMPORTAMENTAL

Este capítulo revisa alguns dos desafios que podem ocorrer na terapia cognitivo-comportamental. Embora a palavra "desafio" possa ter uma conotação negativa, são as demandas ao terapeuta que, parcialmente, fazem do trabalho do terapeuta cognitivo-comportamental algo interessante e compensador. Esta revisão é limitada: escolhemos alguns dos desafios mais comuns em vez de tentarmos ser muito abrangentes. Vários desafios foram revisados em outros textos; se quiser ler mais sobre o assunto, veja Dattilio e Freeman (2000), J. S. Beck (2005), A. T. Beck e colaboradores (2004), Linehan (1993) e Young e colaboradores (2003).

A definição de *desafio* varia entre os clínicos, embora haja situações que sejam difíceis para a maioria dos profissionais. Neste capítulo, definimos *elementos desafiadores* como as situações que são mais exigentes e difíceis de enfrentar e que estão acima do nível de competência do terapeuta. Assim, o que é desafiador difere de terapeuta para terapeuta, ou mesmo para um mesmo terapeuta ao longo do tempo. Esses desafios podem ser categorizados como os que se originam com o cliente, com o terapeuta, no âmbito da própria terapia ou fora dela. Embora essas distinções sejam de certa maneira artificiais, e sobreponham-se e interajam, é útil diferenciar as fontes dos desafios para discuti-los. Descrevemos alguns dos desafios comuns em cada uma dessas áreas, discutimos as pesquisas relevantes quando possível e, depois, sugerimos soluções práticas para a sua prática. Nossa meta neste capítulo é ajudá-lo a aprender como identificar os desafios na terapia cognitivo-comportamental e desenvolver estratégias para superá-los.

◆ **DESAFIOS QUE SE ORIGINAM COM O CLIENTE**

Falta de adesão ao tratamento

Os problemas com a adesão podem variar de não comparecer às sessões e chegar atrasado para as consultas a não realizar as tarefas de casa ou lutar com a estrutura da própria terapia cognitivo-comportamental. Embora a evitação na terapia cognitivo-comportamental seja um problema em si e por si mesmo, ela não será discutida em detalhes neste capítulo (ver Capítulo 6). Obviamente, o comparecimento é um pré-requisito para a mudança em qualquer tipo de intervenção. Os clientes que estabelecem metas claras e fazem suas tarefas de casa têm mais chance de chegar a bons resultados (Burns Spangler, 2000; Helbig e Fehm, 2004; Rees, McEvoy e Nathan, 2005).

Se você estiver trabalhando com um cliente que não adere a algum aspecto do tratamento, o primeiro passo é identificar e descrever seu comportamento antes de determinar qualquer razão para o problema. Tente simplesmente observar o padrão, antes de dar qualquer passo. Os problemas de alguns clientes podem resultar da dificuldade ao enfrentar a estrutura da terapia cognitivo-comportamental. Outros clientes podem apresentar muitos tópicos relacionados e não relacionados durante a sessão de terapia e sobrecarregarem-se. Alguns clientes são desorganizados e podem perder ou esquecer a tarefa de casa. Outros ainda podem sair da terapia com a melhor das intenções e uma clara ideia sobre o que fazer e, então, "perder a calma" em casa. Outros, também, talvez quase nunca façam uma tarefa de casa, fazendo, em vez disso, outra atividade que tenham eles próprios inventado. Diferentes tipos de não adesão podem muito bem ter bases distintas.

Se você suspeitar de um padrão na não adesão dos clientes, adote uma posição de observador e tente não reagir negativamente ou personalizar o comportamento de um cliente como uma espécie de reação a você ou como um desafio. Colete dados ao longo do tempo e apresente o padrão a seu cliente de uma maneira não crítica e direta. Veja se você e o cliente podem juntos identificar esse padrão como um problema que possa interferir no tratamento de sucesso. Faça aos clientes perguntas sobre o que você e ele veem.

Uma vez que você tenha identificado quaisquer padrões existentes, busque primeiramente a explanação mais simples. Os terapeutas podem estar aptos a desenvolver hipóteses elaboradas em relação ao comportamento do cliente. Inicialmente, é algo inteligente evitar interpretações sobre o porquê de os clientes não terem completado a tarefa de casa ou de não terem aderido a algum plano. Muitos terapeutas têm especulado sobre a reação (ou *resistência*) do cliente e constataram estar errados (Leahy, 2001). Por exemplo, durante a supervisão de um estudante residente em fase de pré-doutorado e que participava de terapia, um de nós (D. D.) observou que o supervisionado habitualmente negava-se a trazer o arquivo de um de seus clientes para as sessões de supervisão. Esse padrão foi observado ao longo de várias semanas e o supervisor começou a formular hipóteses sobre o porquê de o supervisionado evitar discussões sobre esse cliente. Depois de uma dessas discussões, o supervisionado notou que os registros sobre tal cliente estavam em uma pasta de cor diferente das pastas dos demais clientes. Muito provavelmente, o supervisionado tenha negligenciado trazer a pasta por causa da cor diferente, e não devido a qualquer evitação complexa ou "contratransferência". O problema foi resolvido facilmente, pela substituição da pasta do cliente, que passou a ser igual à dos demais.

O cancelamento de uma consulta depois de uma sessão difícil apresenta-nos a tentação de especular. Muitos terapeutas podem chegar a conclusões precipitadas e pensar que o cliente reagiu de maneira negativa à sessão, não fez sua tarefa de casa, está evitando essa parte difícil da terapia ou pode estar pensando em não mais dar continuidade a ela. Embora tais ideias possam ser válidas, sempre lembre que o cliente pode simplesmente estar resfriado! Na sessão seguinte, primeiramente faça uma pergunta sobre a sessão perdida antes de criar hipóteses sobre o cancelamento. Não seria bom se o cliente se sentisse acusado ou tivesse de se defender de sua suspeita não fundamentada, o que poderia levar à ruptura da aliança terapêutica.

É importante avaliar as potenciais relações entre os problemas relativos ao comparecimento às sessões ou à realização das tarefas e os problemas atuais dos clientes. O que o terapeuta percebe como não adesão pode se dever a sintomas de um transtorno psicológico. Se os clientes enfrentam dificuldades em lidar bem com a realização de atividades cotidianas, é provável que essa dificuldade será trazida para a terapia. A falta de motivação, a baixa energia, a fadiga ou ter pouca habilidade para resolver problemas são todos fatos que provavelmente interfiram na capacidade que o cliente tem de realizar suas tarefas. Os problemas cognitivos, tais como baixa concentração, podem fazer com que os clientes esqueçam a tarefa de casa logo depois da sessão caso não contem com algum auxílio à sua memória. A desmoralização e a falta de coragem ocorrem frequentemente com os clientes com problemas relacionados ao humor. O medo de encontrar situações que os sobrecarreguem fora da sessão leva alguns clientes a evitar a tarefa de casa. A ansiedade sobre o julgamento de ordem social pode se traduzir na não realização das tarefas de casa por medo de uma avaliação negativa. Os clientes ansiosos podem estar centrados em si mesmos, o que faz com que pareçam desatenciosos durante a sessão. Aprenda a ser um observador astuto dos comportamentos dos clientes na sessão. Todos esses problemas devem ficar claros quando você completar a formulação de caso. Faça previsões e reveja sua formulação de caso conforme for necessário.

Pergunte-se se há algo em relação a seu comportamento que possa ter algum efeito negativo sobre os clientes. É importante dar seguimento aos princípios fundamentais da terapia cognitivo-comportamental e ser um bom modelo para o cliente. A adesão de parte do terapeuta é um aliado importante na prevenção de problemas. Estabeleça e cumpra uma agenda em toda sessão.

Certifique-se de que você tenha tempo suficiente para tomar decisões sobre a tarefa de casa adequada. Muitos problemas de não adesão podem ser resolvidos oferecendo-se aos clientes tarefas escritas que possam levar consigo. Considere a possibilidade de usar um formulário padrão para escrever as tarefas de casa, como se fosse um receituário. A maior parte dos clientes está acostumada às prescrições médicas e, por isso, um de nós (D. D.) elaborou um formulário de Prescrição de mudança (ver Quadro 5.3), que tem aproximadamente o mesmo tamanho de um formulário de prescrição médica. Esses formulários incluem a tarefa de casa, a próxima consulta e as informações de contato do terapeuta. Um de nós (K. S. D.) desenvolveu uma maneira padrão de usar um caderno para a terapia, no qual todas as tarefas são escritas e diários das atividades e outros formulários estão presentes. Contar com uma única fonte de material para a terapia pode funcionar bem com os clientes (embora possa se constituir em problema se os clientes perderem o caderno). Por isso, é importante ter uma cópia das atividades prescritas no caderno do cliente nos arquivos do consultório.

Roger estava trabalhando com seu novo cliente, Paul. Embora Roger tivesse feito um bom trabalho ao desenvolver com Paul um conjunto razoável de tarefas de casa e tenha apresentado a ele formulários para acompanhar a realização das tarefas, Paul sempre perdia tais formulários. Paul dizia estar acostumado a trabalhar cotidianamente no computador e que não usava papel. Sugeriu então a ideia de usar o telefone celular para enviar a si mesmo uma mensagem de texto sobre a tarefa a ser realizada, que, depois, ele transferiria para o seu computador. Também criou uma tabela no computador em que acompanhava suas tarefas de casa, que ele imprimia antes de cada sessão. Embora Roger inicialmente tenha pensado que esse processo fosse muito mais complexo do que simplesmente usar um formulário escrito, funcionou bem com o modo tecnológico de Paul abordar a vida, sendo adotado com sucesso.

Sempre faça perguntas sobre as tarefas de casa na sessão seguinte, e discuta os resultados com seriedade e cuidado. Planeje passar alguma parte da sessão de terapia fazendo esse trabalho, especialmente nas primeiras sessões, que é quando você cria a atmosfera do tratamento. Discuta quaisquer problemas, incluindo a não realização das tarefas, de maneira aberta e franca com os clientes. Sugerimos que você use a não adesão à terapia como uma oportunidade para avaliar as habilidades do cliente no que diz respeito à resolução de problemas. Verifique o que estiver atrapalhando e tente resolver o problema efetivamente com os clientes; se a tarefa de casa for ainda importante, mantenha-a. Se a tarefa não for feita pela segunda vez, passe mais tempo ainda trabalhando com ela. Alerte os clientes de que essa parte da terapia é essencial, e que eles terão de encontrar uma maneira de traduzir as discussões realizadas na sessão em prática da vida real. Você pode dizer a eles que "o que acontece em sua vida entre uma sessão e outra é muito mais importante do que aquilo sobre o que falamos durante as consultas".

As tarefas de casa devem ampliar a probabilidade de sucesso e construir a eficácia do próprio cliente. Tente garantir o sucesso já no início, e se os clientes tiverem sucesso, ajude-os a dar a si mesmos créditos pelo esforço que fizerem. Você também pode fazer elogios, desde que eles estejam relacionados ao grau de sucesso que de fato se atingiu e não sejam clinicamente contraindicados. Contudo, não elogie os clientes se eles não acharem que a tarefa de casa tenha sido um sucesso. Em vez disso, use esse desencontro entre a sua percepção e a do cliente para construir sua conceituação de caso.

Peça aos clientes que mantenham registros escritos de suas tarefas de casa e dos resultados obtidos. Além disso, preveja uma margem de erro para expectativas irreais ou perfeccionismo na tarefa de casa. Seja realista em suas expectativas relativas ao cliente. Por exemplo, uma tarefa cujo objetivo deva ser realizado todos os dias tem menos chance de ser bem-sucedida do que uma tarefa que deva ser realizada quatro ou cinco vezes por semana e que, portanto, ofereça uns dias de folga. Os clientes tendem a dar continuidade aos comportamentos bem-sucedidos e não aos que não forem. Se eles se sentirem desestimulados por realizarem tarefas que acabam em fracasso, provavelmente não tentarão fazer outras tarefas, o que pode levar a uma baixa eficácia. Para uma lista de questões relativas à adesão e a soluções possíveis ver os Quadros 10.1 e 10.2, respectivamente. As soluções de não adesão obviamente dependem da causa do problema.

Ocasionalmente, apesar de você esforçar-se ao máximo, os clientes não realizam uma determinada tarefa, mesmo que continuem a insistir que de fato querem mudar. O contrato contingencial pode ser extremamente eficaz para os clientes cujos padrões

---

QUADRO 10.1 Questões a considerar em relação aos problemas de adesão

1. O problema ocorreu apenas uma vez ou é parte de um padrão?
2. O cliente apresenta um padrão similar fora das sessões de terapia, ou o problema é exclusivo da terapia?
3. O cliente participou de outros tipos de terapia que não usavam a estruturação e as tarefas de casa?
4. O cliente enfrenta problemas com a estruturação da terapia?
5. O cliente entende a importância de realizar as tarefas de casa?
6. O cliente reage a algum aspecto da terapia ou do estilo do terapeuta?
7. Desenvolveu-se uma relação colaborativa?
8. O cliente tem as habilidades ou os recursos para acompanhar o processo terapêutico?
9. O cliente entende como fazer a tarefa de casa?
10. O cliente é organizado? Parece ter dificuldade em organizar seu tempo, preenchimento de formulários e atividades?
11. Planos claros, concretos e escritos foram apresentados ao cliente para que este os levasse para casa?
12. Alguns dos sintomas (por exemplo, baixa concentração, motivação, ansiedade) apresentados pelo cliente interferem na adesão?
13. Você foi claro na conversa sobre adesão e/ou tarefas de casa?
14. Você tem evitado apresentar questões difíceis ao cliente?
15. Você já fez alguma coisa que sutilmente solapasse a tarefa de casa, tal como esquecer de perguntar sobre ela ou de reforçar as tentativas do cliente?
16. Você aderiu às metas e aos planos da terapia cognitivo-comportamental com o cliente?

Quadro 10.2 Métodos para facilitar a adesão ao tratamento

1. Certifique-se de que o cliente entenda e aceite a lógica do tratamento.
2. Certifique-se de que as tarefas de casa tenham sentido para os clientes e que eles entendam como cada passo está relacionado às metas gerais do tratamento.
3. Faça com que os clientes escrevam os pontos principais, resumos e sugestões durante as sessões. Se pedirem para gravar as sessões, diga "sim".
4. Repita as coisas mais do que você pensa que precisa fazer, e use linguagem que os clientes entendam.
5. Anteveja os problemas. Faça questões como "Quais são as chances de que você complete com sucesso essa tarefa de casa?". Se a resposta do cliente for menos do que 60 ou 70%, mude a tarefa, facilitando-a.
6. Sempre colabore e certifique-se de que os clientes tenham muitas informações sobre as metas, os métodos e o processo da terapia, incluindo a tarefa de casa.
7. Sempre certifique-se de perguntar sobre a tarefa de casa detalhadamente. Elogie todos os esforços feitos em prol da tarefa de casa. Se a tarefa de casa não tiver sido feita, discuta os obstáculos que estavam no caminho. Se a tarefa de casa não tiver sido feita em várias sessões consecutivas, mude-a. Alguns clientes conseguem melhorar, apesar de não serem muito bons na realização de tarefas de casa.
8. Seja criativo no uso das tarefas de casa. Alguns clientes enfrentam problemas com as tarefas escritas, mas se dão bem com outros tipos de exercícios, tais como assistir a um vídeo, entrevistar as pessoas, fazer pesquisas no computador ou participar de experiências comportamentais. Muito embora a maior parte dos terapeutas goste de ler, lembre-se de que nem todos os clientes são assim.
9. Não subestime a ansiedade do cliente quando este for tentar comportar-se de outra maneira ou expor-se fora do ambiente da sessão. Depois de prever os possíveis problemas com a tarefa de casa, se, ainda assim, os medos do cliente reduzirem a chance de ele realizar a tarefa, ensaie na própria sessão o modo de realizá-la.
10. Certifique-se de que a tarefa de casa não seja demasiadamente inconveniente para os clientes. Por exemplo, matricular-se em uma academia próxima de casa é algo que provavelmente tenha melhores resultados do que pedir que o cliente se matricule em uma academia com menor preço, mas distante de casa.
11. Considere a possibilidade de haver barreiras que os clientes talvez não queiram mencionar (por exemplo, custos, nível de educação formal, pessoas que não lhe dão apoio). Certifique-se de que os clientes disponham das habilidades e dos recursos para executar o plano.
12. Sempre escreva a tarefa de casa ou faça com que o cliente a escreva. Um de nós (D.D) desenvolveu um formulário chamado Prescrição de Mudança (ver Quadro 5.3), que é similar a uma prescrição de um médico. A tarefa de casa é escrita neste formulário, juntamente com a data e o horário da próxima consulta do cliente e de informações de contato do terapeuta.
13. Alguns clientes usam um arquivo pessoal para registrar o progresso da tarefa de casa ao longo do tempo.
14. Respeite os limites de tempo. Se o cliente estiver atrasado, não estenda a sessão, mesmo se possível.
15. Estabeleça algumas tarefas de casa para você mesmo (por exemplo, encontrar um artigo para um cliente). Faça a tarefa e fale sobre ela na sessão seguinte.
16. Pode parecer simplista, mas: Persistência + Paciência + Ritmo certo = Progresso. Não desista! Sua determinação pode ajudar os clientes a serem mais determinados.

de não adesão persistem ao longo do tempo e interferem na terapia. Um de nós (D. D.) foi o terapeuta de um estudo de resultados no qual a não realização da tarefa de casa constituía-se em fundamento para o cancelamento da sessão seguinte. O protocolo permitia ao terapeuta passar 10 minutos discutindo as razões para a falta de adesão e, depois, remarcar a tarefa de casa, mas o restante da sessão era cancelado. Todos os participantes conheciam essa regra de antemão. Houve apenas uma ocorrência no início da terapia, e o terapeuta considerou difícil respeitar esse acordo rígido. Contudo, obedecer às consequências acordadas sobre a não realização da tarefa de casa fez com que tais tarefas melhorassem significativamente.

Em outro ambiente, um jovem adulto chegava em geral 10 minutos atrasado para a sessão. Ele costumava dormir e não se organizava a tempo de vir para a sessão no horário estipulado. Depois de identificar o problema, o terapeuta e o cliente concordaram que, se o cliente chegasse mais de um determinado número de minutos atrasado, a sessão seria cancelada e marcada para a semana que vem. Esse acordo foi notavelmente eficiente. Tais consequências comunicam ao cliente que não só a tarefa de casa é levada muito a sério, mas também que o tempo do terapeuta é importante e deve ser respeitado. Observe que esse tipo de intervenção é apenas eficaz se o cliente valorizar a terapia e houver uma boa aliança terapêutica. As questões de pagamento devem também ser trabalhadas de antemão, porque o cliente pode não gostar de pagar uma sessão que não ocorreu.

Um de nós (K. S. D.) criou a ideia dos "três golpes", segundo a qual você considera encerrar a terapia se o cliente não consegue fazer ou simplesmente não faz as tarefas, se a mesma tarefa não é feita apesar do bom trabalho que você e o cliente realizaram e se houver problema de não adesão na resolução de problemas das sessões anteriores. De muitas maneiras diferentes, como terapeuta, suas mãos estarão atadas se o cliente não realizar as tarefas da terapia. Talvez seu tempo fosse mais bem empregado com clientes que estivessem prontos para comprometer-se com o tratamento. Se você tiver certeza que não está simplesmente adotando uma atitude punitiva para com um cliente que enfrenta dificuldades, então postergar ou terminar o tratamento pode ser uma decisão responsável. Além disso, se você usar algum dos sistemas de contrato contingencial ou de consequências, será absolutamente crucial sustentar as consequências sobre as quais houve acordo. A única exceção é quando há risco iminente para o cliente ou para outras pessoas, ou alguma espécie de emergência.

Finalmente, é importante identificar se um padrão de não adesão parece ser parte de um problema interpessoal significativo, tais como um transtorno do Eixo II. Esses problemas podem não estar imediatamente claros, mas, ao longo do tempo, você pode começar a suspeitar deles. Embora alguns desafios estejam relacionados aos estilos interpessoais duradouros dos clientes, não é nossa intenção cobrir os problemas do Eixo II neste texto. Para informações sobre tratamento psicológico para clientes com transtornos da personalidade, veja os textos mencionados anteriormente (A. T. Beck et al., 2004; Young et al., 2003). Para uma revisão abrangente da resistência na terapia cognitiva, ver Leahy (2001). Para uma lista de indicações clínicas aos transtornos do Eixo II, veja o Quadro 10.3.

Clientes exageradamente complacentes

Alguns clientes não enfrentam dificuldade alguma com a adesão, sendo extremamente complacentes. Embora trabalhar com tais clientes possa ser um prazer, essa tendência pode às vezes ser um desafio e impedir o progresso. Você pode de modo gradual observar que tais clientes não são apenas muito complacentes, mas também muito passivos e querem sempre agradá-lo. Não fazem muitas perguntas, mas frequentemente requerem sugestões e apoio do terapeuta. Eles nunca chegam atrasados; na verdade, é possível que até cheguem cedo e possam às vezes estar na sala de espera revisando a tarefa de casa. Eles não tendem a cancelar sessões; ao contrário, podem vir para a sessão mesmo quando estão doentes. Podem não só fazer um diário de atividades, mas também criar um formulário especial em seu computador, que preenchem com dados adicionais e trazem para a sessão para que você aprove ou não. São esses clientes que talvez tragam pequenos presentes para você em datas especiais. Eles expressam preocupação com o final da terapia.

QUADRO 10.3 Indicações clínicas dos problemas do Eixo II

1. O problema parece ser de longo prazo, com base em relatórios do cliente, de seus companheiros e de outros profissionais.
2. A história de resistência ao tratamento inclui os tratamentos anteriores.
3. O tratamento parece ter um padrão "começa e para", às vezes sendo interrompido sem nenhuma razão aparente.
4. O cliente não parece estar consciente do efeito que ele próprio tem sobre as outras pessoas e pode culpar os outros por seus problemas.
5. Outros profissionais já questionaram a motivação do cliente para o tratamento.
6. O cliente fala sobre a importância do tratamento, mas há poucas, ou não há, mudanças observáveis ou mensuráveis. Quando há melhoras, não se sustentam.
7. As medicações psicoativas parecem não ser úteis.
8. O cliente fala dos problemas como sendo a parte central ou nuclear de si mesmos. Os problemas têm uma natureza "egossintônica".
9. Você percebe que ocorrem crises frequentes e que o tratamento parece uma série de pequenas crises. Com frequência você fica preocupado com o cliente depois de terminada a sessão.
10. Registros mais amplos anexados ao encaminhamento do paciente indicam que houve vários tratamentos anteriores. O cliente pode ter um histórico de várias entradas na emergência, no hospital e "fracassos" em tratamentos anteriores, inclusive sem ter respondido à medicação. Os profissionais (inclusive você) já reagiram negativamente ao cliente, com raiva ou frustração. Pode haver desacordos nas conferências de caso sobre como gerenciar a situação do tratamento.
11. O cliente faz coisas que você não consegue entender diretamente, que parecem estar fora do lugar ou indicar autossabotagem.

Nota. Com base em dados de Freeman e Leaf (1989). Adaptado com a permissão ao autor.

Embora trabalhar com esses clientes possa ser bastante gratificante para os terapeutas, é importante certificar-se de que a colaboração verdadeira esteja ocorrendo. Idealmente, os clientes não só valorizam as opiniões do terapeuta, mas também assumem um papel colaborativo na terapia. Uma meta da terapia cognitivo-comportamental é ajudar os clientes a "tornarem-se seus próprios terapeutas". Alguns clientes podem ser muito complacentes porque em seu padrão típico tal atitude lhes seja conveniente; outros podem estar fingindo, isto é, podem não expressar seus pensamentos e opiniões ao terapeuta.

Depois de identificado esse padrão como problema, o primeiro passo é discuti-lo abertamente com os clientes e tentar determinar os pensamentos que subjazem a ele. Essas crenças podem então se tornar parte das metas de mudança que foram acordadas. Tente fazer com que os clientes determinem suas próprias tarefas de casa, se possível. Ou, se você determinar a tarefa de casa, certifique-se de obter a opinião do cliente. Eles podem ter pensamentos automáticos, tais como "O terapeuta sabe o que está fazendo", "Meu terapeuta não vai gostar se eu...". Talvez seja bom abordar esses pensamentos automáticos diretamente, e comunicar aos clientes que você prefere uma discordância honesta a uma concordância sempre presente.

Você pode perceber que há perfeccionismo nos padrões cognitivos e comportamentais de clientes excessivamente complacentes. Se essa complacência é para agradar você, mais do que fazer mudanças para eles próprios, crie experimentos comportamentais nos quais eles possam deliberadamente tentar desagradar você. Esses experimentos podem incluir o cancelamento de uma sessão sem uma boa causa, atrasar-se um pouco ou não fazer a tarefa de casa adequadamente. Pode ser difícil, mas muito útil para clientes conscienciosos e perfeccionistas testar esse tipo de experimento. Um de nós (D. D.) pediu a um cliente extremamente pontual que tentasse realizar uma tarefa em que chegasse cinco minutos atrasado (com a concordância de ambas as partes). Observou-se que o cliente, então, estava na esquina, próximo ao consultório, a fim de não chegar atrasado mais do que o número combinado de minutos! Discutir os resultados desses experimentos na sessão pode ser bastante útil. O cliente pode aprender as respostas de outras pessoas por meio de tais experimentos e, esperamos, a atender suas próprias necessidades em vez de ceder ao que percebe ser as necessidades de outras pessoas. Paradoxalmente, as evidências de não adesão de alguns clientes podem ser um sinal de pensamento independente e de aumento de sua autossuficiência.

Clientes muito exigentes, agressivos ou bravos

Clientes bravos e agressivos são muito diferentes de clientes excessivamente complacentes. Eles esperam muito do terapeuta e ficam irritados quando suas expectativas não são atendidas. Podem culpá-lo quando se sentem desapontados. Esses padrões podem não estar evidentes à época da avaliação, mas tornam-se claros sob certas circunstâncias. Por exemplo, se você transferir uma consulta, atrasar-se ou parecer distraído, os clientes mais exigentes podem irritar-se. Se uma tarefa de casa não transcorrer conforme o previsto, eles podem culpá-lo pelo resultado. Se esses clientes ligarem para o consultório durante a semana, eles podem ter a expectativa de que você deixe suas tarefas de lado para falar com eles sobre preocupações menores. Por exemplo, um de nós (D. D.) teve uma cliente que periodicamente vinha até a clínica em horários diferentes de sua consulta. A cliente dava ordens à recepcionista, pedia para ser atendida pela terapeuta ou para usar o telefone, comportando-se como se ela acreditasse que seus problemas fossem mais importantes do que os problemas dos outros clientes.

É importante não evitar esses tópicos, mas rotulá-los como "problemas" para você e para a organização em que trabalha. Como ocorre com qualquer outro problema, é importante ter conversas francas com os clientes e obter a compreensão das crenças deles que subjazem ao comportamento. Apresente uma resposta (*feedback*) a eles. Os clientes que expressam raiva são menos propensos a receber *feedback* das pessoas que os conhecem, que mais provavelmente preferem concordar com as demandas do cliente ou, com o tempo, aprendem a evitá-los. Como terapeuta, você não quer repetir esse padrão. Apresentar uma resposta aos clientes pode ser muito útil a eles, porque pode ajudá-los a ficarem mais conscientes do efeito que têm sobre os outros. Nesses casos, é importante construir uma aliança terapêutica sólida e considerar o momento do *feedback* (idealmente, logo depois do comportamento agressivo ou exigente, para minimizar as chances de ter de relembrar o que aconteceu ou para evitar distorções). Também é útil para os terapeutas estabelecer limites muito claros com os clientes exigentes. Por exemplo, a vontade que os novos terapeutas têm de agradar aos clientes pode levar a uma flexibilidade exagerada em relação às consultas ou aos contatos que ocorrem fora do horário da consulta. O terapeuta que esteja ansioso em ajudar, em combinação com um cliente exigente, pode causar problemas. Atenha-se aos limites da sessão e às consultas agendadas com todos os clientes, exceto no caso de uma crise verdadeira ou situação de emergência.

Finalmente, não tolere formas verbais ou outras maneiras de abuso de parte de seus clientes. Nossa sugestão é informar imediatamente que tal padrão não é aceitável, e aconselhar o cliente abusivo que você não aceitará essa espécie de tratamento verbal. Seja claro com os clientes sobre o comportamento que você considera reprovável e informe-lhes sobre a mudança que deles espera. Certifique-se de documentar esse conjunto de expectativas em suas anotações. Na maioria dos casos, essa confrontação levará à mudança de comportamento, mas, se não levar, você deve avisar a esses clientes que encerrará o tratamento se o abuso não for interrompido. Se a mudança não ocorrer, avise-os de que o tratamento será encerrado e encaminhe-os a pelo menos outros dois serviços ou terapeutas. Documente essa ação e encerre os arquivos do cliente. Depois de encerrar o tratamento, não aceite mais telefonemas nem contatos com ele. Mesmo se advogados do cliente vierem a contatá-lo, você estará agindo dentro de seus direitos de proteger-se, tendo dado os passos anteriormente mencionados. Lembre-se de que os clientes agressivos podem não aceitar com facilidade o fato de serem rejeitados. Embora essa situação possa ser difícil, sua segurança e bem-estar como terapeuta são de mais ampla importância.

Clientes divertidos

Alguns clientes parecem gostar de entreter os terapeutas. Podem ser clientes que se envolvem bastante com o que fazem, ser bem-humorados, especialmente interessantes ou não chamarem muito a atenção para si próprios. É fácil cair no hábito de ser entretido pelo cliente, mas esse não é o papel adequado para você desempenhar. Você precisa ser capaz de considerar o humor como um problema possível da relação terapêutica, e como tal, questioná-lo. Tais clientes podem exibir um padrão de evitação justamente por agirem como pessoas divertidas. Essa espécie de evitação pode inibir a mudança, tanto no âmbito das sessões de terapia e durante a realização das tarefas. Dê a esses clientes o *feedback* necessário e limite sua própria resposta ao estilo deles.

Esse padrão de "entretenimento" pode interferir na terapia, embora haja momentos em que pode ser de fato útil responder ao estilo do cliente. Trabalhe para identificar padrões que interfiram na terapia e que não colaborem para seu crescimento. A maior parte das pessoas é engraçada às vezes ou tem interesses incomuns e hábitos peculiares. Quando esses estilos não forem parte de um padrão problemático, sua resposta positiva ao humor ou às histórias dos clientes pode ser muito proveitosa para eles. Seus sorrisos ou apreciação podem até ajudar a construir a aliança terapêutica. Rir de uma piada contada por um cliente deprimido é algo que talvez venha a ampliar seu humor e sensação de domínio da situação. Se você responder a seu cliente como se diante de si tivesse uma pessoa complexa, e reconhecer e apreciar sua gama diversa de interesses e experiências, essa resposta em si pode ajudar a mudar a visão que o cliente tem de si mesmo.

Clientes com outros estilos interpessoais difíceis

Existem muitos outros padrões interpessoais, incluindo clientes excessivamente dependentes e não comunicativos, além de clientes que reclamam, são intrusivos ou negativos. Mais do que rever todos esses padrões neste capítulo, incentivamos você a identificar esses estilos interpessoais o mais cedo possível na terapia e a rever sua formulação de caso com frequência. Que predições você faz antes da sessão? Você tem vontade de atender o cliente ou espera, secretamente, que ele cancele a sessão? Você fica feliz quando a sessão termina? Você se irrita com determinado cliente? Você se preocupa mais com alguns clientes do que com outros? Trabalhe para desenvolver sua própria autoconsciência. Ouça seus pensamentos automáticos sobre os clientes. Use um Registro de Pensamentos Funcionais para os seus próprios pensamentos. Avalie se seus pensamentos sobre os clientes são distorcidos ou realistas. Como suas reações se encaixam na formulação original do caso? Há alguma chance de que suas próprias reações estejam sendo comunicadas aos clientes, de modo que o padrão tenha se cumprido? Faça modificações na formulação de caso conforme o necessário. É conveniente ser aberto e transparente com os clientes, sem deixar de considerar a aliança terapêutica e o seu próprio estilo de comunicação.

Clientes que tenham modelos competitivos para a mudança

Às vezes, os clientes nunca aceitam completamente o modelo cognitivo-comportamental de terapia, apesar de todo o esforço feito pelo terapeuta para fazer com que se integrem à abordagem. Não há uma pesquisa conhecida sobre os resultados dos clientes que aceitam o modelo cognitivo-comportamental para os seus problemas comparados aos clientes que não aceitam. Contudo, o senso comum sugere que os clientes que entendem e aceitam o modelo estão mais propensos a trabalhar de maneira árdua e a atribuir a mudança a seu próprio trabalho, e não a outros fatores. É provável que eles também saiam da terapia com uma maior sensação de autoeficácia que possivelmente leve a maiores esforços no futuro e a uma chance menor de recaída.

As crenças dos clientes sobre as causas de seus problemas podem ser tratadas como quaisquer outras crenças. Elas podem ser abordadas na terapia com estratégias cognitivas comuns, tais como a reestruturação cognitiva e a experimentação comportamental. Por exemplo, se um cliente acreditar em uma causa biológica para seus problemas, estará menos propenso a ver a mudança como algo decorrente de seu próprio esforço. Um experimento comportamental pode ser estabelecido em tal caso. O experimento inclui o automonitoramento e o estabelecimento de um experimento do tipo ABAB, no qual o cliente automonitora, introduz um comportamento, interrompe-o e depois o recomeça, sem deixar de avaliar as variáveis, tais como humor, pensamentos automáticos e outras consequências. Por meio desse tipo de experimento, o cliente aprende que pode ganhar o controle de suas respostas, e que as variáveis biológicas são talvez apenas uma possível causa de seu nível geral de funcionamento.

Pode ser útil, para os clientes que têm dificuldade quanto à causa de seus problemas, começar a atribuir causas a fatores múltiplos (por exemplo, Zubin e Spring, 1977). Essas ideias múltiplas sobre as causas leva a atribuições mais complexas, de parte dos clientes, às mudanças, incluindo o esforço que fazem na terapia cognitivo-comportamental. Já usamos um exercício na terapia que pede aos clientes que listem todas as possíveis variáveis causais, tais como a origem genética, experiências antigas e recentes, relacionamentos e outros fatores ambientais, autocontrole, "azar" ou má sorte. Depois se pede aos clientes que atribuam uma percentagem de variação para cada variável. Um exercício de seguimento pode incluir a quantidade de controle que os clientes têm sobre cada variável em determinado momento. Algumas variáveis (por exemplo, origem genética ou experiências anteriores) não podem ser mudadas; outras (por exemplo, fatores ambientais atuais, relacionamentos, crenças e atitudes) podem. Esse exercício pode ajudá-lo a avaliar as crenças causais dos clientes e a apresentar um modelo multifatorial de causas. Essa discussão pode também detectar maneiras de mudar os problemas atuais. O princípio geral aqui, contudo, é que há muitos caminhos para desenvolver um conjunto de problemas, e muitos caminhos (e nem sempre os mesmos) para voltar atrás.

Seja realista em sua discussão de modelos de mudança com seus clientes, porque eles também recebem mensagens diferentes (e que competem entre si) de outras pessoas e da mídia. Às vezes, uma falta de aceitação de parte do cliente pode relacionar-se às crenças de outras pessoas – parceiro, pai ou médico familiar – e ser influenciada por elas. Os membros familiares podem passar ao cliente a mensagem de que eles só precisam "comportar-se" ou "ter coragem" ou conseguir uma prescrição para o remédio certo. Se esse tipo de discrepância se tornar aparente, discuta tipos diferentes de modelos com os clientes e avalie a aceitação dessas várias ideias. Você pode ajudar os clientes a ensaiar o que dizer às outras pessoas com quem convivem e que não concordam com o modelo terapêutico. Outras estratégias incluem as informações escritas sobre a terapia cognitivo-comportamental para os membros da família ou um convite para que a outra pessoa participe de uma sessão psicoeducacional (com a permissão do cliente). Se você fizer uma sessão com um membro da família, recomendamos que o cliente esteja presente.

Certifique-se de que os clientes não tenham recebido mensagens conflitantes de outros profissionais com quem estejam consultando. Por exemplo, um médico da família pode encaminhar um cliente para a terapia cognitivo-comportamental, mas solapar o sucesso da terapia de um modo sutil. Por exemplo, ele pode aumentar a dosagem de benzodiazepinas para um cliente ansioso. Às vezes, um cliente pode reclamar a seu médico e não ao terapeuta cognitivo-comportamental sobre a falta de progresso. Os clientes que não ficam à vontade com a expressão direta de suas preocupações sobre problemas contínuos podem ficar mais tranquilos quando algum outro profissional faz perguntas sobre o seu progresso. Em tais casos, o médico pode encaminhar o cliente a outro profissional sem consultá-lo. Obviamente, esse tipo de prática pode levar os clientes a questionar a adequação de seu tratamento ou sua competência. A maneira principal de evitar tais problemas é ter consultas abertas e frequentes com todas as pessoas envolvidas no tratamento dos clientes. Esses problemas também podem ocorrer simplesmente por falta de tempo, e também pelo fato de os profissionais trabalharem em locais geograficamente diferentes e terem poucas oportunidades de comunicar-se diretamente entre si. Certifique-se de dispor de tempo suficiente em sua agenda para manter boas linhas de comunicação com outros fornecedores de serviço.

O terapeuta cognitivo-comportamental não deve fazer comentários que solapem outros tipos de tratamento que os clientes estejam recebendo, tais como tratamento medicamentoso. As exceções a essa orientação são os tratamentos que são claramente ineficazes, contraindicados ou danosos em potencial. Durante o estágio psicoeducacional do tratamento, você pode apresentar informações sobre os resultados do tratamento ou sobre as orientações para a prática clínica. Os clientes podem, então, chegar a suas próprias conclusões. Ajudá-los a desenvolver estratégias para discutir suas preocupações com outros profissionais não é a mesma coisa que criticar diretamente. Quando os clientes estão mais comprometidos com outro tratamento que não seja compatível com a terapia cognitivo-comportamental, pode ser aconselhável suspender ou finalizar a terapia. Em geral não é boa prática para os clientes receber tratamentos psicológicos concorrentes de profissionais diferentes, a não ser que esses tratamentos estejam intimamente coordenados e funcionem em harmonia entre si com vistas às mesmas metas de tratamento. Por exemplo, programas de internação ou residência compatíveis podem, com frequência, ser usados em conjunto com a terapia cognitivo-comportamental externa. Às vezes, a terapia de casal pode abordar questões da relação, mesmo quando você trabalha com os problemas individuais do cliente.

O uso concorrente de medicação e terapia cognitivo-comportamental é um tópico que pede consideração especial. A maior parte dos clientes terá pelo menos uma consulta com um profissional médico antes de consultar um terapeuta cognitivo-comportamental, e é possível que uma prescrição médica tenha sido escrita. Em algumas áreas, e dependendo da gravidade dos problemas do cliente, o uso concorrente de medicações e da terapia cognitivo-comportamental pode aumentar o sucesso do tratamento (Pampollona, Bollini, Tibaldi, Kupelnick e Munizza, 2004).

Em alguns casos, você pode questionar o valor adicional das medicações ou até se perguntar se os medicamentos interferirão em seu trabalho. Por exemplo, o uso das medicações ansiolíticas pode tornar-se um "comportamento de segurança" para clientes ansiosos, tornando a terapia de exposição menos eficaz e, em última análise, diminuindo a eficácia do tratamento. Esse problema tende a ocorrer mais com medicação ansiolítica que é tida como "necessária", em especial em momento imediatamente anterior ou durante a terapia de exposição. Mais do que tentar convencer um paciente a desistir das medicações, sugerimos que você se comunique com o médico que receitou o medicamento para indagar sobre o tratamento medicamentoso.

Os clínicos gerais não são especialistas em terapia cognitivo-comportamental e podem não estar cientes da necessidade de experiências emocionais no tratamento. Às vezes, somente fazer esse questionamento levará a uma reavaliação do valor das medicações. Em geral, incentivamos o terapeuta a pedir ao médico que receitou o remédio que não altere o tipo de medicação ou dosagem durante o período de tempo em que você trabalhar com o cliente. Se você conseguir manter essas coisas em nível constante, será mais fácil para o cliente atribuir as melhorias ao seu trabalho com eles, mais do que às medicações. Como é comum os clientes atribuírem as mudanças aos medicamentos mais do que a seus próprios esforços, uma dose constante de medicação torna essa atribuição menos provável. À medida que o cliente vê a melhoria no seu funcionamento geral sem a necessidade de novas ou mais medicações, tais informações podem levá-lo a questionar a necessidade de medicação contínua. Se ele desejar tal mudança, você, o cliente e o médico que prescreveu a medicação podem juntos trabalhar para planejar reduzir e/ou eliminar a medicação se for adequado, sem que você deixe de oferecer apoio contínuo e avaliação, antes do final da terapia. Certifique-se de discutir essa questão com o cliente e o médico. Pode haver situações em que não é possível ou adequado considerar a não continuação ou redução dos medicamentos (por exemplo, medicamentos antipsicóticos) e é importante que você não dê espaço para que o cliente pense que o tratamento fracassou por ele continuar a usar medicamentos por períodos longos de tempo, assim como é importante não criar circunstâncias em que possa haver risco de não comprometimento com outros tratamentos.

Frances vinha tomando, há algum tempo, uma medicação antidepressiva de baixa dosagem quando consultou pela primeira vez com Penny, na terapia cognitivo-comportamental, por causa de problemas de baixa autoestima e depressão moderada. Mais do que enfocar a questão da medicação, Penny e Frances trabalharam colaborativamente nos problemas que haviam sido trazidos para o tratamento, e usaram uma variedade de métodos cognitivo-comportamentais para analisar e modificar os padrões cognitivos e comportamentais negativos e contínuos de Frances. Ao longo do tempo, ficou claro que Frances também tinha algumas crenças nucleares que sustentavam tais padrões. Tais crenças incluíam uma falta generalizada de confiança, bem como a dependência de outras pessoas e de outros suportes externos.

Quando Frances levantou a questão de dependência da medicação como um reflexo de tal crença, Penny explorou com a cliente o desejo de experimentar reduzir ou eliminar o uso da medicação. Frances concordou e, juntas, ambas trabalharam em uma estratégia para falar com o médico que prescrevia a receita. Pelo fato de Frances estar em grande parte assintomática, o médico de pronto concordou com a sugestão. Eles trabalharam juntos para reduzir e, depois, para eliminar o uso da medicação, ao mesmo tempo em que Penny dava continuidade à terapia cognitivo-comportamental, para abordar as questões relativas às crenças nucleares de Frances. Penny não usava medicação alguma ao final do tratamento e, como resultado, relatou uma maior sensação de autoeficácia.

Clientes com um número cada vez maior de problemas

Alguns clientes trazem problemas adicionais, depois de as metas terapêuticas e o contrato estarem estabelecidos. De fato, os clientes mais comumente têm problemas múltiplos, e não apenas um. Alguns deles enfrentam problemas que surgem com frequência em suas vidas, que podem colocar o terapeuta de lado ou colocar a terapia em uma situação difícil, retirando-lhe o foco. Embora esses problemas não sejam crises, você pode ficar tentado a desviar-se das metas iniciais, porque os clientes sofrem quando esses problemas ocorrem.

Uma estratégia útil para os clientes com problemas múltiplos é fazer o básico da terapia cognitivo-comportamental. Sempre se lembre de estabelecer uma agenda para cada sessão. Respeite as sugestões de seus clientes quando eles desejam discutir assuntos adicionais, mas estabeleça um limite para cada um deles. Ofereça *feedback* sobre os desvios à agenda estabelecida, para certificar-se de que os clientes estejam conscientes do padrão. Seu trabalho é o de oferecer a estrutura para cada sessão. Uma estratégia simples é dispor de um relógio que fique posicionado atrás do cliente, de modo que você possa discretamente controlar o tempo. Um aviso de que faltam 10 minutos para o encerramento da sessão é útil para alguns clientes. O desvio frequente da agenda deve ser um sinal para reavaliar as metas iniciais de tratamento.

Ocasionalmente, os clientes levantam importantes questões, que não estão na agenda, bem ao final da sessão. Esse padrão pode ser chamado de fenômeno da "última hora". Terapeutas experientes, de orientações diferentes, comentam que muita coisa acontece nos últimos cinco minutos da sessão. Ao passo que os terapeutas cognitivo-comportamentais trabalham arduamente para completar o programa da sessão e discutir a tarefa de casa, os clientes podem querer acrescentar algo que não tenha sido mencionado previamente. Revelações significativas podem ocorrer no exato momento em que o cliente se levanta ou apanha seu casaco e sua bolsa para ir embora, ou mesmo quando abre a porta para sair da sala. Exemplos: "Quando vamos falar dos meus problemas sexuais?"; "Contei que meu parceiro me deixou nesta semana?" ou "Estou pensando em tentar o EMDR*". Todos esses comentários podem "fisgar" o terapeuta e fazer com que ele amplie a sessão para continuar a discutir tópicos tão importantes.

Resista à tentação de prolongar uma sessão, exceto em caso de verdadeira emergência. Se houver uma crise ou situação de emergência, quase sempre será durante a sessão. Os clientes às vezes trazem diferentes questões sobre as quais eles não querem falar em profundidade, mas querem que o terapeuta esteja ciente delas. Assim, uma resposta útil para uma revelação de "última hora" é declarar que você anotará a preocupação ou questão do cliente e colocará o item na pauta de discussão da próxima sessão. Alguns clientes podem testar os limites da terapia e usar uma frase de última hora para observar sua reação. Por exemplo, se você não parecer chocado ou surpreso com uma revelação relativa à sexualidade, um cliente poderá sentir-se mais confortável discutindo-a durante a sessão seguinte. Não é adequado ampliar a sessão, contudo, porque, com isso, o cliente terá recebido um incentivo para fazer revelações ao final da sessão. Você também terá se desviado da estrutura da sessão de terapia cognitivo-comportamental ao passar a mensagem de que a agenda de fato não é importante. De uma perspectiva prática, você poderá causar uma inconveniência a seu próximo cliente, ou limitar o cuidado dispensado a ele, se ampliar a sessão do cliente que faz uma revelação de "última hora". Mesmo que seja ao final do dia ou que não haja cliente algum na sala de espera, ampliar a sessão é algo que dá a entender que não é importante para o cliente considerar o tempo do terapeuta e seus outros compromissos.

Clientes em crise e emergências

O tratamento externo é mais comum para todos os problemas de saúde mental, mesmo para os clientes com transtornos graves, crises frequentes e ideação suicida. As empresas ou planos que, de certa forma, pagam pelos tratamentos impõem limites à duração da terapia. Tratamentos de longo prazo podem ser um luxo não disponível à maior parte dos clientes, mesmo quando necessários ou recomendados. Quando ocorre a admissão interna do paciente, a extensão da internação é mais curta do que no passado, e os clientes podem não ter um seguimento

---

* N. de T.: EMDR é a sigla inglesa para *eye movement desensitization and reprocessing*, que significa "dessensibilização e reprocessamento por movimento ocular".

adequado do sistema hospitalar. Com menos clientes sendo tratados em ambientes hospitalares, é mais provável que você atenda pacientes externos tanto com tendência suicida aguda quanto crônica, ou com outros tipos de crise (Joiner, Walker, Rudd e Jobes, 1999). Mesmo que as crises ocorram de maneira não frequente em sua prática, elas são em geral estressantes para todos que se envolvem na situação. É imperativo que todos os terapeutas cognitivo-comportamentais aprendam como administrar e tratar diferentes tipos de crise e emergências.

O conhecimento acerca do suicídio e de seu gerenciamento é obrigatório para os terapeutas da saúde mental. Constatou-se que entre 90 e 93% dos adultos que cometem o suicídio tinham um transtorno mental maior (Kleespies, Deleppo, Gallagher e Niles, 1999). Também, entre 30 e 40% dos indivíduos que cometeram suicídio haviam recebido o diagnóstico de um transtorno do Eixo II (Kleespies et al., 1999). Um dos melhores indicadores de risco de suicídio é um histórico de tentativas; contudo, aproximadamente de 60 a 70% das pessoas que tentam suicídio o concretizam na primeira tentativa conhecida (Kleespies et al., 1999). Para fins de avaliação da possibilidade de suicídio e de intervenção, não é suficiente apenas conhecer o diagnóstico de um cliente ou seu histórico.

Joiner e colaboradores (1999) descrevem o risco de suicídio em um *continuum* que vai do não existente ao extremo. Eles discutem maneiras específicas de avaliar o risco. Rudd e Joiner (1998) também dividiram os fatores relacionados ao suicídio em fatores de predisposição (por exemplo, gênero, histórico familiar de suicídio), fatores de risco (por exemplo, sintomas agudos, estressores atuais) e fatores protetivos (por exemplo, apoio social, capacidades de resolução de problemas). Os fatores de predisposição não são mutáveis, mas os fatores de risco podem ser reduzidos por meio de intervenções de curto prazo, e os fatores protetivos podem ser aumentados por meio das mudanças comportamentais ou intervenções cognitivo-comportamentais de curto prazo. As intervenções de curto prazo tendem a abordar a situação corrente e não os precipitadores subjacentes, tais como problemas com regulação emocional, déficits de habilidades ou dificuldades interpessoais de longo prazo.

Virtualmente, todos os terapeutas recebem treinamento na avaliação e intervenção para o risco de suicídio. As avaliações de risco de suicídio e as intervenções são comuns em muitos ambientes, e o ônus de aprender como gerenciar esta situação de maneira segura e eficaz é do terapeuta. As leis locais e os regulamentos variam de local para local, de modo que você precisa aprender esses estatutos e padrões de sua jurisdição local para tomar decisões clínicas apropriadas. Alguns ambientes têm protocolos para gerenciar esse problema. Aquilo que é específico da avaliação do suicídio e da intervenção está além do escopo deste livro. Um texto útil de Simon e Hales (2006) inclui a discussão de orientações de prática para a avaliação e o tratamento do suicídio. O Quadro 10.4 apresenta ideias relativas ao gerenciamento de risco, especialmente naquilo que elas se referem à terapia cognitivo-comportamental.

Sugeriu-se que comportamentos de automutilação, incluindo o suicídio e o parassuicídio, podem representar uma tentativa de resolver um problema, mais do que o problema em si. Linehan (1993) discutiu essa maneira de ver a automutilação em seu texto sobre o transtorno da personalidade *borderline*. Por exemplo, o comportamento de automutilação pode representar uma tentativa de regular a emoção, um método de comunicação com as outras pessoas, ou uma resolução equivocada de problemas. Pode não ser possível determinar o raciocínio subjacente quando o cliente estiver sofrendo muito. Se você já conhece o cliente, contudo, poderá estar ciente do problema e tentar lidar com ele mais diretamente ao longo de uma série de sessões. Por exemplo, a falta de esperança que é conduzida por predições negativas sobre o futuro pode levar uma pessoa a um comportamento suicida. Esses pensamentos podem ser tratados por meio da reestruturação cognitiva ou de intervenções comportamentais no âmbito do contexto de uma relação terapêutica forte e sustentadora.

Quadro 10.4 Sugestões para o controle do risco de suicídio

1. Desenvolva uma aliança forte com o cliente e use essa aliança no plano de tratamento.
2. A eficácia de tratamentos externos, de curto prazo, de resolução de problemas e orientados à crise, para a ideação suicida está bem estabelecida.
3. O seguimento intensivo por meio de contatos telefônicos ou visitas à casa do cliente podem melhorar o comprometimento com o tratamento no curto prazo para clientes de risco mais baixo.
4. Melhorar a facilidade de acesso (por exemplo, um plano de intervenção para a crise) aos serviços de emergência pode reduzir as tentativas subsequentes de suicídio e demanda de serviços por parte de pessoas que tenham tentado o suicídio pela primeira vez.
5. A intensidade do tratamento varia de acordo com o grau de risco.
6. A terapia cognitivo-comportamental de curto prazo, que integra a resolução de problemas como uma intervenção nuclear, efetivamente diminui a ideação suicida, a depressão e a falta de esperança ao longo de períodos de até um ano. Abordagens breves não parecem ser eficazes no longo prazo. Para crises agudas, realize uma abordagem diretiva de curto prazo relativo.
7. Para os indivíduos identificados como de alto risco, o tratamento intensivo de seguimento depois de uma tentativa é o mais adequado. "Alto risco" inclui pessoas com um histórico de múltiplas tentativas, diagnose psiquiátrica e problemas comórbidos.
8. Os tratamentos de longo prazo devem abordar as causas subjacentes de comportamento suicida, tais como problemas de regulação de emoções. Para crises crônicas (particularmente aquelas que incluem os transtornos do Eixo II) ofereça uma abordagem de longo prazo relativo que enfoque as causas subjacentes.
9. Se a hospitalização interna estiver disponível e acessível, os clientes de alto risco podem ser tratados com segurança e eficácia ambulatorialmente.
10. O uso de seguimento estruturado e de processos de encaminhamento (por exemplo, cartas ou telefonemas) pode reduzir o risco para as pessoas que desistem do tratamento.
11. Para clientes com problemas difíceis, disponibilize consulta, supervisão e apoio.

Nota: Baseado em Keuspies, Deleppo, Gallagher e Niles (1999) e Rudd, Joiner, Jobes e King (1999).

Diferentes tipos de crise e de emergência podem ocorrer, e frequentemente ocorrem, com os clientes. Distinguir uma crise de uma emergência é útil. Kleespies e colaboradores (1999) definem *crise* como um acontecimento emocionalmente significativo, que causa muito sofrimento e que não necessariamente inclui um perigo físico ou de ameaça à vida. Uma crise, contudo, pode contribuir para uma situação de emergência, que é um problema mais definido, ocorrendo em um período determinado de tempo. Pelo fato de uma pessoa em crise estar normalmente em um estado de desequilíbrio emocional, a crise pode piorar com facilidade. Assim, é necessário adotar alguma espécie de ação para tornar menos intensa a situação. Kleespies e colaboradores afirmam que a emergência existe quando há risco iminente de dano ou prejuízo sério a si mesmo ou aos outros na ausência de uma intervenção. Dessa perspectiva, exemplos de emergência incluem estados suicidas de alto risco, estados potencialmente violentos, capacidade de julgamento muito prejudicada e alto risco para um menor ou para um indivíduo indefeso.

Embora a emergência mais comum na prática clínica seja o suicídio, outros problemas sérios podem ocorrer. Outras emergências possíveis incluem a violência ou a agressão a outras pessoas, inclusive o terapeuta. Os clientes podem relatar a ideação homicida, fantasias violentas ou ameaçar outras pessoas. Podem relatar que uma criança ou um menor tenha sido abusado ou machucado.

Depois de completar a avaliação de risco, a intervenção em geral envolve a segurança das pessoas envolvidas. As ações podem ser as de alertar os outros ou de chamar a polícia. Outros riscos envolvem clientes com julgamento temporariamente prejudicado, que pode ser causado por um estado psicótico (por exemplo, crenças delirantes, lesão cerebral ou abuso de substâncias). Em tais casos, tanto o cliente quanto os outros podem precisar de proteção. Entre as questões que você deve considerar estão as seguintes:

- O cliente está debilitado na sessão?
- O cliente usou alguma substância ou tomou uma *overdose*? Qual a substância usada e quanto?
- O cliente pode dirigir com segurança? Se não, como chegará em casa?
- O cliente está sofrendo um ataque de pânico?
- O cliente está se comportando de maneira dissociativa na sessão? (Lembre-se de que a dissociação pode ocorrer como resultado de alta ansiedade e outros transtornos.)
- O cliente está experimentando sintomas psicóticos sérios, a ponto de prejudicar o julgamento e a segurança dele?
- O cliente teve algum trauma recente?
- Há risco de automutilação (parassuicídio), independentemente do risco de suicídio?
- Há risco iminente para você ou para os outros no ambiente atual?

Felizmente, para muitos terapeutas, o sofrimento severo do cliente não é tão comum no tratamento, mas pode acontecer, e você deve estar preparado para isso. Durante uma emergência aguda, pode ser difícil diferenciar entre o sofrimento emocional e o sofrimento físico. Talvez você não tenha passado pela experiência de um cliente que tenha sintomas dissociativos ou de pânico, e a primeira vez que tal fato acontece poderá alarmar tanto o cliente quanto o terapeuta. Você talvez não tenha trabalhado diretamente com clientes que tenham sintomas psicóticos e, por isso, não sabe o que esperar. Veja o Quadro 10.5 para orientações sobre como lidar com crises e emergências.

A sua própria segurança é imperativa, assim como é a segurança das outras pessoas com quem você trabalha. Você não será um terapeuta eficaz se temer seus clientes. Use o bom senso e a boa capacidade de julgamento, confiando em sua intuição. Em geral não é uma boa ideia atender aos clientes quando você estiver sozinho no consultório, especialmente em horário não comercial. Alguns ambientes de trabalho arranjam os consultórios de forma a dar aos terapeutas a possibilidade de escaparem com facilidade quando se sentirem ameaçados, ou disponibilizam "botões de pânico", de modo que se possa obter ajuda com rapidez. Exercite o cuidar de si, sobretudo depois de uma intervenção em momento de crise ou quando estiver lidando com uma situação de emergência. Aplique estratégias de primeiros-socorros psicológicos quando necessário (ver Quadro 10.6).

♦ DESAFIOS QUE SE ORIGINAM COM O PRÓPRIO TERAPEUTA

Da mesma forma que diferentes desafios podem surgir por meio dos clientes, eles também surgem por meio do terapeuta. Somos profundamente afetados por nosso trabalho. Podemos mudar por causa dos clientes que atendemos, mesmo quando tentamos inserir a mudança em suas vidas. Para uma excelente discussão das alegrias e desafios de ser um terapeuta, ver Kottler (1986). É necessário e desejável aplicar intervenções cognitivo-comportamentais a você mesmo, às vezes (Persons, 1989). A supervisão e o apoio dos pares podem ser intervenções úteis, como é a terapia formal. Virtualmente, todos os terapeutas têm crises de confiança. Com efeito, pode caracterizar comportamento suspeito jamais ter dúvidas a respeito de si, porque esse excesso de confiança pode estar relacionado à falta de autoconsciência ou conhecimento insuficiente dos limites da competência. Neste subcapítulo, discutiremos alguns dos difí-

Quadro 10.5   Orientações para lidar com crises e emergências

1. Complete a avaliação, e determine a gravidade do problema e o grau de risco tanto quanto possível.
2. Algumas maneiras de gerenciar a crise e de prevenir emergências:
   a. Aumente sua atividade em comparação a outras ocasiões durante uma crise. Quanto maior o sofrimento ou descompensação do cliente, maior o grau de atividade ou intervenção de parte do terapeuta. Seja mais direto do que o normal. Use questões fechadas em vez de abertas. Seja preciso, e não espere muita capacidade de resolução de problemas de parte do cliente. Se o cliente não for capaz de lidar ou tomar decisões por causa do sofrimento, você pode precisar intervir temporariamente. Permaneça calmo e sob controle (mesmo que você não se sinta calmo).
   b. Ofereça maior apoio ao cliente. Esse apoio pode incluir tornar-se mais disponível, com sessões mais frequentes ou contatos telefônicos. Pode ser acesso a outros serviços, tais como centros especializados, equipes que trabalham com crises e clínicas. Outras pessoas que fazem parte da vida do cliente podem também ser usadas para o apoio, tais como o médico da família, o cônjuge, colegas ou amigos próximos.
   c. Apresente instruções claras e escritas para os planos feitos. Tenha à mão cartões que você possa dar aos clientes antes de a crise aumentar. Tais cartões incluem informações de contato para números que prestam atendimento especializado, serviços de emergência e abrigos. Faça cartões personalizados que o cliente possa guardar junto com seus próprios contatos de emergência. Incentive os clientes a usarem os serviços quando estiverem em situação de angústia ou sofrimento e não em crise, para aumentar as chances de uso durante uma crise.
   d. Retardar os impulsos pode ajudar os clientes a aceitar o tratamento e estimulá-los a reconsiderar outras opções. Durante esse momento de retardamento de impulsos, trabalhe pela restauração da esperança do cliente.
   e. As intervenções ambientais podem ajudar a retardar ou impedir o cliente de agir impulsivamente. Tais intervenções incluem fazer com que o cliente ou os outros removam os riscos (por exemplo, doses letais de medicação, armas), aumentar o apoio social e usar os recursos comunitários. Retardar um impulso e buscar apoio enquanto se faz isso pode causar uma verdadeira mudança em muitos clientes.
   f. Envolva-se no planejamento de curto prazo, tais como o que o cliente planeja fazer imediatamente depois da sessão se você decidir que ele pode ir embora em segurança. Se o cliente não tiver o que fazer, ficar sozinho ou não contar com acesso fácil a serviços sociais, trabalhe com ele para fazer planos concretos.
   g. Considere pedir uma segunda opinião a um colega.
   h. Pense se a hospitalização é necessária. Se você não trabalha em um ambiente de hospitalização interna, pode precisar organizar um método seguro de transporte para o cliente. Se o cliente concordar e parecer ser capaz de ir ao hospital, informe ao profissional da saúde mental do departamento de emergência que seu cliente está se deslocando para lá. Diga ao cliente que você fez isso como precaução.
   i. Se a crise do cliente aumentou e chegou ao nível de emergência (por exemplo, risco iminente para si e para os outros) e ele não concorda com uma intervenção mais intensa, você deve envolver terceiros, tais como a polícia ou a segurança. Mantenha o contato de emergência à mão.
3. Consulte os outros. Documente o que você fez e por que tomou as decisões que tomou. Documente também todas as consultas. Se necessário, informe seu supervisor ou gerente sobre o que ocorreu. "Os pilares do gerenciamento do risco são a documentação e a consulta" (Kleespies et al., 1999, p. 457).
4. Obtenha apoio para si mesmo depois de um acontecimento (ver Quadro 10.6).

Quadro 10.6	Primeiros-socorros cognitivo-comportamentais para o terapeuta

Depois de você gerenciar uma crise de emergência, é comum que se sinta ansioso e se preocupe com suas ações. Essa ansiedade está tipicamente relacionada a uma ou mais das seguintes questões:
- Fiz a coisa certa?
- Esqueci alguma coisa? Minhas intervenções poderiam ser melhoradas?
- A intervenção levou a uma maior segurança aumentada de meu cliente?
- Qual será o resultado?
- Vou sentir-me à vontade com a terapia futura desse cliente?
- Quais são os limites apropriados que devo estabelecer com meus clientes?

As medidas de primeiros-socorros podem incluir o seguinte:
- Responder às questões anteriores da melhor maneira possível. Examinar as evidências que sustentam ou não sustentam o pensamento negativo, e listar os prós e contras de sua intervenção. Alinhar seu pensamento com a evidência. Usar o questionamento socrático consigo mesmo.
- Ponderar suas necessidades com as do cliente ou do sistema em que você trabalha.
- Obter apoio emocional de colegas, família e outros que estejam próximos de você.
- Fazer uma consulta quando possível. Tem-se maior confiança quando se sabe que os outros dariam os mesmos passos.
- Exercitar a autoconsciência; todos temos reações emocionais às crises.
- Exercitar o cuidar de si próprio, emocional, cognitiva e fisicamente.
- Consultar colegas. Documente seus passos antes de sair do consultório, para que as situações vividas no trabalho não passem de lá.
- As distrações podem ajudar. Sair para caminhar, fazer algum exercício ou algo que ocupe sua atenção depois do trabalho. Se for adequado, planeje um período de férias.

ceis elementos da terapia cognitivo-comportamental, tanto para os menos experimentados quanto para os experientes.

Dificuldade com a adesão ao modelo cognitivo-comportamental

Os clientes não são os únicos que não aderem a um modelo de tratamento ou às intervenções terapêuticas. É relativamente fácil afastar-se de qualquer modelo de tratamento, especialmente com os clientes que enfrentam dificuldades, não respondem bem, são excessivamente efusivos ou não aceitam o modelo. Se você recebeu treinamento e supervisão em outras orientações teóricas, pode ficar tentado a incorporar outros modelos ou ferramentas na terapia, o que pode confundir tanto você quanto seus clientes, e ser menos eficaz a longo prazo. Com frequência ouvimos falar de terapeutas que descrevem suas abordagens como "ecléticas". Por exemplo, eles podem usar uma formulação de caso psicodinâmica, mas incorporam estratégias cognitivo-comportamentais ocasionais conforme o necessário. Essa prática indica a não adesão ao modelo e não é um uso adequado da terapia cognitivo-comportamental, com sua formulação cognitivo-comportamental de caso (Capítulo 3) e os métodos e estratégias que acompanham tal conceituação.

Uma das melhores maneiras de avaliar sua adesão é dispor de um supervisor ou colega que observe seu trabalho e avalie a sessão com a Cognitive Therapy Scale (Young e Beck, 1980; *on-line* em www.academyofct.org; ver Apêndice A e Capítulo 12). Outra opção é gravar em vídeo uma sessão e avaliar a si mesmo usando essa escala. Se você tiver a sorte de supervisionar terapeutas em formação ou trabalhar em um ambiente de treinamento, pode ser útil fazer com que os outros observem suas sessões e vice-versa. A consulta regular sobre o caso e a supervisão de pares são estratégias úteis para garantir que você esteja seguindo boas práticas cognitivo-comportamentais.

Nem todos os terapeutas aceitam o modelo cognitivo-comportamental, da mesma forma que os clientes. Se você não estiver certo de que esse modelo encaixa-se no seu estilo interpessoal e terapêutico, então considere ler mais ou participar mais de oficinas, supervisões ou outros tipos de atividades de treinamento. Muito embora as intervenções cognitivo-comportamentais possam ter mais apoio empírico do que outras intervenções, o ônus de encontrar um método e um estilo de conduzir uma terapia eficaz, autêntico e genuíno é todo dos terapeutas.

"Síndrome do terapeuta impostor"

Pode ser um incômodo carecer de confiança ou duvidar de sua capacidade de ajudar as pessoas que o procuram para se submeterem à terapia. Contudo, essa preocupação é comum para os terapeutas iniciantes, especialmente em um programa de treinamento ou de residência que ofereça supervisão e tempo para ler sobre os problemas dos clientes tratados. Em muitos locais, pode ser difícil manter-se atualizado e acompanhar as constatações de todas as pesquisas. Se você atender muitos clientes com muitos tipos diferentes de problemas ou trabalhar de forma independente, é fácil sentir-se sobrecarregado e isolado. Podem ocorrer pensamentos automáticos, tais como: "Realmente, não consigo ajudar ninguém" ou "Este cliente consegue perceber o que eu sou e sabe que eu não sei o que estou fazendo".

Em alguns casos, você pode ser capaz de pegar e reconhecer suas próprias distorções sobre o tratamento. Completar o Dysfunctional Thoughts Record [Registro de Pensamento Disfuncional] pode ajudar você a avaliar e acompanhar tais pensamentos. Se seus pensamentos forem distorcidos, desafie suas próprias convicções com as evidências disponíveis. Por exemplo, você já ajudou os outros no passado? Certifique-se de separar pensamentos irreais da prática que esteja fora do seu nível de competência. Você precisa desenvolver a confiança para dizer "não" aos encaminhamentos de clientes com problemas que você não se considera competente para tratar. As conversas com outros terapeutas com o mesmo nível de experiência podem revelar pensamentos similares e ajudar a compreender suas próprias inseguranças como algo normal e válido. Tanto os clientes quanto os terapeutas sentem-se mais encorajados e menos sós quando percebem que os outros compartilham seus problemas. É uma boa ideia para todos os terapeutas, especialmente os inexperientes, buscar a supervisão e a consulta de seus pares.

O estresse e a ansiedade do terapeuta

Trabalhar com clientes que estejam sofrendo e angustiados pode ser algo que sobrecarregue o terapeuta, especialmente se ele tiver dúvidas a respeito de si. Mas mesmo os terapeutas que em geral se sentem competentes experimentam o estresse e a ansiedade. Pode haver certos tipos de clientes ou problemas que tendem a desencadear seus sentimentos de ansiedade. Alguns ambientes oferecem mais apoio à equipe do que os demais. A prática independente pode ser estressante para muitos terapeutas iniciantes, porque as oportunidades para compartilhar ansiedades, ou para consultar terapeutas mais experientes, podem ser limitadas.

É importante monitorar seus níveis de estresse, para garantir que você não esteja sofrendo as consequências negativas de seu trabalho. O Quadro 10.6 oferece algumas dicas que devem ser usadas depois de uma intervenção em momento de crise ou quando estiver lidando com uma emergência. Além disso, as estratégias gerais de cuidado de si devem ser desenvolvidas logo no início e praticadas regularmente. Essas estratégias incluem o gerenciamento do tempo e o cuidado de si em termos cognitivos, emocionais e comportamentais. Um enfoque dos aspectos positivos da vida profissional, mais do que dos negativos, ajuda você a ser um melhor modelo para seus clientes. Os aspectos positivos do trabalho incluem a satisfação de ver a mudança dos clientes, o estímulo intelectual frequente, a aprendizagem sobre muitos aspectos de transtornos de comportamento e da psicoterapia, a intimidade nas relações psicoterapêuticas, e ser criativo nas intervenções cognitivo-comportamentais.

Finalmente, muitos novos terapeutas envolvem-se nas distorções cognitivas que aumentam a ansiedade, tais como a personalização ("Se Jane não melhorar, a falha terá sido minha, e ela ficará brava comigo") ou o pensamento do tipo tudo ou nada ("Se Erik continuar a experimentar alguns sintomas é porque não melhorou nada"). Obviamente, é importante monitorar seus próprios pensamentos e estar ciente de suas próprias distorções particulares. É imperativo aprender o quanto de responsabilidade você pode assumir em nome de seus clientes. Leahy (2001) desenvolveu um questionário, chamado Therapist's Schema Questionnaire, que descreve os esquemas comuns, juntamente com as hipóteses que os acompanham. Tais esquemas incluem a necessidade de aprovação de seus clientes, o desamparo e o autossacrifício excessivo.

Fadiga ou esgotamento do terapeuta

Alguns terapeutas às vezes percebem que estão esgotados por causa de seu trabalho e começam a experimentar pensamentos negativos sobre os clientes (por exemplo, esquemas de perseguição ou condenação). Podem fazer predições negativas sobre seus clientes, tais como "o cliente está tentando me provocar", "o cliente não está motivado para mudar" ou "o cliente provavelmente não vai mudar ou não tem esperança de mudar". Em vez de sentir-se energizado depois de uma sessão, você pode sentir-se frustrado e incomodado. É normal experimentar sentimentos negativos depois de uma determinada sessão, mas se essas reações se tornarem uma rotina, uma atitude cínica pode estar à espreita. Se você não exercitar um bom cuidado de si e não mantiver o equilíbrio, ter muitos clientes durante um período de tempo pode levar à exaustão mental. Ninguém está imune ao desenvolvimento de problemas psicológicos. Além de monitorar a si mesmo, exercitar a autoconsciência e usar métodos de primeiros-socorros depois de uma crise, também pode ser importante obter ajuda para lidar com esses problemas. Várias medidas preventivas podem ser instituídas para reduzir o estresse e o esgotamento:

- Atender clientes com problemas variados e com nível de gravidade diferente.
- Monitorar o modo como você agenda seus clientes mais difíceis, de modo que eles não sejam atendidos em horários consecutivos ou ao final do dia, quando pode ser difícil ter acesso a apoio ou ajuda especializada de colegas.
- Ser realista sobre os limites do que você consegue administrar.
- Aprender a ser assertivo com supervisores, estudantes, clientes ou outros que estejam propensos a fazer exigências em relação ao seu tempo e energia.
- Esteja ciente de seus próprios pensamentos distorcidos a respeito dos clientes, e ponha tais pensamentos em questão.
- Certificar-se de que você tenha uma variedade de atividades na sua semana de trabalho, incluindo um tempo para fazer serviço burocrático, leitura, consultar colegas e sair para almoçar.
- Participar de atividades educacionais regulares e contínuas, tais como supervisão de pares, oficinas e conferências.
- Ser assertivo com seu supervisor ou gerente sobre sua carga de trabalho.
- Certificar-se de que você disponha e fazer uso de atividades de cuidado próprio, tais como exercícios regulares, cuidado pessoal, *hobbies*, atividades sociais e férias.

◆ DESAFIOS QUE SE ORIGINAM NA RELAÇÃO TERAPÊUTICA

Os problemas da relação terapêutica estão relacionados tanto a clientes quanto a terapeutas. Algumas das questões discutidas previamente podem levar a problemas na relação do tratamento e na aliança terapêutica. Por exemplo: se um cliente não aceitar de modo consistente o modelo ou comportar-se agressivamente em relação ao terapeuta, este pode ficar frustrado e reagir negativamente em relação ao cliente. Uma ruptura da aliança terapêutica pode ocorrer (para uma discussão sobre a relação terapêutica, ver o Capítulo 4). É comum que a evitação seja um assunto da terapia cognitivo-comportamental, tipicamente de parte do cliente, mas às vezes de parte do terapeuta (ver Capítulo 5).

Nem todos os clientes recuperam-se de seus problemas e nem todos melhoram, mesmo que a terapia cognitivo-comportamental tenha ocorrido normalmente. Às vezes, os problemas de um cliente podem até piorar. Muitos clientes comparecem a apenas algumas poucas sessões e desistem do tratamento. Se contatados, porém, alguns desses clientes expressam satisfação com os resultados obtidos. Nenhum tratamento tem 100% de sucesso. Embora a maior parte dos clientes tenda a satisfazer-se com o tratamento, nem todos estarão.

A cobertura positiva da mídia e o apoio empírico cada vez maior da terapia cognitivo-comportamental levaram a expectativas mais positivas, tanto para os clientes quanto para os terapeutas. Enquanto o aumento de expectativas tipicamente leva a melhores resultados, essas mesmas expectativas podem às vezes ser irreais. Todos os terapeutas lutam contra suas próprias expectativas em relação a si próprios, seus clientes e os resultados da terapia. Embora seja natural fazer predições, lembre-se de que elas podem estar incorretas. É comum que os terapeutas tenham expectativas mais altas do que os clientes. Lembre-se de que os estudos de resultado apenas indicam os resultados do cliente médio, ou apresentam percentuais de pessoas que demonstraram ter melhorado. Podemos extrapolar esses resultados em nossas predições, mas estas em geral têm bom embasamento. Trabalhar com clientes, especialmente os que tenham problemas múltiplos ou vivam em circunstâncias difíceis, pode fazer com que sejamos mais humildes. Aprenda a viver com a incerteza e a ambiguidade.

Os clientes às vezes retornam à terapia, independentemente de um resultado positivo ou negativo. As abordagens psicodinâmicas indicam a fase final de uma terapia de sucesso (Ellman, 2008). De fato, a maior parte dos sistemas de cuidado terciário têm modelado historicamente seus tratamentos nas abordagens psicodinâmicas e usam o termo *encerramento*. Muitos sistemas consideram a readmissão a um programa interno ou externo com sinal de recaída, e como um custo financeiro. Nossa perspectiva é a de que retornar ao tratamento não é algo que deva ser visto necessariamente como fracasso. Quando perguntados, muitos clientes que retornam dizem que o fazem porque a terapia é útil, sentem-se à vontade com o terapeuta e esperam que a terapia seja útil outra vez. O retorno de um "cliente satisfeito" pode ser considerado com facilidade como um sinal de sucesso, mais do que de fracasso. Veja o Capítulo 9, para uma discussão sobre o encerramento da terapia e a prevenção da recaída.

♦ DESAFIOS QUE SE ORIGINAM FORA DA TERAPIA

A terapia existe no contexto da vida dos clientes e dos terapeutas, bem como no âmbito organizacional. A vida não pára quando o cliente está na terapia, e podem ocorrer problemas que tenham efeito sobre a terapia. Os cônjuges podem ir embora ou morrer, seu cliente pode perder o emprego, envolver-se em um acidente ou desenvolver uma doença que implique risco de vida. As mudanças positivas que afetam a terapia também podem ocorrer. Às vezes, seu cliente pode fazer algumas dessas mudanças por estar na terapia.

Quando grandes mudanças ocorrem nas vidas de seus clientes, as metas da terapia podem mudar o enfoque temporariamente sobre essas outras questões. Às vezes, um encaminhamento a outro tipo de intervenção, tais como terapia familiar ou aconselhamento em situação de aflição, pode ser útil. É bom que você, como terapeuta cognitivo-comportamental, esteja ciente dos diferentes tipos de serviço de sua comunidade. Uma boa ideia é manter à mão uma lista de serviços comunitários de emergência (cuidado infantil, alimentação, ajuda financeira, transporte, cuidado de saúde, moradia, serviços de intervenção em situação de crise). Obviamente, a terapia cognitivo-comportamental não é útil se as necessidades básicas de seus clientes não estiverem sendo atendidas por causa de algum problema urgente. Às vezes, os clientes sentem-se constrangidos por causa dessas circunstâncias. Se for assim, faça o melhor que puder para minimizar a vergonha dos clientes, de modo que eles possam expressar suas preocupações e você possa encaminhá-los para os serviços adequados.

Situações similares a essas já descritas podem ocorrer em sua própria vida. A organização ou sistema no qual você trabalha pode perder o financiamento de que faz uso ou trocar de comando. Seus pais podem ficar doentes ou enfermos. Seu cônjuge pode precisar hospitalizar-se e necessitar de tratamento intensivo. Seja aberto e honesto com seus clientes e com as pessoas que trabalham com você em relação a tais acontecimentos; se a terapia precisar ser alterada, suspensa ou encerrada, tente encontrar um terapeuta semelhante a quem você possa encaminhar seus clientes, e minimize qualquer impacto negativo sobre o trabalho que você tenha realizado até o momento.

11

O CONTEXTO DE PESQUISA NA TERAPIA COGNITIVO-COMPORTAMENTAL

Neste capítulo, apresentamos, mais formalmente, a ideia de que a terapia cognitivo-comportamental baseia-se na pesquisa. Exploramos as maneiras pelas quais a ciência e a prática podem ser significativamente ligadas e, depois, resumimos duas maneiras principais pelas quais a literatura de pesquisa se relaciona à prática. O primeiro desses resumos se relaciona à literatura sobre fatores da relação terapeuta-cliente e sobre como a relação terapêutica contribui para os resultados. O segundo examina a base de evidências relacionadas às intervenções e como isso se relaciona aos resultados. Defendemos que ambas as questões precisam ser otimizadas para que atinjamos a melhor prática possível na terapia cognitivo-comportamental.

Usamos a metáfora da construção de pontes no Capítulo 1. Reconhecemos que a psicoterapia se constrói tanto sobre as evidências da pesquisa quanto sobre o conhecimento adquirido na experiência ou, como tem sido dito algumas vezes, é tanto uma arte quanto uma ciência. Idealmente, a ponte seria uma rodovia de múltiplas pistas, sustentada por um firme leito de rocha e com tráfego variado. Em algumas áreas, contudo, essa ponte parece muito mais uma ponte suspensa por cordas, com passagem para apenas uma pessoa. Em outras palavras, há algumas áreas nas quais a base de evidências é forte e suficiente para sustentar a prática, e a prática realimenta as questões de pesquisa que são examinadas. Em outras áreas, a prática está construída de maneira frouxa sobre uma base de pesquisas, e a prática raramente leva a questões de pesquisa que possam ser testadas.

Neste capítulo, resumimos o que se conhece sobre a base de evidências da terapia cognitivo-comportamental. Ao fazê-lo, enfocamos duas amplas áreas de pesquisa. A primeira relaciona-se aos aspectos interpessoais da terapia, e ao que aprendemos sobre a importância dos fatores de relacionamento e dos resultados. A segunda área de pesquisa é o exame de tecnologias ou intervenções, e o modo como elas se relacionam aos resultados. Nossa tentativa não será exaustiva, em parte porque a literatura é muito ampla e cresce rapidamente. Oferecemos um resumo da literatura de pesquisa, bem como fontes de informações futuras para o leitor interessado.

♦ UMA PERSPECTIVA GLOBAL SOBRE O RESULTADO

Tem havido um amplo debate sobre a percentagem de resultados clínicos que podem ser atribuídos a vários fatores causais. Esse debate está centrado em fatores interpessoais (ou no que também tem sido chamado de fatores "não específicos" ou "não determinados" [DeRubeis, Brotman e Gibbons, 2005], conforme se encontram na maior parte das formas de psicoterapia) e nas técnicas ou métodos de tratamento específicos (Wampold, 2005). As estimativas amplamente discrepantes sobre as variações podem ser atribuídas a esses fatores, e essa variabilidade deve ser um índice de que as evidências são equívocas e sujeitas à interpretação. Em alguns aspectos, contudo, reconhecemos que o debate é discutível. É como um debate sobre o fato de ser o sistema esquelético, o sistema nervoso ou a musculatura que faz com que nós, humanos, caminhemos. Todos esses fatores são necessários, mas não suficientes em si mesmos. O mesmo ocorre na psicoterapia. Tanto o cliente quanto o terapeuta trazem seus atributos e história para a sala da terapia, local em que conjuntamente tentam resolver problemas. Esse processo de resolução de problemas envolve o cliente e o terapeuta como indivíduos, questões de relacionamento e métodos de tratamento; todos são necessários, mas nenhum é suficiente. De uma perspectiva prática, a terapia cognitivo-comportamental envolve tanto um relacionamento quanto um conjunto de atividades ou intervenções, e nenhum deles pode existir sem o outro.

A importância de tal debate é que nós precisamos entender as contribuições relativas do cliente, do terapeuta, da relação e das técnicas para o resultado clínico. Mas a situação é mais complexa do que simplesmente determinar as características para o cliente médio ou típico. Já que maior parte dos clientes não se encaixa no perfil do cliente típico, há sempre a necessidade de traduzir as constatações das pesquisas em decisões clínicas específicas de cada caso. Voltaremos a essa questão mais tarde, mas primeiramente discutiremos o que a pesquisa nos diz sobre cada um desses quatro fatores de contribuição (ver Figura 11.1).

Os fatores dos clientes e o resultado

Antes de discutirmos as evidências da relação entre as variáveis do cliente e o resultado clínico, queremos observar brevemente a metodologia que foi usada para examinar essa questão. Em grande parte, esses estudos usam variáveis ou características preexistentes do cliente, e depois avaliam a correspondência dessas variáveis aos resultados clínicos, em geral com métodos correlacionais. Em alguns casos, as variáveis do cliente podem oscilar muito, mas essa oscilação ampla é restrita em muitos estudos psicoterápicos. Essa restrição ocorre em virtude dos critérios de inclusão e de exclusão empregados em alguns estudos, do uso de clínicas especializadas para realizar pesquisa psicoterápica e mesmo as preferências do terapeuta para a seleção de certos tipos de clientes. Por exemplo, há muita literatura que examina as relações entre as variáveis do cliente e o resultado clínico no contexto de testes psicoterápicos controlados, que potencialmente afetam as relações observadas. O efeito de todas as restrições na variabilidade do cliente é a "restrição de variação" e a dificuldade cada vez maior de demonstrar a relação entre os fatores do cliente e o resultado. Para dar um exemplo extremo, seria impossível examinar a relação entre religião e resultado de tratamento, se todos os seus clientes fossem cristãos ou tivessem qualquer outra espécie de crença em particular.

A questão da relação entre as variáveis do cliente e o resultado é complicada ainda mais pelo fato de algumas das variáveis serem discretas (por exemplo, gênero, estado civil, diagnóstico) ao passo que outras são contínuas (por exemplo, idade, várias características ou dimensões de personalidade), de modo que as estatísticas das associações entre características variadas e os resultados precisam variar. Além disso, embora uma quantidade considerável de pesquisas busque as correlações ou relações entre uma dada variável do cliente e um determinado resultado, há muitos modelos mais complicados a examinar. Por exemplo, há métodos estatísticos nos quais muitas variáveis de cliente podem ser simultaneamente consideradas como indicadores de resultado, ou nas quais o resultado é conceituado como fenômeno multidimensional. Em outras palavras, a pesquisa só começou realmente a examinar algumas das maneiras complexas pelas quais as va-

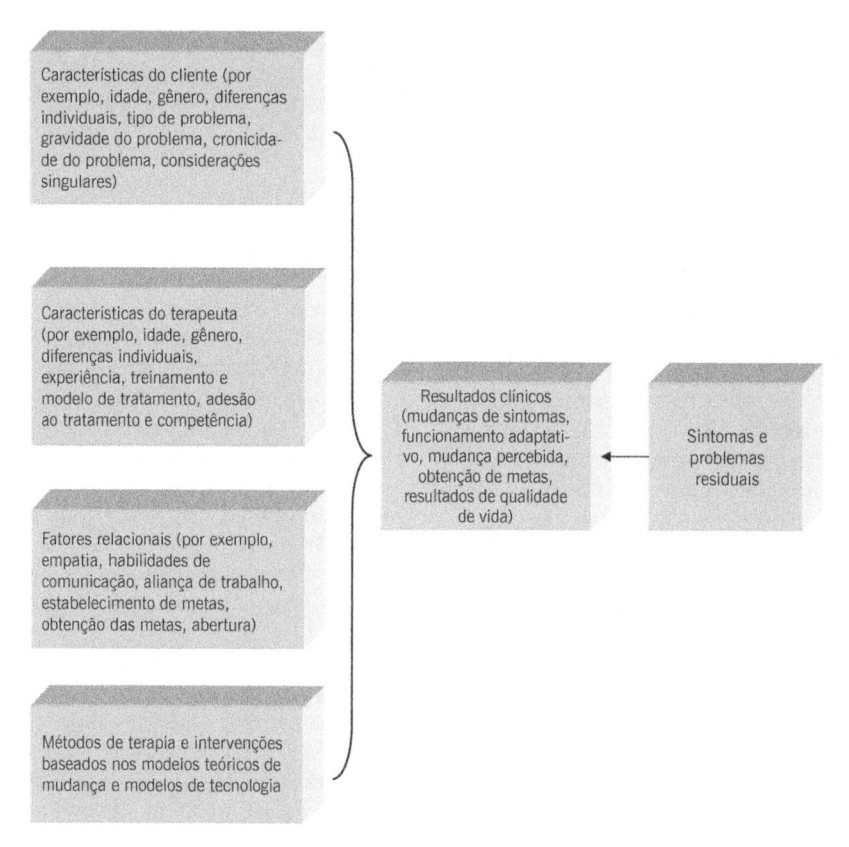

```
┌─────────────────────────┐
│ Características do cliente (por │
│ exemplo, idade, gênero, diferenças │
│ individuais, tipo de problema, │
│ gravidade do problema, cronicida- │
│ de do problema, considerações │
│ singulares) │
└─────────────────────────┘

┌─────────────────────────┐
│ Características do terapeuta │
│ (por exemplo, idade, gênero, │
│ diferenças individuais, │
│ experiência, treinamento e │          ┌──────────────────┐
│ modelo de tratamento, adesão │ ──────▶│ Resultados clínicos │       ┌─────────────┐
│ ao tratamento e competência) │        │ (mudanças de sintomas, │       │ Sintomas e  │
└─────────────────────────┘              │ funcionamento adaptati- │◀─────│ problemas   │
                                         │ vo, mudança percebida, │       │ residuais   │
┌─────────────────────────┐              │ obtenção de metas, │          └─────────────┘
│ Fatores relacionais (por exemplo, │   │ resultados de qualidade │
│ empatia, habilidades de │             │ de vida) │
│ comunicação, aliança de trabalho, │   └──────────────────┘
│ estabelecimento de metas, │
│ obtenção das metas, abertura) │
└─────────────────────────┘

┌─────────────────────────┐
│ Métodos de terapia e intervenções │
│ baseados nos modelos teóricos de │
│ mudança e modelos de tecnologia │
└─────────────────────────┘
```

FIGURA 11.1 Modelo conceitual do resultado clínico.

riáveis dos clientes podem relacionar-se aos resultados clínicos.

Dito isso, podemos então oferecer algumas conclusões gerais sobre as variáveis do cliente e sobre como elas se relacionam ao resultado. Haby, Donnelly, Corry e Vos (2006) realizaram uma revisão sistemática da literatura, que examinou as relações entre uma série de fatores e o resultado (definido de várias formas) na terapia cognitivo-comportamental para transtorno depressivo maior, transtorno de pânico e transtorno da ansiedade generalizada. Com base em 33 estudos clínicos controlados, eles determinaram que o tipo de transtorno não estava relacionado ao resultado, porque os resultados eram aproximadamente os mesmos para problemas diferentes. Contudo, duas outras variáveis de cliente relacionavam-se ao resultado: (1) nacionalidade do estudo, isto é, os estudos dos países de língua inglesa tiveram efeitos mais fortes do que aqueles dos países de outras línguas (contudo, observe-se que essa não é apenas uma variável de cliente, e que o número de estudos em língua inglesa foi pequeno); (2) a relação entre os altos níveis de gravidade inicial do problema do cliente e resultados piores no tratamento.

Em uma revisão mais focada dos preditores do cliente relativos ao resultado na terapia cognitivo-comportamental para a depressão, Hamilton e Dobson (2001) constataram que a gravidade do problema do cliente indicava o resultado, mas também que os clientes com mais episódios de depressão (cronicidade aumentada) também tendiam a ter resultados piores do que os clientes com menos episódios de depressão. Saatsi, Hardy e Cahill (2007) relataram que os clientes com estilos mais seguros de apego tendem a ter melhores resultados na terapia cognitivo-comportamental para depressão.

Em uma revisão de variáveis de clientes que indicavam resultado, embora não específicas da terapia cognitivo-comportamental, Castonguay e Beutler (2006) identificaram uma série de variáveis de clientes associadas com fraco resultado no tratamento. Essas variáveis eram níveis mais altos de diminuição de capacidade do cliente, presença de um transtorno de personalidade e ocorrência de dificuldades ocupacionais ou financeiras. Além disso, observaram que a idade do cliente e sua condição étnica ou de minoria racial estavam relacionadas com resultados piores no tratamento de transtornos disfóricos. Também notaram que uma correspondência entre o estado étnico/de minoria racial do cliente e do terapeuta estava associada com a desistência reduzida e melhor resultado no tratamento de clientes com disforia e que os tratamentos que não induziam à resistência do cliente (ou que eram colaborativos) tinham melhores resultados.

O Quadro 11.1 resume o que parecem ser preditores bastante consistentes do cliente no que diz respeito a resultados positivos na terapia cognitivo-comportamental. Tais preditores incluem a severidade e a cronicidade mais baixas, a ausência de um transtorno de personalidade e atitudes positivas e expectativas quanto ao tratamento. Embora os três primeiros fatores possam ser considerados fatores de seleção, no sentido de que são características que você pode selecionar, você não pode de fato mudá-los antes do tratamento. Ao contrário, as atitudes do cliente ou as expectativas são provavelmente uma combinação de atitudes positivas ou negativas, mais o conhecimento específico sobre você como terapeuta e sobre a terapia, e também as atitudes direcionadas a você e à terapia. Essas são questões que você pode modificar, no modo como começa a trabalhar com seu cliente e no modo como apresenta o modelo cognitivo-comportamental (ver Capítulo 4 deste livro).

Os fatores do terapeuta e o resultado

Os fatores do terapeuta têm sido um fenômeno pouco estudado na terapia cognitivo-comportamental. Quando escrevemos este capítulo, não conseguimos encontrar nenhum artigo que examinasse essa questão em profundidade, ou como assunto específico. A revisão de Haby e colaboradores (2006) dos preditores de resultados, porém, de fato examinavam alguns preditores. Os autores relataram que a terapia cognitivo-comportamental oferecida por "psicólogos" tinha melhores resultados do que as oferecidas por "terapeutas", mas avisavam que o número de estudos com terapeutas mais genéricos, era relativamente pequeno, e que o treinamento ou formação do terapeuta não eram descritos em tais estudos.

Talvez de maneira surpreendente, Haby e colaboradores (2006) relataram em sua revisão que a quantidade de treinamento que o terapeuta recebe não se relaciona ao

Quadro 11.1 Variáveis do cliente relacionadas a melhor resultado do tratamento

Gerais	Específicas
◆ Problemas de gravidade mais baixa	◆ Idade mais baixa (para transtornos disfóricos)
◆ Problemas de cronicidade mais baixa	◆ Falta de participação em grupo racial ou de minoria étnica (para transtornos disfóricos)
◆ Ausência de um transtorno da personalidade	◆ Uma correlação entre o cliente e o terapeuta no que diz respeito à raça ou ao grupo étnico (para transtornos disfóricos)
◆ Expectativas positivas sobre o tratamento	◆ Encaminhamento para tratamentos que reduzem a resistência do paciente (para transtornos disfóricos)

resultado do tratamento. Esse resultado é similar aos resultados relatados em outros estudos (por exemplo, Jacobson et al., 1996) no sentido de que frequentemente não há relação forte entre o treinamento do terapeuta e sua competência e os resultados clínicos. Esse resultado é menos surpreendente, porém, quando se considera que muitos dos dados são coletados em testes clínicos aleatórios. Os terapeutas de tais testes são em geral bem-treinados, supervisionados e monitorados. Assim, embora o nível médio de competência seja alto, a variação de competência é bastante restrita, o que torna mais difícil estabelecer uma correlação com o resultado – mais difícil do que se houvesse mais amplitude em tais variáveis.

Conforme foi notado por Lambert (2005), um número relativamente baixo de estudos voltou-se sistematicamente aos resultados obtidos por terapeutas iniciantes em comparação a terapeutas experientes, aos efeitos do treinamento sobre o resultado ou mesmo à importância relativa da adesão ao tratamento e da competência para os resultados da terapia (ver também McGlinchey e Dobson, 2003). Em uma exceção, Bright, Baker e Neimeyer (1999) compararam profissionais e paraprofissionais que ofereciam ou terapia cognitivo-comportamental ou terapia de grupo de apoio mútuo para clientes com depressão. Embora os resultados imediatos para os dois grupos de terapeutas que estavam sob a condição de terapia cognitivo-comportamental não fossem significativamente diferentes das análises estatísticas tradicionais, os resultados de significação clínica favoreciam os terapeutas profissionais.

Fatores de relacionamento que funcionam na terapia cognitivo-comportamental

Uma vasta gama de pesquisas examinou aspectos da relação terapeuta-cliente e dos processos de tratamento. Boa parte da literatura relaciona-se ao contexto dos modelos de tratamento que enfatizam os processos interacionais como aspectos fundamentais do tratamento, tais como as terapias psicodinâmicas ou vivenciais (por exemplo, Norcross, 2002; Teyber, 2000; Yalom e Leszcz, 2005). Um mito que se perpetua é o de que os terapeutas cognitivo-comportamentais não prestam atenção a esses fatores, e que seu enfoque único são as técnicas de tratamento (ver o Capítulo 12 para uma discussão mais ampla sobre os mitos). A verdade está no meio do caminho. Os terapeutas cognitivo-comportamentais estão bastante cientes de que a psicoterapia ocorre em um ambiente interpessoal, mas também acreditam que as técnicas empregadas em tal fórum fazem uma contribuição importante para o resultado do tratamento.

A maior parte dos manuais de tratamento na terapia cognitivo-comportamental aborda a natureza da relação psicoterápica ótima. Com frequência, esses manuais sugerem que os terapeutas precisam ter compaixão, empatia, ser cuidadosos e respeitosos, além de boas habilidades sociais, inclusive a capacidade de envolver o cliente na terapia, de estabelecer metas mútuas e trabalhar por elas, oferecer o *feedback* necessário ao cliente, ensinar habilidades e antecipar e lidar com dificuldades de relacionamento. O fato de que os pesquisadores do movimento cognitivo-comportamental tenham dedicado mais tempo ao estabelecimento da eficácia do tratamento para vários transtornos e, relativamente, menos tempo examinando os fatores do relacionamento, não indica um desprestígio absoluto a estes últimos fatores. Por exemplo, na Cognitive Therapy Scale (Young e Beck, 1980), que é a mensuração mais comumente usada da competência da terapia, vários itens ligam-se diretamente às características da relação e às características do terapeuta que afetam a qualidade da própria relação.

Novamente, os métodos de pesquisa usados para estabelecer os fatores de relacionamento são dignos de discussão. Em alguns casos, a metodologia é muito semelhante àquela do exame das variáveis do cliente, no sentido de que algum atributo do terapeuta é medido antes do começo do tratamento, e depois é correlacionado ou então examinado em relação a algum aspecto do resultado do tratamento. Dessa forma, variáveis tais como a idade do terapeuta ou anos de experiência podem ser correlacionadas no resultado. Em outros estudos, porém, os índices feitos pelos terapeutas e/ou clientes durante a terapia são relacionados ao resultado. Esse tipo de estudo é mais complexo, porque as mudanças anteriores experimentadas na terapia podem confundir as percepções do terapeuta ou do cliente sobre a terapia ou sobre a outra pessoa. Esse problema potencial torna-se mais agudo se os índices do terapeuta e do cliente forem coletados em momento posterior do tratamento. Por exemplo, se você perguntar a um terapeuta sobre o resultado provável de um caso específico depois da primeira sessão de terapia, ele poderá ter de fazer uma previsão, bem sustentada, mas ainda assim uma previsão, do que poderá acontecer. Se você fizer a mesma pergunta depois da quinta sessão, porém, o terapeuta já contará com a experiência de várias sessões, e também com benefícios advindos de observações anteriores, nos quais poderá basear sua predição do resultado.

Para escapar da confusão potencial entre resultado e percepções do cliente e do terapeuta sobre o processo, alguns pesquisadores de processos de psicoterapia passaram a índices externos das sessões de terapia. Essa estratégia remove as tendenciosidades potenciais do terapeuta e do cliente, mas tem seus próprios problemas. Um deles é o de o processo de classificação de uma simples sessão exigir conhecimento, *expertise*, de modo que quem avalia sabe o que busca e reconhece o aparecimento daquilo que busca. A concordância entre avaliadores independentes é uma maneira de demonstrar a possibilidade de índices ou classificações coerentes, mas a confiabilidade dessas avaliações tem sido de difícil obtenção. Esse fato sugere que alguns dos construtos que estão sendo estudados são obscuros, ou, pelo menos, de difícil reconhecimento. Outro problema, que sem dúvida se relaciona à consistência de quem faz a classificação ou avaliação, é o fato de que classificar as sessões na ausência das outras partes do tratamento descontextualiza a sessão. É difícil para um avaliador saber o que vem antes, ou qual é o procedimento que está sendo levado em conta na terapia, de modo que o avaliador tem de trabalhar com hipóteses ou preencher vazios no que diz respeito a seu conhecimento do caso.

Outra questão relativa à avaliação independente das sessões diz respeito ao conteúdo do que está sendo avaliado. Alguns pesquisadores estão interessados em determinados comportamentos. Em geral, a avaliação de um determinado comportamento (por exemplo, quantas vezes o terapeuta diz "eu concordo"?) é mais fácil do que a classificação das categorias ou das categorias induzidas da terapia (por exemplo, o terapeuta tem empatia com o cliente?). Além disso, alguns pesquisadores estão interessados no processo de terapia e enfocam temas tais como empatia, colaboração, resposta às rupturas na relação, e assim sucessivamente.

Outros pesquisadores, interessados nas próprias dimensões do tratamento, enfocam a avaliação da *integridade do tratamento* (McGlincehy e Dobson, 2003). A integridade do tratamento em si compreende dois aspectos: *adesão ao tratamento* e *competência do tratamento*. A adesão é o quanto um terapeuta adere a um determinado modelo de terapia, e executa intervenções coerentes com tal abordagem, sem usar métodos de outros modelos. A competência deriva da adesão e faz referência ao uso habilidoso e correto em termos temporais das intervenções a que se adere, usando um algoritmo que determina métodos ótimos a serem usados com determinado cliente e momento da terapia. Consequentemente, o terapeuta pode ter boa adesão e não ser especialmente competente, ou pouca adesão e pouca competência. Conforme já se apontou, foi demonstrado que chegar a uma confiabilidade entre as diferentes avaliações é mais fácil no que diz respeito à adesão do que no que diz respeito à competência.

Vale a pena observar também que a lente pela qual os pesquisadores examinam o processo de terapia reflete em parte suas crenças sobre os aspectos fundamentais da terapia e tende a reforçar esses esquemas. Os pesquisadores que enfocam aspectos não determinados ou comuns do processo de terapia tendem a sustentar uma prática eclética e a acreditar que a maioria dos resultados da psicoterapia pode ser encontrada nesses aspectos do tratamento (Lambert e Barley, 2002; Teyber, 2000). Os pesquisadores que enfatizam componentes específicos do tratamento tendem a estudar aspectos da integridade do tratamento e a acreditar que esses aspectos da terapia são mais fundamentais para o resultado ótimo (DeRubeis, Brotman et al., 2005). Esse último grupo tende mais também a conduzir testes clínicos, nos quais a terapia específica é examinada em contraposição a outra, para determinar o melhor tratamento para um determinado transtorno, em que o melhor tratamento se define pelos resultados sobre as dimensões clínicas ou sintomáticas.

Variáveis de processo baseadas em evidências

A discussão anterior revela o quanto pode ser complexo o estudo do processo de terapia, como ele pode ser abordado a partir de vários ângulos e metodologias e como o processo de pesquisa em si pode reforçar as crenças sobre quais aspectos são mais importantes para o resultado do tratamento. Se nós aceitarmos que essas questões são importantes para a psicoterapia, então o que nos diz a literatura? Em geral, ela nos diz que as características do terapeuta que mais estão associadas com os resultados positivos incluem os altos níveis de empatia, autenticidade, cuidado e ternura (Castonguay e Beutler, 2006; ver Quadro 11.2; ver também Josefowitz e Myran, 2005). Os terapeutas com melhores resultados também tendem a ter um estilo de apego mais seguro em suas relações com os outros e são capazes de demonstrar atitudes positivas em relação aos clientes, mesmo quando eles precisam confrontar ou desafiar certos pensamentos ou comportamentos. Há também evidências de que terapeutas que obtenham mais sucesso são capazes de abrir-se de maneira mais adequada, embora os terapeutas tendam a não se abrir durante a terapia sob qualquer circunstância (Goldfried, Burckell e Eubanks-Carter, 2003; Hill e Knox, 2002).

Há também literatura que aborda os vários aspectos interpessoais do processo de terapia e que ligou esses aspectos a resultados clínicos (ver Quadro 11.2). Independentemente do modelo terapêutico, parece que os resultados são ampliados quando há uma colaboração terapêutica, ou o que também tem sido chamado de *aliança terapêutica*. O conceito de *empirismo colaborativo*, que tem sido descrito como uma meta da terapia cognitivo-comportamental sadia, parece em geral ser coerente com a ideia de desenvolver e manter uma forte relação de trabalho, embora o empirismo esteja presente no conceito (para uma revisão, ver Keijsers et al., 2000).

Também parece que a capacidade de desenvolver e trabalhar por metas comuns seja importante para o sucesso do tratamento. Essa ideia certamente é coerente com os princípios da terapia cognitivo-comporta-

QUADRO 11.2 Fatores de relacionamento relativos ao resultado do tratamento na terapia cognitivo-comportamental

Fatores baseados no terapeuta	Fator relacional
◆ Empatia	◆ Aliança ou colaboração terapêutica
◆ Perspectiva positiva, autenticidade, cuidado e ternura	◆ Metas consensuais
◆ Estilo seguro de apego	◆ Congruência
◆ Autoabertura	◆ *Feedback*
	◆ Gerenciamento das rupturas do relacionamento
	◆ Reconhecimento da resposta ao afeto sobre o relacionamento ("transferência" e "contratransferência")

mental, porque uma parte importante do trabalho inicial dessa abordagem é o desenvolvimento de metas de tratamento explícitas e sobre as quais há acordo, às quais se chega idealmente por meio de um processo consensual. As evidências sugerem que os terapeutas que sabem refletir o sofrimento dos clientes e sua emocionalidade, ou mostrar coerência, também tendem a ter melhores resultados, assim como fazem aqueles que oferecem *feedback* a seus clientes.

Há também evidências de que, para maximizar o sucesso do tratamento, é importante atender às rupturas do relacionamento e gerenciá-las. Embora se possa argumentar que não haja tais acontecimentos em uma relação terapêutica ideal, o terapeuta precisa ter cuidado com essa possibilidade, e abordar esses acontecimentos quando eles ocorrerem (Leahy, 2003). Finalmente, as evidências sugerem que os terapeutas eficazes em geral reconhecem e respondem ao afeto relativo à relação e presente nela (tradicionalmente chamado de *transferência* e *contratransferência* no contexto da teoria psicanalítica; Gelso e Hayes, 2002). Embora, de acordo com o nosso conhecimento, nenhuma literatura examine tais questões diretamente, os processos interpessoais, tais como resistência, foram abordados no contexto da terapia cognitivo-comportamental (Leahy, 2001). Esses tipos de desafio foram abordados clinicamente a partir de uma perspectiva cognitiva (J. S. Beck, 2005; Capítulo 10).

Além da literatura geral, várias questões relevantes para as terapias cognitivo-comportamentais foram exploradas na pesquisa. Tais questões incluem o uso de tarefas de casa, o papel de técnicas gerais e específicas e a questão da "mudança repentina". Cada uma dessas questões é brevemente discutida aqui.

Tarefa de casa

Um princípio fundamental da terapia cognitivo-comportamental é a necessidade de tradução da discussão que ocorre durante a terapia para as tarefas, ou tarefas de casa, entre as sessões. Essa tarefa de casa pode envolver avaliação posterior de problemas ou questões que surgem na terapia, ou tarefas orientadas à mudança, mas a parte transformadora desse tratamento é vista como algo que ocorre tanto quanto (ou mais) entre as sessões do que nelas mesmas. A pesquisa sustenta a importância da realização da tarefa de casa, especialmente no início da terapia, como um preditor positivo do resultado do tratamento (Burns e Nolen-Hoeksema, 1991; Kazantsis, Deane e Ronan, 2000; Whisman, 1993). É lógico, portanto, que um aspecto fundamental do processo de terapia é determinar como ajudar o cliente a fazer essa tradução da fala em ação, e que há uma necessidade de teoria e de pesquisa nessa área de processo terapêutico (Kazantsis e L'Abate, 2007).

Técnicas gerais e específicas

Dada a ênfase na literatura sobre a importância relativa de técnicas não específicas ou gerais da psicoterapia, em oposição às intervenções específicas da teoria, talvez não seja surpreendente que essa questão tenha sido abordada na terapia cognitivo-comportamental. Castonguay, Goldfried, Wiser, Raue e Hayes (1996), por exemplo, examinaram tanto fatores únicos e comuns que previam o resultado em uma amostra de 30 clientes deprimidos. Embora as técnicas gerais do estudo (aliança terapêutica e a experiência emocional do cliente) de fato tenham previsto o resultado, a técnica cognitivo-comportamental específica de enfocar cognições distorcidas na verdade correlacionou-se negativamente com o resultado. A interpretação desses autores sobre o resultado foi a de que alguns terapeutas podem ter confiado inadequadamente na técnica específica, em vez de enfocar os problemas relativos à terapêutica.

Ao contrário do estudo de Castonguay e colaboradores (1996), dois estudos de Freeley e DeRubeis examinaram as técnicas gerais e específicas da terapia cognitiva para a depressão. Em ambos os estudos (DeRubeis e Feeley, 1990; Feeley, DeRubeis e Gelfand, 1999), as técnicas específicas previram melhor o resultado do que as condições gerais do terapeuta. Além disso, eles também examinaram uma medida de aliança terapêutica e constataram que, em vez de prever a mudança na terapia, a aliança terapêutica tendeu a melhorar apenas depois da melhora na sintomatologia. Como consequência desses resultados, eles sugeriram que pode ser que sejam as intervenções específicas empregadas na terapia cognitivo-comportamental o que mais leva à mudança nos sintomas e, por sua vez, é a mudança de sintomas que leva a uma melhor aliança terapêutica. Essas ideias precisam de mais estudos, sobretudo em transtornos diferentes da depressão.

Mudança repentina

Uma constatação recente e de certo modo inusitada sobre o processo de terapia cognitivo-comportamental é a de que alguns clientes não passam por uma remissão suave e gradual de seus sintomas; ao contrário, eles experimentam um "ganho repentino". Os clientes que são capazes de ter um ganho repentino, e depois sustentá-lo, parecem ter um padrão mais estável de mudança, conforme ficou evidenciado pela probabilidade mais baixa de recaída depois do tratamento (Tang e DeRubeis, 1999; Tang, DeRubeis, Beberman e Pham, 2005; Tang, DeRubeis, Hollon, Amsterdam e Shelton, 2007). Tais resultados se sustentam mesmo quando esses clientes não atingem uma mudança geral e mais ampla em comparação aos outros clientes. Essa constatação precisa de mais exame, especialmente em uma gama mais ampla de transtornos do que os que foram estudados até hoje. Contudo, caso se constate que esse padrão é confiável entre vários transtornos, isso sugere um processo particular na terapia cognitivo-comportamental.

◆ TRATAMENTOS QUE FUNCIONAM

Embora seja fácil dizer que a terapia cognitivo-comportamental funciona, os detalhes, é claro, são muito mais complicados do que essa simples conclusão. Questões que devemos fazer são: para que tipo de problema a terapia funciona? Há subgrupos determinados de clientes para quem o tratamento funciona? A terapia funciona igualmente tão bem quanto as outras terapias, ou melhor do que elas? Que tipo de evidência é utilizado para chegar a essas conclusões, entre outras? O campo da pesquisa na psicoterapia tornou-se uma área altamente especializada da ciência. Nossa meta aqui não é discutir os detalhes da literatura, mas dar a você pelo menos informações suficientes para que tenha cuidado com essas questões quando for considerar as pesquisas. Assim, discutimos os métodos utilizados para avaliar os tratamentos, a questão dos tratamentos sustentados empiricamente, e o que chamamos de "debate de evidências", antes de revisarmos as evidências existentes para vários transtornos.

Métodos para avaliar os tratamentos

Conforme observado anteriormente, o campo da pesquisa psicoterapêutica evoluiu consideravelmente desde o início dessa abordagem de tratamento. Com o advento da psicoterapia, Freud e outros primeiros psicanalistas produziram originalmente estudos de casos prolongados para desenvolver modelos de psicopatologia e de tratamento. O texto *Estudos sobre a histeria*, de Breuer e Freud, publicados pela primeira vez em 1895 (Strachey, 1957), destaca-se como um uso clássico de casos para o desenvolvimento de modelos mais amplos tanto de conteúdo quanto do processo dos transtornos psicológicos. Os modelos comportamentais que primeiro se desenvolveram também empregavam desenhos de casos únicos, o que se tornou os métodos de pesquisa do tipo $N = 1$.

Ao longo do tempo, contudo, e com o desenvolvimento de modelos mais gerais de tratamento para transtornos diferentes, talvez tenha sido natural ver ensaios abertos dos resultados de vários tratamentos, no contexto de vários transtornos. Nos anos de 1960, as comparações entre as terapias psicológicas e os grupos de controle começaram a emergir na literatura, e desenvolveram-se ao ponto de que se tornou possível resumir o estado científico da literatura usando um método chamado *metanálise*, que esgota os resultados através de diferentes estudos e medidas de efeito (Smith e Glass, 1977). Esses primeiros resultados em geral sustentaram a eficácia geral dos tratamentos psicológicos, mas com alguns contratempos (alguns terapeutas tiveram melhores resultados do que outros, e alguns transtornos foram associados com resultados mais fortes do que outros).

Por volta do final dos anos de 1970, dois avanços mudaram o campo de maneira irrevogável. O primeiro foi a publicação do DSM-III (American Psychiatric Association, 1980). Essa versão do DSM apresentou um modelo mais descritivo de psicopatologia do que as edições anteriores, e um modelo de diagnóstico baseado em sintomas. Com essa ênfase, tornou-se possível avaliar o tratamento de maneira mais clara no que diz respeito a transtornos específicos. O segundo avanço foi o dos manuais de tratamento, que apresentam tratamentos mais padronizados e permitem maior precisão no estudo das psicoterapias (Luborsky e DeRubeis, 1984). Os manuais de tratamento também enfatizam as técnicas de terapias específicas; embora em grande parte sustentem a importância de uma boa relação terapêutica, eles enfatizam mais o que se espera que o terapeuta faça no âmbito daquele contexto de relacionamento do que o próprio relacionamento.

Com o estabelecimento e a aceitação de tanto um modo de conceituar o resultado, em termos de sintomas, quanto de usar os manuais de tratamento, a estratégia de usar testes clínicos aleatórios para comparar os tratamentos psicológicos seja a condições de não tratamento, seja a outras terapias, tornou-se inevitável. Essa época foi também chamada de começo da "revolução cognitiva" na psicologia e na psicoterapia, e não é de surpreender o fato de que as terapias cognitivo-comportamentais obtinham muitos financiamentos de pesquisa. Em especial, pelo fato de os resultados desse tratamento serem promissores, o movimento rapidamente cresceu e colocou o tratamento em sua atual posição dominante na área entre as demais disciplinas (Weissman et al., 2006).

Outro fenômeno que ajudou a concretizar a posição da terapia cognitivo-comportamental foi o movimento pelas terapias sustentadas empiricamente (Chambless e Ollendick, 2001). Essa abordagem usou critérios similares aos empregados nos ensaios clínicos de medicina, e permitiu o uso de evidências dos ensaios de pesquisa para definir os tratamentos que atendiam a esses critérios como "sustentados empiricamente". Essa abordagem de exame de evidências para tratamentos psicológicos tem limitações bem conhecidas (Chambless e Ollendicl, 2001; Dobson e Dobson, 2006). Primeiramente, pelos fato de os clientes serem encaminhados aleatoriamente a esses tratamentos, a ênfase desses estudos está na variável independente, que é(são) a(s) terapia(s) que se está investigando. Consequentemente, as variáveis do cliente são consideradas relativamente não importantes para tais pesquisas. Em segundo lugar, pelo fato de os estudos usarem manuais, a flexibilidade do terapeuta nos mesmos é limitada. A prática dos manuais provavelmente não reflita com precisão o que acontece na prática clínica. Em terceiro lugar, e novamente, pelo fato de o foco da intervenção estar nesses estudos, as orientações para inclusão ou exclusão dos clientes são bastante precisas. As regras de inclusão e exclusão com frequência levam a amostragens bastante homogêneas que, novamente, podem limitar a generalização dos resultados para a prática clínica real, na qual os clientes frequentemente apresentam problemas complicados ou múltiplos. Apesar dessas limitações, o ensaio clínico randomizado tem em geral sido reconhecido como uma estratégia importante, assim como tem sido o uso de critérios para terapias sustentados empiricamente na revisão da literatura e declarar quais terapias "funcionam" e para quais problemas.

Outra força da área que ajudou a moldar o estado atual das evidências é o desenvolvimento de ferramentas estatísticas para resumir dados. Em parte, por causa da ampla adoção do método de ensaio clínico randomizado, é possível usar a ferramenta estatística chamada *metanálise* para resumir os resultados de vários estudos em um só número. Para fazê-lo, contudo, deve-se assumir que os grupos de clientes em cada um dos estudos não diferem significativamente um dos outros no começo do estudo, quando os clientes foram conduzidos aleatoriamente aos grupos. Ao fazer isso, os resultados dos tratamentos podem ser comparados diretamente (em geral ao final do estágio agudo da terapia), e desses números podem ser obtidas as médias entre os vários estudos. Como está resumido abaixo, há agora muitas metanálises em várias áreas da terapia cognitivo-comportamental e, até mesmo, uma revisão das meta-análises (Butler et al., 2006).

Outro aspecto da literatura sobre os resultados que merece atenção é o teste significativo clínico e estatístico. Boa parte da literatura de pesquisa usa modelos tradicionais de teste de significação estatística para determinar se a intervenção é mais eficaz sobre uma dimensão do que em outra. Tais testes são muito úteis, se se puder criar a hipótese de que os grupos de estudo são comparáveis no começo do estudo, porque diferenças significativas ao final do estudo podem estar relacionadas de maneira razoável aos efeitos de uma intervenção comparada à outra. Como foi apontado, porém, é possível obter um efeito estatisticamente significativo em um estudo comparativo de tratamento que tenha pouca significância prática. Por exemplo, se uma diferença de tratamento pode ser medida com precisão, ou se um número suficiente de participantes na pesquisa é utilizado, diferenças menores podem obter significância estatística.

Considerando os interesses sobre a significância estatística, outro método de avaliação de ensaios de pesquisa, referido como "testagem de significância clínica" (*clinical significance testing*) tem evoluído (Jacobson e Truade, 1991). Esse método geralmente avalia a proporção de clientes de um determinado tratamento que começam e terminam o estudo com escores em uma determinada medida no âmbito de uma população com problemas clínicos.

Por exemplo, os índices de um dado diagnóstico no começo e no fim do tratamento podem ser contrastados, se essa comparação tiver importância clínica. Outra possibilidade é a de, se o ponto de corte de uma determinada medida puder ser estabelecido para diferenciar resultados melhores de resultados piores, o percentual de pessoas que obtêm escores abaixo de tal corte podem ser examinados.

Embora os testes de significância clínica sejam uma estratégia potencial para reproduzir as considerações produzidas pelos clínicos na literatura sobre os resultados, e embora existam muitos exemplos de tais estudos, a literatura de pesquisas continua a enfocar o teste de significância estatística. Além disso, o método metanalítico depende mais de resultados estatísticos do que da avaliação da significância clínica dos resultados. Esperamos que essa situação mude com o tempo.

♦ Uma revisão da literatura

Então, o que a literatura diz? Tentamos aqui resumir as evidências de um modo que seja útil para o profissional. Assim, mais do que revisar estudos específicos detalhadamente, apresentamos no Apêndice B uma lista de artigos recentes de revisão que pertencem a vários domínios da terapia cognitivo-comportamental. Convidamos você a obter e ler tais artigos, ou os estudos em que eles se baseiam, dependendo de sua área de prática. Lembre-se de que cada estudo tem suas próprias peculiaridades que às vezes afetam os resultados de cada estudo, ou a probabilidade de que os resultados sejam atingidos novamente, se o estudo for repetido.

Também resumimos os resultados dos estudos listados no Apêndice B do Quadro 11.3. Esse quadro lista os diferentes e específicos diagnósticos, relacionados ao DSM, e tratados com a terapia cognitivo-comportamental, e resume três diferentes maneiras de conceituar o sucesso do tratamento. "Eficácia absoluta" é o quanto a terapia cognitivo-comportamental obteve melhores resultados do que a ausência de tratamento, uma lista de espera ou o tratamento usual. É importante observar que a eficácia absoluta, nesse sentido, de fato representa tipos diferentes de comparação. A comparação de um certo tratamento a uma lista de espera ou

Quadro 11.3 Um resumo das evidências das terapias cognitivo-comportamentais

Transtorno	Tratamento	Tipo de dados de eficácia		
		Eficácia absoluta	Eficácia relativa às medicações	Eficácia relativa a outras psicoterapias
Fobia específica	Exposição e reestruturação cognitiva	++	+	
Fobia social	Exposição e reestruturação cognitiva	++	=	=
Transtorno obsessivo-compulsivo	Exposição e prevenção de resposta	+		+
Transtorno de pânico	Exposição e reestruturação cognitiva	+	=	+
Transtorno do estresse pós-traumático	Exposição e reestruturação cognitiva	++		=
Transtorno de ansiedade generalizada	Exposição e reestruturação cognitiva	+	=	+
Depressão maior	Atividade, reestruturação cognitiva e mudança de esquemas	+	+	=
Transtorno bipolar[a]	Regulação do afeto e reestruturação cognitiva	+		+
Anorexia nervosa	Regulação da alimentação e reestruturação cognitiva	+	=	+
Bulimia nervosa	Regulação da alimentação e reestruturação cognitiva	++	+	+
Transtornos do sono	Controle comportamental e reestruturação cognitiva	+		+
Psicose[a]	Regulação do afeto e reestruturação cognitiva	+		+
Transtorno por uso de substâncias	Regulação do afeto, controle comportamental e reestruturação cognitiva	+		=
Transtorno de somatização	Controle comportamental e reestruturação cognitiva	+		

Nota: Os espaços em branco indicam falta de evidências; + indica evidências positivas; = indica equivalência próxima; ++ indica tratamento escolhido.

[a] A terapia cognitivo-comportamental é usada tipicamente como um auxílio à medicação nesses transtornos.

a ausência de tratamento não é, em alguns aspectos, uma comparação muito exigente, porque os resultados positivos são bastante fáceis de atingir. Mas os resultados positivos nesse tipo de estudo podem ser o efeito de simplesmente oferecer qualquer tipo de cuidado, assistência ou apoio para alguém que tenha um conjunto de problemas, de modo que os resultados não sejam muito reveladores. A comparação com o tratamento usual é mais exigente, porque tais comparações de fato envolvem um contraste entre o cuidado usual e o benefício adicional da terapia cognitivo-comportamental, em contraste com a atenção e o tratamento usuais. Também vale a pena observar que, ao passo que os primeiros estudos psicoterápicos usavam, com bastante frequência, as condições de ausência de tratamento ou de lista de espera, o tratamento usual é uma comparação cada vez mais comum em estudos de tratamento mais recentes, principalmente devido a questões éticas e legais relacionadas ao não oferecimento de qualquer tratamento durante um teste de pesquisa.

As duas colunas a seguir representam os resultados ou a eficácia da terapia cognitivo-comportamental relativa a duas outras comparações. Uma delas, a medicação, é comumente usada no tratamento de muitos transtornos. A outra coluna, comparação com outras psicoterapias, ou um conjunto de psicoterapias, se os dados estiverem disponíveis (por problemas de espaço, não listamos quais deles, mas as informações podem ser encontradas nos artigos de revisão). Tenha em mente, contudo, que essa coluna, de fato envolve uma série de comparações que podem se tornar mais claras à medida que novos dados são coletados. Por exemplo: ao passo que muitos estudos que comparam a terapia cognitivo-comportamental a outro tipo de psicoterapia não encontram diferenças significativas, e concluímos que há uma equivalência aproximada em muitas áreas, as diferenças específicas podem surgir à medida que novos estudos forem realizados.

Como se vê no Quadro 11.3, a terapia cognitivo-comportamental gerou uma considerável quantidade de evidências de apoio, especialmente em referência comparativa ao tratamento usual, à lista de espera ou à ausência de tratamento. Em alguns casos, a evidência é forte o suficiente para argumentar que a terapia cognitivo-comportamental é o tratamento escolhido (por exemplo, para fobias específicas e sociais, transtorno do estresse pós-traumático e bulimia nervosa). Testes comparativos com medicações mostram que as terapias cognitivo-comportamentais são no mínimo tão eficazes quanto as medicações, mas as comparações estão ausentes em algumas áreas (notavelmente, para o transtorno bipolar e para a psicose, em que as terapias psicológicas são tipicamente usadas apenas como auxiliares da medicação) e devem ser o foco de pesquisas futuras. A terapia cognitivo-comportamental demonstrou ter efeitos mais amplos do que outros tratamentos para alguns transtornos, mas também ser comparável a outros tratamentos para outros transtornos. Esse aspecto da literatura é talvez o mais difícil de resumir, porque os tratamentos comparativos que foram estudados variam muito, de terapias comportamentais sem um elemento cognitivo a psicoterapias de curto prazo de base psicodinâmica e a componentes do tratamento cognitivo-comportamental geral. Se você estiver interessado na eficácia relativa da terapia cognitivo-comportamental comparada a outros tratamentos psicossociais, leia a revisão dos artigos para mais detalhes sobre os resultados.

A maior parte das comparações do Quadro 11.3 representa os efeitos das terapias cognitivo-comportamentais presentes nos manuais. Embora os manuais variem em extensão e nos detalhes, a maior parte deles não inclui uma só intervenção, mas, na verdade, costura uma série de intervenções em uma base sequenciada e conceituada. Além disso, embora haja alguns exemplos nos quais os tratamentos relativamente complexos dos manuais foram separados no que diz respeito aos elementos que os constituem para ver quais aspectos do tratamento estão mais associados com a mudança, tais estudos são relativamente poucos se comparados àqueles que adotam o pacote de tratamento como um todo. Dessa forma, embora possamos dizer que a terapia cognitivo-comportamental "funcione" para uma série de transtornos, em grande parte estamos apenas começando a pesquisa que revela precisamente porque essas terapias têm efeitos positivos.

Também é importante observar que os resultados apresentados no Quadro 11.3 estão em grande parte limitados a efeitos imediatos do tratamento. Embora algumas áreas tenham indicado que os efeitos de longo prazo da terapia cognitivo-comportamental sejam igualmente fortes, ou até mais fortes do que os resultados de curto prazo (por exemplo, Paykel, 2007), é relativamente difícil realizar metanálises para resultados terapêuticos de longo prazo. De igual modo vale a pena notar que, em muitos dos estudos realizados até hoje, o enfoque apropriado de atenção está em ajudar os clientes ou a ter menos sintomas ou a não atender os critérios diagnósticos para um certo transtorno. As terapias têm outros efeitos, porém, que são estudados com menor frequência. Esses efeitos incluem melhorias na autoestima e outras características psicológicas, uma ampliação do ajuste social e de trabalho, melhores suportes sociais e comportamentais, melhor saúde em geral ou ampliação da qualidade de vida. O quanto esses outros benefícios são resultados auxiliares dos efeitos diretos do tratamento, ou o quanto contribuem para um número menor de sintomas, permanece uma questão aberta.

Tratamentos que não funcionam

Com o desenvolvimento da literatura dos resultados do tratamento, a área está cada vez mais apta a identificar tratamentos que não funcionam ou que tenham um resultado clínico limitado. Norcross, Koocher e Garofalo (2006) fizeram uma pesquisa com uma série de psicólogos sobre os tratamentos e as ferramentas de avaliação desacreditados, e conseguiram discernir uma série de intervenções psicológicas que são comumente vistas como ineficazes ou inapropriadas. Essa lista inclui muitas terapias da "nova era" (por exemplo, terapia dos anjos, pirâmides, terapia orgônica), extensões inadequadas de modelos baseados na terapia psicodinâmica (por exemplo, renascimento, terapia do grito primal) e vários outros. Embora haja uma ou duas terapias cognitivo-comportamentais na lista (por exemplo, o impedimento do pensar na ruminação obsessiva), elas são exceção e estão em uma posição não comprometedora em termos de índice de descrédito.

Outra perspectiva sobre a questão dos tratamentos que não funcionam relaciona-se àquelas que de fato causam danos. Lilienfeld (2007) apresentou critérios para considerar os tratamentos como tratamentos danosos. Esses critérios incluem tratamentos que (1) aumentam a variabilidade do funcionamento; (2) aumentam alguns sintomas enquanto diminuem outros; (3) aumentam o dano a amigos ou parentes; (4) aumentam a deterioração; (5) aumentam a desistência da terapia. Dessa perspectiva, o autor identificou duas terapias cognitivo-comportamentais como potencialmente danosas. A primeira terapia cognitivo-comportamental potencialmente danosa é o uso imediato e universal do relato do estresse de incidentes críticos, porque, em alguns casos, tais intervenções desnecessárias e rápidas podem de fato *aumentar* o risco de sintomas traumáticos em alguns clientes. A segunda é o tratamento de relaxamento para pacientes tendentes ao pânico, porque essa abordagem pode de fato *ampliar* a probabilidade do pânico.

Nosso ponto aqui não é sugerir que as terapias cognitivo-comportamentais tenham um risco inerente. Com efeito, a literatura de pesquisa já citada em geral sustenta os efeitos positivos dessas terapias. Mas qualquer tratamento, especialmente se usado de modo inadequado, pode ter riscos associados. Como resultado, nossa sugestão é sempre a de considerar que o tratamento que você está planejando tenha uma base de evidências que o sustente. A prática baseada em evidências também é associada à avaliação baseada em evidências, de forma que efeitos negativos adversos ou inesperados podem ser mensurados, e o tratamento reavaliado, se necessário.

Princípios comuns da terapia

Uma ideia recente e consideravelmente atraente é que os princípios básicos que estão presentes nas formas eficazes da terapia cognitivo-comportamental explicam boa parte da variação associada com os efeitos positivos desses tratamentos. Barlow, Allen e Choate (2004) sugeriram que esses três princípios que operaram no âmbito da terapia cognitivo-comportamental explicam muitos dos benefícios desses tratamentos para os transtornos emocionais, incluindo: (1) alteração das avaliações cognitivas que precedem a perturbação emocional; (2) prevenção da evitação da experiência emocional negativa e (3) estímulo das ações não associadas com a emoção disfuncional. A esse respeito, o uso amplo dos métodos relacionados à reavaliação cognitiva, em conjunção com a exposição a estímulos emocionalmente perturbadores, parece ser uma estratégia comum tanto para os transtornos da ansiedade ou relacionados à depressão, assim como para outros problemas, tais como transtornos de alimentação.

Barlow e colaboradores (2004) geraram os três princípios gerais em resposta parcial ao aumento de número de manuais de tratamento na área. O argumento dos autores foi o de que esses três princípios podem gerar de maneira flexível intervenções apropriadas para clientes diferentes que apresentam transtornos emocionais. Não está claro se essa abordagem de metamodelo para o entendimento dos princípios da terapia de fato simplificaria o trabalho do clínico relativo ao uso de manuais de tratamento, e a pesquisa que examine essa questão seria bem-vinda. A noção de um modelo internalizado de tratamento, contudo, é algo que apoiamos. Nossa esperança é a de que, lendo este livro, você verá como os princípios básicos da mudança foram incorporados na prática cognitivo-comportamental. Também esperamos que você seja capaz de ir além da prática dos manuais, chegando a um uso flexível, e conceituado de acordo com o caso, da abordagem cognitivo-comportamental.

Em direção a um modelo de prática baseada em evidências

Podemos afirmar com confiança que a terapia cognitivo-comportamental oferece o melhor caminho possível para a prática baseada em evidências? As evidências ainda não são conclusivas. Certamente, se comparada à década anterior, a área avançou consideravelmente nessa direção. Agora examinamos uma série de manuais de testes clínicos e constatamos que eles são superiores em resultado a uma variedade de condições comparativas e terapias. Em alguns casos, contudo, os dados que fazem afirmações definitivas sobre a eficácia absoluta ou mesmo relativa são insuficientes. Há também uma série de áreas em que os dados comparativos entre a terapia cognitivo-comportamental e outros tratamentos sugerem resultados aproximadamente equivalentes. Assim, embora essa abordagem tenha acumulado algumas das evidências mais fortes, ainda são necessárias muitas pesquisas.

Além disso, a maior parte dos dados sobre a terapia cognitivo-comportamental está baseada nos resultados de curto prazo da terapia, em boa parte no contexto da eficácia de pesquisa em oposição a testes de efetividade. Os testes de efetividade estão mais próximos da prática clínica verdadeira, no sentido de que tais estudos usam tipicamente amostras menos controladas de participantes, uma variação mais ampla de experiências em que os terapeutas oferecem o tratamento, sendo frequentemente conduzidos em ambientes clínicos (Barlow, 2004). Embora haja pesquisas de efetividade na terapia cognitivo-comportamental, a quantidade é limitada. Os clínicos que trabalham nos ambientes de prática têm uma maravilhosa oportunidade de conduzir tal trabalho (ver Wade, Trerat e Stuart, 1998, para um exemplo excelente).

Se aceitarmos que as terapias cognitivo-comportamentais têm apoio geral das pesquisas, quais são os próximos passos de desenvolvimento? Precisamos de mais pesquisas, com um amplo conjunto de resultados, de modo que possamos avaliar integralmente os efeitos do tratamento. Precisamos de mais estudos que avaliem tanto a significância clínica quanto a estatística. Precisamos de mais estudos de longo prazo para sermos capazes de entender não só os efeitos imediatos do tratamento, mas os efeitos de longo prazo. Precisamos de pesquisas de custo-benefício e custo-efetividade, para sermos capazes de construir um argumento econômico sobre as vantagens potenciais do tratamento em termos absolutos ou em comparação às terapias alternativas. Coerentes com a Força-Tarefa da APA sobre a prática baseada em evidências (2006), também concordamos que pesquisas são necessárias para o exame das características dos clientes que podem interagir com os tratamentos, levando a resultados melhores ou piores. Se tal "aptidão *versus* interações de tratamento", como elas são chamadas, puderem ser estabelecidas, esses resultados ajudarão a determinar se certas terapias são preferíveis para determinados grupos de clientes. Também precisamos de pesquisas de efetividade, conforme argumentamos anteriormente, para determinar o quanto esses tratamentos funcionam em ambientes clínicos.

Mais amplamente, também pensamos que a área tem de aceitar que as técnicas tanto da terapia cognitivo-comportamental quanto do relacionamento terapêutico deveriam basear-se em evidências. À medida que a área se aproxima da prática baseada em evidências e do desenvolvimento de orientações práticas (em oposição a listas de terapias empiricamente sustentadas), tanto o contexto quanto o conteúdo da terapia serão reconhecidos como fatores importantes que contribuem para o resultado clínico. Conforme a área se aproxima de uma posição mais madura, acreditamos que a integração de ambos os aspectos da evidência na prática tornar-se-á mais fácil. Tentamos apresentar um modelo inicial neste livro.

12

MITOS SOBRE A TERAPIA COGNITIVO-COMPORTAMENTAL

Cliente: "Só ouvi falar da terapia cognitivo-comportamental bem recentemente. Tenho usado medicamentos antidepressivos há 20 anos – por que não fui encaminhada antes?"

Médico: "Não acho que minha paciente deva fazer a terapia cognitivo-comportamental. Ela está severamente deprimida e precisa de medicação. A terapia cognitivo-comportamental é uma terapia auxiliar para pessoas moderadamente deprimidas. Não acho que devo encaminhá-la."

Psicólogo: "Meu cliente não tinha o *insight* suficiente para fazer a terapia psicodinâmica. Ele não sabia lidar com a expressão emocional e com o *feedback* da terapia de grupo interpessoal. Talvez ele tenha mais sucesso com a terapia cognitivo-comportamental, porque é mais concreta e intelectual."

Essas são afirmações que com frequência ouvimos sobre a terapia cognitivo-comportamental. Mas são válidas? Neste capítulo, identificamos crenças sobre a terapia cognitivo-comportamental, incluindo aquelas que podem estar presentes na própria área. Ao fazê-lo, tentamos desatrelar os mitos das ideias baseadas em evidências.

Nossa hipótese geral é a de que os clientes querem o tratamento mais eficaz e eficiente para seus problemas. Os clínicos querem a mesma coisa para seus clientes; contudo, como seres humanos, estamos todos inclinados a várias ideias e crenças – realistas ou não – sobre muitos assuntos diferentes. Pensamentos distorcidos comumente sustentados sobre a terapia podem ser chamados de *mitos clínicos*. Há muitos tipos diferentes de mitos clínicos relativos não só à terapia cognitivo-comportamental, mas também a outros tratamentos. Os terapeutas cognitivo-comportamentais, que trabalham em ambientes de tratamento diferentes, em geral encontram concepções equivocadas sobre esse tipo de terapia. Os clínicos que foram mal-informados sobre a terapia cognitivo-comportamental podem não encaminhar pacientes, o que pode criar barreiras artificiais para os clientes. As crenças distorcidas também podem estar presentes na percepção que temos da resposta do cliente ao tratamento. Podemos interpretar a falta de progresso positivamente (por exemplo, "Os clientes devem se sentir piores antes de melhorarem"; "Preciso usar outros métodos para ajudar esse cliente em particular") ou não (por exemplo, "A terapia cognitivo-comportamental não funciona").

No âmbito de nossas práticas, podemos passar um bom tempo educando profissionais com outra formação e estudantes. Essas atividades educacionais provavelmente incluem a identificação, o desafio e a correção de concepções equivocadas sobre a terapia cognitivo-comportamental. Essas distorções cognitivas surgem de uma variedade de razões, incluindo as seguintes:

♦ Falta de informações ou experiências.
♦ Tendenciosidade cognitiva.
♦ Compreensões equivocadas baseadas em más interpretações da literatura ou do treinamento.
♦ Experiência no uso de outros tipos de abordagens teóricas.

Tem havido uma considerável cobertura da mídia acerca do tratamento cognitivo-comportamental recente. Por exemplo, a revista *Time* (20 de janeiro de 2003) descreveu a terapia cognitiva como "rápida, prática e orientada por metas". Houve também um artigo na *Newsweek* chamado "Pense magro para ficar magro" (19 de março de 2007) e uma entrevista no *USA Today* com Robert Leahy (1º de janeiro de 2007) sobre a superação das preocupações. Embora boa parte da cobertura tenha sido positiva, não foi sempre abrangente ou equilibrada. A tendência da mídia popular de oferecer informações simplificadas pode levar a uma falta de informações precisas e aumentar o potencial de mitos clínicos sobre a terapia cognitivo-comportamental.

As comunidades profissionais e científicas também contribuíram para o desenvolvimento dos mitos clínicos. A maior parte dos pesquisadores tende a enfocar os pontos fortes do tratamento, mais do que suas limitações. Os cientistas/pesquisadores podem relutar em compartilhar suas constatações com a imprensa antes de chegarem à certeza, o que, obviamente, é um acontecimento raro e improvável. Essa relutância torna difícil para a mídia obter informações balanceadas. Durante muitos anos, houve debate sobre as terapias empiricamente sustentadas, incluindo os comentários críticos (por exemplo, Bryceland e Stam, 2005). Pelo fato de a maioria das terapias sustentadas ser cognitivo-comportamental, há potencial para uma reação pelos profissionais de outras abordagens, que levam a mais compreensões equivocadas.

Uma das principais características da terapia cognitivo-comportamental está em sua dependência de dados empíricos. Consequentemente, voltamo-nos à literatura atual para descobrir o que se sabe dessas crenças potencialmente distorcidas, e para oferecer evidências para desafiá-las. Revisamos algumas das pesquisas de resultados no Capítulo 11 deste livro. Discutimos o apoio à pesquisa, contra e a favor dessas crenças, desprezando algumas e sustentando outras que apresentaram evidências. Por necessidade, cobrimos brevemente a pesquisa e, onde foi possível, fizemos referência a outros capítulos deste livro. Você pode já preparar-se para questionar algumas das afirmações que se seguem. Depois de ler este capítulo, esperamos que você tenha informações suficientes para contrapor-se a alguns dos argumentos e afirmações que venha a ouvir nas conferências sobre casos clínicos, reuniões ou outras discussões. Uma revisão abrangente de toda a literatura está além do escopo deste capítulo (ver Capítulo 11).

Todos os seres humanos tendem a ter distorções cognitivas. Em média, os terapeutas cognitivo-comportamentais podem estar mais propensos a superestimar a eficácia desta terapia, ao passo que quem tem outra orientação prática pode subestimar sua eficácia. Dados os tipos diferentes de distorções possíveis, a primeira parte deste capítulo examina as crenças distorcidas mais "negativas" dos profissionais não cognitivo-comportamentais, ao passo que a segunda parte analisa as crenças mais positivas dos profissionais da área. Em ambas as partes, discutimos as categorias diferentes de crenças distorcidas, incluindo a própria terapia, o processo terapêutico e os clientes apropriados para o tratamento e o treinamento cognitivo-comportamental. Também incluímos crenças sobre o terapeuta, quando possível, e algumas crenças comuns sobre as constatações empíricas.

◆ Crenças negativas

Uma amostra das crenças negativas acerca da terapia cognitivo-comportamental

- "Pelo fato de a terapia cognitivo-comportamental estar 'manualizada', ela é rígida, excessivamente estruturada e não leva em consideração as necessidades dos clientes individuais."
- "Pelo fato de a terapia cognitivo-comportamental ser principalmente um conjunto de ferramentas ou de estratégias para mudança, essas ferramentas podem ser incorporadas em qualquer modelo terapêutico."
- "A terapia cognitivo-comportamental normalmente dura entre 6 e 20 sessões."
- "A terapia cognitivo-comportamental não enfoca as emoções. É uma terapia 'intelectual', que não incentiva o '*insight* emocional'."
- "A terapia cognitivo-comportamental é a mesma coisa que a psicoeducação. Consequentemente, pode ser um ponto de partida para a terapia, mas não é suficiente por si só."
- "A terapia cognitivo-comportamental aborda os sintomas do problema, mas não o próprio problema. Assim, ela não leva a uma mudança verdadeira e ocorre a 'substituição de sintomas'."
- "A terapia cognitivo-comportamental é 'antifeminista', porque incentiva o pensamento lógico, e faz com que as mulheres acreditem que são irracionais."
- "A terapia cognitivo-comportamental depende de uma teoria racional e intelectual que ignora o contexto social dos problemas."

Essas são apenas algumas das críticas que são feitas à terapia cognitivo-comportamental. Já ouvimos todas essas afirmações nos ambientes clínicos multidisciplinares, e a maior parte delas representa compreensões equivocadas que podem ser facilmente questionadas e corrigidas. Como a maior parte dos mitos, contudo, pode haver alguma parcela de verdade nelas.

A terapia cognitivo-comportamental formulada de acordo com os casos (ver Capítulo 3) é flexível e singular, e não rígida e excessivamente estruturada. A característica central do tratamento é um modelo cognitivo-comportamental conceitual, a partir do qual as estratégias ou ferramentas surgem. Consequentemente, está claro que, se o profissional não usar uma formulação de caso, ele não estará usando uma forma singular de terapia cognitivo-comportamental. Se as estratégias cognitivo-comportamentais forem adotadas pelos clínicos cuja orientação primeira é outro modelo, então eles também não estarão usando a terapia cognitivo-comportamental. Eles provavelmente usam o modelo de tratamento original para entender o cliente, ou trabalham a partir de um modelo "eclético" ou misto. Por exemplo, os profissionais de outros modelos podem utilizar estratégias cognitivo-comportamentais, tais como o treinamento de habilidades de comunicação, e incorporar essas ideias nos seus planos de tratamento. Essa prática é comum; contudo, a característica principal que comanda o tratamento cognitivo-comportamental é a compreensão teórica subjacente dos problemas dos clientes. Se os terapeutas não têm um modelo cognitivo-comportamental, mas usam estratégias cognitivo-comportamentais, nossa argumentação é a de que não estão fazendo um tratamento cognitivo-comportamental. Esta afirmação não pretende ser uma crítica, porque os terapeutas cognitivo-comportamentais também podem usar estratégias de outros modelos (por exemplo, uma técnica da cadeira vazia da Gestalt) e, ainda assim, estarem consistentes com seus próprios modelos.

Enquanto a terapia cognitivo-comportamental individual normalmente inclui a formulação clínica de caso, algumas práticas são mais "manualizadas", e têm menos flexibilidade e escopo para dar conta das idiossincrasias dos clientes. Essas idiossincrasias incluem tratamentos em grupo (por exemplo, treinamento de habilidades sociais para a esquizofrenia [Liberman, DeRisi e Mueser,

1989]) e protocolos individuais mais estruturados (MAP-3 [Barlow e Craske, 2000]). Embora esses programas possam ser caracterizados como "rígidos" por um crítico, eles também demonstraram ter resultados excelentes. Lembre-se também de que dados limitados sugerem que uma abordagem formulada em casos aumenta a utilidade do tratamento em geral, ou que leva a melhores resultados se comparados à abordagem cognitivo-comportamental dos manuais (ver Capítulo 3).

A formulação de caso leva ao planejamento de tratamento individualizado, incluindo a quantidade de tratamento ou "dosagem" exigida para os problemas dos clientes. Embora a extensão típica do tratamento nos estudos de resultado seja controlada cuidadosamente e tenda a ficar entre 8 e 10 sessões na maioria dos transtornos de ansiedade, e entre 16 e 20 sessões para o transtorno depressivo maior, o número de sessões varia consideravelmente na prática clínica. Uma série de fatores influencia a extensão do tratamento nos ambientes clínicos. Os clientes com problemas mais severos, ou mais crônicos, precisam de tratamentos mais longos do que aqueles que tenham problemas mais agudos ou recentes (Hamilton e Dobson, 2002). Presume-se também que os clientes com transtornos subjacentes de personalidade e problemas interpessoais requeiram tratamento mais longo (por exemplo, A. T. Beck et al., 2004; Castonguay e Beutler, 2006; Linehan, 1993). Os indivíduos com problemas múltiplos, ou comorbidade, também são propensos a exigir mais ajuda.

Uma tese comum é a de que a terapia cognitivo-comportamental tem duração mais curta do que outros modelos, especialmente em relação à terapia psicodinâmica. Certamente, essa prática é comum, mas dados limitados de ambientes aplicados comparam os números atuais de sessões para os profissionais de modelos diferentes. Western, Novotny e Thompson-Brenner (2004) constataram que os tratamentos cognitivo-comportamentais foram substancialmente mais longos na prática do que o recomendado nos manuais. Embora os autores tenham observado que os tratamentos cognitivo-comportamentais tinham duração mais curta do que outras abordagens (por exemplo, tratamentos ecléticos-integrativos ou psicodinâmicos), o tratamento cognitivo-comportamental médio durou 69 sessões, muito mais do que a vasta maioria dos manuais de tratamento sugeriria. Esses resultados tiveram como base uma amostra aleatória de clínicos nos Estados Unidos.

Tem havido alguma pesquisa sobre o efeito *dose-resposta*, que questiona a duração necessária do tratamento para atingir mudanças significativas para os clientes. Em média, parece que entre 13 e 18 sessões de tratamento são necessárias para o alívio dos sintomas, independentemente do tipo de tratamento ou diagnose do cliente (Hanson, Lambert e Forman, 2002). Embora essa conclusão não seja específica dos tratamentos cognitivo-comportamentais, vários testes cognitivo-comportamentais foram incluídos nessa amostra. O estudo também constatou que, em média, a maior parte dos clientes não recebeu uma "dose" adequada de tratamento, porque o número médio de sessões foi inferior a cinco.

Muitos fatores que são independentes do cliente têm um efeito determinante sobre a duração do tratamento, incluindo a fonte e a quantidade de fundos disponíveis, as práticas típicas no ambiente a que o cliente vai em busca de ajuda, e as crenças do terapeuta sobre o tratamento. Por exemplo, os clientes que pagam diretamente por serviços podem ter maior consciência dos custos do que os clientes que recebem financiamento público para o tratamento ou financiamento de terceiros. Os clientes de um ambiente de prática privada normalmente atendem menos sessões do que aqueles que estão em ambiente público. Essa observação é confundida, contudo, pelo fato de que eles podem ter menos problemas severos. Se os clientes dispõem dos recursos para custear suas próprias terapias, eles podem funcionar melhor no geral e ter níveis mais altos de motivação para a mudança. Muitas companhias de seguro, programas de auxílio aos empregados e planos de saúde possuem limites ao número de sessões e à quantidade de recursos disponíveis. Essas limitações forçam tanto os clientes quanto os profissionais a utilizar o tempo disponível de maneira eficiente e eficaz. Embora esses limites existam para os profissionais de todas as áreas, os terapeutas cognitivo-comportamentais consideram mais fácil trabalhar dentro dos limites estabelecidos. Consequentemente, na prática, os terapeutas cognitivo-comportamentais devem não só ser flexíveis e responder às necessidades dos clientes, mas também praticar dentro de certos parâmetros.

A crença de que a terapia cognitivo-comportamental é essencialmente intelectual é parcialmente correta. A fase inicial da maior parte dos planos de tratamento, seja para os indivíduos ou para a terapia cognitivo-comportamental, inclui um componente psicoeducacional. A psicoeducação foi identificada como um dos elementos comuns da terapia cognitivo-comportamental (ver Capítulo 5 deste livro; Barlow, Allen e Choate, 2004). O terapeuta pode utilizar uma apresentação verbal, textos escritos e a avaliação do conhecimento do cliente. Alguns terapeutas fazem uso de testes, tais como a Cognitive Therapy Awareness Scale (Wright et al., 2002), para certificarem-se de que o conhecimento tenha sido obtido. As tarefas de casa também são um dos elementos comuns da terapia cognitivo-comportamental. Na maior parte dos casos, pede-se aos clientes que reflitam sobre seus pensamentos e que colaborem em um processo baseado em evidências ou empírico. Os clientes provavelmente participem de automonitoramento e realizem diferentes tipos de experimentos comportamentais. Certamente, todas essas atividades incluem um enfoque da compreensão intelectual dos problemas dos clientes. É fácil ver como outros profissionais, que estão acostumados a ajudar seus clientes a identificar e expressar emoções na terapia, podem apresentar essa noção de que o processo é excessivamente intelectual.

O que os críticos da terapia cognitivo-comportamental tendem a não entender, ou representar mal, é que os métodos cognitivos não são um fim em si mesmos, mas sim usados *em serviço* da mudança emocional e comportamental. Todos os tipos de terapia de exposição (ver Capítulo 6) exigem uma evocação das emoções na presença dos estímulos temidos para que haja a mudança. Os estímulos temidos podem ser as próprias emoções intensas, e uma intervenção comum é a regulação emocional. O trabalho direto, e na própria sessão, com os pensamentos automáticos, juntamente com a emoção, é comum (ver Capítulo 7). A meta da terapia cognitivo-comportamental não é a consciência intelectual ou o *insight*, mas a redução do estresse emocional, maior eficácia e melhores habilidades e atividades de enfrentamento. Consequentemente, se o processo de terapia parar depois da psicoeducação, haverá pouca mudança. Nenhum terapeuta cognitivo-comportamental poderá promover o uso da psicoeducação como tratamento isolado.

O modo como alguns profissionais confundem a psicoeducação e a terapia cognitivo-comportamental é de certa forma desconcertante. Um de nós (D. D.) já ouviu esses dois termos sendo usados de maneira intercambiável por muitos profissionais e em muitas ocasiões. Essa concepção equivocada não só é sustentada pelos clínicos individuais, mas também por aqueles que desenvolvem os currículos de cursos psicodinâmicos. Por exemplo, em um programa local de treinamento psicoterápico, acreditado nacionalmente, o termo psicoeducacional é usado para referir-se à terapia de grupo cognitivo-comportamental. Os proponentes de tal equívoco precisam ser questionados e reensinados.

Em alguns ambientes, os clínicos se referem a *insight* "intelectual" e "emocional", e presumem que o *insight* emocional está relacionado à mudança "verdadeira", ao passo que o *insight* intelectual não está. *Insight* é essencialmente a mesma coisa que compreensão ou consciência. Há vários tipos de compreensão e consciência na terapia cognitivo-comportamental, tais como consciência dos padrões comportamentais, gatilhos, emoções e cognições ou compreensão dos *links* funcionais entre tais fatores. Todos esses tipos de consciência são estimulados como um primeiro passo para ajudar os clientes a mudar suas vidas. Para que a mudança verdadeira ocorra, e para que os problemas da vida real sejam resolvidos, os clientes devem não só estar conscientes, mas também se comportarem diferentemente. Se os clientes tiverem tipos distintos de experiência, seja durante uma sessão ou como resultado de um experimento comportamental, então suas crenças negativas provavelmente mudem gradualmente. Falar sobre fazer alguma coisa em geral não ajuda, mas praticar ou experimentar o comportamento em geral ajuda. A terapia cognitivo-comportamental enfoca o fazer que leva ao *insight* experimental e à mudança cognitiva.

A *substituição de sintomas* é um conceito da terapia psicodinâmica que tem permeado o vernáculo da terapia geral (Yates, 1958). A crença na substituição de sintomas relaciona-se à crença distorcida de que a terapia cognitivo-comportamental é superficial e não aborda as causas subjacentes dos sintomas. De acordo com um modelo intrapsíquico psicodinâmico, se as causas subjacentes não forem abordadas, o problema não será resolvido. Consequentemente, para os praticantes deste modelo, a terapia cognitivo-comportamental (com a possível exceção da terapia focada em esquemas) não leva à mudança verdadeira. Essa distorção é de fácil questionamento, simplesmente apresentando-se os dados dos resultados (ver Capítulo 11). É cada vez mais difícil ir contra os resultados positivos da terapia cognitivo-comportamental. Se a substituição de sintomas ocorrer e a mudança verdadeira não, por que os resultados das pesquisas são tão positivos? Por que alguns estudos demonstram que os índices de recaída são mais baixos quando comparados às medicações (por exemplo, Hollon et al., 2006)? Em geral, os clientes têm um risco de recaída (ver Capítulo 9); porém, os mesmos problemas, e não os diferentes, tendem a ocorrer novamente. Não há evidências de substituição de sintomas e amplas evidências que se contraponham a esse ponto de vista. Consequentemente, esse mito não tem substância alguma. A terapia cognitivo-comportamental ignora o contexto sociológico dos problemas e "culpa" o cliente por pensar incorretamente? Alguns teóricos e clínicos feministas diriam que sim, especialmente no que diz respeito à depressão nas mulheres (Stoppard, 1989). O modelo feminista argumenta que a depressão das mulheres pode ser uma resposta natural a aspectos de nossa sociedade que solapam e vitimizam as mulheres. Por exemplo, muito mais mulheres do que homens são vítimas de pobreza, ataque sexual, assédio sexual, e podem ter menos oportunidades de crescer no local de trabalho. Um modelo terapêutico que enfoca principalmente "o que está errado com o *self*" em contraposição "ao que está errado com as estruturas sociais" pode fortalecer a visão da mulher, segundo a qual ela pensa de maneira distorcida. Ajudar uma mulher a erradamente mudar seu pensamento negativo pode incentivá-la implicitamente a aceitar um problema em vez de mudá-lo. Para citar um desses teóricos que criticam as abordagens cognitivo-comportamentais:

> Fica claro que as teorias são produtos de uma visão masculina tendenciosa e que servem para promover tal visão sobre a saúde mental. Tais teorias oferecem poucas garantias de que os pesquisadores serão orientados a entender a depressão de uma maneira que tenha o potencial de capacitar as mulheres a mudar suas situações de um modo que impedirá a continuidade de seus altos índices de depressão. (Stoppard, 1989, p. 47)

A verdade é que muitos de nossos clientes vivem em circunstâncias difíceis, e que mais mulheres do que homens enfrentam problemas tais como depressão, ansiedade e violência doméstica (Kessler et al., 2003; Breslau, Davis, Andreski, Peterson e Schultz, 1997; Norris, 1992). Mais mulheres do que homens buscam a psicoterapia em geral (McAlpine e Mechanic, 2000; Leong e Zachar, 1999). Há muitas razões por trás dessas diferenças de gênero; contudo, não é justo argumentar que os terapeutas cognitivo-comportamentais ignoram os fatores extrapsíquicos do desenvolvimento, a manutenção e o tratamento desses problemas. A terapia cognitivo-comportamental, por definição, faz uso de uma perspectiva colaborativa junto a todos os clientes. Espera-se que os terapeutas considerem os problemas, tais como pobreza ou violência doméstica, quando eles desenvolvem a formulação do caso.

Por outro lado, o modelo cognitivo, da mesma forma que muitos outros modelos primordialmente intrapsíquicos, de fato enfoca os processos internos dos clientes. Pelo fato de buscarem os pensamentos distorcidos, os terapeutas cognitivo-comportamentais são mais propensos que os outros terapeutas a encontrá-los. Além disso, alguns clientes de fato reagem aos termos *distorcidos, irracionais* ou *pensamento disfuncional*. Já ouvimos clientes dizerem algo como: "Não só me sinto mal, mas agora aprendi que meus pensamentos estão todos errados." Nós dois tivemos clientes que se recusaram a completar o *Dysfunctional Thoughts Record* (Registro de Pensamentos Disfuncionais) devido ao título do formulário. Houve um caso em que um cliente concordou em usar o formulário quando este foi re-rotulado de maneira mais descritiva como Negative Thoughts Log (Diário de Pensamentos Negativos) e, em outro caso, o cliente revisou o formulário e monitorou os pensamentos funcionais, o que levou a um enfoque sobre o crescimento dos pensamentos funcionais e não na redução dos pensamentos disfuncionais. Certamente incentivamos todos os médicos e pesquisadores a ser sensíveis às preocupações dos clientes e ao *feedback*. Também acreditamos que é crucial considerar o desenvolvimento contextual e a manutenção de problemas para todos os clientes, tanto homens quanto mulheres.

Uma amostra das crenças negativas sobre o processo de terapia e a relação terapêutica

- "Os terapeutas cognitivo-comportamentais retiram a ênfase da relação terapêutica."
- "Não é necessário ou comum usar a empatia ou o apoio social na terapia cognitivo-comportamental."
- "Os terapeutas cognitivo-comportamentais não utilizam processos como a autoabertura, e tendem a parecer impessoais e 'técnicos'."
- "Os terapeutas cognitivo-comportamentais tendem a ser distantes e não demonstram suas emoções na terapia. Eles ignoram a expressão de emoções fora do conteúdo da sessão."
- "De fato não importa que tipo de terapia eu uso. Todas as psicoterapias têm resultados aproximadamente equivalentes, porque a mudança principal se deve a fatores 'não específicos'."
- "A relação terapêutica é necessária e suficiente para a mudança. Por isso, as técnicas realmente não importam."

Mitos comuns desta área sobrepõem-se aos mitos relativos à terapia e às características dos terapeutas cognitivo-comportamentais. Em nossa experiência clínica, o vernáculo popular sugere que a terapia cognitivo-comportamental não enfatiza a relação terapêutica, e que ela enfoca menos os fatores terapêuticos, tais como empatia, apoio, consideração incondicionalmente positiva e autoabertura do terapeuta. A discussão a seguir explora as hipóteses relativas ao processo psicoterapêutico no âmbito da terapia cognitivo-comportamental, algumas das pesquisas relativas a esse processo e a relação entre processo de terapia e resultado.

A terapia cognitivo-comportamental tem geralmente tentado reduzir os sintomas dos clientes por meio da mudança cognitiva ou comportamental. Consequentemente, ela tende a enfocar o resultado mais do que o processo da terapia. Dito de outra forma, o processo terapêutico existe para servir o resultado clínico da terapia cognitivo-comportamental. Além disso, a literatura dos resultados tem subestimado a importância dos fatores "não específicos" da terapia cognitivo-comportamental, em favor da ênfase de fatores mais técnicos ou teóricos. A teoria tendeu a dar surgimento às previsões de que as técnicas, tais como a ativação comportamental ou reestruturação cognitiva, em oposição aos fatores de relacionamento, levam à mudança na terapia (DeRubeis e Feeley, 1990; Feeley et al., 1999). Essa ênfase na literatura de resultados levou a uma estratégia que às vezes estimula os fatores não específicos a serem controlados e não diretamente estudados na terapia cognitivo-comportamental. Esses fatores incluem variáveis de relacionamento (por exemplo, aliança terapêutica, expectativas do cliente e do terapeuta pela mudança) e variáveis mais estruturais (por exemplo, extensão e formato do tratamento). Alguns dos mitos ou "cognições distorcidas" vistos na prática clínica e na literatura teórica indicam que esses fatores são equivalentes em diferentes terapias, ou que eles não são enfatizados ou então são menos importantes na terapia cognitivo-comportamental. Essa não ênfase levou a um mito de que a aliança terapêutica e outros fatores comuns são menos importantes na terapia cognitivo-comportamental do que nas terapias que tenham outras orientações teóricas. Uma hipótese comumente relatada é a de que a terapia cognitivo-comportamental é apresentada de uma maneira mais técnica ou didática *para o cliente*, e não *em relação com o cliente*.

Fatores não específicos, multifacetados e complexos são também chamados de fatores placebo, não específicos e comuns na literatura. O termo *placebo* tem sido criticado (Lambert, 2005) porque, na literatura médica, significa "teoricamente inerte". Nas terapias que enfatizam a relação terapêutica como o maior "ingrediente" de mudança, incluindo a psicoterapia dinâmica de curto prazo, os fatores do processo não são obviamente "inertes". Além disso, Castonguay e Grosse Holtforth (2005) argumentam fortemente contra o uso da expressão *fatores não específicos*, porque a julgam enganadora. Preferem a expressão *fatores comuns*, e não *fatores não específicos*, e fazem também a distinção entre fatores técnicos e fatores interpessoais. Embora essa separação possa se aplicar à terapia cognitivo-comportamental, não se aplica às terapias interpessoais, porque os fatores técnicos são em si mesmos interpessoais por natureza. Esses autores chegam a dizer que a aliança terapêutica é uma das variáveis terapêuticas mais claramente definidas, e que mais do que 1000 constatações de resultados de processo foram relatadas na literatura como um todo.

Segundo Borden (1979), a aliança terapêutica tem três componentes relacionados: metas, tarefas e o vínculo entre o terapeuta e o cliente. Quanto mais forte a aliança, mais o terapeuta e o cliente concordam sobre as metas e as tarefas terapêuticas utilizada para atingir essas metas, e melhor a qualidade do vínculo entre o terapeuta e o cliente. Consequentemente, a aliança pode ser vista como uma variável específica, e não como não específica. A aliança terapêutica é comumente medida pelo Working Alliance Inventory (Horvath e Greenberg, 1986). Embora o conceito tenha surgido na literatura psicanalítica, mais recentemente tem sido discutido como um conceito transteórico (Castonguay et al., 1996).

Praticamente todos os textos que discutem as aplicações práticas da terapia cognitivo-comportamental enfatizam a importância da relação terapêutica ou da aliança no resultado. Esses textos incluem o texto original de A. T. Beck et al. (1979, p. 45), que afirmou que características como a cordialidade ou ternura, a empatia precisa e a autenticidade "são necessárias, mas não suficientes, para produzir um efeito terapêutico ótimo". A importância da colaboração terapêutica tem sido enfatizada por meio do desenvolvimento da terapia cognitiva, e essa ênfase no processo interpessoal tem se tornado mais sofisticada com o passar do tempo. Exemplos incluem as descrições de como abordar os problemas na relação terapêutica com os clientes que têm problemas mais complexos (J. S. Beck, 2005), como administrar a resistência na terapia cognitiva (Leahy, 2001), bem como um modo de desenvolver um modelo interpessoal dentro no âmbito da terapia cognitiva (Safran e Segal, 1990). É também geralmente aceito que quanto maior o grau de problemas interpessoais, maior a ênfase no relacionamento psicoterapêutico (por exemplo, Young et al., 2003).

Com a ênfase sobre a pesquisa da eficácia na terapia cognitivo-comportamental, muitos estudos têm naturalmente tentado controlar fatores não específicos (por exemplo, Heimberg et al., 1990). Poucos estudos tentaram definir, e então estudar as variáveis não específicas no contexto da terapia cognitivo-comportamental. Uma exceção é um estudo de Castonguay e colaboradores (1996), que utilizou dados de um experimento de terapia cognitiva para depressão a fim de delinear a capacidade de predição tanto dos fatores comuns quanto dos singulares. A aliança terapêutica foi medida pelo Working Alliance Inventory (Horvath e Greenberg, 1986). Os resultados de Castonguay e colaboradores (1996) indicaram que tanto a aliança quanto a experiência emocional do cliente estavam relacionadas a um melhor resultado. Como se observou no Capítulo 11, os autores constataram que enfocar as distorções cognitivas estava negativamente correlacionado com o resultado.

Karpiak e Smith Benjamin (2004) apresentaram dois estudos, um dos quais investigou a terapia cognitivo-comportamental de curto prazo e individual para o transtorno de ansiedade generalizada e, o outro, psicoterapia dinâmica limitada temporalmente (PDLT) para o transtorno de ansiedade generalizada. Esse estudo investigou a variável específica da afirmação do terapeuta e seu efeito sobre os resultados clínicos. Os resultados mostraram que o efeito imediato do reforço, por meio de comentários afirmativos do terapeuta, era muito forte no grupo de terapia cognitivo-comportamental, mas nem tanto de PDLT. Os pesquisadores interpretaram os resultados como um possível reflexo da natureza mais focalizada da terapia cognitivo-comportamental que, consequentemente, pode incentivar o terapeuta a fazer comentários afirmativos mais específicos. Os autores também constaram que níveis mais elevados de afirmação de conteúdo desadaptativo do paciente correspondiam a resultados mais fracos nos 12 meses de seguimento.

Watson e Geller (2005) estudaram a associação entre os índices das condições de relacionamento do cliente, os resultados e a aliança de trabalho, tanto na terapia cognitivo-comportamental como na terapia de processo experiencial. Os autores constataram que as avaliações dos clientes sobre as condições de relacionamento indicavam que ambas as terapias tinham resultado. Os terapeutas que os clientes consideravam terem utilizado a empatia, a congruência e a aceitação foram mais capazes de formar alianças de trabalho. Os autores deste estudo sugeriram que os terapeutas competentes devem usar a empatia, aceitar bem o cliente, não adotar atitude de julgamento e ser congruentes, independentemente do tipo de terapia.

Com base em uma extensa revisão dos resultados de pesquisas sobre o comportamento interpessoal do cliente e do terapeuta na terapia cognitivo-comportamental, Keijsers e colaboradores (2000) concluíram que os terapeutas cognitivo-comportamentais utilizam habilidades de relacionamento pelo menos tanto quanto o fazem os terapeutas de outras orientações teóricas. Por exemplo, parece não haver diferença significativa na frequência de autoabertura do terapeuta, seja na terapia voltada ao *insight* seja na terapia cognitivo-comportamental. Parece também não haver associação entre a autoabertura e o resultado (Keijsers et al., 2000). Além disso, "a relação terapêutica na TCC (terapia cognitivo-comportamental) é caracterizada por uma postura mais ativa e diretiva de parte dos terapeutas e níveis mais altos de apoio emocional do que os encontrados nas psicoterapias orientadas ao *insight*" (p. 285). Os autores concluíram também que a aliança terapêutica está confiavelmente associada com o resultado em uma série de estudos. Parece haver uma tendenciosidade na literatura, porém. Os clientes que estão claramente insatisfeitos com os seus terapeutas e têm fracas alianças de trabalho não necessariamente respondem mal, mas encerram a terapia mais cedo, abandonando-a. Portanto, os autores sugerem que os fatores (negativos) do relacionamento podem ser um melhor indicador de abandono do que de resultado. A maioria dos clientes que finaliza a terapia e os consequentes dados de resultado estão satisfeitos com seus terapeutas e dispõem de alianças terapêuticas razoavelmente boas.

Lohr, Olatumji, Parker e DeMaio (2005) também argumentam contra a duradoura noção dos fatores não específicos e definem o *tratamento específico intencional* como características da terapia que são tanto necessárias quanto suficientes para a mudança. Eles também sugerem que a terapia pode trabalhar por razões outras, que não as presumidas. Os autores descrevem um tratamento intencional como um tratamento que funciona e que funciona pelas razões previstas, de acordo com a teoria subjacente. Muitos tratamentos podem ser eficazes, mas pelo fato de poderem ser usados e descritos com base em crenças e intenções errôneas, correm o risco de chegar a um *status* de mito, mais do que de tratamento baseado em evidências. Os autores oferecem o exemplo da dessensibilização e reprocessamento do movimento ocular, que pode ser eficaz por causa de seu uso de exposição, mais do que por causa do uso de movimentos oculares ou reprocessamento de informações. Eles sustentam que esse argumento também pode ser aplicado à terapia cognitiva para a depressão, porque o componente de ativação comportamental pode ser o ingrediente ativo, contrariamente à crença comum de que são as intervenções cognitivas que levam à mudança (Jacobson et al., 1996).

DeRubeis, Brotman et al. (2005) defendem o exame da não equivalência dos diferentes tipos de psicoterapias. Tem sido aceita a ideia de que quando dois tratamentos diferentes têm resultados equivalentes, a diferença é o resultado dos fatores "não específicos". Os autores, ao contrário, afirmam que a mudança pode ser o resultado de fatores específicos *diferentes*. Eles discutem os resultados da aliança terapêutica e dizem que o papel da aliança terapêutica tem sido inconsistente, especialmente na terapia cognitivo-comportamental. Citam o trabalho de Tang e DeRubeis (1999) sobre "ganhos repentinos", o que implica que a relação terapêutica melhora *depois* de um bom resultado clínico, e não antes. Nessa pesquisa, Tang e DeRubeis constataram que a qualidade da aliança foi confiavelmente mais alta na sessão posterior a um ganho repentino na terapia.

Dois estudos demonstraram que as técnicas específicas, orientadas pela teoria e medidas no início do tratamento indicam redução subsequente dos sintomas depressivos (DeRubeis e Feeley, 1990; Feeley et al., 1999). Esses estudos implicam que a melhor qualidade de relacionamento é uma consequência dos resultados positivos do tratamento e que, por isso, provavelmente seja encontrada na terapia cognitivo-comportamental, mas não pode ser um indicador de resultado. Relacionado a esse fato, Klein e colaboradores (2003) encontraram uma pequena, mas significativa, relação entre aliança e resultado. Uma aliança precoce indicava a melhora ao longo do tratamento, mas uma melhora precoce não indica uma aliança subsequente. Independentemente disso, os autores afirmam que a correlação entre resultado e aliança não implica uma relação de causa. A tese principal de DeRubeis e colaboradores é a de que é "um erro para a área elevar os fatores não específicos das psicoterapias às custas das técnicas terapêuticas específicas" (2005, p. 180).

Em um comentário sobre o artigo anterior, Craighead, Sheets, Bjornsson e Arnarson (2005, p. 190) afirmaram que o argumento do específico *versus* o não específico, conforme demonstrado no caso da aliança terapêutica, é um bom exemplo da noção de A.T Beck sobre o pensamento dicotômico. "Estabelecer a superioridade não é o mesmo que estabelecer a especificidade". Os autores apontaram que uma aliança terapêutica forte é um ingrediente essencial em todas as psicoterapias, incluindo a terapia cognitivo-comportamental, e que aquilo que é rotulado como variáveis específicas e não específicas está inextricavelmente ligado. Por exemplo, as escalas que medem a competência tipicamente avaliam fatores não específicos. A Cognitive Therapy Scale (ver Apêndice A), que tem sido utilizada em muitos estudos de resultado de tratamento, tem seis itens sobre as habilidades terapêuticas gerais e cinco itens sobre habilidades específicas da teoria (Young e Beck, 1980). Consequentemente, para ser considerado competente na terapia cognitiva, o terapeuta, por definição, deve ser classificado como tendo boas habilidades terapêuticas gerais que incluem a compreensão e a empatia, a ternura, a sinceridade, e a capacidade de resposta ao *feedback* verbal e não verbal do cliente.

Goldfried e colaboradores (2003) argumentaram que a autoabertura é uma ferramenta eficaz para o fortalecimento da aliança e que facilita a mudança na terapia cognitivo-comportamental. Parece não haver nenhuma diferença significativa na frequência de autoabertura do terapeuta no que diz respeito à terapia orientada ao *insight* ou à terapia cognitivo-comportamental. Os autores também observaram, sobretudo, que não existe uma forte associação entre a autorrevelação e o resultado. Contrariamente a alguns mitos, não parece haver fortes dados que sugiram que os terapeutas cognitivo-comportamentais sejam frios ou indiferentes na maneira como conduzem a terapia (Keijsers et al., 2000).

Por conseguinte, parece claro, a partir dessas revisões e estudos, bem como a partir de muitos textos clínicos, que os terapeutas cognitivo-comportamentais oferecem apoio e empatia, além do foco no desenvolvimento de uma aliança terapêutica positiva, de modo similar aos terapeutas de outras orientações teóricas. O que está menos claro é a proporção de resultados que pode ser atribuída a essas variáveis. É extremamente difícil, senão impossível, separar as variáveis uma das outras e de outros aspectos mais técnicos do tratamento. Pode ser que, como alguns desses estudos sugerem, os resultados clínicos positivos da terapia cognitivo-comportamental melhorem os relacionamentos positivos observados no tratamento. Afirmar que a terapia cognitivo-comportamental não enfatiza ou despreza a relação terapêutica é algo manifestamente incorreto.

Uma amostragem de crenças negativas relativas ao cliente e aos preditores de resultado

- "A terapia cognitivo-comportamental é a mais adequada para os clientes que não tenham uma 'orientação psicológica' ou careçam de *insight*."
- "Os clientes que mais se beneficiam com a terapia cognitivo-comportamental são aqueles que necessitam de estrutura, ensino e orientação direta."
- " A terapia cognitivo-comportamental é a mais adequada para clientes que são muito brilhantes e intelectuais, uma vez que eles estão acostumados à leitura e são capazes de refletir sobre os seus próprios processos de pensamento."
- "A terapia cognitivo-comportamental é a mais adequada para clientes com problemas leves. Os clientes com problemas graves exigem medicação para controlar seus sintomas."
- "A terapia cognitivo-comportamental pode ser útil para problemas leves, mas apenas como uma terapia auxiliar para os problemas clínicos 'reais'."
- " A terapia cognitivo-comportamental funciona melhor com clientes motivados que estão dispostos a fazer tarefas de casa fora das sessões."
- "A maioria dos resultados de pesquisa não se aplica aos meus clientes. Meus clientes são mais complexos, mais angustiados, ou mais agudamente perturbados do que a maior parte dos clientes."

Se quem encaminha os pacientes tem informações imprecisas sobre os tipos de clientes que podem se beneficiar da terapia cognitivo-comportamental, é muito provável que façam encaminhamentos inadequados. Os clientes que poderiam se beneficiar podem não ser encaminhados ou, inversamente, os clientes que não são suscetíveis de beneficiar-se podem ser encaminhados. É comum que quem encaminha faça suposições sobre os tipos de clientes que podem ser adequados para este tipo de tratamento. Infelizmente, essas suposições podem ter um impacto sobre a capacidade dos clientes de ter acesso aos tratamentos necessários. Por exemplo, como médico iniciante em um ambiente psiquiátrico, um de nós (D. D.) frequentemente recebia encaminhamentos de clientes que tinham passado por vários tratamentos que não funcionaram. Em outras ocasiões, os clientes que, segundo a percepção de seus médicos, não tinham o perfil para o tratamento psicológico foram encaminhados para tratamento porque foram considerados "incapazes" de beneficiar-se da terapia orientada ao *insight*. A crença na adequação da terapia cognitivo-comportamental para clientes tidos como menos voltados ao *insight*, mais concretos em seu pensamento e, possivelmente, menos inteligentes, vem da noção de que as exigências ao cliente são inferiores às de outros tratamentos, porque a terapia cognitivo-comportamental tende a ser mais estruturada e diretiva do que os outros tipos de terapia. É provável que a primeira crença possa afetar a decisão de encaminhar o cliente à terapia voltada ao *insight* em vez de encaminhá-lo à terapia cognitivo-comportamental, enquanto a última crença pode afetar a decisão de utilizar a terapia cognitivo-comportamental ou o tratamento medicamentoso, uma vez que se pensa que esses modelos exigem menos do cliente.

Ironicamente, também temos visto provas de crença contrária – a de que a terapia cognitivo-comportamental é a mais adequada para clientes brilhantes e de inclinação psicológica, pois eles podem estar acostumados a materiais pedagógicos, tarefas de casa e a refletir sobre os seus próprios processos de pensamento.

Dadas essas crenças opostas e, possivelmente, disfuncionais, sobre a terapia cognitivo-comportamental de parte de quem faz o encaminhamento, o que as evidências indicam sobre os preditores de resultados que não se baseiam em sintomas? Os preditores podem incluir fatores demográficos (gênero, idade, *status* socioeconômico, etnia), fatores psicológicos (inteligência, "inclinação psicológica", motivação para a mudança), fatores de comunicação (capacidade de criar uma relação com o terapeuta, abertura) e fatores relacionados à terapia (compromisso, expectativas, "prontidão" para a mudança).

Keijsers e colaboradores (2000) realizaram uma extensa revisão da literatura de pesquisa, explorando o efeito dos comportamentos interpessoais do cliente, bem como do terapeuta, sobre o resultado da terapia cognitivo-comportamental. Os autores concluíram que os clientes tendem a se comunicar de maneira parecida, independentemente do tipo de terapia, e que existe uma relação positiva entre o grau de abertura do cliente e o resultado da terapia. Não havia dados disponíveis sobre o efeito da autoexploração e do *insight* sobre os resultados, possivelmente porque esses fatores tendem a não ser enfatizados como variáveis comuns na terapia cognitivo-comportamental. De maneira um pouco surpreendente, as constatações empíricas relacionadas à importância da motivação do cliente e sua participação nas tarefas de casa foram decepcionantes.

A atitude do cliente diante da terapia é uma variável importante quando se considera o abandono da terapia e o resultado. As atitudes diante da terapia incluem o grau de motivação do cliente, bem como suas expectativas de mudança. Essas atitudes podem ter um impacto maior nas psicoterapias de curto prazo e voltadas a metas, tais como a terapia cognitivo-comportamental, pois os limites de tempo exigem que a terapia avance rapidamente e de um modo orientado às metas (Shiang e Koss, 1994). Um dos resultados mais evidentes do estudo de Keijsers e colaboradores (2000) foi a forte relação entre baixa motivação e abandono. Dito de maneira simples, os clientes que estão menos motivados interrompem o tratamento. Assim, os fatores relacionados à atitude e à relação podem ser melhores preditores de encerramento precoce do tratamento do que de resultado. Como já foi observado (DeRubeis e Tang, 1999), a melhora precoce pode levar a uma melhor aliança, que pode, por sua vez, conduzir a uma maior motivação e adesão ao tratamento.

Além disso, uma série de estudos constatou que os clientes que concordam com a lógica do tratamento cognitivo-comportamental são mais propensos a ter bons resultados se comparados aos clientes que não assimilam tal lógica (Addis e Jacobson, 2000). Por exemplo, Fennell e Teasdale (1987) forneceram aos clientes no início da terapia um panfleto explicativo sobre a terapia cognitivo-comportamental para a depressão. Os resultados mostraram que os clientes que aceitaram esse panfleto mudaram mais rapidamente durante as primeiras quatro sessões de tratamento em relação aos clientes que não aceitaram o panfleto. Além disso, os mesmos clientes tiveram melhores resultados no seguimento do tratamento. Addis e Jacobson (1996) apresentaram a seus clientes uma base racional para as causas e para o tratamento da depressão, utilizando o mesmo panfleto de Teasdale e Fennell (1987). Os resultados mais uma vez indicaram que os clientes que percebiam o tratamento como algo útil tiveram melhores resultados. Utilizando uma medida de "vontade do paciente" de usar estratégias positivas de enfrentamento, Burns e Nolen-Hoeksema (1991) descobriram que a vontade estava relacionada a melhores resultados na terapia cognitivo-comportamental para a depressão. Finalmente, Keijsers, Hoogduin e Schaap (1994) constataram que a motivação estava significativamente relacionada com o resultado no tratamento comportamental do transtorno obsessivo-compulsivo.

Em uma revisão de preditores de pré-tratamento feitos pelos pacientes sobre o resultado da terapia cognitiva da depressão, Hamilton e Dobson (2002) constataram que uma série de variáveis dos sintomas (por exemplo, a gravidade e a cronicidade dos sintomas) foi associada com resultados mais fracos. As pesquisas têm sido limitadas, contudo, na avaliação dos efeitos dos fatores demográficos sobre o resultado na terapia cognitivo-comportamental. Hamilton e Dobson só foram capazes de demonstrar que os clientes casados têm melhores resultados que os clientes não casados, o que pode estar relacionado a melhores habilidades sociais, ou a um maior suporte social dos clientes casados, mais do que um efeito do casamento em si.

Castonguay e Beutler (2006) identificaram princípios de base empírica da mudança terapêutica que estão presentes em diferentes modelos psicoterápicos. Esses princípios identificam características tanto do cliente quanto do terapeuta, as condições relacionais, os comportamentos do terapeuta e os tipos de intervenção que mais conduzem à mudança. Os autores afirmam que os princípios são mais técnicas gerais do que impulsionadas pela teoria, e formulações mais específicas do que teóricas. Observam, em sua extensa revisão da literatura psicanalítica atual relativa aos problemas clínicos mais comuns (transtornos disfóricos, transtornos de ansiedade, transtornos da personalidade e transtornos por uso de substâncias), que se pode chegar a algumas conclusões gerais quanto às características do cliente e os resultados da terapia. Os clientes com altos níveis de comprometimento, e com diagnósticos do Eixo II, beneficiam-se menos de todos os tipos de psicoterapia do que os clientes sem essas características. Os clientes com essas características também tendem a exigir tratamento mais longo. Além disso, os clientes com problemas financeiros e/ou profissionais podem beneficiar-se menos do que as pessoas sem essas preocupações. O aumento da idade é também um preditor de resposta negativa. Se os históricos (por exemplo, as origens étnicas) do cliente e do terapeuta coincidirem, o resultado do tratamento melhora um pouco; contudo, os clientes cujas origens étnicas ou raciais sofrem mais injustiças não melhoram tanto com as intervenções psicoterapêuticas quanto os clientes da maioria da população.

Uma amostragem de crenças negativas sobre o treinamento profissional e a terapia cognitivo-comportamental

- "A terapia cognitivo-comportamental é uma abordagem direta que pode ser aprendida por qualquer pessoa, com uma quantidade mínima de treinamento e supervisão. Frequentar alguns *workshops* ou ler vários livros deve ser suficiente."
- "Os paraprofissionais treinados para usar a terapia cognitivo-comportamental são tão eficazes quanto os terapeutas altamente treinados".

A maioria dos terapeutas crê que a sua forma de terapia requer considerável habilidade, treinamento e experiência para que se chegue a resultados positivos. A graduação e os programas de residência em saúde mental exigem, muitas vezes, anos de experiência e de treinamento específico, frequentemente sob intensa supervisão. Há, no entanto, relativamente poucos dados sólidos que tratem diretamente do debate sobre o fato de a formação profissional e a experiência fazerem diferença para o resultado do cliente. Além disso, a pesquisa que existe frequentemente não consegue favorecer os terapeutas mais treinados. Terapeutas com e sem formação específica em técnicas terapêuticas alcançam resultados positivos com o cliente (Lambert, 2005).

Há algumas evidências que merecem atenção. Bright e colaboradores (1999) investigaram a eficácia do profissional *versus* o trabalho dos terapeutas paraprofissionais que ofereciam uma terapia cognitivo-comportamental de grupo e de apoio mútuo para clientes com depressão. Os terapeutas foram classificados de acordo com seus níveis de educação. É digno de nota o fato de que os terapeutas profissionais eram estudantes de doutorado em psicologia clínica ou de aconselhamento, com uma média de 4 anos de treinamento psicoterápico supervisionado. Os terapeutas paraprofissionais não eram estudantes, nem tinham treinamento avançado em psicologia. Nesse teste, os clientes do grupo de terapia cognitivo-comportamental liderado pelos terapeutas profissionalmente treinados estavam menos deprimidos no pós-tratamento do que os clientes do grupo liderado pelos paraprofissionais. Os resultados indicaram que um número comparável de clientes foi classificado como não deprimido após o tratamento nos grupos de apoio mútuo. Consequentemente, o treinamento profissional e educacional relacionou-se ao resultado, mas apenas na condição da terapia cognitivo-comportamental. Esses resultados podem ser confundidos, todavia, porque cerca de metade dos paraprofissionais tinha experiência anterior em liderar grupos, enquanto os alunos não tinham. Os paraprofissionais podem ter sido mais eficazes do que os profissionais na liderança de grupos de apoio mútuo devido à sua experiência anterior. O sucesso da terapia cognitivo-comportamental com grupos pode exigir mais habilidade e experiência do que a terapia individual.

Huppert e colaboradores (2001) constataram que os pacientes tratados por terapeutas com mais experiência geral em psicoterapia melhoraram mais na terapia cognitivo-comportamental para transtorno de pânico do que os clientes tratados por terapeutas sem essa experiência. No entanto, a *experiência* estava mais relacionada ao resultado do tratamento quando definida como anos de experiência na prática psicanalítica em geral, e não como anos de prática específica na terapia cognitivo-comportamental. Haby e colaboradores (2006) constataram que a terapia cognitivo-comportamental conduzida pelos psicólogos tinha melhores resultados do que a fornecida pelos terapeutas. Mais detalhes sobre esse treinamento não foram informados no estudo dos autores.

Burns e Nolen-Hoeksema (1992) examinaram a relação entre os anos de experiência dos terapeutas e o resultado da terapia cognitivo-comportamental para a depressão. Eles apresentaram controles para fatores não específicos, incluindo a aliança terapêutica e a empatia do terapeuta, o compromisso com as tarefas de casa e a renda do cliente. De maneira semelhante ao teste de Bright e colaboradores (1999), o presente estudo confirmou a necessidade de terapeutas experientes na terapia cognitivo-comportamental. Os resultados indicaram que os clientes dos terapeutas principiantes melhoravam bem menos do que os clientes dos terapeutas mais experientes. Especificamente, a pontuação no BDI do pós-tratamento para clientes tratados por terapeutas mais experientes foi significativamente mais baixa do que a pontuação dos pacientes tratados pelos novatos.

♦ Crenças positivas (mas distorcidas)

Esperamos que algumas das crenças negativas listadas no início deste capítulo sobre terapia cognitivo-comportamental tenham sido contestadas por nossa discussão e revisão da literatura. Nosso objetivo é fornecer informações precisas, em oposição a uma promoção irrealista da terapia cognitivo-comportamental. Ao fazê-lo, provavelmente já contestamos alguns dos mitos mais comuns sobre os terapeutas cognitivo-comportamentais. Qualquer espécie de abordagem que seja tomada como inquestionável ou usada de maneira zelosa para todos os tipos de problema corre o risco ser vista como uma fraude ou única solução possível. Embora ainda haja muito a promover sobre a terapia cognitivo-comportamental, existem também razões para ser humilde e aceitar outros tipos de intervenções eficazes.

Uma amostragem de crenças positivas sobre a terapia cognitivo-comportamental, seu suporte empírico e de treinamento

- "A terapia cognitivo-comportamental é aplicável a praticamente qualquer problema."
- "A maior parte dos problemas é resolvida entre 12 e 20 sessões."
- "Todos os aspectos da terapia cognitivo-comportamental são sustentados por dados empíricos. Pelo fato de eu praticar a terapia cognitivo-comportamental, meu trabalho tem sustentação empírica."
- "Como a terapia cognitivo-comportamental funciona, se o cliente não melhorar, a culpa é dele."
- "A terapia cognitivo-comportamental é de difícil aprendizagem pelas pessoas sem treinamento extensivo e supervisão. A área deve controlar o seu uso."

Essas e outras declarações que fizemos neste capítulo continuarão a ser submetidas a um debate saudável. Embora muitos testes de resultados demonstrem a eficácia da terapia cognitivo-comportamental (ver Capítulo 11), as diferenças de resultado entre os diferentes tipos de tratamentos psicológicos são normalmente muito menores do que quando o tratamento é comparado com placebo ou com o controle de lista de espera. Geralmente, sabemos que "pacotes" de tratamento são eficazes. Também podemos conhecer alguns dos componentes dos tratamentos que são relativamente eficazes, porém, muito menos se sabe sobre a eficácia das práticas clínicas e de suas aplicações. Para obter mais informações sobre esses argumentos, ver o Capítulo 11.

Segundo Castonguay e Beutler (2006), as estimativas das diferenças entre os tratamentos respondem por não mais de 10% da variabilidade de mudança do cliente. Muitos críticos das terapias centradas em técnicas argumentam que o relacionamento terapêutico é o ingrediente principal da mudança; Castonguay e Beutler (2006), porém, afirmam que a aliança terapêutica corresponde a uma quantidade semelhante de mudança. Outros fatores de relacionamento e do terapeuta tendem a contribuir, isoladamente, com menos de 10% para a mudança. Obviamente, não compreendemos integralmente o processo de mudança e a interação entre as diferentes variáveis.

De acordo com os nossos argumentos neste e em outros capítulos do presente texto, muitos problemas não podem ser resolvidos em um curto espaço de tempo. Embora possa ocorrer a redução de sintomas e novas habilidades possam ser aprendidas, os problemas crônicos, as questões interpessoais e múltiplas preocupações só podem ser resolvidas mais demoradamente, e recomenda-se a terapia para os clientes com tais problemas. Se o tratamento não funcionar, outras opções de tratamento, ou uma nova conceituação, provavelmente devam ser consideradas. A terapia cognitivo-comportamental não é adequada para todos os problemas, e opções não psicoterápicas devem ser levadas em conta como parte das opções de tratamento, incluindo a terapia ocupacional para problemas relacionados com o trabalho, aconselhamento pastoral para problemas existenciais ou espirituais, aconselhamento relativo a perdas e, também, apoio da comunidade ou de grupos de autoajuda. Como terapeutas, podemos perder de vista problemas básicos, tais como a falta de habitação adequada ou de recursos financeiros. Se um cliente precisa de assistência básica, recursos como habitação, ajuda financeira ou serviços de transporte são necessários antes de qualquer tipo de psicoterapia. Como terapeutas cognitivo-comportamentais, é fundamental que continuemos a questionar o trabalho que fazemos, no que diz respeito tanto aos clientes individuais quanto à nossa área como um todo.

13

COMEÇANDO E MANTENDO UMA PRÁTICA COGNITIVO-COMPORTAMENTAL

> "Completei meu treinamento e estou ansioso para realizar uma prática essencialmente cognitivo-comportamental, bem como para trabalhar em um modelo científico-profissional. Aprendi como fazer avaliações e conduzir a terapia, mas como devo começar? O que faço a seguir? Como posso realizar minha prática?". Neste capítulo final, analisamos os aspectos práticos para iniciar uma terapia cognitivo-comportamental, seja em um estabelecimento de saúde, ambiente hospitalar ou na prática privada. Muitos tipos diferentes de ambientes existem. Contudo, muitos dos aspectos práticos são os mesmos ou podem ser facilmente modificados em diferentes sistemas. Pelo fato de você poder precisar de mais treinamento e supervisão, também revisamos maneiras de aprofundar suas habilidades.

Neste capítulo, levantamos uma série de questões a serem consideradas na obtenção e aceitação dos encaminhamentos para a sua prática. Presumimos que você tenha recebido treinamento nos elementos fundamentais da prática profissional e esteja consciente das exigências jurisdicionais para o licenciamento, a publicidade, a ética e o comportamento profissional. Revisamos questões que são exclusivas da terapia cognitivo-comportamental e tomamos a perspectiva de que alguns sistemas existentes podem ser modificados para melhorar a sua prática cognitiva-comportamental. Não revisamos todas as questões práticas da organização de uma avaliação ou do início do tratamento, tais como os primeiros contatos com clientes potenciais, os preparativos para a visita, o valor da consulta, apresentações conhecimento profissional e ético. Essas questões não são exclusivas da terapia cognitivo-comportamental, mas são parte de qualquer boa prática clínica profissional. Este capítulo começa com uma discussão de alguns métodos para obter e aceitar encaminhamentos, passa a revisar dicas para comunicar o que você faz e, em seguida, passa aos serviços que possam aumentar a sua base de encaminhamentos. Por fim, discutimos formas de avaliar a sua competência, bem como métodos para obter mais treinamento e supervisão.

♦ OBTENDO E ACEITANDO ENCAMINHAMENTOS

De onde vêm os encaminhamentos e como você pode ampliar sua base? Para obter e aceitar os encaminhamentos, é importante ter em mente o ambiente em que você trabalha, o treinamento que recebeu, a clientela e os tipos de problemas com que você lida com competência e quaisquer limitações que você precise inserir em sua prática. Fazer a si mesmo algumas questões fundamentais ajudará a concentrar seus esforços na construção de uma prática administrável e que se encaixa em suas habilidades e necessidades.

Qual é o ambiente de sua prática e qual é o seu papel nele?

Existem, frequentemente, limites práticos aos serviços que os clínicos podem oferecer, dependendo do ambiente em que trabalham. Alguns dos ambientes comuns são a prática privada, as práticas de grupo e os ambientes de saúde, como, por exemplo, um hospital ou clínica de saúde mental. Outras configurações são as clínicas que têm base em faculdades ou universidades, ou locais especializados em pesquisa. As fontes de pagamento são a taxa de serviço habitual e o pagamento por terceiros (por exemplo, seguros ou planos de assistência aos empregados). Os sistemas de pagamento variam tremendamente de país para país; consequentemente, não são revistos neste capítulo.

Há grande flexibilidade para os profissionais no ambiente em que os pagamentos são feitos de maneira habitual (taxa de serviço), porque os profissionais geralmente podem criar suas próprias condições de trabalho. Há alguns problemas na prática privada. Pelo fato de os ganhos basearem-se no tempo efetivamente trabalhado, que depende diretamente de atender clientes, você poderá sentir-se inclinado a atender tantos clientes quanto possível. Essa compreensível tendência, e as forças de mercado relacionadas à demanda pelos serviços, podem tornar difícil estabelecer áreas de especialização. Algumas das técnicas que têm excelente suporte empírico, tais como a terapia de exposição *in vivo*, podem não ser eficazes em termos de custos para o profissional devido à grande quantidade de tempo envolvido ou o alto custo para o cliente. Alguns tipos de intervenção, tais como a terapia cognitivo-comportamental de grupo, tendem a ser de mais difícil estabelecimento na prática privada, devido ao grande número de encaminhamentos necessários para iniciar-se um grupo. Desenvolver uma prática exclusivamente cognitivo-comportamental pode ser possível em alguns ambientes maiores, mas impraticável em outros, onde pode haver demanda por diagnóstico ou outros tipos de avaliação, ou uma ampla gama de intervenções.

Se você é funcionário de uma clínica privada ou agência com fins lucrativos, poderá ter limitações para definir a sua própria agenda ou escolher a sua própria clientela. Pelo contrário, os clientes podem ser diretamente enviados a você por um gestor da empresa, ou você pode ter de atender os clientes à medida que eles chegam. Se você trabalhar em uma clínica especializada, poderá ter limitações em termos das áreas problemáticas de que tratará, mas maiores opções de inovação e pesquisa. Se você trabalha em um programa financiado publicamente, também pode ter poucas opções além de atender os clientes encaminhados para você. Além disso, alguns ambientes não oferecem terapia cognitivo-comportamental como serviço especial, mas como parte de um leque de serviços aos clientes. Seu papel pode ser o de oferecer apenas terapia cognitivo-comportamental, ou como parte do que você faz.

Embora os ambientes de prática sejam muitas vezes parte de um sistema, tais como hospitais, empresas de saúde, sistemas regionais mais amplos de saúde, existe normalmente espaço para inovação no que diz respeito a seu papel dentro desse quadro. Pense em como você pode influenciar e expandir o seu papel como terapeuta cognitivo-comportamental. Com frequência, essas influências incluem aproveitar suas áreas de interesses e competência. De acordo com nossa experiência, a crescente procura pública pela terapia cognitivo-comportamental e a base de evidências da eficácia desses tratamentos podem ser utilizadas para expandir essas atividades em uma gama de serviços de saúde e de outras práticas. A possibilidade de comercialização de seu trabalho existe em todas as configurações, apesar das diferenças na forma como os serviços são financiados.

Quais são as suas áreas de especialidade e de interesse?

Considere as possibilidades e limitações de sua prática clínica, e suas áreas de especialidade e interesse. Os seus interesses e áreas de conhecimento estão relacionados com um problema diagnóstico, um tipo de intervenção, ou uma variação das práticas atuais? Como você pretende crescer e desenvolver-se no futuro? As áreas de especialização normalmente começam com a sua pesquisa acadêmica e treinamento supervisionado. Mas, ao olhar para o futuro, você pretende ser um "generalista" ou um "especialista"? Há um leque de escolhas possíveis no seu ambiente? Tomar decisões sobre os seus domínios de especialização e, em seguida, trabalhar dentro desses limites, ajuda a enfocar o trabalho que você faz. Este enfoque permite que você defina os seus conhecimentos e ainda cultive certas referências para a sua prática, o que lhe permite estar mais no controle do seu próprio trabalho. Definir seu trabalho por conta própria, em vez de reagir a forças que estão fora de seu controle, sem dúvida leva ao aumento de satisfação com o trabalho. Quase todos os ambientes de trabalho têm uma certa flexibilidade, embora esta possa não ser imediatamente óbvia para você. Veja as discussões com seu supervisor ou diretor como oportunidades para a prática de competências comunicativas assertivas.

Quais são os seus limites de competência?

Além de sua área de especialidade, você pode ser mais ou menos competente em outras áreas. É importante que esteja claro em sua mente os seus limites de competência. Na verdade, é provável que o seu código de ética profissional dite o autoconhecimento de competência e faça com que você trabalhe dentro desse nível. Os limites de competência podem estar relacionados com o oferecimento de serviços para determinadas populações e certos problemas (por exemplo, adolescentes com transtornos alimentares, adultos com comorbidade dos transtornos do Eixo I e problemas médicos, casais angustiados) ou podem dizer respeito a intervenções específicas (terapia comportamental dialética, exposição interoceptiva). Do mesmo modo, é importante ser claro quanto aos limites de competência e não aceitar os encaminhamentos ou problemas para os quais você não tenha recebido uma formação adequada ou supervisão. Para os novos profissionais, pode ser tentador aceitar uma vasta gama de encaminhamentos. No entanto, essa prática não é inteligente e pode, na pior das hipóteses, levar à prática incompetente e irresponsável.

Existe uma literatura cada vez mais ampla sobre a avaliação de competências na terapia cognitivo-comportamental (McGlinchey e Dobson, 2003). Embora muitos terapeutas vejam a competência como uma habilidade que se aprende ou uma proficiência que se torna mais ou menos permanente no seu trabalho, é também importante perceber que a competência pode variar ao longo do tempo. É prática responsável impor limites de tempo à sua prática, por motivos pessoais, tais como a sua própria saúde mental, adicção e problemas familiares ou médicos. Busque mais treinamento, supervisão ou tratamento, conforme for necessário, se você precisar mudar sua prática ou reduzir os limites de sua competência. Se tiver sido treinado em psicoterapia, mas não especificamente em intervenções cognitivo-comportamentais, é bom buscar treinamento supervisionado, além de ler e frequentar *workshops*.

Quais são os critérios de exclusão de seu ambiente?

Muitas clínicas, práticas e profissionais preferem os tipos de cliente pelos quais anunciaram nos meios de comunicação e outros estabelecimentos. Algumas práticas e clínicas também têm critérios de exclusão para os encaminhamentos. Estes são mais comuns em clínicas de especialidade ou ambientes de pesquisa nos quais é importante reduzir a variabilidade em amostras de pesquisa para testar certas hipóteses. A maior parte da pesquisa da área de psicoterapia que envolve testes clínicos aleatórios empregou numerosos critérios de exclusão. Por exemplo, o Quadro 13.1 lista critérios de exclusão para dois estudos recentes que comparam terapias médicas e psicológicas para transtorno depressivo maior.

Quadro 13.1 Critérios de exclusão para testes de resultado psicoterápicos para transtorno depressivo maior

Exemplo 1: DeRubeis, Hollon e colaboradores (2005)

1. História do transtorno bipolar.
2. Abuso de substâncias ou dependência que exige tratamento.
3. Psicose presente ou passada.
4. Outro transtorno do Eixo I do DSM-IV que se considera exigir tratamento.
5. Diagnóstico do Eixo II de transtorno antissocial, *borderline* ou de personalidade esquizotípica.
6. Risco de suicídio que exige hospitalização imediata.
7. Condição médica que não indica uso de medicações.
8. Ausência de resposta para um teste adequado do antidepressivo no ano anterior.

Exemplo 2: Dimidjian e colaboradores (2006)

1. Diagnóstico de toda uma vida de psicose ou transtorno bipolar, síndrome orgânica cerebral ou retardo mental.
2. Risco de suicídio substancial e iminente.
3. Diagnóstico atual ou principal de abuso ou dependência de álcool ou drogas, ou mapeamento toxicológico positivo.
4. Diagnóstico principal de transtorno do pânico, transtorno obsessivo-compulsivo, transtorno da dor psicogênica, anorexia ou bulimia.
5. Presença de transtorno antissocial, *borderline* ou de personalidade esquizotípica.
6. Ausência de resposta para um teste adequado, seja de terapia cognitiva, seja de antidepressivo, no ano anterior.

Em muitos contextos, não é prático nem razoável excluir da terapia os clientes que apresentam muitos dos critérios de exclusão do Quadro 13.1. É importante notar que, se você estiver usando esses tipos de estudos de pesquisa para justificar determinadas práticas de tratamento, mas não estiver usando os mesmos critérios de inclusão e exclusão que existiam na pesquisa original, então seus resultados de pesquisa podem ou não ser traduzidos na sua prática. Por exemplo, você pode constatar que, se não excluir determinados tipos de clientes que foram excluídos da pesquisa, poderá ser necessário modificar suas intervenções quando os clientes apresentam múltiplos problemas.

Por outro lado, os critérios de exclusão podem potencialmente ser usados de maneira vantajosa em alguns ambientes práticos. Os critérios podem incluir não aceitar encaminhamentos quando o abuso de substâncias ou a dependência for um problema principal, quando um diagnóstico do Eixo II tiver sido documentado, ou quando a comunicação provavelmente constitua-se em problema (por exemplo, problemas de alfabetização ou quando a linguagem do cliente não é suficientemente desenvolvida para a realização da terapia). Além disso, as intervenções cognitivo-comportamentais provavelmente tenham índices menores de sucesso quando aplicadas a clientes com múltiplos problemas. Na melhor das hipóteses, os resultados são muito mais difíceis de prever. Se outras intervenções estiverem disponíveis e possuírem um suporte empírico conhecido, tais clientes podem ser encaminhados para outro serviço. Os possíveis critérios de exclusão em uma clínica de saúde mental de atendimento externo podem incluir um problema principal de abuso de substâncias, risco de suicídio ou de outra crise suficiente para justificar a entrada no hospital, um problema médico que interferiria na capacidade de participar das sessões e/ou incapacidade de comunicar-se nas línguas oferecidas na clínica (a menos que existam serviços de tradução). Outros serviços que existem em sua comunidade podem ser mais apropriados para esse tipo de clientes (por exemplo, serviços de internamento psiquiátrico, programas de dependência). Em geral, é boa prática manter listas de outros recursos disponíveis, de modo que você seja capaz de oferecer sugestões para quem contatá-lo ou buscar a clínica à procura de serviços, mas que não preencha os critérios para o programa. Pode ser tentador oferecer serviços aos clientes com maiores necessidades ou com mais problemas, mas fazê-lo implica maior possibilidade de falha para um profissional novato. Embora possa ser difícil para os clientes com múltiplos problemas encontrar ajuda, resolver este problema está fora do âmbito da sua prática. É provável que existam encaminhamentos de clientes com múltiplos problemas, para quem nenhuma opção disponível é preferível à terapia cognitivo-comportamental. Este tratamento pode ser útil para esses clientes. No entanto, o encaminhamento a um profissional experiente pode ser a melhor escolha.

♦ COMUNICANDO ESPECIALIDADES, LIMITES E CRITÉRIOS DE EXCLUSÃO A CLIENTES POTENCIAIS

Depois de ter identificado as suas próprias áreas de especialização, todos os limites de competência e seu papel profissional, é importante comunicar este conhecimento para o seu "mercado". É vital que você comunique suas capacidades, bem como suas restrições relativas à prática, com confiança à sua clientela. A comunicação pode incluir a documentação escrita (por exemplo, panfletos clínicos, *websites*), disponibilizar tais informações durante o primeiro contato telefônico ou informar aos clientes o que você pode e não pode fazer já na primeira visita.

Comunique as suas competências a quem faz os encaminhamentos (por exemplo, médicos, companhias de seguros, outros profissionais). Construir uma boa terapia cognitivo-comportamental inclui desenvolver excelentes habilidades de comunicação e discutir claramente os serviços que você oferece e não oferece aos seus clientes. Nossa perspectiva é que a sua prática vai crescer mais e em um sentido mais positivo se você concentrar seus esforços em suas áreas de sucesso, e não tentar fazer tudo para todas as pessoas, tendo provavelmente mais chances de falhar.

Seleção inicial de clientes

Se possível, selecione alguns clientes com os quais você possa demonstrar a eficácia e a utilidade clínica de seus serviços. A aceitação de encaminhamentos de clientes com problemas claros, e para quem você será capaz de prestar serviços eficazes, é uma das melhores maneiras de comunicar seu conhecimento a quem faz o encaminhamento de pacientes ou à equipe com que você trabalha. Sua função no local de trabalho pode ou não tornar essa seleção viável, porque algumas clínicas encaminham os clientes na ordem em que chegam ou dispõem de outras práticas que dão controle mínimo para o profissional. Muitas vezes é possível, contudo, ter influência ou ser assertivo ao declarar sua preferência ou ao comunicar a sua experiência clínica a quem detém o poder de decisão. Não hesite em utilizar as habilidades de comunicação comportamentais que você aprendeu (ver Capítulo 6).

Novos profissionais em geral recebem encaminhamentos difíceis, porque quem faz o encaminhamento pode esperar que haja novas e melhores opções para problemas complexos e/ou de longo prazo. Esses encaminhamentos indicam frequentemente falhas nos tratamentos anteriores, e pode ser lisonjeiro para o novo profissional recebê-los, pois expressam confiança em sua capacidade. Você pode até ter um pensamento automático, como "a terapia cognitivo-comportamental provavelmente ajudará a resolver o problema deste cliente, algo que os tratamentos anteriores não conseguiram fazer". Esteja ciente de que esse pensamento não é necessariamente correto. Com efeito, o fracasso do tratamento anterior é provavelmente um bom indicador de fracasso futuro. Pode ser muito útil para você ser rigoroso acerca dos critérios de inclusão e exclusão na parte inicial da criação de sua prática e no desenvolvimento de sua carga de casos. À medida que a prática se desenvolve, você poderá ser mais liberal e flexível em seus critérios de seleção. Isso não quer dizer que esses clientes não tenham necessidades importantes, ou que não existam serviços para ajudá-los. À proporção que você aprende sobre os serviços oferecidos dentro da sua comunidade, poderá oferecer opções de encaminhamento aos clientes que você não aceitar.

Estabelecer uma carga de casos

Quantos clientes você deve atender em média em uma semana? Que proporção deve existir entre serviços diretos e serviços indiretos? É extremamente importante ter uma semana de trabalho equilibrada, com uma série de atividades diferentes: sessões cognitivo-comportamentais individuais, tratamentos em grupo, sessões de exposição fora do consultório, dar ou receber supervisão e consultas, reuniões, leitura e projetos de pesquisa. Não se esqueça do tempo para o planejamento, preencher prontuários e escrever relatórios. A maioria dos novos profissionais precisa de um tempo considerável para relatórios. Muitos serviços possuem bases de dados ou sistemas de faturamento que o terapeuta precisa preencher. O trabalho administrativo também toma tempo, dependendo do seu papel como profissional. Verificar mensagens de *e-mail*, retornar telefonemas e lidar com emergências dos clientes também implicam tempo. Por último, mas certamente não menos importante, estão as necessidades pessoais, tais como o apoio dos pares, socialização com seus colegas e pausas. Ao determinar o número de clientes que você deve atender em média, inclua todas esses fatores na equação. A maioria dos profissionais precisa deixar entre 30 a 60% do seu tempo disponível para serviço indireto, dependendo de outras responsabilidades e funções. É claro que, em um ambiente de serviço direto, o terapeuta não é pago pelo tempo de serviço indireto e, por isso, o rendimento financeiro é significativamente afetado. Quando você calcular o preço de sua hora, não se esqueça de incluir todos esses fatores. Se o tempo disponível parecer desaparecer rapidamente, certifique-se de passar uma semana ou duas registrando o modo como você utiliza o seu tempo. Você pode então modificar o seu horário, conforme for necessário.

Tão importante quanto o número de clientes que você atende por semana é o equilíbrio de sua carga de casos. Alguns serviços tendem a ter altas taxas de cancelamentos ou ausências. Por exemplo, os clientes atendidos em programas de atendimento externo à adicção podem ser menos propensos a dar continuidade ao tratamento. Os clientes que possuam alta ansiedade relativa a sair de suas casas ou que careçam de recursos, tais como transporte, podem enfrentar dificuldades em frequentar as sessões. Pergunte a seus colegas sobre os índices de frequência em seu local de trabalho. Alguns profissionais trabalham com o excesso de reservas nas suas sessões semanais, de maneira semelhante às companhias aéreas. Utilizada com cautela, essa abordagem pode evitar desperdício de tempo, mas também pode levar a uma agenda caótica, se todos os clientes comparecerem. Você pode também criar medidas para aumentar a participação e melhorar a adesão (ver Capítulo 10), às vezes simplesmente por meio de telefonemas de confirmação a seus clientes.

Outro aspecto de equilíbrio da carga de casos de processos inclui a percentagem de clientes desafiadores que você tem, ou de clientes que são propensos a crises. Alguns clientes exigem mais tempo do terapeuta do que os outros, não só devido a necessidades diretas, como mais sessões, mais chamadas telefônicas e consultas, mas também devido a preparação, elaboração de relatórios e, às vezes, preocupações. Embora seja ideal deixar seus pensamentos sobre o cliente no local de trabalho, esse grau de controle pessoal é difícil na prática. Mantenha a autoconsciência e seja realista sobre quantos clientes desafiadores você pode administrar. Além disso, o tipo de problema que é difícil para um profissional pode não ser para outro. Manter o seu próprio Registro de Pensamentos pode ajudá-lo a determinar os tipos de previsões ou pensamentos que você tem sobre seus clientes. Esses pensamentos podem orientá-lo a estabelecer a sua carga de casos. Um de nós (D. D.) também aprendeu a não agendar clientes desafiadores (por exemplo, aqueles que podem exigir internação hospitalar ou outros serviços) ao final do dia ou na sexta-feira à tarde, quando os colegas não estão presentes ou é difícil encontrar apoio. Se você deixar o trabalho sem resolver o problema, também estará mais propenso a pensar nele durante o fim de semana. Da mesma forma, ao marcar horários para os clientes, considere suas próprias necessidades de equilíbrio e variedade, bem como as necessidades de agendamento do cliente.

♦ Comunicando-se com seu "mercado"

Uma vez que você já definiu as suas áreas de especialização e que as suas áreas de prática estão dentro do escopo do seu ambiente de trabalho, ficará claro quem forma o seu "mercado" e a quem você deve comunicar seus serviços. O mercado pode variar – desde a comunidade como um todo a pequenos segmentos dessa comunidade. Se o seu local de trabalho exige encaminhamentos feitos pelos médicos, o "mercado" é o grupo de médicos que provavelmente requeira a terapia cognitivo-comportamental para os seus pacientes. Se tipicamente os encaminhamentos são feitos pelos próprios clientes, o seu desafio será conseguir que a sua mensagem chegue a eles, de modo que os potenciais "compradores" saibam que a sua prática existe e é uma boa opção para eles. Seus serviços têm um "mercado" em muitos locais, quer privados, quer públicos.

Ser claro sobre os seus potenciais "compradores" ajuda-o a esclarecer a mensagem que desenvolverá para anunciar seus serviços. Se você trabalhar em um hospital ou clínica de saúde mental, onde o *marketing* e a "publicidade" não são um problema, a comunicação sobre seus serviços ainda será importante. Essa comunicação pode incluir uma gama de atividades, como o desenvolvimento de apostilas e folhetos informativos, fazer treinamento de pessoal ou fazer apresentações em conferências locais ou de outros tipos. Outras atividades de comunicação podem incluir a colocação de um anúncio nas páginas amarelas da lista telefônica, inserir notas nos boletins locais, ou criar anúncios públicos de seus serviços. Todas essas atividades ajudam a estabelecer não apenas seus serviços específicos, mas também a relevância da terapia cognitivo-comportamental em geral. É provável que haja variação regional quanto à eficácia dessas diferentes estratégias. Certifique-se de falar com seus colegas para obter sugestões sobre o que tem funcionado melhor para eles. Em seguida, descrevemos estratégias eficazes para aumentar o alcance e o tamanho da sua prática cognitivo-comportamental.

♦ Maneiras de ampliar a sua prática cognitivo-comportamental

Fazer um trabalho eficaz é a melhor maneira de aumentar a sua prática a longo prazo; porém, os terapeutas cognitivo-comportamentais iniciantes não têm sucessos anteriores com os clientes. Uma maneira comum de promover qualquer prática clínica é anunciar nas páginas amarelas, ou colocar notas nos boletins ou jornais da comunidade. Essas estratégias sem dúvida aumentarão a exposição a seus serviços e, esperamos nós, levará a indicações de seus serviços. Você precisa ser claro sobre o que faz e o que não faz quando as pessoas entram em contato com você. Algumas pessoas têm dificuldade em discriminar os diferentes tipos de profissionais da saúde mental, para não mencionar a diferença entre terapia cognitivo-comportamental e outros modelos de tratamento, de modo que as pessoas que chegaram até você por meio desses anúncios precisarão de uma boa quantidade de ensino e de avaliações para se certificarem de que você é o terapeuta adequado para elas.

Realize um *workshop* local ou um curso para o público em geral. Essas atividades educacionais podem ser oferecidas em uma série de eventos diferentes, incluindo os programas de educação contínua em faculdades, universidades ou secretarias de Educação. Esse tipo de instituição normalmente oferece programas várias vezes ao ano, o que pode ser uma excelente maneira de ser reconhecido localmente, e também de dar destaque a terapia cognitivo-comportamental em geral. Em nossa comunidade, dois psicólogos ofereceram um curso de redução de estresse por meio de um programa de educação contínua na universidade local duas vezes por ano. O curso tornou-se tão popular que há sempre uma lista de espera quando o curso é oferecido. É comum receber pedidos e encaminhamentos depois de uma atividade pública como essa.

Ofereça uma apresentação ao público. Eventos possíveis são os grupos de consumidores, grupos locais de autoajuda, associações de saúde mental ou dias especiais dedicados a carreiras profissionais promovidos por universidades, faculdades ou associações. Embora seja comum não receber pagamento algum ou apenas uma pequena remuneração por seus serviços, com frequência os frutos são colhidos depois, quando os clientes em potencial necessitam de seu trabalho. As apresentações públicas são uma maneira positiva de dar reconhecimento local tanto a sua prática quanto à terapia cognitivo-comportamental.

Escreva e fale sobre o que você faz. Escrever pode incluir panfletos, materiais escritos para a internet, artigos em jornais locais, revistas e na mídia em geral. Falar sobre o seu trabalho pode incluir entrevistas, tanto no rádio quanto na televisão. A mídia em geral busca novidades, e o desenvolvimento de uma terapia cognitivo-comportamental inovadora e eficaz pode ser de seu interesse. Mencione a expressão terapia cognitivo-comportamental em seus trabalhos escritos e orais.

Torne-se uma pessoa atuante nas associações terapêuticas profissionais e cognitivo-comportamentais. Muitas dessas associações contam com serviços de encaminhamento que são fontes úteis de novos clientes. Por exemplo, a Academy of Cognitive Therapy (www.academyofct.org) lista membros por área geográfica. Essa lista pode ser uma maneira eficaz de desenvolver sua prática, porque os clientes potenciais cada vez mais buscam serviços na internet.

É mais fácil tornar-se conhecido quando seu nome está associado com um serviço especializado do que quando você oferece ou serviços genéricos ou indica ter conhecimento em uma ampla gama de áreas. Por exemplo, é mais crível e fácil lembrar que o "Dr. Fulano trabalha com terapia cognitivo-comportamental para transtornos de ansiedade" do que "Dr. Fulano trabalha com psicoterapia para adultos". Este último serviço é de caráter geral e não exclusivo. Se possível, considere o que os outros profissionais especializados oferecem em sua comunidade e trabalhe para apresentar um elemento único ou novo diante do que já está disponível. Pense nas lacunas ou nas áreas que não estejam sendo atualmente atendidas. Um de nós (D. D.), por exemplo, percebeu que havia um grande número de serviços locais para as pessoas com doenças mentais severas e persistentes (por exemplo, esquizofrenia). Não havia, porém, um serviço organizado para indivíduos com transtorno de ansiedade generalizada, apesar do vasto número de dados que demonstram a eficácia tanto do tratamento cognitivo-comportamental individual quanto do tratamento cognitivo-comportamental em grupo para a ansiedade social. Sua decisão de mudar o enfoque de seu trabalho e buscar um novo treinamento nessa área levou a uma mudança em sua carreira.

Se o cliente é encaminhado por alguém, envie uma mensagem de agradecimento e também informações de avaliação e tratamento a quem o indicou (com o consentimento do cliente). A pessoa que indicou seu nome (em geral o médico da família de seu cliente) pode estar atendendo o cliente regularmente, e mesmo depois de que sua terapia cognitivo-comportamental tiver terminado. As informações que você envia servem não apenas como uma observação do progresso do cliente, mas também para indicar que você apreciou a indicação e que está disposto a aceitar outras no futuro. Envie atualizações às pessoas que indicam seu nome, caso haja qualquer mudança em sua prática, tais como novo endereço, nova área de especialização, novos parceiros ou quaisquer outros novos serviços. Se você achar necessário mais exposição, pense na possibilidade de criar um boletim ou atualização sobre sua prática. Fazer com que seu nome ou o de sua clínica sejam notados com frequência é uma das melhores maneiras de manter sua prática viável e saudável.

A maneira mais importante de promover sua prática cognitivo-comportamental é trabalhar eficazmente com seus clientes. Oferecer um tratamento com base em evidências, ajudar a reduzir o sofrimento dos clientes e resolver seus problemas leva a mais indicações. Os clientes sabem que a terapia cognitivo-comportamental não será 100% eficaz para todos os problemas, mas se sentirem que foram respeitados, que suas necessidades foram levadas em conta e que alguns resultados positivos ocorreram, provavelmente voltem no futuro se necessário for, e com frequência indicarão novos clientes. Se os clientes voltarem no futuro, é importante considerar esse retorno como um voto de confiança em seu tratamento, não como uma falha. Se você fizer um bom trabalho, com certeza terá o problema de buscar maneiras de limitar o seu número de clientes.

♦ TREINAMENTO E SUPERVISÃO ADICIONAIS NA TERAPIA COGNITIVO-COMPORTAMENTAL

A terapia cognitivo-comportamental tem uma série de aplicações baseada em evidências com ampla aplicabilidade em uma grande gama de problemas clínicos. Tendo chegado a este ponto do livro, você pode perguntar-se sobre onde buscar mais treinamento para ampliar seu conhecimento em terapia cognitivo-comportamental. Agora voltamos nossa atenção a questões relacionadas ao treinamento e à supervisão. Como saber se você é uma terapeuta cognitivo-comportamental competente? Que nível de competência é necessário antes de um profissional poder ser identificado como "expert"? Há, surpreendentemente, pouca pesquisa sobre esses assuntos. O que se segue é nosso conhecimento clínico relativo aos métodos de treinamento baseados em evidências.

Pensar sobre a competência

A maior parte dos terapeutas iniciantes quer se certificar de que eles são competentes no trabalho que fazem. A "síndrome do impostor" é comum em programas de pós-graduação e residência, quando os alunos pensam que talvez não deveriam estar lá, que estão de fato "enganando" os supervisores, fazendo com que pensem que são mais competentes e instruídos do que de fato são. Alguns profissionais levam esse conjunto de cognições negativas para a prática.

Todos buscamos oferecer um ótimo cuidado a nossos clientes. Uma distinção importante existe entre adesão ao tratamento e competência, sendo ambas vistas como aspectos da integridade geral do tratamento (McGlinchey e Dobson, 2003; Perepletchikova e Kazdin, 2005). A *adesão ao tratamento* ocorre quando um terapeuta adere a uma determinada terapia. A adesão tem tanto um elemento positivo quanto um negativo; assim, *adesão* quer dizer fazer as coisas que estão incluídas em um dado tratamento e *não fazer* as coisas que não estão incluídas nele. Por exemplo, um elemento positivo da maior parte dos tratamentos cognitivo-comportamentais é a exposição; um elemento negativo seria a interpretação de sonhos.

Que aspectos estão associados com a boa adesão na terapia cognitivo-comportamental? Esses aspectos dependem dos problemas particulares que estão sendo tratados e do modelo particular que estiver sendo aplicado. Por exemplo, as intervenções relacionadas aos esquemas não são incorporadas na terapia MAP-3 de Barlow e Craske (2000), mas são uma característica regular da terapia cognitiva para depressão (A. T. Beck et al., 1979). Assim, os detalhes específicos do plano de tratamento ditam o que o terapeuta deveria fazer. Em termos práticos, a adesão é ampliada ao máximo quando o terapeuta faz somente o que está em um determinado manual de tratamento. Se o tratamento não se baseia em um manual, a adesão à terapia cognitivo-comportamental amplia-se ao máximo quando o terapeuta usa apenas as intervenções encontradas em livros sobre terapia cognitivo-comportamental.

A adesão à terapia cognitivo-comportamental não garante a competência. É fácil imaginar o uso de qualquer intervenção na fase errada do tratamento, ou de uma maneira inapropriada para um cliente específico. Por exemplo, fazer um trabalho de esquemas em uma primeira sessão de tratamento em geral não reflete uma prática competente, da mesma forma que esperar até o final da sessão para fazer a exposição com uma pessoa com fobia social seria considerado um tratamento incompetente. Consequentemente, é possível aderir e não ser competente. Ao contrário, você não pode ser um terapeuta cognitivo-comportamental competente se não aderir ao modelo. A competência decorre da aderência, mas é distinta dela.

Das escalas desenvolvidas para medir tanto a aderência quanto a competência na terapia cognitivo-comportamental, uma das melhores é a Cognitive Therapy Adherence and Competence Scale (CTACS; Barber, Liese e Abrams, 2003). A CTACS inclui 21 itens, cada um dos quais classificados de acordo com a adesão e a competência. As pessoas que fazem a classificação podem ser especialistas ou não especialistas treinados. Os itens incluem atividades cognitivo-comportamentais típicas, tais como estabelecer uma programação, determinar tarefas de casa e fazer reestruturação cognitiva. A CTACS, desenvolvida para ser usada em um teste de terapia cognitivo-comportamental para abuso de substâncias, foi agora modificada para ser usada na clínica geral e demonstrou bom nível de confiabilidade (McGlinchey e Dobson, 2003).

A escala mais utilizada de adesão e competência é a Cognitive Therapy Scale (CTS; Young e Beck, 1980; ver Apêndice A). A CTS foi desenvolvida racionalmente para ser um índice da qualidade da terapia cognitiva. Cada um dos 11 itens recebe uma pontuação entre 0 e 6, variando, portanto, entre 0 e 66. Os itens podem ser divididos em habilidades gerais (por exemplo, estabelecimento de uma programação, empirismo colaborativo) e itens específicos da terapia cognitivo-comportamental (por exemplo, usar intervenções apropriadas, fazer intervenções habilmente, tarefas de casa). Deve-se observar que a categoria de habilidades gerais também inclui itens relacionados à relação terapêutica, e que nem todos os itens são específicos da terapia cognitiva. A CTS deve ser preenchida por um "especialista" em terapia cognitiva, e os índices são preenchidos depois de ouvir ou ver uma sessão inteira. As estimativas de confiabilidade da CTS entre os usuários são boas (Vallis, Shaw e Dobson, 1986; Dobson, Shaw e Vallis, 1987).

Parte da razão para o amplo uso da CTS é que ela foi adotada pela Academy of Cognitive Therapy (ACT; www.academyofct.org) como a medida do tratamento competente, como parte dos critérios para se fazer parte da própria ACT. De modo mais especial, a Academy of Cognitive Therapy adotou um índice de aprovação de 40 pontos (de um total de 66) como uma das medidas de terapia cognitiva competente. Testes de pesquisa também adotaram esse mesmo índice de competência (Shaw e Dobson, 1988).

Muito embora a CTS deva ser realizada por "especialistas" em terapia cognitiva e, como tal, o resultado da pessoa que está sendo avaliada depender em parte de quem avalia, não há razão pela qual essa escala não deva ser usada por quem está sendo supervisionado e treinado para melhorar suas habilidades. Sabemos que nem todos os "especialistas" concordam com a conceituação de caso de qualquer cliente, da mesma forma que não há garantias relativas às classificações de competência. Também, pelo fato de haver tanta variabilidade entre os clientes, não há realmente um formato "ideal" ou "padrão-ouro" para a terapia cognitivo-comportamental. Felizmente, há evidências de que treinar pode melhorar a concordância sobre as conceituações de caso e os índices terapêuticos (Kuyken et al., 2005), o que oferece alguma evidência de que o uso da CTS é um padrão razoável para avaliar a competência. Pratique o uso da CTS observando sessões gravadas em vídeo, ou peça a algum de seus colegas ou supervisores para que deem sua opinião.

Como podemos ampliar ao máximo a integridade do tratamento?

A integridade do tratamento é algo a se considerar quando tanto a adesão quanto a competência importam. Os ambientes em que ambos os temas são importantes incluem os ambientes de treinamento, tais como a pós-graduação e experimentos de pesquisa nos quais um teste puro do tratamento é exigido. Embora não tenhamos dados para sustentar essa alegação, nossa experiência e o conhecimento que ouvimos de outros instrutores indicam que a alta integridade do tratamento ocorre mais facilmente com alunos que não foram treinados em outro modelo teórico. Treinamento e experiência anteriores com outros tratamentos levam à "interferência proativa", seja na conceituação de caso, seja na prática. Por exemplo, uma exposição precoce a treinamento psicodinâmico pode estar associada com uma busca do aluno por processos inconscientes, que certamente não é adesão à terapia cognitivo-comportamental. Um de nós (K. S. D.) teve um aluno, previamente treinado em terapia humanista, que voltava a usar frases não diretivas e aprobativas quando confuso ou incerto sobre o que fazer. O estilo mais ativo e intervencionista da terapia cognitivo-comportamental representou uma dificuldade para ele. Isso não quer dizer que os terapeutas treinados em outros modelos não possam ser treinados na terapia cognitivo-comportamental, mas nossa experiência indica que há dificuldades. Na verdade, eles têm de desaprender alguns de seus "maus hábitos" adquiridos em treinamentos anteriores.

Alguns terapeutas querem integrar as intervenções da terapia cognitivo-comportamental em suas práticas atuais, especialmente se eles se veem como especialistas em outro modelo de tratamento. Essencialmente, eles veem a possibilidade de ser um terapeuta eclético, usando as intervenções da terapia cognitivo-comportamental. Nossa perspectiva é que ser eclético e cognitivo-comportamental ao mesmo tempo não é possível. A terapia cognitivo-comportamental tem um modelo subjacente, uma moldura de conceituação de caso, e um conjunto de intervenções que a tornam um sistema de psicoterapia exatamente da mesma forma que a terapia psicodinâmica o é. De nossa perspectiva, pode ser possível, sim, para um terapeuta talentoso internalizar modelos diferentes de tratamento e escolher o mais adequado para um determinado cliente, mas tais terapeutas são a exceção, e não a regra.

Os clientes podem ficar confusos quando os terapeutas tentam atuar ecleticamente. Como os clientes podem entender um terapeuta cognitivo-comportamental que repentinamente recomenda trabalhar "a criança interior" para abordar experiências da infância? A terapia cognitivo-comportamental é insuficiente para seus problemas? São muito difíceis de tratar com uma intervenção simples? A abordagem cognitivo-comportamental "deu errado" com eles? Tanto os terapeutas quanto os clientes precisam construir um modelo de prática integrada, que em casos como esses pode ser um desafio.

Como se deve treinar a integridade do tratamento?

Se aceitarmos que as metas do treinamento são as de ajudar os alunos a aderirem e a serem competentes, como se pode chegar a essas metas? De acordo com nosso conhecimento, não há evidências reais sobre os métodos ótimos de treinamento, a melhor linha do tempo para o treinamento ou a variação de intervenções necessárias. Há alguma evidência de que influências importantes sobre a competência percebida pelo próprio terapeuta incluem a educação, a prática, a autorreflexão, o conhecimento sobre os padrões de prática e a saúde mental do terapeuta (Bennett-Levy e Beedie, 2007), mas como incorporar essas ideias no treinamento? O Quadro 13.2 apresenta alguma de nossas melhores ideias sobre como idealmente treinar um terapeuta cognitivo-comportamental competente. Essas ideias, porém, são oferecidas no espírito de sugestão, pois de fato não temos a base de evidências para dizer com certeza se essa é uma estratégia ótima (ou mesmo realizável).

Quem deve oferecer quais serviços?

Mesmo que trabalhem em clínicas especializadas ou limitem suas práticas a certas faixas etárias, a maior parte dos terapeutas cognitivo-comportamentais busca a competência geral em suas habilidades clínicas. Contudo, essa sugestão pode não ser prática, pelas seguintes razões:

1. É provável que nem todos os terapeutas precisem oferecer todos os serviços. Por exemplo, embora uma pessoa com habilidades avançadas de planejamento do tratamento, avaliação e conceituação de caso precise estar envolvida com os estágios iniciais do tratamento, essa mesma pessoa não precisa necessariamente fazer todos os aspectos do tratamento. Para um componente significativo das intervenções baseadas em exposição, por exemplo, pode ser possível fazer com que um técnico comportamental ou um estudante em treinamento ministrem esse componente do tratamento.

Davidson (1970) propôs um sistema de três níveis para quem trabalha com terapia comportamental: (a) uma pessoa avançada, em nível de doutorado com desenvolvimento de programa, avaliação e responsabilidades de implementação; (b) um clínico com amplo treinamento e a capacidade de planejar e implementar o tratamento e (c) técnicos comportamentais, cujo papel é oferecer aspectos do tratamento, tais como exposição, sob supervisão. Pode ser possível integrar o uso de paraprofissionais em um modelo de cuidado, com profissionais registrados ou licenciados planejando e organizando o cuidado, mas com profissionais especialmente treinados fazendo parte do trabalho de frente. Embora tal conjunto de profissionais de múltiplos níveis não seja coerente com a maneira normativa pelas quais as profissões consideram a questão do credenciamento e da oferta de serviços, esta pode ser uma maneira mais eficiente e eficaz de planejar os serviços. Um de nós (D. D.) frequentemente incorpora outros profissionais ao tratamento, especialmente na implementação da terapia de exposição.

2. Nem todos os clientes precisam dos serviços de um especialista ou mesmo de um profissional da saúde. A ideia associada com um modelo de cuidado gradual ou passo a passo é a de que os clientes podem ser avaliados pela severidade e cronicidade de seus problemas, e que apenas os serviços necessários devem ser oferecidos. Por exemplo, para pessoas com um primeiro episódio de depressão razoavelmente brando, um programa de autoajuda pode ser suficiente para ajudá-las a recuperar-se. As pessoas com casos mais crônicos de depressão, ou com episódios severos ou problemas múltiplos, por outro lado, podem exigir um clínico experiente, ou mesmo uma equipe de tratamento, para conceituar integralmente e tratar os vários aspectos dos problemas dos clientes. O tratamento passo a passo tem algum respaldo na América do Norte, e foi integrado em algumas orientações práticas, tais como as publicadas pelo National Institute for Health and Clinical Excellence no Reino Unido (www.Nice.org.uk). Esses tipos de "extensores da terapia" podem ajudar tremendamente os terapeutas cognitivo-comportamentais que trabalham em clínicas muito procuradas e com longas listas de espera.

3. É improvável que o terapeuta médio possa ser competente em vários grupos populacionais, problemas e intervenções que estejam sob o espectro da terapia cognitivo-comportamental. Com a exceção, talvez, das cidades pequenas ou dos centros em que há poucos profissionais, nossa visão geral é a de que os terapeutas devam tentar especializar-se e tornarem-se conhecidos por sua excelência de cuidado em suas áreas de especialidade.

Vale a pena observar também que a maioria dos terapeutas não trabalha em clínicas especializadas. Os serviços de saúde mental não especializados com frequência

QUADRO 13.2 Maneiras de ampliar ao máximo a competência na terapia cognitivo-comportamental

1. Ler muito sobre a abordagem antes de tentar trabalhar com os clientes. Forme um bom entendimento conceitual do DSM, leia sobre os modelos de psicopatologia e conheça a conceituação de caso prototípica dos problemas clínicos comuns tratados com a terapia cognitivo-comportamental.
2. Desenvolva boas habilidades interpessoais, incluindo ouvir de maneira reflexiva e saber dar retorno a quem fala.
3. Otimize a saúde mental pessoal por meio de um estilo de vida equilibrado e pela prática de boas habilidades cognitivo-comportamentais (isto é, pratique o que você diz).
4. Desenvolva boas habilidades de comunicação, incluindo o uso de métodos de entrevista e a administração, pontuação e interpretação das ferramentas psicométricas comuns.
5. Assista a alguns vídeos de treinamento, idealmente com alguém que saiba descrever ou interpretar o comportamento do terapeuta nas sessões de treinamento (se tal comentário não estiver presente nos vídeos).
6. Comece o treinamento com um tratamento altamente estruturado e de acordo com os manuais. Leia o manual e busque uma supervisão próxima nos primeiros poucos casos, para certificar-se de que você é capaz de interpretar e implementar o manual adequadamente. Busque primeiramente a adesão, e depois a competência.
7. Dê continuidade ao treinamento supervisionado com problemas e transtornos que não tenham um tratamento presente claramente nos manuais. Desenvolva sua capacidade de conceituar uma variedade de diferentes apresentações clínicas usando conceituações escritas dos casos.
8. Desenvolva uma equipe de supervisão com seus colegas de trabalho, ou com terapeutas de orientação semelhante, para continuar a discutir os casos.
9. Use áudios ou vídeos para observar você mesmo e as outras pessoas de sua equipe. Classifique-se com o CTS. Compare sua própria classificação com a de seus colegas ou com quem está sendo treinado.
10. Participe de seminários de educação contínua e de oficinas, para expandir sua conceituação de caso e habilidades de intervenção. Tente não ficar preso a poucas intervenções; ao contrário, seja versátil quanto aos estilos e métodos de tratamento.
11. Supervisione alguém que esteja em terapia cognitivo-comportamental. Dê um curso ou seminário interno. Escreva um artigo. Ter de descrever o modelo e o trabalho ajuda a esclarecer o que você faz.
12. Considere a possibilidade de ter um credenciamento especializado com uma organização, tal como a Academy of Cognitive Therapy ou a British Association of Behavioural and Cognitive Psychotherapy, no Reino Unido. A revisão externa estabelece um alto padrão e pode ajudar a solidificar sua especialidade em sua própria mente e na das pessoas que estão a seu redor.

incentivam os terapeutas a tratar clientes que apresentam uma ampla gama de problemas. Em alguns casos, os terapeutas também trabalham com uma ampla gama de faixas etárias e formatos de tratamento. Na prática privada, há uma tendência de aceitar uma grande variedade de clientes para ampliar ao máximo o potencial de ganhos. Esses tipos de questão são especialmente agudos em centros menores ou áreas remotas, onde a possibilidade de especialização em serviços é mais difícil. Embora aceitemos que essas questões possam pôr em causa o oferecimento de serviços de ótima qualidade, também acreditamos que é tarefa do terapeuta estar ciente dessas pressões para que atue fora de sua área de competência e que resista a elas. Conforme se observou anteriormente, não apoiamos a ideia de competência terapêutica genérica, embora aceitemos a ideia de que um dado terapeuta possa ser competente em diferentes modelos, suspeitamos que são poucos os profissionais que chegam a essa condição.

Credenciamento especial

Os modelos de credenciamento de especialidade na terapia cognitivo-comportamental surgiram nos últimos anos, e o desenvolvimento da área provavelmente ocorra nos próximos anos. Esses modelos surgiram por várias boas razões, inclusive o desejo de identificar fornecedores de serviços treinados adequadamente, o desejo de pessoas com identidade semelhante de participar de uma mesma organização e o potencial para melhorar o *marketing* e a renda, decorrente do fato de se possuir uma credencial adicional (Dobson, Beck e Beck, 2005). Conforme já observado, algumas organizações de credenciamento estão tendo até mesmo uma influência mais ampla nos métodos e padrões de treinamento da área.

Uma questão associada com o processo de credenciamento é o quanto ela melhora a qualidade do serviço e protege os clientes que recebem tal serviço, em contraposição às várias questões financeiras das pessoas que criam e mantêm a credencial. O processo de credenciamento tenderá a ter mais crédito se houver de fato preocupação com a qualidade de quem não possui tal credencial. A credibilidade da credencial é também ampliada conforme a dificuldade de obtenção de tal credencial aumentar (embora o número potencial de pessoas que possa obtê-la diminua). Ao contrário, conferir crédito a uma credencial é mais difícil se ela simplesmente serve como uma barreira que permite que apenas algumas pessoas tenham acesso à prática, e se a credencial serve apenas para proteger os interesses de quem a possui. Embora até o momento não haja exigência para ser membro da Academy of Cognitive Therapy, ingressamos nessa organização porque acreditamos que ela passou pelo teste de oferecer uma credencial qualificada. E também oferecer a uma comunidade internacional de terapeutas um modelo comum. Será que o credenciamento especial na terapia cognitivo-comportamental será defensável ao longo do tempo? É o que veremos.

◆ Fechando o círculo: a importância do contexto

Começamos este livro com uma discussão sobre alguns dos fatores contextuais associados com o desenvolvimento e a promoção da terapia cognitivo-comportamental. Como clínicos, tendemos a enfocar nossos clientes individuais e suas necessidades, e às vezes não temos muito tempo para pensar sobre os fatores contextuais. Mas é importante o contexto no qual as necessidades desses clientes se desenvolveram. Muitas variáveis estão em jogo e afetam os serviços. Já tentamos abordar essa preocupação no Quadro 13.3, que é o nosso esforço de oferecer sugestões práticas sobre como você pode promover a terapia cognitivo-comportamental. O quanto você quer levar essas ideias adiante é uma questão pessoal, mas esperamos tê-lo inspirado com nossas sugestões.

A demanda pela terapia cognitivo-comportamental suplanta em muito a disponibilidade dos recursos. Já discutimos brevemente algumas maneiras de ampliar os serviços de sua prática. Em última análise, o treinamento e a ampla disponibilidade da terapia cognitivo-comportamental será afetada em sua maior parte pelas políticas governamentais e pelas práticas relacionadas aos cuidados da saúde. A disseminação ocorrerá em níveis diferentes e de maneiras diversas em todas as partes do mundo, e os disseminadores precisarão estar cientes de suas necessidades locais, práticas culturais e capacidades de angariar fundos (Hamilton e Dobson, 2001). As associações nacionais e internacionais precisam assumir um papel principal na disseminação internacional apropriada desse modelo de tratamento. Idealmente, as organizações, tais como a International Association of Cognitive Psychotherapy, podem funcionar com outras associações internacionais, tais como a World Federation of Psychotherapy, e em conjunto com as agências globais, tais como a Organização Mundial da Saúde (OMS) e a UNESCO, para promover a práti-

QUADRO 13.3   Ideias práticas para divulgar a terapia cognitivo-comportamental

1. Desenvolva uma boa integridade de tratamento, com adesão e competência, nos serviços que você oferece.
2. Obtenha a supervisão de pares ou outra supervisão para manter-se atualizado e para atuar em alto nível de qualidade.
3. Use "extensores" do tratamento, tais como o telefone ou outros métodos, para chegar a seus clientes, se necessário ou adequado.
4. Participe de treinamentos da próxima geração de provedores de serviço.
5. Incentive a prática baseada em evidências no seu ambiente de trabalho. Seja firme em relação a esse incentivo, mesmo que em ambientes interdisciplinares.
6. Converse com médicos de cuidado primário, agências de incentivo financeiro e outros "guardiões" de serviços, para garantir que eles estejam cientes da base de evidências que sustenta a terapia cognitivo-comportamental.
7. Considere a divulgação de informações sobre a terapia cognitivo-comportamental ao público por meio de palestras em agências, escolas e bibliotecas locais, ou escrevendo na mídia.
8. Torne-se um membro e envolva-se com as associações locais, nacionais e internacionais que promovem e defendem a prática baseada em evidências, tais como a terapia cognitivo-comportamental. Uma lista de organizações nacionais pode ser encontrada no *site* da International Association of Cognitive Psychotherapy (www.cognitivetherapyassociation.org).

ca baseada em evidências na terapia em geral e na terapia cognitivo-comportamental, em particular.

Tanto quanto possível, nós, como terapeutas, e a área como um todo, precisamos construir o futuro a partir dos sucessos obtidos no passado e antecipar as necessidades que virão. O Capítulo 1 deste livro revisou alguns dos fatores contextuais que levaram ao desenvolvimento da terapia cognitivo-comportamental. Há uma série de desafios pela frente. Alguns dos desafios são o impacto da globalização sobre a cultura local, o uso e o mau uso dos sistemas de comunicação, as implicações para a saúde mental de um mundo que cada vez fica menor, a adaptação e a disseminação de tratamentos entre as diversas culturas, a integração da terapia cognitivo-comportamental nas práticas locais de saúde mental e as intimidadoras demandas do treinamento global. Ao longo do tempo, precisamos continuar a integrar a ciência e a prática nos seus contextos do "mundo real". Assim como no nosso trabalho com os clientes individuais, o contexto é importante.

Apêndice A

THE COGNITIVE THERAPY SCALE

Terapeuta: _____ Cliente: _____ Data da sessão: _____
Fita nº: _____ Avaliador: _____ Data da avaliação: _____
Sessão nº: _____ ( ) Vídeo   ( ) Áudio   ( ) Observação ao vivo

Instruções: Para cada item, avalie o terapeuta em uma escala de 0 a 6, e registre sua avaliação na linha que acompanha cada item. As descrições são feitas de acordo com uma pontuação de números pares. *Se você acredita que o terapeuta está entre dois dos descritores, escolha o número ímpar entre eles (1, 3, 5).* Por exemplo, se o terapeuta criou uma programação muito boa, mas não estabeleceu prioridades, classifique-o como 5, e não como 4 ou 6.

Se as descrições de um determinado item ocasionalmente não pareçam se aplicar à sessão que você está classificando, sinta-se à vontade para desconsiderá-las e use a escala geral abaixo:

0	1	2	3	4	5	6
Ruim	Vagamente adequado	Medíocre	Satisfatório	Bom	Muito bom	Excelente

Não deixe nenhum item em branco. Para todos os itens, enfoque a habilidade do terapeuta, levando em consideração o grau de dificuldade apresentado pelo paciente.

Nota: Para instruções sobre como administrar e interpretar esta escala, ver o Capítulo 13. *The Cognitive Therapy Scale and Cognitive Therapy Scale Manual*, © 1980, Jeffrey E. Young e Aaron T. Beck.

Parte I Habilidades terapêuticas gerais

____ 1. Agenda*

0   O terapeuta não apresentou uma agenda.

2   O terapeuta apresentou uma agenda vaga ou incompleta.

4   O terapeuta trabalhou com o paciente para estabelecer uma agenda mutuamente satisfatória que incluía problemas específicos como meta (por exemplo, ansiedade no trabalho, insatisfação com o casamento).

6   O terapeuta trabalhou com o paciente para estabelecer uma agenda adequada com problemas a serem abordados e adaptada ao tempo disponível. Estabeleceu prioridades e cumpriu a agenda.

____ 2. Feedback

0   O terapeuta não realizou *feedback* para determinar a compreensão que o paciente teve da sessão ou sua resposta a ela.

2   O terapeuta buscou algum *feedback* com o paciente, mas não fez perguntas suficientes para certificar-se de que o paciente entendeu a linha de pensamento do terapeuta durante a sessão ou para certificar-se de que o paciente estivesse satisfeito com a sessão.

4   O terapeuta fez perguntas suficientes para certificar-se de que o paciente entendeu sua linha de raciocínio ao longo da sessão e para determinar a reação do paciente à sessão. O terapeuta ajustou seu comportamento em resposta ao *feedback*, quando apropriado.

6   O terapeuta foi bastante competente ao provocar e ao responder ao *feedback* verbal e não verbal ao longo da sessão (por exemplo, provocou reações à sessão, verificou regularmente a compreensão do paciente, ajudou a resumir os principais pontos ao final da sessão).

____ 3. Compreensão

0   O terapeuta falhou repetidamente em entender o que o paciente disse explicitamente, não chegando ao ponto central da questão. Pouca capacidade de empatia.

2   O terapeuta foi em geral capaz de refletir e repetir o que o paciente disse explicitamente, mas falhou repetidamente em responder a comunicação mais sutil. Capacidade limitada de ouvir e de ter empatia.

4   O terapeuta em geral pareceu compreender a "realidade interna" do paciente conforme refletida tanto pelo que o paciente disse explicitamente quanto pelo que comunicou de modo mais sutil. Boa capacidade de ouvir e de ter empatia.

6   O terapeuta pareceu compreender a "realidade interna" do paciente de maneira minuciosa e foi competente em comunicar essa compreensão por meio de respostas verbais e não verbais apropriadas ao paciente (por exemplo, o tom da resposta do terapeuta revelou uma compreensão solidária da "mensagem" do paciente). Excelente capacidade de ouvir e de ter empatia.

---

* N. de R. T.: O termo refere-se aos tópicos que serão trabalhados na sessão, sendo geralmente combinada com o cliente logo no início.

____ 4. Efetividade interpessoal

   0 O terapeuta apresentou pouca habilidade interpessoal. Pareceu hostil, degradante ou de alguma forma destrutivo em relação ao paciente.
   2 O terapeuta não pareceu destrutivo, mas apresentou problemas interpessoais significativos. Às vezes, o terapeuta pareceu desnecessariamente impaciente, desinteressado, insincero ou teve dificuldade para expressar confiança e competência.
   4 O terapeuta demonstrou um grau *satisfatório* de receptividade, interesse, confiança, autenticidade e profissionalismo. Ausência de problemas interpessoais significativos.
   6 O terapeuta demonstrou *ótimos* níveis de receptividade, interesse, confiança, autenticidade e profissionalismo, de maneira adequada ao paciente que estava sendo tratado.

____ 5. Colaboração

   0 O terapeuta não tentou estabelecer uma colaboração com o paciente.
   2 O terapeuta tentou colaborar com o paciente, mas teve dificuldade em definir um problema que o paciente considerou importante ou em estabelecer a harmonia.
   4 O terapeuta conseguiu colaborar com o paciente, enfocar um problema que tanto o paciente quanto o terapeuta consideravam importante, e estabelecer a harmonia.
   6 A colaboração pareceu excelente; o terapeuta incentivou o paciente tanto quanto possível a desempenhar um papel atuante durante a sessão (por exemplo, oferecendo-lhe opções), de modo que terapeuta e paciente funcionaram como uma equipe.

____ 6. Ritmo e uso eficiente do tempo

   0 O terapeuta não fez tentativa alguma de estruturar o tempo da terapia. A sessão pareceu não ter objetivo.
   2 A sessão teve algum direcionamento, mas o terapeuta teve problemas significativos com o ritmo (por exemplo, pouca estrutura, inflexibilidade quanto à estrutura, ritmo lento demais, ritmo rápido demais).
   4 O terapeuta teve sucesso razoável no uso eficiente do tempo. O terapeuta manteve o controle adequado sobre o fluxo da discussão e o ritmo.
   6 O terapeuta usou o tempo eficientemente, limitando de maneira equilibrada as discussões periféricas e improdutivas, e dando um ritmo adequado à sessão, de acordo com o paciente.

PARTE II Conceituação, Estratégia e Técnica

____ 7. Descoberta guiada

   0 O terapeuta usou principalmente o debate, a persuasão ou o tom de palestra. O terapeuta pareceu estar examinando o paciente, colocando-o na defensiva ou forçando-o a aceitar o seu ponto de vista.
   2 O terapeuta usou demasiadamente a persuasão e o debate, em vez de usar a descoberta guiada. Contudo, o estilo do terapeuta era de apoio ao paciente, de modo que este não se sentiu atacado ou na defensiva.

4   O terapeuta, em grande parte, ajudou o paciente a ver novas perspectivas por meio da descoberta guiada (por exemplo, examinando evidências, considerando alternativas, ponderando vantagens e desvantagens) em vez de fazê-lo por meio do debate. Usou o questionamento de maneira apropriada.

6   O terapeuta foi especialmente competente no uso da descoberta guiada durante a sessão, para explorar os problemas e ajudar o paciente a chegar a suas próprias conclusões. Atingiu um excelente equilíbrio entre o hábil questionamento e outros modos de intervenção.

_____ **8. Enfoque de cognições e comportamentos fundamentais**

0   O terapeuta não tentou trazer à luz pensamentos, hipóteses, imagens, significados ou comportamentos específicos.

2   O terapeuta usou técnicas apropriadas para trazer à luz as cognições ou comportamentos; porém, o terapeuta teve dificuldade em encontrar o foco ou, então, enfocou cognições/comportamentos que eram irrelevantes para os problemas fundamentais do paciente.

4   O terapeuta enfocou cognições específicas ou comportamentos que eram relevantes para o problema-alvo. Contudo, o terapeuta poderia ter enfocado mais as cognições ou comportamentos fundamentais, que ofereciam maior promessa de progresso.

6   O terapeuta de maneira muito hábil enfocou os pensamentos centrais, hipóteses, comportamentos, etc., que eram mais relevantes para a área problemática e que ofereciam considerável chance de progresso.

_____ **9. Estratégia de mudança**
(*Nota*: Para este item, enfoque a qualidade da estratégia de mudança do terapeuta, e não no quanto a estratégia foi implementada eficazmente ou se a mudança de fato ocorreu).

0   O terapeuta não selecionou técnicas cognitivo-comportamentais.

2   O terapeuta selecionou técnicas cognitivo-comportamentais; contudo, a estratégia geral para trazer a mudança ou pareceu vaga ou não pareceu promissora para ajudar o cliente.

4   O terapeuta pareceu ter uma estratégia em geral coerente para a mudança, que demonstrou ser razoavelmente promissora e que incorporou técnicas cognitivo-comportamentais.

6   O terapeuta seguiu uma estratégia consistente para a mudança, que pareceu muito promissora e que incorporou as técnicas cognitivo-comportamentais mais apropriadas.

_____ **10. Aplicação de técnicas cognitivo-comportamentais**
(*Nota*: Para este item, enfoque o quanto as técnicas foram bem aplicadas, e não o quanto elas foram apropriadas para o problema-alvo ou se a mudança de fato ocorreu).

0   O terapeuta não aplicou técnicas cognitivo-comportamentais.

2   O terapeuta usou técnicas cognitivo-comportamentais, mas houve *falhas significativas* no modo como elas foram aplicadas.

4   O terapeuta aplicou técnicas cognitivo-comportamentais *com habilidade razoável*.

6   O terapeuta, de modo muito hábil e criativo, empregou as técnicas cognitivo-comportamentais.

____11. Tarefa de casa

    0   O terapeuta não tentou incorporar tarefas de casa relevantes para a terapia cognitiva.

    2   O terapeuta teve dificuldades significativas para incorporar as tarefas de casa (por exemplo, não revisou tarefas de casa anteriores, não explicou as tarefas de casa de maneira suficientemente detalhada, selecionou tarefas de casa inapropriadas).

    4   O terapeuta revisou as tarefas de casa anteriores e selecionou aquelas padronizadas da terapia cognitiva, geralmente relevantes para questões abordadas nas sessões. A tarefa de casa foi explicada de modo suficientemente detalhado.

    6   O terapeuta revisou as tarefas de casa anteriores e cuidadosamente escolheu outras tarefas cognitivo-comportamentais para a semana seguinte. As tarefas escolhidas pareciam "ao gosto do freguês", ajudando o paciente a incorporar novas perspectivas, testar hipóteses, experimentar novos comportamentos discutidos durante a sessão, etc.

_____ Pontuação total na Parte I: habilidades terapêuticas gerais
_____ Pontuação total na Parte II: Conceituação, estratégia e técnica.
_____ Pontuação total na escala da terapia cognitiva

Parte III Considerações adicionais

1. Algum problema especial surgiu durante a sessão (por exemplo, não adesão às tarefas de casa, questões interpessoais entre terapeuta e paciente, desesperança quanto à continuidade da terapia, recaída)?

_____ Não _____ Sim
_____ (b) *Se sim*:

    0   O terapeuta não conseguiu lidar adequadamente com os problemas especiais que surgiram.

    2   O terapeuta lidou com os problemas especiais adequadamente, mas usou estratégias ou conceituações incoerentes com a terapia cognitiva.

    4   O terapeuta tentou lidar com problemas especiais usando um modelo cognitivo e foi *razoavelmente hábil* ao aplicar técnicas.

    6   O terapeuta foi muito hábil em lidar com problemas especiais, usando o modelo da terapia cognitiva.

2. Houve algum fator incomum nesta sessão que você considera ter justificado o fato de o terapeuta não usar a abordagem medida por esta escala?

_____ Não _____ Sim (explique a seguir)

_____
_____
_____

PARTE IV Comentários e classificação geral

1. Como você classificaria em termos gerais o profissional desta sessão como terapeuta cognitivo?

0	1	2	3	4	5	6
Ruim	Vagamente adequado	Medíocre	Satisfatório	Bom	Muito bom	Excelente

2. Se você estivesse realizando um estudo de resultados em terapia cognitiva, você selecionaria este terapeuta para participar (tomando esta sessão como sessão normal)?

0	1	2	3	4
Definitivamente, não	Provavelmente, não	Talvez	Provavelmente, sim	Definitivamente, sim

3. Que nível de dificuldade você atribuiria ao trabalho com este paciente?

0	1	2	3	4	5	6
Nada difícil/ muito receptivo			Razoavelmente difícil Bom			Extremamente difícil

4. Comentários e sugestões para o terapeuta:

_____
_____
_____

Apêndice B

ARTIGOS RELATIVOS À EFICÁCIA DA TERAPIA COGNITIVO-COMPORTAMENTAL

♦ GERAL

Butler, A. C., Chapman, J. E., Forman, E. M., & Beck, A. T. (2006). The empirical status of cognitive-behavioral therapy: A review of meta-analyses. *Clinical Psychology Review, 26,* 17-31.

Bandelow, B., Seidler-Brandler, U., Becker, A., Wedekind, D., & Rürher, E. (2007). Meta-analysis of randomized controlled comparisons of psychopharmacological and psychological treatments for anxiety disorders. *World Journal of Biological Psychiatry, 8,* 175-187.

Deacon, B. J., & Abramowitz, J. S. (2004). Cognitive and behavioral treatments for anxiety disorders: A review of meta-analytic findings. *Journal of Clinical Psychology, 60,* 429-441.

Norton, P. J., & Price, E. C. (2007). A meta-analytic review of adult cognitive-behavioral treatment outcome across the anxiety disorders. *Journal of Nervous and Mental Disease, 195,* 521-531.

Siev, J., & Chambless, D. L. (2007). Specificity of treatment effects: Cognitive therapy and relaxation for generalized anxiety and panic disorders. *Journal of Consulting and Clinical Psychology, 75,* 513-522.

♦ FOBIAS ESPECÍFICAS

Choy, Y., Fyer, A. J., & Lipsitz, J. D. (2007). Treatment of specific phobia in adults. *Clinical Psychology Review, 27,* 266-286.

♦ TRANSTORNO DE ANSIEDADE SOCIAL

Fedoroff, I. C., & Taylor, S. (2001). Psychological and pharmacological treatments of social phobia: A meta analysis. *Journal of Clinical Psychopharmacology, 21,* 311-324.

Gould, R. A., Buckminster, S., Pollack, M. H., Otto, M. W., & Yap, L. (1997). Cognitive-behavioral and pharmacological treatment for social phobia: A meta-analysis. *Clinical Psychology: Science and Practice, 4,* 291-306.

Heimberg, R. G. (2002). Cognitive-behavioral therapy for social anxiety disorder: Current status and future directions. *Biological Psychiatry, 51,* 101-108.

Rodebaugh, T. L., Holaway, R. M., & Heimberg, R. G. (2004). The treatment of social anxiety disorder. *Clinical Psychology Review, 24,* 883-908.

Taylor, S. (1996). Meta-analysis of cognitive-behavioral treatments for social phobia. *Journal of Behavior Therapy and Experimental Psychiatry, 27,* 1-9.

♦ Transtorno obsessivo-compulsivo

Abramowitz, J. S. (1997). Effectiveness of psychological and pharmacological treatments for obsessive-compulsive disorder: A quantitative review. *Journal of Consulting and Clinical Psychology, 65,* 44-52.

Abramowitz, J. S., Taylor, S., & McKay, D. (2005) Potentials and limitations of cognitive treatments for obsessive-compulsive disorder. *Cognitive Behaviour Therapy, 34,* 140-147.

Van Balkom, A. J. L. M., van Oppen, P., Vermeulen, A. W. A., van Dyck, R., Nauta, M. C. E., & Vorst, H. C. M. (1994). A meta-analysis on the treatment of obsessive-compulsive disorder: A comparison of antidepressants, behavior, and cognitive therapy. *Clinical Psychology Review, 14,* 359-381.

♦ Transtorno de pânico

Gould, R. A., Otto, M. W., & Pollack, M. H. (1995). A meta-analysis of treatment outcome for panic disorder. *Clinical Psychology Review, 8,* 819-844.

Landon, T. M., & Barlow, D. H. (2004). Cognitive-behavioral treatment for panic disorder: Current status. *Journal of Psychiatric Practice, 10,* 211-226.

Mitte, K. (2005). A meta-analysis of the efficacy of psycho- and pharmacotherapy in panic disorder with and without agoraphobia. *Journal of Affective Disorders, 88,* 27-45.

van Balkom, A. J. L. M., Bakker, A., Spinhoven, P., Blaauw, B. M. J. W., Smeenk, S., & Ruesink, B. (1997). A meta-analysis of the treatment of panic disorder with or without agoraphobia: A comparison of psychopharmacological, cognitive-behavioral, and combination treatments. *Journal of Nervous and Mental Disease, 185,* 510-516.

♦ Transtorno do estresse pós-traumático

Bisson, J., & Andrew, M. (2007). Psychological treatment of post-traumatic stress disorder. *Cochrane Database System Review, 3,* CD00338.

Harvey, A. G., Bryant, R. A., & Tarrier, N. (2003). Cognitive behaviour therapy for post-traumatic stress disorder. *Clinical Psychology Review, 23,* 501-522.

Seidler, G. H., & Wagner, F. E. (2006). Comparing the efficacy of EMDR and trauma-focused cognitive-behavioral therapy in the treatment of PTSD: A meta-analytic study. *Psychological Medicine, 36,* 1515-1522.

Van Etten, M., & Taylor, S. (1998). Comparative efficacy of treatments for post-traumatic stress disorder: A meta-analysis. *Clinical Psychology and Psychotherapy, 5,* 126-145.

♦ Transtorno de ansiedade generalizada

Gould, R. A., Otto, M. W., Pollack, M. H., & Yap, L. (1997). Cognitive behavioral and pharmacological treatment of generalized anxiety disorder: A preliminary meta-analysis. *Behavior Therapy, 28,* 285-305.

Hunot, V, Churchill, R., Teixeira, V., & Silva de Lima, M. (2007). Psychological therapies for generalised anxiety disorder. *Cochrane Database System Review,* CD001848.

Mitte, K. (2005). Meta-analysis of cognitive-behavioral treatments for generalized anxiety disorder: A comparison with pharmacotherapy. *Psychological Bulletin, 131,* 785-795.

♦ Depressão maior

Bledsoe, S. E., & Grote, N. K. (2006). Treating depression during pregnancy and the postpartum: A preliminary meta-analysis. *Research on Social Work Practice, 16*, 109-120.

Feldman, G. (2007). Cognitive and behavioral therapies for depression: Overview, new directions, and practical recommendations for dissemination. *Psychiatric Clinics of North America, 30*, 39-50.

Hollon, S. D., Thase, M. E., & Markowitz, J. C. (2005). Treatment and prevention of depression. *Psychological Science in the Public interest, 3*, 39-77.

Paykel, E. S. (2007). Cognitive therapy in relapse prevention in depression. *International Journal of Neuropsychopharmacology, 10*, 131-136.

Wampold, B. E., Minami, T., Baskin, T. W., & Tierney, S. C. (2002). A meta-(re)analysis of the effects of cognitive therapy versus "other therapies" for depression. *Journal of Affective Disorders, 68*, 159-165.

◆ Transtorno bipolar

Colom, F., & Vieta, E. (2004). A perspective on the use of psychoeducation, cognitive-behavioral therapy and interpersonal therapy for bipolar patients. *Bipolar Disorders, 6*, 480-486.

Jones, S. (2004). Psychotherapy of bipolar disorder: A review. *Journal of Affective Disorders, 80*, 101-114.

Miklowitz, D. J., & Otto, M. W. (2006). New psychosocial interventions for bipolar disorder: A review of literature and introduction of the systematic treatment enhancement program. *Journal of Cognitive Psychotherapy: An International Quarterly, 20*, 215-230.

Zaretsky, A. E., Rizvi, S., & Parikh, S. V. (2007). How well do psychosocial interventions work in bipolar disorder? *Canadian Journal of Psychiatry, 52*, 14-21.

◆ Anorexia nervosa

Bowers, W. A., & Andersen, A. E. (2007). Cognitive-behavior therapy with eating disorders: The role of medications in treatment. *Journal of Cognitive Psychotherapy: An International Quarterly, 21*, 16-27.

Rosenblum, J., & Forman, S. (2002). Evidence-based treatment of eating disorders. *Current Opinion in Pediatrics, 14*, 379-383.

◆ Bulimia nervosa

Hay, P. J., Bacaltchuk, J., & Stefano, S. (2007). Psychotherapy for bulimia nervosa and binging. *Cochrane Database System Review, 3*, CD000562.

◆ Transtornos do sono

Edinger, J. D., Melanie, T., & Means, K. (2005). Cognitive-behavioral therapy for primary insomnia. *Clinical Psychology Review, 25*, 539-558.

Montgomery, P., & Dennis, J. (2004). A systematic review of non-pharmacological therapies for sleep problems in later life. *Sleep Medicine Reviews, 8*, 47-62.

Wang, M.-Y., Wang, S.-Y., & Tsai, P.-S. (2005). Cognitive behavioural therapy for primary insomnia: A systematic review. *Journal of Advanced Nursing, 50*, 553-564.

◆ Psicose

Lawrence, R., Bradshaw, T., & Mairs, H. (2006). Group cognitive behavioural therapy for schizophrenia: A systematic review of the literature. *Journal of Psychiatric and Mental Health Nursing, 13*, 673-681.

Penn, D. L., Waldheter, E. J., Perkins, D. O., Mueser, K. T., & Lieberman, J. A. (2005). Psychosocial treatment for first-episode psychosis: A research update. *American Journal of Psychiatry, 162*, 2220-2232.

Turkington, D., Dudley, R., Warman, D. M., & Beck, A. T. (2004). Cognitive-behavioral therapy for schizophrenia: A review. *Journal of Psychiatric Practice, 10*, 5-16.

♦ TRANSTORNOS RELACIONADOS AO ABUSO DE SUBSTÂNCIAS

Denis, C., Lavie, E., Fatseas, M., & Auriacombe, M. (2007). Psychotherapeutic interventions for cannabis abuse and/or dependence in outpatient settings. *Cochrane Database System Review, 3*, CD005336.

Morgenstern, J., & McKay, J. R. (2007). Rethinking the paradigms that inform behavioral treatment research for substance use disorders. *Addiction, 102*, 1377-1389.

♦ TRANSTORNOS DE SOMATIZAÇÃO E SOMATOFORMES

Looper, K. J., & Kirmayer, L. J. (2002). Behavioral medicine approaches to somatoform disorders. *Journal of Consulting and Clinical Psychology, 70*, 810-827.

Mai, F. (2004). Somatization disorder: A practical review. *Canadian Journal of Psychiatry, 49*, 562-662.

Referências

Abramowitz, J. S., Taylor, S., & McKay, D. (2005). Potentials and limitations of cognitive treatments for obsessive-compulsive disorder. *Cognitive Behaviour Therapy, 34,* 140-147.

Abramson, L. Y, & Alloy, L. B. (2006). Cognitive vulnerability to depression: Current status and developmental origins. In T. E. Joiner, J. S. Brown, & J. Kistner (Eds.), *The interpersonal, cognitive, and social nature of depression* (pp. 83-100). Mahwah, NJ: Erlbaum.

Achenbach, T. (2005). Advancing assessment of child and adolescent problems: Commentary on evidence based assessment of child and adolescent disorders. *Journal of Clinical Child and Adolescent Psychology, 34,* 542-547.

Addis, M. E., & Jacobson, N. S. (1996). Reasons for depression and the process and outcome in cognitive-behavioral psychotherapies. *Journal of Consulting and Clinical Psychology, 64,* 1417-1424.

Addis, M. E., & Jacobson, N. S. (2000). A closer look at the treatment rationale and homework compliance in cognitive-behavioral therapy for depression. *Cognitive Therapy and Research, 24,* 313-326.

American Psychiatric Association. (1980). *Diagnostic and statistical manual of mental disorders* (3rd ed.). Washington, DC: Author.

American Psychiatric Association. (2000). *Diagnostic and statistical manual of mental disorders* (4th ed., text rev.). Washington, DC: Author.

Antony, M., & Barlow, D. (Eds.). (2002). *Handbook of assessment and treatment planning for psychological disorders.* New York: Guilford Press.

Antony, M., Ledley, D. R., & Heimberg, R. (Eds.). (2005). *Improving outcomes and preventing relapse in cognitive-behavioral therapy.* New York: Guilford Press,

Antony, M., Orsillo, S., & Roemer, L. (Eds.). (2001). *Practitioner's guide to empirically based measures of anxiety.* New York: Springer.

Antony, M., & Swinson, R. (2000). *Phobic disorders in adults: A guide to assessment and treatment.* Washington, DC: American Psychological Association Press.

APA Presidential Task Force on Evidence-Based Practice. (2006). Evidence-based practice in psychology. *American Psychologist, 61,* 271-285.

Bandelow, B., Seidler-Brandler, U., Becker, A., Wedekind, D., & Rüther, E. (2007). Meta-analysis of randomized controlled comparisons of psychopharmaco-logical and psychological treatments for anxiety disorders. *World Journal of Biological Psychiatry, 8,* 175-187.

Barber, J. F., Liese, B. S., & Abrams, M. J. (2003). Development of the Cognitive Therapy Adherence and Competence Scale. *Psychotherapy Research, 13,* 205-221.

Barlow, D. H. (2002). *Anxiety and its disorders* (2nd ed.). New York: Guilford Press.

Barlow, D. H. (2004). Psychological treatments. *American Psychologist, 59,* 869-878.

Barlow, D. H., Alien, L, B., & Choate, M. L. (2004). Toward a unified treatment for emotional disorders. *Behavior Therapy, 35,* 205-230.

Barlow, D. H., & Craske, M. G. (2000). *Mastery of Your Anxiety and Panic (MAP-3): Client workbook for anxiety and panic* (3rd ed.). San Antonio, TX: Psychological Corporation.

Beck, A. T. (1970). Cognitive therapy: Nature and relation to behavior therapy. *Behavior Therapy, 1,* 184-200.

Beck, A. T. (1993). Cognitive therapy: Past, present, and future. *Journal of Consulting and Clinical Psychology, 61,* 194-198.

Beck, A. T., Freeman, A., & Davis, D. D. (Eds.). (2004). *Cognitive therapy of personality disorders* (2nd ed.). New York: Guilford Press.

Beck, A. T., Rush, A. J., Shaw, B. F., & Emery, G. (1979). *Cognitive therapy of depression.* New York: Guilford Press.

Beck, A. T., & Steer, R. A. (1988). *Beck Hopelessness Scale.* San Antonio, TX: Psychological Corporation.

Beck, A. T., & Steer, R. A. (1993). *Manual for the Beck Anxiety Inventory.* San Antonio, TX: Psychological Corporation.

Beck, A. T., Steer, R. A., & Brown, G. K. (1996). *Beck Depression Inventory Manual* (2nd ed.). San Antonio, TX: Psychological Corporation.

Beck, J. S. (1995). *Cognitive therapy: Basics and beyond.* New York: Guilford Press.

Beck, J. S. (2005). *Cognitive therapy for challenging problems: What to do when the basics don't work.* New York: Guilford Press.

Bennett-Levy, J., & Beedie, A. (2007). The ups and downs of cognitive therapy training: What happens to trainees' perception of their competence during a cognitive therapy training course? *Behavioural and Cognitive Psychotherapy, 35,* 61-75.

Berking, M., Grosse Holtforth, M., Jacobi, C., & Kroner-Herwig, B. (2005). Empirically based guidelines for goal-finding procedures in psychotherapy: Are some goals easier to attain than others? *Psychotherapy Research, 15,* 316-324.

Bieling, P., & Kuyken, W. (2003). Is cognitive case formulation science or science fiction? *Clinical Psychology: Science and Practice, 10(1),* 52-69.

Bieling, P. J., & Antony, M. M. (2003). *Ending the depression cycle.* Oakland, CA: New Harbinger Press.

Bieling, P. J., Beck, A. T., & Brown, G. K. (2000). The Sociotropy-Autonomy Scale: Structure and implications. *Cognitive Therapy and Research, 24,* 763-780.

Bisson, J., & Andrew, M. (2007). Psychological treatment of post-traumatic stress disorder. *Cochrane Database System Review, 3,* CD00338.

Bledsoe, S. E., & Grote, N. K. (2006). Treating depression during pregnancy and the postpartum: A preliminary meta-analysis. *Research on Social Work Practice, 16,* 109-120.

Bockting, C., Schene, A., Spinhoven, P., Koeter, M., Wouters, L., Huyser, J., et al. (2005). Preventing relapse/recurrence in recurrent depression with cognitive therapy: A randomized controlled trial. *Journal of Consulting and Clinical Psychology, 73(4),* 647-657.

Borden, E. (1979). The generalizability of the psychoanalytic concept of the working alliance. *Psychotherapy: Theory, Research, Practice and Training, 16(3),* 252-260.

Borkovec, T. D., & Whisman, M. A. (1996). Psychosocial treatment for generalized anxiety disorder. In M. R. Mavissakalian & R. F. Prien (Eds.), *Long-term treatments of anxiety disorders* (pp. 171-199). Washington, DC: American Psychiatric Association Press.

Breslau, N., Davis, G. C., Andreski, P., Peterson, E. L., & Schultz, L. R. (1997). Sex differences in posttraumatic stress disorder. *Archives of General Psychiatry, 54,* 1044-1048.

Bright, J. I., Baker, K. D., & Neimeyer, R. A. (1999). Professional and paraprofessional group treatments for depression: A comparison of cognitive behavioral and mutual support interventions. *Journal of Consulting and Clinical Psychology, 67,* 491-501.

Brown, T., DiNardo, P., & Barlow, D. (1994). *Anxiety Disorders Interview Schedule for DSM-IV (ADIS-IV)*. San Antonio, TX: Psychological Corporation.

Bryceland, C., & Stam, H. J. (2005). Empirical validation and professional codes of ethics: Description or prescription? *Journal of Constructivist Psychology, 18*,131-155.

Burns, D. D. (1989). *The feeling good handbook: Using the new mood therapy in everyday life.* New York: Morrow.

Burns, D. D. (1999). *Feeling good: The new mood therapy (revised and updated).* New York: Avon Books.

Burns, D. D., & Nolen-Hoeksema, S. (1991). Coping styles, homework assignments, and the effectiveness of cognitive-behavioral therapy. *Journal of Consulting and Clinical Psychology, 59*, 305-311.

Burns, D. D., & Nolen-Hoeksema, S. (1992). Therapeutic empathy and recovery from depression in cognitive-behavioral therapy: A structural equation model. *Journal of Consulting and Clinical Psychology, 60*, 441-449.

Burns, D. D., & Spangler, D. L. (2000). Does psychotherapy homework lead to improvements in depression in cognitive-behavioral therapy or does improvement lead to increased homework compliance? *Journal of Consulting and Clinical Psychology, 68*, 46-56.

Butler, A. C., Chapman, J. E., Forman, E. M., & Beck, A. T. (2006). The empirical status of cognitive-behavioral therapy: A review of meta-analyses. *Clinical Psychology Review, 26*, 17-31.

Carr, E., & Durand, C. (1985). The social-communicative basis of severe behavior problems in children. In S. Reiss & R. Bootzin (Eds.), *Theoretical issues in behaviour therapy* (pp. 219-254). New York: Academic Press.

Castonguay, L. G., & Beutler, L. E. (2006). *Principles of therapeutic change that work.* New York: Oxford University Press.

Castonguay, L. G., Goldfried, M. R., Wiser, S., Raue, P. J., & Hayes, A. M. (1996). Predicting the effect of cognitive therapy for depression: A study of unique and common factors. *Journal of Consulting and Clinical Psychology,, 64*, 497-504.

Castonguay, L., & Grosse Holtforth, M. (2005). Change in psychotherapy: A plea for no more "nonspecific" and false dichotomies. *Clinical Psychology: Science and Practice, 12*(2), 198-201.

Chambless, D., Caputo, G., Gracely, S., Jasin, E., & Williams, C. (1985). The Mobility Inventory for Agoraphobia. *Behaviour Research and Therapy, 23*, 35-44.

Chambless, D. L., & Ollendick, T. H. (2001). Empirically supported psychological interventions: Controversies and evidence. *Annual Review of Psychology, 52*, 685-716.

Chang, E. C., D'Zurilla, T. J., & Sanna, L. J. (Eds.). (2004). *Social problem solving: Theory, research, and training.* Washington, DC: American Psychological Association Press.

Choy, Y, Fyer, A. J., & Lipsitz, J. D. (2007). Treatment of specific phobia in adults. *Clinical Psychology Review, 27*, 266-286.

Clark, D. A., & Beck, A. T. (1991). Personality factors in dysphoria: A psychometric refinement of Beck's Sociotropy-Autonomy Scale. *Journal of Psychopathology and Behavioral Assessment, 13*, 369-388.

Clark, D. A., Beck, A. T., & Alford, B. A. (1999). *Scientific foundations of cognitive theory and therapy of depression.* Hoboken, NJ: Wiley.

Clark, D. M., Salkovskis, P. M., Hackmann, A., Middleton, H., Anastasiades, P., & Gelder, M. (1994). A comparison of cognitive therapy, applied relaxation and imipramine in the treatment of panic disorder. *British Journal of Psychiatry, 164*,759-769.

Craighead, W. E., Sheets, E. S., Bjornsson, A. S., & Arnarson, E. (2005). Specificity and nonspecificity in psychotherapy. *Clinical Psychology: Science and Practice, 12*(2), 189-193.

Dattilio, R., & Freeman, A. (Eds.). (2000). *Cognitive-behavioral strategies in crisis intervention* (2nd ed.). New York: Guilford Press.

Davidson, P. O. (1970). Graduate training and research funding for clinical psychology in Canada: Review and recommendations. *Canadian Psychologist, 11*, 101-127.

Davis, M., Eshelman, E. R., & McKay, M. (2000). *The relaxation and stress reduction workbook* (5th ed.). New Harbinger Press.

Derogatis, L. (1994). *SCL-90-R: Administration, scoring and procedures manual* (3rd ed.) Minneapolis: National Computer Systems.

DeRubeis, R., Hollon, S., Amsterdam, J., Shelton, R., Young, P., Salomon, R., et al. (2005). Cognitive therapy versus medication in the treatment of moderate to severe depression. *Archives of General Psychiatry, 62,* 409-16.

DeRubeis, R. J., Brotman, M. A., & Gibbons, C. J. (2005). A conceptual and methodological analysis of the nonspecifics argument. *Clinical Psychology: Science and Practice, 12,* 174-193.

DeRubeis, R. J., & Feeley, M. (1990). Determinants of change in cognitive therapy for depression. *Cognitive Therapy and Research, 14,* 469-482.

Dimidjian, S., Hollon, S. D., Dobson, K. S., Schmaling, K. B., Kohlenberg, R. J., Addis, M. E., et al. (2006). Randomized trial of behavioral activation, cognitive therapy, and antidepressant medication in the acute treatment of adults with major depression. *Journal of Consulting and Clinical Psychology, 74,* 658-670.

Dobson, K. S., Beck, J. S., & Beck, A. T. (2005). The Academy of Cognitive Therapy: Purpose, history, and future prospects. *Cognitive and Behavioral Practice, 12,* 263-266.

Dobson, K. S., & Dobson, D. J. G. (2006). Empirically supported treatments: Recent developments in the cognitive-behavioural therapies, and implications for evidence-based psychotherapy. In D. Loewenthall & D. Winter (Eds.), *What is psychotherapeutic research?* (pp. 259-276). London: Karnac Books.

Dobson, K. S., & Dozois, D. (2001). Historical and philosophical bases of the cognitive-behavioral therapies. In K. S. Dobson (Ed.), *Handbook of cognitive-behavioral therapies* (2nd ed., pp. 3-39). New York: Guilford Press.

Dobson, K. S., Hollon, S. D., Dimidjian, S., Schmaling, K. B., Kohlenberg, R. J., Gallop, R., et al. (2008). Randomized trial of behavioral activation, cognitive therapy, and antidepressant medication in the prevention of relapse and recurrence of major depression. *Journal of Consulting and Clinical Psychology, 76*(3), 468-77.

Dobson, K. S., Shaw, B. F., & Vallis, T. M. (1987). Reliability of a measure of the quality of cognitive therapy. *British Journal of Clinical Psychology, 24,* 295-300.

Dugas, M., Radomsky, A., & Brillon, P. (2004). Tertiary intervention for anxiety and prevention of relapse. In D. Dozois & K. S. Dobson (Eds.), *The prevention of anxiety and depression: Theory, research, and practice* (pp. 161-184). Washington, DC: American Psychological Association.

D'Zurilla, T. J., & Nezu, A. M. (2006). *Problem-solving therapy: A positive approach to clinical intervention* (3rd ed.). New York: Springer.

Eells, T. D. (Ed.). (1997). *Handbook of psychotherapy case formulation.* New York: Guilford Press.

Elkin, I., Shea, M., Watkins, J., Imber, S., et al. (1989). National Institute of Mental Health Treatment of Depression Collaborative Research Program: General effectiveness of treatments. *Archives of General Psychiatry, 46*(11), 971-982.

Ellman, S. J. (2008). Termination and long-term treatments. In W. T. O'Donohue & M. A. Cucciare (Eds.), *Terminating psychotherapy: A clinician's guide* (pp. 205-228). New York: Routledge.

Emmelkamp, P. M., & Wessels, H. (1975). Flooding in imagination vs. flooding *in vivo:* A comparison with agoraphobics. *Behaviour Research and Therapy, 13,* 7-15.

Endicott, J., & Spitzer, R. (1978). A diagnostic interview: The Schedule for Affective Disorders and Schizophrenia. *Archives of General Psychiatry, 35,* 837-844.

Farmer, R. F., & Chapman, A. L. (2008). *Behavioral interventions in cognitive behavior therapy: Practical guidance for putting theory into action.* Washington, DC: American Psychological Association Press.

Fedoroff, I. C., & Taylor, S. (2001). Psychological and pharmacological treatments of social phobia: A meta-analysis. *Journal of Clinical Psychopharmacology, 23,* 311-324.

Feeley, M., DeRubeis, R. J., & Gelfand, L. A. (1999). The temporal relation of adherence and alliance to symptom change in cognitive therapy for depression. *Journal of Consulting and Clinical Psychology, 67,* 578-582.

Feldman, G. (2007). Cognitive and behavioral therapies for depression: Overview, new directions, and practical recommendations for dissemination. *Psychiatric Clinics of North America, 30,* 39-50.

Fennell, M. J. V., & Teasdale, J. D. (1987). Cognitive therapy for depression: Individual differences and the process of change. *Cognitive Therapy and Research, 11,* 253-271.

Ferster, C. B. (1973). A functional analysis of depression. *American Psychologist, 28,* 857-870.

First, M., Spitzer, R., Gibbon, M., & Williams, J. B. (1997). *Structured Clinical Interview for DSM-IV Axis I Disorders (SCID-I), Clinician Version.* Washington, DC: American Psychiatric Press.

Foa, E. B., Dancu, C. V., Hembree, E. A., Jaycox, L. H., Meadows, E. A., & Street, G. P. (1999). The efficacy of exposure therapy, stress inoculation training and their combination in ameliorating PTSD for female victims of assault. *Journal of Consulting and Clinical Psychology, 67,* 194-200.

Foa, E. B., Jameson, J. S., Turner, R. M., & Payne, L. L. (1980). Massed versus spaced exposure sessions in the treatment of agoraphobia. *Behaviour Research and Therapy, 18,* 333-338.

Freeman, A., & Leaf, R. C. (1989). Cognitive therapy applied to personality disorders. In A. Freeman, K. Simon, L. Beutler, & H. Arkowitz (Eds.), *Comprehensive handbook of cognitive therapy* (pp. 403-433). New York: Plenum Press.

Freeston, M. H., Ladouceur, R., Provencher, M., & Blais, F. (1995). Strategies used with intrusive thoughts: Context, appraisal, mood, and efficacy. *Journal of Anxiety Disorders, 9,* 201-215.

Freiheit, S. R., Vye, C., Swan, R., & Cady, M. (2004). Cognitive-behavioral therapy for anxiety: Is dissemination working? *Behavior Therapist, 27,* 25-32.

Gelder, M. (1997). The scientific foundations of cognitive behaviour therapy. In D. Clark & C. Fairburn (Eds.), *Science and practice of cognitive behaviour therapy* (pp. 27-46). Oxford, UK: Oxford University Press.

Gelso, C. J., & Hayes, J. A. (2002). The management of countertransference. In J. C. Norcross (Ed.), *Psychotherapy relationships that work: Therapist contributions and responsiveness to patient needs* (pp. 267-284). New York: Oxford University Press.

Giesen-Bloo, J., van Dyck, R., Spinhoven, P., van Tilburg, W., Dirksen, C., van Asselt, T., et al. (2006). Outpatient psychotherapy for borderline personality disorder: A randomized trial of schema focused therapy versus transference focused therapy. *Archives of General Psychiatry, 63,* 649-658.

Goldfried, M. R., Burckell, L. A., & Eubanks-Carter, C. (2003). Therapist self-disclosure in cognitive-behavior therapy. *Journal of Clinical Psychology, 59,* 555-568.

Goodman, W., Price, L., Rasmussen, S., Mazure, C., Delgado, P., Heninger, G., et al. (1989a). The Yale-Brown Obsessive Compulsive Scale: II. Validity. *Archives of General Psychiatry, 46,* 1012-1016.

Goodman, W., Price, L., Rasmussen, S., Mazure, C., Fleishmann, R., Hill, C., et al. (1989b). The Yale-Brown Obsessive Compulsive Scale: I. Development, use, and reliability. *Archives of General Psychiatry, 46,* 1006-1011.

Gortner, E. T., Gollan, J. K., Dobson, K. S., & Jacobson, N. S. (1998). Cognitive-behavioral treatment for depression: Relapse prevention. *Journal of Consulting and Clinical Psychology, 66,* 377-384.

Greenberger, D., & Padesky, C. A. (1995). *Mind over mood: Change how you feel by changing the way you think.* New York: Guilford Press.

Groth-Marnat, G. (2003). *Handbook of psychological assessment* (4th ed.). New York: Wiley.

Haby, M. M., Donnelly, M., Corry, J., & Vos, T. (2006). Cognitive behavioral therapy for depression, panic disorder and generalized anxiety disorder: A meta-regression of factors that may predict outcome. *Australian and New Zealand Journal of Psychiatry, 40,* 9-19.

Hamilton, K. E., & Dobson, K. S. (2001). Empirically supported treatments in psychology. Implications for international dissemination. *Revista Internacional de Psicologia Clinica y de la Salad/International Journal of Clinical and Health Psychology, 1*(1), 35-51.

Hamilton, K. E., & Dobson, K. S. (2002). Cognitive therapy of depression: Pretreatment patient predictors of outcome. *Clinical Psychology Review, 22,* 875-894.

Hansen, N. B., Lambert, M. J., & Forman, E. M. (2002). The psychotherapy dose-response effect and its implications for treatment delivery services. *Clinical Psychology: Science and Practice, 9*(3), 329-343.

Haynes, S. (1984). Behavioral assessment of adults. In G. Goldstein & M. Hersen (Eds.), *Handbook of psychological assessment* (pp. 369-401). New York: Pergamon Press.

Hayes, S., Nelson, R., & Jarrett, R. (1987). The treatment utility of assessment: A functional approach to evaluating assessment quality. *American Psychologist, 42*, 963-974.

Haynes, S., & O'Brien, W. (2000). *Principles and practice of behavioral assessment.* Dordrecht, Netherlands: Kluwer Academic Press.

Hayes, S. C., Follette, V., & Linehan, M. M. (Eds.). (2004). *Mindfulness and acceptance: Expanding the cognitive-behavioral tradition.* New York: Guilford Press.

Heery, M. (2001). An interview with Albert Ellis, PhD: Rational emotive behavioral therapy. Retrieved July 4, 2008, from *www.psychotherapy.net/inter-view/A Ibert Ellis.*

Heimberg, R., & Becker, R. (2002). *Cognitive-behavioral group therapy for social phobia: Basic mechanisms and clinical strategies.* New York: Guilford Press.

Heimberg, R., Dodge, C., Hope, D., Kennedy, C., Zollo, L., & Becker, R. (1990). Cognitive behavioral group treatment for social phobia: Comparison with a credible placebo control. *Cognitive Therapy and Research, 14*, 1-23.

Helbig, S., & Fehm, L. (2004). Problems with homework in CBT: Rare exception or rather frequent? *Behavioural and Cognitive Psychotherapy, 32*, 291-301.

Held, B. S. (1995). *Back to reality: A critique of postmodern theory in psychotherapy.* New York: Norton.

Hembree, E. A., & Cahill, S. P. (2007). Obstacles to successful implementation of exposure therapy. In D. C. Richard & D. Luterbach (Eds.), *Handbook of exposure therapies* (pp. 389-408). London: Elsevier Press.

Hill, C. E., & Knox, S. (2002). Self-disclosure. In J. C. Norcross (Ed.), *Psychotherapy relationships that work: Therapist contributions and responsiveness to patient needs* (pp. 255-265). New York: Oxford University Press.

Hofmann, S. G., & Smits, J. A. J. (2008). Cognitive-behavioral therapy for adult anxiety disorders: A meta-analysis of randomized placebo-controlled trials. *Journal of Clinical Psychiatry, 68(5)*, 669-676.

Hollon, S., Stewart, M., & Strunk, D. (2006). Enduring effects of cognitive behavior therapy in the treatment of depression and anxiety. *Annual Review of Psychology, 57*, 285-315.

Hollon, S. D., Thase, M. E., & Markowitz, J. C. (2005). Treatment and prevention of depression. *Psychological Science in the Public Interest, 3*, 39-77.

Horowitz, L., Rosenberg, S., Baer, B., Ureno, G., & Viilasenor, V. (1988). Inventory of interpersonal problems: Psychometric properties and clinical applications. *Journal of Consulting and Clinical Psychology, 56*, 885-892.

Horvath, A., & Greenberg, L. (1986). The development of the Working Alliance Inventory. In L. Greenberg & W. Pinsof (Eds.), *The psychotherapeutic process: A research handbook* (pp. 527-556). New York: Guilford Press.

Hunot, V., Churchill, R., Teixeira, V., & Silva de Lima, M. (2007). Psychological therapies for generalised anxiety disorder. *Cochrane Database System Review, 1*, CD001848.

Hunsley, J. (2002). Psychological testing and psychological assessment: A closer examination. *American Psychologist, 57*, 139-140.

Hunsley, J., Crabb, R., & Mash, E. (2004). Evidence-based clinical assessment. *Clinical Psychologist, 57(3)*, 25-32.

Hunsley, J., & Mash, E. (2005). Introduction to the special section on developing guidelines for the evidence based assessment of adult disorders. *Psychological Assessment, 17*, 251-255.

Huppert, J. D., Bufka, L. F., Barlow, D. H., Gorman, J. M., Shear, M. K., & Woods, S. W. (2001). Therapists, therapist variables, and cognitive-behavioural therapy outcome in a multicenter trial for panic disorder. *Journal of Consulting and Clinical Psychology, 69*, 747-755.

Hurn, J., Kneebone, I., & Cropley, M. (2006). Goal setting as an outcome measure: A systematic review. *Clinical Rehabilitation, 20*, 756-772.

Jackson, D. N. (1967). *Personality Research Form.* Goshen, NY: Research Psychologists Press.

Jacobson, N. S., Dobson, K. S., Truax, P. A., Addis, M. E., Koerner, K., Gollan, J. K., et al. (1996). A component analysis of cognitive behavioral treatment for depression. *Journal of Consulting and Clinical Psychology, 64,* 295-304.

Jacobson, N. S., & Truax, P. (1991). Clinical significance: A statistical approach to defining meaningful change in psychotherapy research. *Journal of Consulting and Clinical Psychology, 59,* 12-19.

Joiner, T., Walker, R., Rudd, M., & Jobes, D. (1999). Scientizing and routinizing the assessment of suicidality in outpatient practice. *Professional Psychology: Research and Practice, 30*(5), 447-453.

Josefowitz, N., & Myran, D. (2005). Towards a person-centred cognitive-behavior therapy. *Counselling Psychology Quarterly, 18,* 329-336.

Kabat-Zinn, J. (1994). *Wherever you go, there you are: Mindfulness meditation in everyday life.* New York: Hyperion.

Karpiak, C., & Smith Benjamin, L. (2004). Therapist affirmation and the process and outcome of psychotherapy: Two sequential analytic studies. *Journal of Clinical Psychology, 60*(6), 659-676.

Kazantzis, N., & Dattilio, F. N. (2007). Beyond basics: Using homework in cognitive behavior therapy with challenging clients. *Cognitive and Behavioral Practice, 14*(3), 249-251.

Kazantsis, N., Deane, F. P., & Ronan, K. R. (2000). Homework assignments in cognitive and behavioral therapies: A meta-analysis. *Clinical Psychology: Science and Practice, 7,* 189-202.

Kazantsis, N., & L'Abate, L. (Eds.). (2007). *Handbook of homework assignments in psychotherapy: Research, practice and prevention.* New York: Springer.

Keijsers, G. P. J., Hoogduin, C. A. L., & Schaap, C. P. D. R. (1994). Predictors of treatment outcome in the behavioural treatment of obsessive-compulsive disorder. *British Journal of Psychiatry, 165,* 781-786.

Keijsers, G. P. J., Schaap, C. P. D. R., & Hoogduin, C. A. L. (2000). The impact of interpersonal patient and therapist behavior on outcome in cognitive-behavioral therapy. *Behavior Modification, 24,* 264-297.

Keller, M. B. (1994). Depression: A long term illness. *British Journal of Psychiatry, 165*(Suppl 26), 9-15.

Kendjelic, E. M., & Eells, T. D. (2007). Generic psychotherapy case formulation training improves formulation quality. *Psychotherapy: Theory, Research, Practice and Training, 44,* 66-77.

Kessler, R. C. (2002). Epidemiology of depression. In I. H. Gotlib & C. L. Hammen (Eds.), *Handbook of depression* (pp. 23-42). New York: Guilford Press.

Kessler, R. C., Berglund, P., Dernier, O., Jin, R., Koretz, D., Merikangas, K., et al. (2003). The epidemiology of major depressive disorder: Results from the National Comorbidity Survey Replication (NCS-R). *Journal of the American Medical Association, 289,* 3095-3105.

Kiresuk, T. J., Stelmachers, Z. T., & Schultz, S. K. (1982). Quality assurance and goal attainment scaling. *Professional Psychology, 13,* 145-152.

Kleespies, P., Deleppo, J., Gallagher, P., & Niles, B. (1999). Managing suicidal emergencies: Recommendations for the practitioner. *Professional Psychology: Research and Practice, 30,* 454-463.

Klein, D., Schwartz, J., Santiago, N., Vocisano, C., Castonguay, L., Arnow, B., et al. (2003). Therapeutic alliance in depression treatment: Controlling for prior change and patient characteristics. *Journal of Consulting and Clinical Psychology, 71,* 997-1006.

Koss, M. P., & Shiang, J. (1994). Research on brief psychotherapy. In A. E. Bergin & S. L. Garfield (Eds.), *Handbook of psychotherapy and behavior change: An empirical analysis* (4th ed., pp. 664-700). New York: Wiley.

Kottler, J. A. (1986). *On being a therapist.* San Francisco: Jossey-Bass.

Kovacs, M., & Beck, A. T. (1978). Maladaptive cognitive structures in depression. *American Journal of Psychiatry, 135,* 525-533.

Kuyken, W., Fothergili, C. D., Musa, M., & Chadwick, P. (2005). The reliability and quality of cognitive case formulation. *Behaviour Research and Therapy, 43,*1187-1201.

Lambert, M. J. (2005). Early response in psychotherapy: Further evidence for the importance of common factors rather than "placebo effects." *Journal of Clinical Psychology, 61,* 855-869.

Lambert, M. J., & Barley, D. E. (2002). Research summary on the therapeutic relationship and psychotherapy outcome. In J. C. Norcross (Ed.), *Psychotherapy relationships that work: Therapist contributions and responsiveness to patient needs* (pp. 17-36). New York: Oxford University Press.

Landon, T. M., & Barlow, D. H. (2004). Cognitive-behavioral treatment for panic disorder: Current status. *Journal of Psychiatric Practice, 10,* 211-226.

Leahy, R. L. (2001). *Overcoming resistance in cognitive therapy.* New York: Guiiford Press.

Leahy, R. L. (Ed.). (2003). *Roadblocks in cognitive-behavioral therapy: Transforming challenges into opportunities for change.* New York: Guilford Press.

Leahy, R. L., & Holland, S. (2000). *Treatment plans and interventions for depression and anxiety disorders.* New York: Guilford Press.

Ledley, D. R., & Heimberg, R. G. (2005). Social anxiety disorder. In M. Antony, D. R. Ledley, & R. G. Heimberg (Eds.), *Improving outcomes and preventing relapse in cognitive-behavioral therapy* (pp. 38-76). New York: Guilford Press.

Lee, C. W., Taylor, G., & Dunn, J. (1999). Factor structure of the Schema Questionnaire in a large clinical sample. *Cognitive Therapy and Research, 23,* 441-451.

Leong, F. T. L., & Zachar, P. (1999). Gender and opinions about mental illness as predictors of attitudes toward seeking professional psychological help. *British Journal of Guidance and Counselling, 27,* 123-132.

Lewinsohn, P. M., Sullivan, J. M., & Grosscup, S. J. (1980). Changing reinforcing events: An approach to the treatment of depression. *Psychotherapy: Theory, Research, Practice and Training, 17*(3), 322-334.

Liberman, R., DeRisi, W., & Mueser, K. (1989). *Social skills training for psychiatric patients.* New York: Pergamon Press.

Lilienfeld, S. O. (2007). Psychological treatments that cause harm. *Perspectives on Psychological Science, 2,* 54-70.

Linehan, M. M. (1993). *Cognitive-behavioral treatment of borderline personality disorder.* New York: Guilford Press.

Lohr, J., Olatumji, B., Parker, L., & DeMaio, C. (2005). Experimental analysis of specific treatment factors: Efficacy and practice implications. *Journal of Clinical Psychology, 61*(7), 819-834.

Luborsky, L., & Crits-Christoph, P. (1998). *Understanding transference: The core conflictual relationship theme method* (2nd ed.). New York: Basic Books.

Luborsky, L., & DeRubeis, R. J. (1984). The use of psychotherapy treatment manuals: A small revolution in psychotherapy research style. *Clinical Psychology Review, 4,* 5-14.

Ma, S. H., & Teasdale, J. (2004). Mindfulness-based cognitive therapy for depression: Replication and exploration of differential relapse prevention effects. *Journal of Consulting and Clinical Psychology, 72,* 31-40.

MacPhillamy, D. J., & Lewinsohn, P. M. (1982). The Pleasant Events Schedule: Studies on reliability, validity, and scale intercorrelation. *Journal of Consulting and Clinical Psychology, 50,* 363-380.

Mahoney, M. J. (1991). *Human change processes: The scientific foundations of psychotherapy.* New York: Basic Books.

March, J., Frances, A., Carpenter, D., & Kahn, D. (1997). The Expert Consensus Guidelines: Treatment of obsessive-compulsive disorder. *Journal of Clinical Psychiatry, 58*(Supp 4).

Marks, I., & Mathews, A. (1979). Brief standard self-rating scale for phobic patients. *Behaviour Research and Therapy, 17,* 263-267.

Martell, C., Addis, M., & Jacobson, N. (2001). *Depression in context: Strategies for guided action.* New York: Norton.

Mattick, R., & Clarke, J. (1998). Development and validation of measures of social phobia scrutiny fear and social interaction anxiety. *Behaviour Research and Therapy, 36,* 455-470.

McAlpine, D., & Mechanic, D. (2000). Utilization of specialty mental health care among persons with severe mental illness: The roles of demographics, need, insurance, and risk. *Health Services Research, 35,* 277-292.

McFarlane, T., Carter, J., & Olmsted, M. (2005). Eating disorders. In M. Antony, D. R. Ledley, & R. G. Heimberg (Eds.), *Improving outcomes and preventing relapse in cognitive-behavioral therapy* (pp. 268-305). New York: Guilford Press.

McGlinchey, J., & Dobson, K. S. (2003). Treatment integrity concerns in cognitive therapy for depression. *Journal of Cognitive Psychotherapy: An International Quarterly, 17,* 299-318.

McKay, M., Davis, M., & Fanning, P. (1995). *Messages: The communication skills book* (2nd ed.). Oakland, CA: New Harbinger Press.

McMullin, R. E. (2000). *The new handbook of cognitive therapy techniques.* New York: Norton.

McWilliams, N. (2005). Preserving our humanity as therapists. *Psychotherapy: Theory, Research, Practice and Training, 42,* 139-151.

Meyer, G., Finn, S., Eyde, L., Kay, G., Moreland, K., Dies, R., et al. (2001). Psychological testing and psychological assessment: A review of evidence and issues. *American Psychologist, 56*(2), 128-165.

Miller, W., & Rollnick, S. (2002). *Motivational interviewing: Preparing people for change* (2nd ed.). New York: Guilford Press.

Mitte, K. (2005a). Mera-analysis of cognitive-behavioral treatments for generalized anxiety disorder: A comparison with pharmacotherapy. *Psychological Bulletin, 131,* 785-795.

Mitte, K. (2005b). A meta-analysis of the efficacy of psycho- and pharmacotherapy in panic disorder with and without agoraphobia. *Journal of Affective Disorders, 88,* 27-45.

Mumma, G. (2004). Validation of idiosyncratic cognitive schema in cognitive case formulations: An intraindividual idiographic approach. *Psychological Assessment, 16,* 211-230.

Mumma, G., & Smith, J. (2001). Cognitive-behavioral-interpersonal scenarios: Interformulator reliability and convergent validity. *Journal of Psychopathology and Behavioral Assessment, 23,* 203-221.

Murray, H. A. (1938). *Explorations in personality.* New York: Oxford University Press.

Mussell, M., Mitchell, J., Crosby, R., Fulkerson, J., Hoberman, H., & Romano, J. (2000). Commitment to treatment goals in prediction of group cognitive-behavioral therapy treatment outcome for women with bulimia nervosa. *Journal of Consulting and Clinical Psychology, 68,* 432-437.

Nelson-Gray, R. (2003). Treatment utility of psychological assessment. *Psychological Assessment, 15*(4), 521-531.

Nezu, A., Nezu, C., & Lombardo, E. (2004). *Cognitive-behavioral case formulation and treatment design: A problem-solving approach.* New York: Springer.

Nezu, A. M., Ronan, G. F., Meadows, E. A., & McClure, K. S. (Eds.). (2000). *Practitioner's guide to empirically based measures of depression.* Dordrecht, Netherlands: Kluwer Academic.

Norcross, J. C. (Ed.). (2002). *Psychotherapy relationships that work: Therapist contributions and responsiveness to patient needs.* New York: Oxford University Press.

Norcross, J. C., Koocher, G. P., & Garofalo, A. (2006). Discredited psychological treatments and tests: A Delphi Poll. *Professional Psychology: Research and Practice, 37,* 515-522.

Norcross, J. C., Santrock, J. W., Campbell, L. R., Smith, T. P., Sommer, R., & Zuckerman, E. L. (2000). *Authoritative guide to self-help resources in mental health.* New York: Guilford Press.

Norris, F. H. (1992). Epidemiology of trauma: Frequency and impact of different potentially traumatic events on different demographic groups. *Journal of Consulting and Clinical Psychology, 60,* 409-418.

O'Donohue, W. T., & Cucciare, M. A. (2008). *Terminating psychotherapy: A clinician's guide.* New York: Routledge.

Ost, L. G. (1989). A maintenance program for behavioural treatment of anxiety disorders. *Behaviour Research and Therapy, 27,* 123-130.

Othmer, E., & Othmer, S. (1994). *The clinical interview using DSM-IV. Vol. I: Fundamentals.* Washington, DC: American Psychiatric Association Press.

Ottenbreit, N. D., & Dobson, K. S. (2004). Avoidance and depression: The contruction of the Cognitive-Behavioral Avoidance Scale. *Behaviour Research and Therapy, 42,* 293-313.

Otto, M., Reilly-Harrington, N., Kogan, J., & Winett, C. (2003). Treatment contracting in cognitive behavior therapy. *Cognitive and Behavioral Practice, 10,* 199-203.

Pampallona, S., Bollini, P., Tibaldi, G., Kupelnick, B., & Munizza, C. (2004). Combined pharmacotherapy and psychological treatment for depression: A systematic review. *Archives of General Psychiatry, 61,* 714-719.

Paterson, R. (2000). *The Assertiveness Workbook: How to express your ideas and stand up for yourself at work and in relationships.* Oakland, CA: New Harbinger Press.

Paykel, E. S. (2007). Cognitive therapy in relapse prevention in depression. *International Journal of Neuropsychopharmacology, 10,* 131-136.

Pekarik, G., & Wolff, C. (1996). Relationship of satisfaction to symptom change, follow-up adjustment and clinical significance. *Professional Psychology: Research and Practice, 27*(2), 202-208.

Perepletchikova, R., & Kazdin, A. (2005). Treatment integrity and therapeutic change: Issues and research recommendations. *Clinical Psychology: Science and Practice, 12,* 365-378.

Persons, J. B. (1989). *Cognitive therapy in practice: A case formulation approach.* New York: Norton.

Persons, J, B., & Bertagnolli, A. E. (1999). Inter-rater reliability of cognitive-behavioral case formulations for depression: A replication. *Cognitive Therapy and Research, 23,* 271-284.

Persons, J. B., Mooney, K., & Padesky, C. (1995). Interrater reliability of cognitive behavioral case formulation. *Cognitive Therapy and Research, 19,* 21-34.

Persons, J. B., Roberts, N. A., Zalecki, C. A., & Brechwald, W. A. G. (2006). Naturalistic outcome of case formulation-driven cognitive-behavior therapy for anxious depressed outpatients. *Behaviour Research and Therapy, 44,* 1041-1051.

Reddin Long, J. (2001). Goal agreement and early therapeutic change. *Psychotherapy, 38,* 219-232.

Rees, C., McEvoy, P., & Nathan, P. (2005). Relationship between homework completion and outcome in cognitive behaviour therapy. *Cognitive Behaviour Therapy, 34*(4), 242-247.

Reik, T. (1948). *Listening with the third ear: The inner experience of a psychoanalyst.* New York: Farrar.

Richard, D. C., & Lauterbach, D. (Eds.). (2007). *Handbook of exposure therapies.* London: Elsevier Press.

Riso, L. P., du Toit, P. L., Stein, D. J., & Young, J. E. (Eds.). (2007). *Cognitive schemas and core beliefs in psychological problems: A scientist-practitioner guide.* Washington, DC: American Psychological Association Press.

Robins, L., Cottler, L., Bucholz, K., & Compton, W. (1995). *The Diagnostic Interview Schedule, Version IV.* St. Louis, MO: Washington University Medical School.

Rodebaugh, T. L., Holaway, R. M., & Heimberg, R. G. (2004). The treatment of social anxiety disorder. *Clinical Psychology Review, 24,* 883-908.

Rotgers, F., & Sharp, L. (2005). Alcohol use disorders. In M. Antony, D. R. Ledley, & R. G. Heimberg (Eds.), *Improving outcomes and preventing relapse in cognitive-behavioral therapy* (pp. 348-379). New York: Guilford Press.

Rowa, K., Bieling, P. J., & Segal, Z. V. (2005). Depression. In M. Antony, D. R. Ledley, & R. Heimberg (Eds.), *Improving outcomes and preventing relapse in cognitive-behavioral therapy* (pp. 204-245). New York: Guilford Press.

Rudd, M. D., & Joiner, T. (1998). The assessment, management and treatment of suicidality: Toward clinical informed and balanced standards of care. *Clinical Psychology: Science and Practice, 5,* 135-150.

Rudd, M. D., Joiner, T., Jobes, D., & King, C. (1999). The outpatient treatment of suicidality: An integration of science and recognition of its limitations. *Professional Psychology: Research and Practice, 30*(5), 437-446.

Saatsi, S., Hardy, G. E., & Cahill, J. (2007). Predictors of outcome and completion status in cognitive therapy for depression. *Psychotherapy Research, 17,* 185-195.

Safran, J., & Segal, Z. (1990). *Interpersonal process in cognitive therapy.* New York: Basic Books.

Safran, J., & Wallner, L. (1991). The relative predictive validity of two therapeutic alliance measures in cognitive therapy. *Psychological Assessment, 3,* 188-195.

Salkovskis, P., Clark, D., & Gelder, M. (1996). Cognition-behaviour links in the persistence of panic. *Behaviour Research and Therapy, 34,* 453-458.

Segal, Z. V., Williams, J. M. G., & Teasdale, J. D. (2001). *Mindfulness-based cognitive therapy for depression: A new approach to preventing relapse.* New York: Guilford Press.

Seidler, G. H., & Wagner, R E. (2006). Comparing the efficacy of EMDR and trauma-focused cognitive-behavioral therapy in the treatment of PTSD: A meta-analytic study. *Psychological Medicine, 36,* 1515-1522.

Shaw, B. F., & Dobson, K. S. (1988). Competency judgments in the training and evaluation of psychotherapists. *Journal of Consulting and Clinical Psychology, 56,* 666-672.

Sheehan, D., Lecrubier, Y., Sheehan, K., Amorim, P., Janavs, J., Weiller, E., et al. (1998). The Mini-International Neuropsychiatric Interview (M.I.N.I.): The development and validation of a structured diagnostic psychiatric interview for DSM-IV and ICD-10. *Journal of Clinical Psychiatry, 59*(Suppl. 20), 22-33.

Simon, R. I., & Hales, R. E. (Eds.). (2006). *Textbook of suicide assessment and management.* Arlington, VA: American Psychiatric Publishing.

Smith, M. L., & Glass, G. V. (1977). Meta-analysis of psychotherapy outcome studies. *American Psychologist, 32,* 752-760.

Sobell, L., & Sobell, M. (2003). Using motivational interviewing techniques to talk with clients about their alcohol use. *Cognitive and Behavioral Practice, 10,* 214-221.

Spielberger, C., Gorsuch, R., Lushene, R., Vagg, P., & Jacobs, G. (1983). *Manual for the State-Trait Anxiety Inventory.* Palo Alto, CA: Consulting Psychologists Press.

Spies, R., & Plake, B. (Eds.). (2005). *The sixteenth mental measurements yearbook.* Lincoln: University of Nebraska Press.

Spitzer, R., Williams, J., Kroenke, K., Linzer, M., deGruy, R., Hahn, S., et al. (1994). Utility of a new procedure for diagnosing mental disorders in primary care: The PRIME-MD 1000 Study. *Journal of the American Medical Association, 272,* 1749-1756.

Stoppard, J. (1989). An evaluation of the adequacy of cognitive behavioural theories for understanding depression in women. *Canadian Psychology, 30,* 39-17.

Strachey, J. (1957). *Studies on hysteria* (edited from the original by J. Breuer & S. Freud, *Studien über Hysterie;* 1895). New York: Basic Books.

Strunk, D. R., DeRubeis, R. J., Chiu, A. W., & Alvarez, J. (2007). Patients' competence and performance of cognitive therapy skills: Relation to the reduction of relapse risk following treatment for depression. *Journal of Consulting and Clinical Psychology, 74*(4), 523-530.

Tang, T. Z., & DeRubeis, R. J. (1999). Sudden gains and critical sessions in cognitive-behavioral therapy for depression. *Journal of Consulting and Clinical Psychology, 67,* 894-904.

Tang, T. Z., DeRubeis, R. J., Beberman, R., & Pham, T. (2005). Cognitive changes, critical sessions, and sudden gains in cognitive-behavioral therapy for depression. *Journal of Consulting and Clinical Psychology, 73,* 168-172.

Tang, X Z., DeRubeis, R. J., Hollon, S. D., Amsterdam, J., & Shelton, R. (2007). Sudden gains in cognitive therapy of depression and depression relapse/ recurrence. *Journal of Consulting and Clinical Psychology, 75,* 404-408.

Teasdale, J. D., Segal, Z. V., Williams, J. M., Ridgeway, V. A., Soulsby, J. M., & Lau, M. A. (2000). Prevention of relapse/recurrence in major depression by mindfulness-based cognitive therapy. *Journal of Consulting and Clinical Psychology, 68,* 615-623.

Teyber, E. (2000). *Interpersonal process in psychotherapy: A relational approach.* Belmont, CA: Wadsworth.

Tryon, G. S., & Winograd, G. (2001). Goal consensus and collaboration. *Psychotherapy, 38,* 385-389.

Vallis, T. M., Shaw, B. F., & Dobson, K. S. (1986). The Cognitive Therapy Scale: Psychometric properties. *Journal of Consulting and Clinical Psychology, 54,*381-385.

Wade, W. A., Treat, T. A., & Stuart, G. L. (1998). Transporting an empirically supported treatment for panic disorder to a service clinic setting: A benchmarking strategy. *Journal of Consulting and Clinical Psychology, 66,* 231-239.

Wampold, B. E. (2005). Establishing specificity in psychotherapy scientifically: Design and evidence issues. *Clinical Psychology: Science and Practice, 12,* 194-197.

Wang, J. (2007). *Mental health literacy in Alberta.* Presentation at Department of Psychiatry, Calgary, Alberta, Canada.

Waters, A. M., & Craske, M. G. (2005). Generalized anxiety disorder. In M. Antony, D. R. Ledley, & R. G. Heimberg (Eds.), *Improving outcomes and preventing relapse in cognitive-behavioral therapy* (pp. 77-127). New York: Guilford Press.

Watson, J., & Geller, S. (2005). The relation among the relationship conditions, working alliance, and outcome in both process-experiential and cognitive-behavioral psychotherapy. *Psychotherapy Research, 15*(1-2), 25-33.

Weissman, A. N., & Beck, A. T. (1980). *The Dysfunctional Attitude Scale.* Unpublished manuscript, University of Pennsylvania, Philadelphia.

Weissman, M. M., Verdeli, H., Gameroff, M. J., Bledsoe, S. E., Berts, K., Mufson, L., et al. (2006). National Survey of Psychotherapy Training in Psychiatry, Psychology, and Social Work. *Archives of General Psychiatry, 63,* 925-934.

Wells, A. (2002). Worry, metacognition, and GAD: Nature, consequences, and treatment. *Journal of Cognitive Psychotherapy: An International Quarterly, 16,*179-192.

Wells, A., Clark, D., Salkovskis, P., Ludgate, J., Hackmann, A., & Gelder, M. (1995). Social phobia: The role of in-situation safety behaviors in maintaining anxiety and negative beliefs. *Behavior Therapy, 26,* 153-161.

Westen, D., Novotny, C. M., & Thompson-Brenner, H. (2004). The empirical status of empirically supported psychotherapies: Assumptions, findings, and reporting in controlled clinical trials. *Psychological Bulletin, 130*(4), 631-663.

Whisman, M. A. (1993). Mediators and moderators of change in cognitive therapy of depression. *Psychological Bulletin, 114,* 248-265.

Whisman, M. A. (2008). *Adapting cognitive therapy for depression: Managing complexity and comorbidtty.* New York: Guilford Press.

Widiger, T. A., & Frances, A. J. (1994). Toward a dimensional model for the personality disorders. In P. T. Costa, Jr. & T. A. Widiger (Eds.), *Personality disorders and the five-factor model of personality* (pp. 19-39). Washington, DC: American Psychological Association Press.

Widiger, T. A., & Simonsen, E. (2005). Alternative dimensional models of personality disorder: Finding a common ground. *Journal of Personality Disorders, 19,* 110-130.

Wright, J. H., Wright, A. S., Salmon, P., Beck, A. T., Kuykendall, J., Goldsmith, J., et al. (2002). Development and initial testing on a multimedia program for computer-assisted cognitive therapy. *American Journal of Psychotherapy, 56,* 76-86.

Yalom, I., & Leszcz, M. (2005). *The theory and practice of group psychotherapy* (5th ed.). New York: Basic Books.

Yates, A. (1958). Symptoms and symptom substitution. *Psychological Review, 65*(6), 371-374.

Young, J. E., & Beck, A. T. (1980). *Cognitive Therapy Scale rating manual.* Unpublished manuscript, University of Pennsylvania, Philadelphia.

Young, J. E., & Brown, G. (2001). *Young Schema Questionnaire: Special Edition.* New York: Schema Therapy Institute.

Young, J. E., & Klosko, J. S. (1994). *Reinventing your life.* New York: Plume.

Young, J. E., Klosko, J. S., & Weishaar, M. E. (2003). *Schema therapy: A practitioner's guide.* New York: Guilford Press.

Zubin, J., & Spring, B. (1977). Vulnerability: A new view of schizophrenia. *Journal of Abnormal Psychology, 86,* 103-126.

ÍNDICE

A

Abordagem gradual, 15, 72-73, 226-227
Abstração seletiva, 111-112, *ver também* Distorções cognitivas
Academy of Cognitive Therapy, 224-225
Aceitação, adesão ao tratamento e, 167-169
Aceitação dos clientes, 58-61, 211-212
Aceitação social, 17-18
Adesão à Terapia Cognitiva e Escala de Competência (CTACS), 224
Adesão ao tratamento, 162-167, 189-190, 223-225
Afeto
  estabelecimento de metas e, 58-59
  identificação de emoções e, 104-106
  reações ao, 24-27
  relação terapêutica e, 64-66
Afirmações, positivas, 119-120
Agressão, 168-169170
Aliança terapêutica
  adesão ao tratamento e, 163-164
  clientes bravos e agressivos, 169-170
  clientes divertidos e, 170
  desafios relacionados, 181-182
  encerramento da terapia e, 145-146
  formulação de caso e, 38-40, 45-46
  mitos sobre a TCC e, 206-210, 214
  pesquisa e, 198-199
  reestruturação cognitiva e, 123-124
  resultado e, 185-191
  visão geral, 61-68
Ambivalência, 61
American Psychiatric Association, 14-15
Análise custo-benefício, 119, 140-142
Análise funcional, 21-24
Análise funcional comportamental, 21-23
Anorexia nervosa, 195, 239
Ansiedade
  adesão ao tratamento, 166
  decidindo o quanto a terapia é suficiente, 151-152
  do terapeuta, 180-181
  finalização da terapia e, 160
  motivação e, 60-62
  tratamento de exposição e 91-99
  treinamento de relaxamento e, 90-92
Anxiety Disorders Interview Schedule for DSM-IV (ADIS-IV), 23
Arquivo da terapia, prevenção de recaída, 157-158
Assessment of Functioning (GAF) [Avaliação Global de Funcionamento Global], 153-154
Assumir riscos, 89
Ataques de pânico, treinamento de relaxamento e, 90-92
Atenção plena (*mindfulness*), 142-144, 160

Atitude colaborativa com os clientes
  adesão ao tratamento e, 166
  encerramento da terapia e, 145-146
  intervenções de resolução de problemas e, 74-76
  mitos sobre a TCC e, 205-206
  planejamento do tratamento e, 56-58
Atitudes, 127-128, 211-212, *ver também* Esquemas
Ativação comportamental da "Terceira-onda", 98-100
Ativação emocional, 131-132
Atividades de domínio, 84-85
Atividades prazerozas, ativação comportamental e, 84-85
Atribuição equivocada, 111-112, 114-115, *ver também* Distorções cognitivas
Atribuições
  dependência e, 148
  modelos de mudança e, 170-172
  prevenção da recaída e, 157-158
Autoabertura, 64-65, 209-210
Autoabertura orientada ao processo, 64-65
Autoavaliações, prevenção de recaída e, 157-159
Autodiagnóstico, 17
Autoeficácia, 61-62
Autoestima, 137-138
Autoexpressão emocional, 104-105
Autofirmações, 119-120
Automonitoramento, 31-32
Autonomia, 131-133
Avaliação
  automonitoramento, 31-32
  como um processo contínuo, 32-34
  de base empírica, 20-23
  entrevistas, 23-30
  esquemas e, 131-133
  estabelecimento de metas e, 54-57
  ferramentas para, 22-33, 23-30
  formulação de caso e, 40-43
  medidas de autorrelato, 28, 30-32
  observação, 31-32
  prevenção da recaída e, 157-159
  primeiros socorros para o terapeuta e, 179
  risco de suicídio e, 174-179
  sequência e extensão do tratamento e, 69-71
  visão geral, 20-21
Avaliação baseada em observações, 31-32
Avaliação de risco, 174-179

Avaliação Psicológica, 20-22, *ver também* Avaliação
Avaliações cognitivas, 197-198
Avaliações comportamentais, 130-131, 136-137
Avaliações de seguimento, 34

B

Beck Anxiety Inventory (BAI), 30-31
Beck Depression Inventory-II (BDI-II), 30-31
Beck Hopelessness Scale (BHS), 21-22, 30-31
Behavioral Activity Schedule, 32
Behavioral Avoidance Scale, 31-32
Bern Inventory of Treatment Goals, 55-56
Bulimia nervosa, 195, 239

C

Cadernos da terapia, adesão ao tratamento e, 164-165
Campanhas de conscientização pública, 17-18
Cancelamento de consultas, 163-164
Características da personalidade, esquemas e, 127-129
Catastrofização, 111-112, *ver também* Distorções cognitivas
Ciência, 11-14
Clientes
  aceitação e, 167-169
  adesão ao tratamento e, 163-167
  bravos e agressivos, 168-170
  crenças negativas relativas aos, 209-212
  crises e emergências e, 174-179
  divertidos, 170
  estilos interpessoais e, 170-171
  mudanças relacionadas a, 162-179
  primeiros socorros para o terapeuta e, 179
  problemas múltiplos e, 173-174
  resultado e, 184-187
Clientes abusivos, 169-170
Clientes divertidos, 170
Clientes exigentes, 168-170
Cognições, reações a, 24-27
Cognitive Teraphy Scale (CTS)
  completa, 231-236
  mitos sobre a TCC e, 209-210
  visão geral, 179-180, 188-189, 224-225
Colaboração com outros profissionais, 45-48

Comorbidade, 151-152
Competência, *ver também* Conhecimento especializado em comunicação de TCC com clientes potenciais e, 218-219-221
   maximização, 223-228
   relação terapêutica e, 62-64
   visão geral, 189-190, 217, 223-228
Comportamento de busca de afirmação, 148
Comportamento de evitação de esquemas, 128-129
Comportamentos compensatórios, 142-143 *ver também* Esquema de comportamentos compensatórios
Comportamentos de compensação de esquemas, 128-129, *ver também* comportamento de manutenção de esquemas
Comportamentos de manutenção, 96-98, *ver também* comportamentos de manutenção de esquemas
Comportamentos de neutralização da ansiedade, 96-98
Comportamentos de segurança, 96-98
Comunicação, métodos de entrevista motivacional e, 61
Comunicação com outros profissionais, 45-48
Comunicação não verbal, 86-88
Conceituação de caso
   ativação comportamental e, 84-85
   avaliação e, 20-21
   compartilhamento com o cliente, 130-131
   esquemas e, 130-131
Confiabilidade, da formulação de casos, 37-38
Conflito familiar, ativação comportamental e, 82-83
Confrontação, esquemas e, 136-137
Conhecimento especializado em TCC
   comunicação com clientes potenciais e, 218-221
   relação terapêutica e, 62-64
   visão geral, 15-16, 216-217
Consequências, avaliação e, 23-24, 26
Considerações de custo, 17-19
Considerações financeiras e, 17-19, 187, 203-204
Continuum, esquemas e, 135
Contratação de contingência, 84-86
Contrato terapêutico, 54-62
Contratos de tratamento *ver* Contrato terapêutico
Contratransferência, 191, *ver também* Aliança terapêutica

Conversa sobre mudança, 61-62
Coping (enfrentamento)
   avaliação e, 24, 26-27
   prevenção de recaída e, 157-159
   tratamentos comportamentais e, 82-83, 100-101
   visão geral, 79-80, 122
Coportamentos de automutilação, risco de suicídio e, 175-176
Core conflictual relationship theme (CCRT), 37-38, *ver também* Formulação de caso
Credenciamento, 228
Credenciamento de especialidades, 228
Crenças, *ver também* Esquemas
   Distorções cognitivas e, 111-113
   finalização da terapia e, 156
   identificação de, 129-133
   mitos sobre a TCC e, 201-214
   pensamentos confusos com, 107-108
   prevenção da recaída e, 147
   visão geral, 127-128
Crenças negativas, 201-214
Crenças nucleares, *ver também* Crenças
   distorções cognitivas e, 111-113
   técnica da seta descendente e, 120-122
   visão geral, 126-127
Crenças positivas, mitos sobre TCC e, 213-214
Crises, 174-179
Critérios de exclusão, 217-221
Cuidado de si, 180-181

D

Déficits de habilidade, 24, 26-28, 86-90
Definição de tarefas de casa
   adesão à, 162-167
   esquemas e, 130-131
   expectativas irreais e, 113-115
   geração de pensamentos alternativos e, 116-119
   Prevenção de recaída e, 157-158
   resultado e, 191
   treinamento de habilidades sociais e, 89
   visão geral e, 73-75
Demanda e oferta de TCC, 15-17
Dependência, 147-149
Depressão
   ativação comportamental da "terceira-onda" e, 98-100
   critérios de exclusão para o tratamento e, 218

decidindo a "quantidade" de terapia
 suficiente, 151-152
demanda de TCC e, 15
motivação e, 60-62
resultado do tratamento e, 185-187
revisão da literatura e, 195, 238-239
Desafios na TCC
 aceitação e, 167-169
 adesão ao tratamento e, 163-167
 clientes bravos e agressivos, 168-170
 clientes divertidos, 170
 clientes e, 162-179
 crises e emergências e, 174-179
 estilos interpessoais e, 170-171
 fora da terapia, 182-183
 modelos de mudança e, 170-174
 primeiros socorros e para o terapeuta e, 179
 problemas múltiplos e, 173-174
 relação terapêutica e, 181-182
 visão geral, 162
Desencorajamento, 66-67
Desespero, 76-78
Desqualificar o positivo, 111-112, *ver também* Distorções cognitivas
Diagnóstico
 adesão ao tratamento e, 163-164
 avaliação e, 20-22
 critérios de exclusão para o tratamento e, 218
 encerramento da terapia e, 155-156
 esquemas e, 128-129
 formulação de caso e, 40-43
 prevenção de recaída e, 146-147
 problemas do Eixo II, 167-168, 174-175, 211-212, 218
 revisão da literatura e, 195-197
 risco de suicídio e, 174-175
 treinamento de habilidades de comunicação e, 86-87
 visão geral, 11-13
Diário de atividades, 167-168
Discrepância, 61-62
Distorções cognitivas, *ver também* Pensamentos negativos
 estresse e ansiedade do terapeuta e, 180-181
 exame da técnica de evidências e, 111-116
 lista de, 111-112
 mitos sobre a TCC e, 200-202
Distração, pensamento negativo e, 122-123
Documentação anterior, na avaliação, 32-33

DSM
 avaliação de tratamentos, 192-193
 critérios de exclusão para o tratamento e, 218
 problemas do Eixo II, 167-168, 174-175, 211-212, 218
 sintomas do Eixo I, 146-147, 155-156, 218
Duração da terapia
 diagnose psicológica e, 211-212
 mitos sobre a TCC e, 201-204
 visão geral, 69-71

E

Efeito da resposta à dose, 203
Elementos comportamentais do tratamento
 ativação comportamental e, 83-86, 98-100
 métodos tradicionais, 81-84
 para diminuir a evitação, 91-99
 treinamento de habilidades e, 86-90
 treinamento de relaxamento, 90-91
 visão geral, 69-71, 81-82
Elogios, tarefas de casa e, 164-166
Emergências, 174-179
Emoções, 104-106, *ver também* Afeto
Empatia, 61
Empirismo colaborativo, 67-68, 190-191
Encaminhamentos
 aumento de sua prática de TCC e, 221-223
 comunicação com clientes potenciais e, 218-220
 visão geral, 215-219
Encerramento, 147, 149-150, 182, *ver também* Encerramento da terapia
Encerramento da terapia, *ver também* Prevenção de recaída
 decidir a "quantidade" de terapia, 151-153
 decisões relacionadas, 153-157
 desafios relacionados, 182
 fatores do, 145-152
 realidades relativas ao tratamento e, 152-155
 resultado e, 185-186
 visão geral, 151-157
Encerramento do tratamento, 34
Encorajamento, relação terapêutica e, 65-66
Entrevistas de diagnóstico *ver* Entrevistas em avaliação
Entrevistas estruturadas, 23-24, 28-30, *ver também* Entrevistas na avaliação
Entrevistas na avaliação, 21-30, *ver também* Avaliação

Entrevistas semiestruturadas, 23-24, *ver também* Entrevistas na avaliação
Equipes de Tratamento, formulação de caso e, 46-47
Escala da atitude disfuncional (DAS), 131-133
Esperança, relação terapêutica e, 66-67
Esquemas, *ver também* Crenças
   distorções cognitivas e, 111-113
   encerramento de terapia e, 156
   identificação de, 129-133
   intervenções baseadas na aceitação, 142-144
   mudança, 132-142
   pensamentos confusos com, 107-108
   técnica da seta descendente e, 120-122
   visão geral, 126-129
Esquizofrenia, 86-87
Estabelecimento de metas
   "aceitação" dos clientes e, 58-61
   passos da, 56-59
   visão geral, 54-62
Estigma, 17-18
Estratégia de resposta ponto-contraponto, 116-117
Estresse do terapeuta, 180-181
Estrutura, relação terapêutica e, 65-67
Estrutura da sessão, 70-72, 173-174
Evidência de pesquisas, *ver também* Psicoterapia baseada em evidências
   mitos sobre TCC e, 201-202, 207-208
   resultado e, 184-199
   revisão da literatura, 193-199, 237-240
   tratamentos eficazes, 191-194
   tratamentos que não funcionam, 197-198
   visão geral, 184-185
Evidências favoráveis e contrárias aos pensamentos negativos, *ver também* Técnica de exame de evidências
   esquemas e, 135-136
   gerando pensamentos alternativos e, 115-119
   visão geral, 111-116
Evitação
   avaliação e, 24, 26-27
   depressão e, 98-100
   esquemas e, 128-129
   expectativas irreais e, 113-114
   intervenções comportamentais para diminuir a, 91-101
   pensamento negativo e, 124-125
   pesquisa e, 197-198
   relação terapêutica e, 182

Exaustão, 180-181
Exercícios de visualização, 90-92
Expectativas, 66-67, 113-115
Expectativas irreais, 113-115, *ver também* Expectativas
Experiências recorrentes, 129-131
Experimentação comportamental e modelos de mudança, 170-171
   intervenções de resolução de problemas e, 76-78
   treinamento de habilidades sociais e, 89
Experimento ABAB, 170-171
Exposição fora do consultório, 95-96
Exposição imaginária, 93-94
Exposição *in vivo*, 93-95, 215-217
Exposição interoceptiva, 94-95
Extensão do tratamento
   diagnose psicológica e, 211-212
   mitos sobre a TCC e, 201-204
   visão geral, 69-71

F

Família, avaliação, 32
Fatores ambientais, estabelecimento de metas e, 58-59
Fatores cognitivos, 58-59
Fatores comportamentais, 24, 26-27, 58-59
Fatores comuns, 206-207
Fatores culturais, 16-19
Fatores de desenvolvimento, 27-28
Fatores de relacionamento, resultado e, 185-191
Fatores do terapeuta
   "síndrome do impostor", 179-181
   adesão ao modelo da TCC, 179-180
   desafios relacionados, 177-181
   encaminhamentos e, 215-219
   esgotamento e, 180-181
   estresse e ansiedade e, 180-181
   papel do terapeuta, 62-66
   prática da TCC e, 223-228
   primeiros socorros e, 179
   relação terapêutica e, 61-68
   resultado e, 185-188
   tratamento de exposição, 93-96
Fatores familiares, avaliação e, 27-28
Fatores não específicos, 206-207
Fatores sistemáticos, 145-152
Fatores sociais, 16-19, 98-100
Fear Questionnaire, 30-32

Feedback
   clientes bravos e agressivos, 169-170
   encerramento da terapia e, 160
   esquemas e, 140
   prevenção da recaída e, 157-158
   treinamento de habilidades sociais e, 89
Flexibilidade, relação terapêutica e, 65-67
Fobia social, 195
Fobias, 195, 237
Fobias específicas, 195, 237
Formulação de caso
   aceitação dos clientes e, 58-60
   adesão ao modelo da TCC e, 179-180
   eficácia do tratamento e, 37-40, 47, 51-53
   estilo interpessoal de clientes e, 170-171
   exemplo de, 48-53
   mitos sobre TCC e, 202-203
   passos da, 40-48
   planejamento do tratamento e, 54-55
   sequência e extensão do tratamento, 69-71
   visão geral, 35-40
Formulação de caso idiográfica, 38-39
Formulário de prescrição de mudança, 75-76, 164-166
Formulário de registro de frequência, 108-110
Formulários de Registro de Pensamento, *ver também* Registro de Pensamentos Disfuncionais
   distorções cognitivas e, 111-113
   geração de pensamentos alternativos e, 117-119
   para o terapeuta, 220-221
   visão geral, 108-110
Frases "se/então", 127-128
Frequência das sessões, 157-158

G

Gatilhos
   ansiedade e, 90-92
   avaliação e, 23-25
   identificação de pensamentos negativos e, 103-105
   prevenção de recaída e, 157-159
   tratamentos comportamentais e, 98-101
Generalização exagerada, 111-112, *ver também* Distorções cognitivas
Gênero, mitos sobre a TCC e, 205-206
Geração de pensamentos alternativos, 115-119
Gerenciamento do tempo, 87-88

Global Attainment Scaling (GAS) [Escala de realização de metas], 33-34, 56-58
Gravação das sessões, 166
Grupos de apoio, 160
Grupos de autoajuda, 160

H

Habilidades de enfrentamento centradas na emoção, 79-80
Habilidades sociais, 24, 26-28, 86-90
Hábito de exercício, 87-88
Hábitos de saúde, 87-88
Hierarquias na exposição, 93
Higiene do sono, 87-88
Hipótese de acesso, 13-14
Hipótese de mediação, 13-14
hipótese de mudança, 13-14
Hipótese realista, 14
História do tratamento, 28
Humor, ativação comportamental de "terceira-onda", 98-100

I

Igualdade, relação terapêutica e, 62-64
Inetervenções baseadas na aceitação, 122-123, 142-144
Início, avaliação e, 27-28
Insight, mitos sobre TCC e, 204-205
Integração, 35-36
Integridade, tratamento, 189-190, 224-226
Integridade do Tratamento, 189-190, 224-226
International Center for Clubhouse Development, 84-85
Intervenção de *role play* racional, 116-117
Intervenção TIC-TOC, 119
Intervenções, resolução de problemas, 74-77
Intervenções, *ver também* Técnicas de mudança
   avaliação das, 192-194
   efetividade das, 191-194
   esquemas e, 132-142
   intervenções baseadas na aceitação e, 142-144
   para pensamentos negativos, 110-125
   pesquisa e, 191-194
   resultado e, 185-186, 189-192
   técnica de exame de evidências, 111-116
Intervenções cognitivas, 69-71

Intervenções de mudança de esquemas
  métodos de mudança baseados em
    evidências, 135-140
  métodos de mudanças lógicas e, 139-142
  visão geral, 132-142
Intervenções de resolução de problemas
  exemplo de, 79-80
  expectativas irreais e, 113-114
  treinamento de habilidades e, 87-88
  visão geral, 74-80
Inventário de aliança de trabalho, 54-56, 207-208

L

Lapso, 146-147, 157-158
Leitura da mente, 111-112, *ver também*
  Distorções cognitivas
Lista de problemas
  escala de realização de metas e, 56-58
  estabelecimento de metas e, 56-58
  visão geral, 40-43
Lista de sintomas, 41, 43

M

Magnificação/minimização, 111-112, *ver também* Distorções cognitivas
Manuais, tratamento
  avaliação de tratamentos e, 192-193
  formulação de caso e, 35-39
  mitos sobre a TCC e, 201-203
  pesquisa e, 197-199
  sequência e extensão do tratamento e, 69-71
  visão geral e, 11-12
Manuais de tratamento *ver* Manuais, tratamento
Materiais de leitura, 131-132, 139-140, *ver também* Psicoeducação
Mecanismos de defesa, tratamento de exposição e, 96-98
Medicação, 152, 171-174
Medidas de autorrelato, 28, 30-32, *ver também* Avaliação
Metanálise, 192-194
Metacognição
  esquemas e, 143-144
  identificação de pensamentos negativos e, 102-108
  relação terapêutica e, 64-65

Metas da terapia
  avaliação e, 33-34
  encerramento da terapia e, 152-156
  reavaliação das, 33-34
Métodos de ativação comportamental
  esquemas e, 133-135
  evitação e, 92
  orientações para, 83-86
  tratamento de exposição e, 91-99
  visão geral, 81-84, 98-100
Métodos de mudança lógica, 139-142
Métodos motivacionais de entrevista, 61
Mini-International Neuropsychiatric Interview (MINI), 23
Minimização, expectativas irrealistas e, 113-114
Mitos clínicos, *ver* Mitos sobre a TCC
Mitos sobre a TCC
  crenças negativas e, 201-214
  crenças positivas e, 213-214
  presença da emoção e, 64-66
  relação terapêutica e, 64-66
  visão geral, 200-202
Modelamento, treinamento de habilidades sociais e, 89
Modelo Biopsicossocial *ver* Modelo de vulnerabilidade, formulação de caso e
Transtorno bipolar, 195, 218, 239
Modelo de *coping*, relação terapêutica e, 63-64
Modelo de domínio, 63-64
Modelo de prática familiar, 150-151
Modelo de resolução de problemas, 75-78
Modelo de vulnerabilidade, formulação de caso e, 43-44
Modelo diátese-estresse *ver* Modelo de vulnerabilidade, formulação de caso e
Modelo especializado de clínica
  comunicação com clientes potenciais e, 218-221
  encerramento da terapia e, 150-152
  prática da TCC e, 216-217
  treinamento e competência e, 223-228
Modelo interpessoal, 207-208
Modelo TRACS, 98-101
Modelo TRAPS, 98-101
Motivação, 58-62, 163-164
Movimento do consumidor, 17-18
Mudanças repentinas, 191-192, 209
Muletas em tarefas de exposição, 97-98

N

Negatividade, relação terapêutica e, 66-67
Normalização, autoabertura e, 64
Notas durante as sessões, 157-158
Número ou carga de casos, 219-221

O

Oferta e demanda de TCC, 15-17
Organizações de manutenção da saúde (HMOs), 15-19, 203-204
Orientação, 70-72

P

Padrão situação-pensamento-resposta, 103-105
Padrões, 14-15
Padrões de crenças e comportamentos, 129-130, 195-201
Padrões de evitação de abordagem
 avaliação e, 24, 26-27
  expectativas irreais e, 113-114
  métodos motivacionais de entrevista e, 61
Panic Attack Log (formulário), 32
Paradoxo neurótico, 96
Passado, confrontando o, 138-140
Passividade, 76-78
Pausas na terapia, 148
Pensamento contraditório, 119-119
Pensamento dicotômico, 209-210 *ver* Pensamento tudo ou nada
Pensamento distorcido *ver* Distorções cognitivas
Pensamento graduado, 115-116
Pensamento obsessivo, 122-123
Pensamento repetitivo, 122-123
Pensamento ruminante, 122-123
Pensamento tudo ou nada, *ver também* Distorções cognitivas
  estresse e ansiedade do terapeuta e, 180-181
  intervenções para o, 115-116
  visão geral, 111-112
Pensamentos, 105-108, *ver também* Pensamentos automáticos; Pensamentos negativos
Pensamentos automáticos, *ver também* pensamentos negativos
 ativação comportamental e, 82-83
 estilos interpessoais dos clientes e, 170-171
 identificação de, 105-108

"síndrome do terapeuta impostor" e, 179-181
técnica da seta descendente e, 120-122
Pensamentos negativos, *ver também* Pensamentos automáticos
 ativação comportamental e, 82-83
 identificação, 102-108
 intervenções para, 110-125
 métodos para coleta de, 108-110
 mitos sobre TCC e, 205-206
 técnica de exame de evidências e, 111-116
Pensamentos positivos, incentivo aos 119-120
Perfeccionismo, 89, 140-142, 165-166
Personalização, 111-112, 180-181, *ver também* Distorções cognitivas
Perspectiva histórica, 131
Placebo, mitos sobre a TCC e, 206-207
Planejamento do tratamento
 avaliação e, 20-21
 passos do, 56-59
 revisão da literatura e, 195-197
 tratamento de exposição e, 92-96
 visão geral, 54-62
Plano de prevenção de recaída, 159
Pleasant Events Schedule, 84
Positividade, relação terapêutica e, 66-67
Prática da TCC
 comunicação com clientes potenciais e, 218-221
 encaminhamento, 215-219
 maneiras de aumentar, 221-223
 visão geral, 215-216
Precipitação de situações, 156
Preocupação, 122
Pressupostos, 107-108, 127-128, *ver também* Esquemas
Prevenção de recaída, *ver também* Encerramento da terapia
 desafios relacionados, 182
 visão geral, 145-152, 156-160
Previsão do futuro, 111-112, *ver também* Distorções cognitivas
Previsões, esquemas e, 131
Primary Care Evaluation of Mental Transtornos (PRIME-MD), 23
Primeiros socorros, 179
Problema atual
 avaliação e, 23-24, 27-28
 encerramento da terapia e, 153-156
 formulação de caso e, 40-43
 problemas múltiplos e, 173-174
Problemas cognitivos, 163-164
Problemas do Eixo I, 146-147, 155-156, 218

Problemas do Eixo II, 167-168, 174-175, 211-212, 218
Problemas interpessoais
  ativação comportamental e, 82-83
  avaliação e, 27-28
  desafios relacionados a, 170-171
  estabelecimento de metas e, 58-59
Problemas ocupacionais, 187
Problemas sexuais, 27-28
Programação de atividades, 73-74, 81-84, 167-168
Psicoeducação
  esquemas e, 131-132, 139-140
  mitos sobre a TCC e, 202, 204-205
  modelos de mudança e, 171-173
  tratamento de exposição e, 94-96
  visão geral, 71-74
Psicose, 195, 218, 239-240
Psicoterapia baseada em evidências, *ver também* Evidências de pesquisa
  contexto atual da, 14-17
  esquemas e, 135-140
  formulação de caso e, 37-40
  resultado e, 189-192
  visão geral, 197-199
Psicoterapia dinâmica limitada pelo tempo, 207-209
Psychological Assessment Work Group (PAWG), 20-22

Q

Questionamento, 59-61, 79

R

Raciocínio emocional, 111-112, 119, *ver também* Distorções cognitivas
Raiva, 168-170
Reações, avaliação e, 24-27
Reatribuição de causas, 114-115
Reavaliação cognitiva, 197-198
Recaída, 146-147, 152, 204-206
Recorrência, 146-147
Recuperação, 146-147
Recursos
  dependência e, 148
  encerramento da terapia e, 152-154
  mitos sobre a TCC e, 214-214
  psicoeducação e, 71-74
Reestruturação cognitiva
  esquemas e, 133-135

identificação de pensamentos negativos, 102-108
  visão geral, 66-67, 102-103, 122-125
Registro de dados positivos, 135-136
Registro de frequência simples, 32
Registro de Pensamentos disfuncionais, *ver também* Formulários de Registro de Pensamento
  estilos interpessoais dos clientes e, 170-171
  mitos sobre a TCC e, 206
  "síndrome do terapeuta impostor" e, 179-181
  visão geral, 32, 73-74, 108-109
Registro de Pensamentos elaborado por Dobson, 117-119
Relato do estresse de incidentes críticos, 197
Relaxamento, 90-92
Relaxamento muscular progressivo, 90-92
Remissão, 146-147
Resistência, 61-62, 162-164, 207-208, *ver também* Adesão ao tratamento
Responsabilidade, 148, 157-158
Resposta, 65-67
Resultado
  autoabertura e, 209-210
  avaliação e, 33-34
  fatores de relacionamento e, 185-191
  fatores do cliente e, 184-187
  fatores do terapeuta e, 185-188
  formulação de caso e, 37-40, 47, 51-53
  índices de recaída e, 152
  intervenções e, 185-186
  mitos sobre a TCC e, 201-202
  pesquisa e, 185-187, 190-191, 195-197
  tratamentos que não funcionam, 197-198
Retreinamento de respiração, 90-92
Risco de suicídio
  critérios de exclusão para o tratamento e, 218
  primeiros socorros para o terapeuta e, 179
  visão geral, 174-179
Role play, 89, 135-137
Rotulação, 111-112, 115, *ver também* Distorções Cognitivas
Ruptura terapêutica, 156-157

S

Satisfação com o tratamento, 153-155
Schedule for Affective Disorders and Schizophrenia (SADS), 23
Seguro, 17-19, 203-204

Sentimentos *ver* Afeto
Sequência do tratamento, 69-71
Sessões de ativação, 149-151
Sessões de manutenção, 149-151
Sídrome de Asperger, 86-87
Sinais de alerta, 157-159, *ver também* Gatilhos
"Síndrome do impostor", 179-181, 223-224
Sintomas, 155-156, *ver também* problemas do Eixo I
Sistemas de saúde, 17-19
Situações hipotéticas, 131
"Slip", 146-147
SMART (acrônimo), 58-59
Sociotropia, 131-132
Sociotropy-Autonomy Scale (SAS), 131-133
State-Trait Anxiety Inventory (STAI), 30-31
Structured Clinical Interview for DSM-IV Axis I Disorders (SCID), 23
Substituição de sintomas, 204-206
Sustentação social, 27-28, 140, 160

T

Task-Interfering Cognitions-Task-Orienting Cognitions (TIC-TOC), 119
Técnica da seta descendente, 120-122, 130-131
Técnica de enfrentamento do passado, 138-140
Técnica de exame de evidências, 111-116, 135-136, *ver também* Evidências favoráveis e contrárias aos pensamentos negativos
Técnica de projeção do tempo, 140-142
Técnica do "como se", 137-138
Técnica do horário da preocupação, 122
Técnicas de mudança, *ver também* Intervenções
  mitos sobre a TCC e, 209
  relacionadas aos desafios, 170-174
  resultados e, 191-192
  visão geral, 102-103
Temas nas crenças e nos comportamentos, 129-130
Tendenciosidade, confrontando o passado e, 138-140
Tendenciosidade atributiva, 114-115
Terapia cognitivo-comportamental em geral, 13-19, 228-229
Terapia de esquemas, 126-127
Terapia eclética, 224-226
Terapias da nova era, 197
Teste de hipóteses, 111-113

Teste de significação clínica, 193-194
Textos na terapia, 157-158
Therapist's Schema Questionnaire, 180-181
Trajetória do problema, avaliação e, 27-28
Transferência, 191, *ver também* Aliança Terapêutica
Transparência, 67-68
Transtorno de ansiedade *ver* transtorno de ansiedade generalizada
Transtorno de ansiedade generalizada, 195, 207-209, 237-239
Transtorno de pânico, 195, 237-238
Transtorno de somatização, 195-197, 239-240
Transtorno do estresse pós-traumático, 195, 238-239
Transtorno obsessivo-compulsivo (TOC), 124-125, 195, 237-238
Transtornos da personalidade, resultado do tratamento e, 187
Transtornos disfóricos, 187
Transtornos do sono, 195, 239
Transtornos psicológicos, 163-164, *ver também* problemas do Eixo I; problemas do Eixo II; *transtornos específicos*
Transtornos relacionados ao abuso de substâncias, 195, 218, 239-240
Tratamento de exposição
  evitação e, 91-99
  mitos sobre a TCC e, 203-205
  planejamento do, 71-72
  prática da TCC e, 215-217
  treinamento de relaxamento e, 90-92
Tratamento de grupo, 87-88, 215-217
Tratamento específico intencional, 208-209
Tratamentos individualizados, 38-39
Treinamento
  entrevistas na avaliação e, 23-24
  formulação de caso e, 37-40
  integridade do tratamento e, 225-227
  mitos sobre a TCC e, 212-214
  oferta e demanda de TCC e, 15-16
  padrões de, 14-15
  prática da TCC, 217
  visão geral, 223-228
Treinamento de habilidades
  comunicação, 86-90
  evitação e, 92
  visão geral, 85-87
Treinamento de habilidades de comunicação, 86-90
Treinamento de habilidades sociais, 86-90
Treinamento de relaxamento, 90-92, 197

U

Uso de acrônimos, 58-59
Uso do humor e, 117-119, 170
Utilidade do diagnóstico, 21-22
Utilidade do tratamento, 21-22

V

Validade, 20-22, 38-40
Validade preditiva, formulação de caso e, 38-40
Valores 127-128, *ver também* Esquemas

Y

Yale-Brown Obsessive-Compulsive Scale (Y-BOCS), 30-31
Young Schema Questionnaire (YSQ), 132-134